W0295378

Anne Bell
Okt. 88

# Arbeitsplatz Haushalt

## Zur Theorie und Ökologie der Hausarbeit

Herausgegeben von
Gerda Tornieporth

Dietrich Reimer Verlag
Berlin

CIP-Titelaufnahme der Deutschen Bibliothek

**Arbeitsplatz Haushalt:** zur Theorie u. Ökologie d. Hausarb./
Gerda Tornieporth (Hg.). - Berlin: Reimer, 1988
ISBN 3-496-00952-7
NE: Tornieporth, Gerda [Hrsg.]

Gedruckt mit Unterstützung
der Technischen Universität Berlin
und der Stiftung Verbraucherinstitut Berlin

© 1988 by Dietrich Reimer Verlag
Dr. Friedrich Kaufmann
Unter den Eichen 57
1000 Berlin 45

Umschlaggestaltung:

Thomas Rode / Werner Ost,
Frankfurt am Main

Reproduktion:

Horst Rudolph, Berlin

Satz:

Citysatz, Berlin

ISBN: 3-496-00952-7

# Inhalt

## *Reinigen und Renovieren im Haushalt*



## *Ernährung im Haushalt*



## *Hausarbeitsplätze*

Gerda Tornieporth

# Vorwort

Entgegen vieler Voraussagen für das 2O. Jahrhundert hat die Bedeutung des Arbeitsplatzes Haushalt in den letzten Jahrzehnten nicht ab-, sondern eher zugenommen. Das bezieht sich nicht nur auf den unbestrittenen gesellschaftlichen Bedarf an Hausarbeit, sondern auch auf deren sinnstiftende Erlebnisinhalte, und es gilt auch im Hinblick auf das unverändert hohe Hausarbeitszeitbudget.

Diese Tatsache mag Erstaunen hervorrufen, denn eine Reihe von Faktoren, welche die Hausarbeit beeinflussen, haben sich ja in einer Richtung verändert, die eine tendenzielle Verringerung des häuslichen Arbeitsaufkommens erwarten lassen. Am augenfälligsten vollzogen sich die Industrialisierung vieler Hausarbeitsbereiche und die Technisierung der Haushalte, die gegenwärtig durch den Einbau von Elektronik perfektioniert wird. Legt uns nicht das Marketing der Geräteindustrie täglich nahe, daß von Hausarbeit nicht mehr übrig geblieben sei als ein "kinderleichter Knopfdruck", ein "Frittier-Vergnügen", ein "Backspaß" usw.? Zugleich mit dem technischen Wandel sind die Haushalte überdies kleiner geworden, hat die Kinderzahl abgenommen. Schließlich scheint auch die zunehmende Zahl erwerbstätiger verheirateter Frauen und Mütter zu signalisieren, daß Hausarbeit niemanden mehr ausfüllen kann.

Qualitative und quantitative Analysen zeigen jedoch, daß diesen Faktoren andere Determinanten gegenüberstehen, die zu einer gegenläufigen Entwicklung führen. Zu den Einflußgrößen, die offenbar zu einer tendenziellen Erhöhung des häuslichen Arbeitsaufkommens und der Belastung durch Hausarbeit führen, gehören die Veränderungen am Erwerbsarbeitsmarkt, die Erhöhung der Standards, die wachsende Bedeutung nichtmaterieller Hausarbeiten und - nicht zuletzt - die von den Haushalten wahrgenommene Pufferfunktion gegenüber ökologischen Krisen.

In dem Maße wie in unserer Gesellschaft Erwerbsarbeit vom Zeitumfang her verringert, durch Zeiten der Arbeitslosigkeit unterbrochen, diskontinuierlich und inhaltlich austauschbar wird, nimmt die Bedeutung von Eigenarbeit jeder Art (auch und gerade von Hausarbeit) zu und zwar sowohl als "Lebenszweck" wie auch zur Substitution finanzieller Mittel. Rationalisierung und Technisierung der Hausarbeit führten zur Erhöhung der Ansprüche an die Qualität der im Haushalt produzierten Güter und Dienstleistungen. Die Arbeitsersparnis, die uns beispielsweise durch die Waschmaschine möglich wurde, wird - jedenfalls was den Zeitaufwand anbetrifft - kompensiert durch einen exzessiven Wäscheverbrauch; eine große Zahl von Haushaltsgeräten ist von vornherein nicht geeignet zur Einsparung von Arbeitszeit. Dennoch hat die Technisierung der Haushalte nicht nur zur Erhöhung der Normen für materielle Hausarbeit geführt, sondern auch zur Erhöhung der Ansprüche an Erziehungs-, Pflege- und Betreuungsarbeit (Mutter muß mehr Zeit für die Familie haben, wenn Vater einen Geschirrspüler kauft). Gleichzeitig sind die Ansprüche an immaterielle Hausarbeit auch gewachsen durch den verbesserten Zugang zum Bildungssystem für alle. Es sind in der Hauptsache die Hausfrauen, die ihren Kindern die Ganztagsschule ersetzen.

Die Industrialisierung ehemaliger Hausarbeitsbereiche hat zu Kompetenzverlusten bei den Menschen geführt, die im Haushalt arbeiten. Mühsam und zeitraubend muß der Verlust an Warenkenntnis wettgemacht werden durch Informationsbeschaffung und -verarbeitung. Besonders die sich häufenden ökologischen Krisen stellen Hausmänner und -frauen vor die (letztlich privat nicht lösbare) Aufgabe, nach gesundheitlich unbedenklichen Produkten zu suchen bzw. eigene Kontrollstellen wie private Strahlenmeßstellen einzurichten usw.

Trotz der elementaren Bedeutung, die Hausarbeit für jeden einzelnen und für die Gesellschaft insgesamt hat, wird der Arbeitsplatz Haushalt gesellschaftspolitisch wie eine Randerscheinung eher verdrängt als wahrgenommen. Das Grundprinzip der "Leistungsgerechtigkeit" gilt nicht für Hausarbeit; der Arbeitsplatz Haushalt bietet keine soziale Sicherung, das erwirtschaftete Arbeitseinkommen findet keinen Niederschlag im Bruttosozialprodukt, hausarbeitende Frauen und Männer werden im Erwerbsarbeitsleben diskriminiert. Auch in den Wissenschaften wird der Arbeitplatz Haushalt - wenn überhaupt - nur am Rande und so arbeitsteilig und ausschnitthaft erfaßt, daß der gemeinsame Forschungsgegenstand nur mit Mühe ausgemacht werden kann.

Das 1928 gegründete Institut für Haushaltswissenschaft im Preußischen Landwirtschaftsministerium führte in Deutschland erstmalig Arbeitsplatzuntersuchungen im Geiste der Rationalisierungsbewegung durch. Diese Untersuchungen dienten den Energieversorgungsunternehmen, der aufsteigenden Elektrotechnik, Chemie- und Möbelindustrie als Grundlagen für die Normierung der Hausarbeitsplätze, die wiederum Voraussetzung für den massenhaften Absatz war. Die Normierung stellt heute für die Planung frauen- und kinderfreundlicher Wohnungen ein ernstes Hindernis dar. Die massenhafte Ausstattung mit Elektrogeräten trug u.a. bei zur Verschwendung von Energie und zur Nutzung gefährlicher Methoden der Energieproduktion, vor deren Folgen sich Haushalte heute vergeblich zu schützen versuchen.

Seit Anfang der 6Oer Jahre hat die Haushaltswissenschaft sich in der Bundesrepublik etabliert und ihren Forschungsansatz um ökonomische, technologische und soziologische Fragestellungen erweitert. Zwischen der haushaltswissenschaftlichen Diskussion über Ziele und Funktionsbereiche des Privathaushalts und den stärker empirisch orientierten Befunden der soziologischen Frauenforschung über Arbeitsbelastungen und Strukturen der Hausarbeit besteht dennoch eine Kluft. Der Forschungsgegenstand von Volks- und Betriebswirtschaft ist "der Verbraucher". Diese Kunstfigur paßt nun schon gar nicht zu einem Arbeitsplatz Haushalt, eher schon zu den von der Architektur geplanten Naßzellen mit Einbauküche.

Mit dem hier vorgelegten Sammelband wird ein Anfang gemacht, die Segmentierung eines Forschungsgegenstandes teilweise aufzuheben. Es werden Forschungs- und Diskussionsergebnisse über Hausarbeit, Hausarbeitende, Hausarbeitsinhalte und Hausarbeitsplätze aus der Sicht mehrerer Disziplinen dargestellt. Dies konnte nur darum gelingen, weil die Autoren und Autorinnen, die hier zu Wort kommen, ihrerseits wissenschaftsübergreifende Zusammenhänge behandeln: Die Architektinnen und Haushaltswissenschaftlerinnen denken auch in soziologischen und frauenpolitischen Kategorien. Die Vertreter der Ökonomie sind auch verbraucherpolitisch orientierte Verhaltenswissenschaftler. Die Naturwissenschaftler sind gesellschafts- und verbraucherpolitisch engagiert. Dennoch bleiben viele Querverbindungen zwischen den einzelnen Aufsätzen ungenannt, und es bleibt dem Leser und der Leserin überlassen, diese zu entdecken.

Daß der Themenkreis des Buches so weit gestreut ist, hängt jedoch nicht allein mit den vielen beteiligten Disziplinen zusammen. Hausarbeit ist vermischte Tätigkeit und genau das soll sich auch in diesem Buch spiegeln.

Dr. Erna Meyer, Mitarbeiterin an dem o.g. preußischen Institut für Haushaltswissenschaft, schrieb in ihrem Erfolgsbuch "Der neue Haushalt" (1928, S. 2, 3): "... jeder Haushalt fordert vom weiblichen Gehirne, daß es sich jederzeit vielteile. Darin liegt seine allergrößte Bemühung und seine gefahrvollste Auswirkung. Jedes Handwerk konzentriert den Werktätigen um einen einzelnen Gegenstand, den Schuster um seine Stiefel, den Schreiner um seinen Tisch, den Bäcker um sein Brot. Der Mensch ist selbst bei lebhaftester Tätigkeit gesammelt und unzerspalten. Hausfrauenberuf aber ist aufgelöste Arbeit! Er ist in seiner Wirkung, wie wenn der Schuster neben dem Stiefelmachen zugleich noch einen Tisch zimmern und obendrein Brot backen müßte. Und dieses alles zugleich und unter vielfacher und ernstlicher Störung..."

Mit dem vorliegenden Sammelband werden Referate einer gleichnamigen Fachtagung veröffentlicht, die vom 24. bis 28. November 1986 an der Technischen Universität Berlin in Zusammenarbeit mit der Stiftung Verbraucherinstitut, Berlin, veranstaltet wurde. Diese Fachtagung stand in der Tradition der Symposien, die von der "Arbeitsstelle sozial-, kultur- und erziehungswissenschaftliche Frauenforschung" initiiert worden waren. Nach "Mythos Frau" 1982, "Frauen und Macht" 1983 und "Rationalität und sinnliche Vernunft" 1984 wurde 1986 zum ersten Mal Hausarbeit im Zusammenhang mit Frauenforschung thematisiert und interdisziplinär bearbeitet.

Das nachhaltige Presseecho und die vielen Anfragen nach einer Dokumentation der Tagung haben mich ermutigt, diesen Band vorzulegen.

Ich danke an dieser Stelle noch einmal allen Mitarbeiter/inne/n des Instituts für Arbeitslehre und der Stiftung Verbraucherinstitut, die an der inhaltlichen Vorbereitung der Veranstaltung beteiligt waren, vor allem Sigrid Rughöft, aber auch Eberhard Kuhlmann, Hans-Joachim Kursawa-Stucke, Peter Laub und Hans Peter Schröder. Mein besonderer Dank gilt dem Leiter des Büros für wissenschaftliche Weiterbildung der Technischen Universität Berlin, Herrn Hans Joachim Rieseberg für vielfache Anregung, Ermunterung und Unterstützung.

Weiterhin danke ich den Mitarbeiterinnen des Instituts für Arbeitslehre Edeltraut Schatz, Gabriele Hohenbild und Martina Weinig-Neckermann für tatkräftige Mitarbeit und Hilfe bei der Entstehung dieses Bandes.

# HAUSHALTE

**Gudrun Cyprian**

## Trautes Heim - Lebensformen gestern - heute - morgen

Trautes Heim - Glück allein: ich sehe den Spruch, akkurat in Blattstichen und kühlem Blau gestickt, noch in der Küche meiner Großmutter hängen - als selbstverständlich oder freudig akzeptiertes Lebensmotto oder als ständige Mahnung? Ich weiß es nicht, ich habe nicht mehr mit ihr darüber sprechen können. Aber das Sticktuch hat wieder Konjunktur, wenn auch die pflegeleichte Küchenzeile kaum mehr ein Fleckchen Wand frei läßt, um großformatige Sinnsprüche fürs Leben unterzubringen. Trautes Heim - wir lächeln erst einmal milde. Vor unserem Auge taucht das leicht angegilbte Bild einer kinderreichen Familie auf, am Abend um den großen Tisch versammelt (und nicht in drei Zimmern vor drei TV's verteilt, weil man sich auf kein gemeinsames Fernsehprogramm einigen kann). Trautes Heim - Glück allein: Was können wir heute außer Nostalgie aus diesem Spruch noch herausziehen? Ist es nicht hochmodern, wenn wir die Glückserwartungen ansehen, die sich heute so vehement wie nie zuvor auf den privaten Bereich, die Liebe, den Partner, die Kinder, konzentrieren? Ist nicht die Welt noch einmal drastisch unwirtlicher geworden, so daß allein das Privatleben in seiner Intimität das Heil verspricht, wenn auch nicht immer einlöst?

Trautes Heim - Glück allein! - Vielleicht denken Sie daran, wieviele Anstrengungen heute unternommen werden, um das traute Heim zum alleinigen in dem Sinne zu machen, daß es das einzigartige und überzeugende Abbild der eigenen Individualität wird, das Einstellungen, Vorlieben, Denkrichtungen, Temperamente in der Gestaltung und Nutzung dieses Heimes unverwechselbar widerspiegelt. Hier läßt sich die Sehnsucht nach Selbstdarstellung in der scheinbar sehr persönlichen Auswahl unter endlosen Stilalternativen befriedigen. Vielleicht betonen Sie bei unserem Leitspruch aber auch ohne Hintersinn das letzte Wort und haben vor Ihrem Auge die vielen, vielen Haushalte, in deren trautem Heim auch wirklich nur einer - ganz allein - sitzt, wobei Ihr Gefühl dabei ein anderes sein wird, wenn dieser Alleinlebende eine kontaktarme alte Frau ist, die fast ausschließlich auf die eigene kleine Wohnung angewiesen ist, oder ob der Single gemeint ist, dessen Einzimmerappartement den Stützpunkt für die Ausflüge in wechselnde Beziehungen abgibt.

Sie sehen schon, ich werde es nicht leicht haben, Veränderungen von Lebensformen so zu beschreiben, daß jeder sein Bild wiederfindet. Soll man die Auflösung vertrauter Familienformen beklagen und familienpolitische

Maßnahmen fordern, die retten sollen, was zu retten ist, soll man neue Lebensformen als Befreiung von alten Zwängen und Erweiterung von Handlungschancen feiern oder soll man - nach methodenkritischer Analyse von Statistiken und Forschungsberichten unterstreichen, wie erstaunlich stabil bei allen gesellschaftlichen Umwälzungen das Bedürfnis nach intensiver und längerfristiger zwischenmenschlicher Bindung geblieben ist? Lassen Sie mich diesen grundsätzlichen Bewertungen erst einmal ausweichen und eine schlichte Aufnahme der Außenansicht versuchen, also fragen, was sich schon auf den ersten Blick verändert hat in den letzten Jahren und Jahrzehnten in der Form, wie Menschen zusammenleben.

## 1 Wandel der Lebensformen

Als erstes fällt trotz schrumpfender Bevölkerungszahl der Zuwachs an Haushalten auf. Im Jahre 1910 lebten im Deutschen Reich etwa soviele Menschen wie heute im Bundesgebiet (etwa 63 Mill.), gleichzeitig aber verdoppelte sich fast die Anzahl der Haushalte von 14 auf heute 25 Mill. Wo liegen die Gründe für diesen Prozeß, der für die Konsumgüterindustrie von segensreicher Wirkung ist?

Einmal ist er das Ergebnis des veränderten Bevölkerungsaufbaues: die Halbierung des Anteils der Kinder seit 1910 und die Verdreifachung des Anteils der Älteren hat fast 7 Mill. mehr Haushalte gebracht, und gleichzeitig die durchschnittliche Haushaltsgröße um eine Person verringert. Sehen wir uns die Faktoren einmal einzeln an:

Zu den markantesten, aber noch wenig diskutierten Veränderungen zählt die Zunahme der Ein-Personen-Haushalte. Sie machen heute 30 % aller Haushalte aus (1939 nur 10 %, 1950 20 %) oder anders gewendet: bereits 15 % der Deutschen leben heute allein. Das sind zu 70 % Frauen und hier wiederum vor allem die über 65-jährigen Witwen - das ist schon lange so. Neu dagegen ist der wachsende Anteil der alleinlebenden Geschiedenen und alleinlebenden Ledigen. Deutlich drückt sich in beiden Gruppen die abnehmende Heiratsneigung aus: man heiratet immer später, nach einer Scheidung wagen immer weniger eine zweite Ehe, und der Anteil derjenigen, die nie in ihrem Leben heiraten werden, ist geradezu sensationell gestiegen, wenn wir den Heiratsboom der 60er Jahre dagegenhalten. Die Attraktivität einer unabhängigen, individuellen Lebensführung hat bei Männern und Frauen aller Altersgruppen stark zugenommen; die wachsende finanzielle Unabhängigkeit der berufstätigen Frauen, der immer komplizierter werdende Prozeß der beruflichen Etablierung auch bei Männern, die Liberalisierung sexueller Normen dürften diesen Trend noch weiter fördern. Unser typischer Alleinlebender jüngeren und mittleren Lebensalters ist also nicht mehr der altbekannte, bemitleidete oder belächelte Junggeselle, der sich mit dieser Notlösung mehr schlecht als recht arrangiert, sondern jemand, der die Vorteile des Alleinwohnens und Alleinwirtschaftens durchaus schätzt.

Der zweite Faktor, der die Entwicklung von Lebensformen kennzeichnet, ist die geringe Kinderzahl der Ehen. Der Trend zu sinkenden Geburtenziffern hat im Bundesgebiet im Vergleich zu anderen Industrienationen besonders früh begonnen und ist besonders heftig ausgefallen. Der Anteil von Ehen, die kinderlos bleiben, liegt bei über 20 %. Ein Viertel aller vor 15 Jahren geschlossenen Ehen hat ein Kind, 40 % zwei Kinder und nur noch 15 % drei oder mehr Kinder. Bewußt kinderlose Paare sind ein neuer Typ der modernen Großstadtwelt geworden: mobil, konsum- und freizeitorientiert sind sie der Gegenpol zur Familie mit zwei oder drei Kindern, die - mit fast halbiertem Einkommen - von manchen Segnungen der Wohlstandgesellschaft ausgeschlossen bleibt. Besonders interessant ist die steigende Zahl von Familien mit einem Kind. Setzt sich dieser Trend fort, werden wir nach ein, zwei Generationen immer mehr Familien mit einem extrem geschrumpften Verwandtschaftssystem haben: Kinder, die keine Geschwister haben, aber auch keine Tante, keinen Onkel, keinen Cousin.

Über die Gründe der sinkenden Kinderzahlen ist viel diskutiert, geforscht und spekuliert worden: ist es das schlechte Geschäft heutiger Elternschaft? Man bleibt länger als je zuvor gerade finanziell für seine Kinder verantwortlich, obwohl sie sich immer früher aus dem Elternhaus lösen und die Gleichaltrigen schnell als wichtigere Bezugsgruppe entdecken. Bringt nicht die heute sehr bewußte und ganz persönlich motivierte Entscheidung für Elternschaft so enorm gestiegene Erwartungen an sich und das Kind mit sich, daß man mit einem, höchstens zwei Kindern total ausgefüllt und erschöpft ist? Entschließt man sich für ein zweites Kind, um dem umhegten Erstgeborenen auch noch die letzte Bedingung einer optimalen Kindheit, nämlich ein Geschwister, zu verschaffen, welche Begründung sollte einem dann für ein drittes Kind einfallen?

Die kleine Familie scheint also der neue Prototyp zu werden. Die Familie alleinerziehender Eltern stellen unter ihnen einen wachsenden Teil. Ca. 1,5 Mill. Kinder leben heute nur mit der Mutter oder - wesentlich seltener - mit dem Vater zusammen, und diese Zahl wird weiter zunehmen, da nach allen sachkundigen Urteilen der Höhepunkt der Scheidungsziffern noch nicht erreicht sein dürfte. Wir werden damit rechnen müssen, daß fast jede dritte Ehe geschieden wird. Ist das eine klare Bankrotterklärung für die Institution Ehe? Ich könnte einwenden, daß die Tatsache, daß Ehen heute häufiger, schneller geschieden werden, doch gerade zeigt, daß man von ihr sehr viel erwartet, daß man sich nicht mit halbherzigen Fortsetzungen einer unbefriedigend gewordenen Beziehung zufrieden gibt. Weiter ist die lange Lebensspanne von 40 bis 50 Jahren zu bedenken, die heute eine Ehe halten müßte. Früher wurde sie durch das hohe Sterberisiko des Partners zu einem Zeitpunkt beendet, von dem ab heute ein Paar noch Jahrzehnte gemeinsamen Lebens vor sich hat. Zum anderen sind nur noch ein paar Jahre des Ehelebens mit der Sorge für gemeinsame Kinder ausgefüllt, den langen Rest ist man allein auf den Partner und die Zweisamkeit verwiesen, müssen unterschiedliche Lebensphasen und wechselnde Lebensbereiche unverändert harmonisch auf den gleichen Gefühlsnenner gebracht werden. Ist es da nicht erstaunlich, daß die Mehrzahl der Ehen - trotz sozial gebilligter Scheidungsmöglichkeiten - überhaupt so lange hält?

Jedenfalls sind heute Kinder kein großes Scheidungshindernis mehr - sicher auch ein Ergebnis der Erkenntnis, daß konfliktbeladene, zerrüttete Ehen mit Sicherheit keine günstigeren Aufwuchsbedingungen garantieren als die klaren Verhältnisse einer geschiedenen Ehe. Obwohl die Zahl der Familien wächst, in der die Mutter oder der Vater allein das Sorgerecht über ein oder mehrere Kinder ausüben, sind die gesellschaftlichen Bedingungen noch sehr schlecht auf die besonderen Belange dieser Gruppe ausgerichtet. Die juristische, materielle und soziale Benachteiligung gegenüber der "vollständigen" Familie macht es den Alleinerziehenden noch schwerer, die Mehrbelastung der alleinigen Verantwortung für das Kind zu tragen. Aus der ersten gründlicheren deutschen Studie über Einelternteil-Familie von Anneke Napp-Peters (1985) liegen einige interessante Ergebnisse zum Selbstverständnis der Alleinerziehenden vor: gerade die berufstätigen Mütter wären zu einer zweiten Ehe nicht mehr so schnell bereit, die notwendigerweise erarbeitete Selbständigkeit möchten sie in einer neuen Ehe nicht wieder aufgeben müssen. Vielleicht sind die Alleinerziehenden gesellschaftliche Pioniere: sie machen in ihrem Rollenverständnis deutlich, daß es bei Elternschaft heute nicht mehr in erster Linie nur um den alten Streit der Aufgabenteilung zwischen Mann und Frau geht, sondern daß vor allem das Problem der Vereinbarkeit von Berufs- und Familienrolle für beide Geschlechter gelöst werden muß: der Frau muß Berufstätigkeit, dem Mann Beteiligung an der Erziehung erleichtert werden.

Eine Bevölkerungsgruppe habe ich bisher fast ganz ausgespart, nämlich die Älteren. Aber da ihr Bevölkerungsanteil über die Jahrtausendwende hinaus noch wächst, im Jahr 2030 fast 40 % der gesamten Bevölkerung ausmachen wird, will ich auch hier die wichtigsten Entwicklungen bilanzieren. Lebensformen gestern - heute - morgen: sie für die über 60- oder 65-jährigen zu beschreiben, heißt an liebgewordenen Vor- oder besser Nachurteilen zu rütteln. Der Kontrast zwischen der Lebenssituation der Älteren gestern gegenüber heute schien uns lange besonders klare, harte Konturen zu haben: auf der einen Seite die bäuerliche Großfamilie, in der drei Generationen miteinander im Hof und auf den Feldern lebten und arbeiteten, auf der anderen Seite - heute - der alleinlebende ältere Mensch, der unter Kontaktarmut und Gefühlen der Nutzlosigkeit und Bedeutungslosigkeit leidet. Die Soziologie hat diese Vorstellung fast wie ein Gesetz behandelt; der Satz von der Reduktion der Großfamilie als Drei-Generationen-Haushalt zur Zwei-Generationen-Kernfamilie im Industrialisierungsprozeß gehörte zum festen Wissen jedes Soziologiestudenten. Die letzten Jahre historischer Familienforschung haben uns diese Vorstellung gründlich verdorben, wo viele von uns in dieses Idyll eines großen, integrierten, mehrere Generationen umfassenden Haushalts unter einem Dach verliebt waren und daneben die heutigen Lebensformen als besonders bemitleidenswert karg und grau erschienen.

Die Auswertung alter Quellen hat bei Forschern aller west- und mitteleuropäischen Länder den gleichen Befund gebracht: die dominierende Form des Haushalts war der Haushalt der Zwei-Generationen-Familie. Mehr als zwei Generationen lebten, wenn überhaupt, nur während kurzer Phasen des Familienzyklus zusammen. Die großen Haushalte, das "große Haus" kamen durch Geschwister, unverheiratete Verwandte und vor allem das Gesinde zusammen. Heide Rosenbaum (1982) hat das Zusammenwirken der Faktoren eindrucksvoll beschrieben: das hohe Heiratsalter, die niedrige Lebenserwartung und die begrenzten ökonomischen Mittel konnten in der bäuerlichen wie in der Handwerkerfamilie Drei-Generationen-Haushalte gar nicht zur Regel werden lassen. Das Zusammenleben Verschiedenaltriger ist ein relativ neues Phänomen hochentwickelter Gesellschaften und erst das Ergebnis des deutlichen Sterblichkeitsrückganges in mittlerem und höherem Erwachsenenalter. Tatsächlich aber geht die Zahl von Haushalten aus Großeltern, Kindern, Enkeln und ggf. auch Urenkeln jedes Jahr zurück und wahrscheinlich wird dieser Haushaltstyp allmählich aussterben. Schon die demographische Entwicklung mit den sinkenden Kinderzahlen, abnehmenden Heiratsziffern und steigenden Scheidungsziffern wird zur Folge haben, daß in Zukunft gar nicht genug Kinder und Enkel dasein werden, um sich um die Alten zu kümmern, hier laufen moralische Appelle an die Pflegewilligkeit der Familien, vor allem der Frauen, schon deshalb ins Leere. Mit zunehmendem Alter wird weiterhin der Anteil von Ein-Personen-Haushalten steil ansteigen, erst in den höchsten Lebensjahren ist die Hilfsbedürftigkeit so hoch, daß andere Unterbringungsformen gesucht werden. Diese Zahl älterer Menschen, die heute allein leben, darf aber nicht mit Vereinzelungs- oder gar Vereinsamungstendenzen gleichgesetzt werden. Viele wohnen gar nicht allzuweit von ihren Familienangehörigen und Verwandten getrennt, sondern man findet sie häufig in der gleichen Gemeinde, im gleichen Viertel, ja im gleichen Haus und vielfältige gegenseitige Hilfs- und Unterstützungsbeziehungen verbinden die Generationen. Immerhin werden in der Bundesrepublik über drei Viertel der hilfs- und pflegebedürftigen Alten von Familienmitgliedern zu Hause betreut. Die Soziologen haben dieses neue Generationenverhältnis der getrennten Haushalte, aber der nach wie vor bestehenden emotionalen Bindung als "Intimität auf Abstand" (Rosenmayr/Köckert 1965) bezeichnet. Die äußere Unabhängigkeit und Abgrenzung erlaubt vielleicht eher eine offene Solidarisierung und innere Nähe als frühere ökonomische Zwangsgemeinschaften mit den Alten.

## 2 Pluralisierung von Lebensformen

Seit ungefähr zehn Jahren gibt es nicht mehr die normale, typische Lebensform für einen Erwachsenen (und auch immer weniger die Art von Familie, in der Kinder groß werden). Dieser Vervielfachung von Lebensformen will ich nun in zwei Perspektiven nachgehen: Einmal als Querschnittsaufnahme über alle bundesdeutschen Haushalte gestülpt, die z.Zt. existieren und zum anderen in einer Längsschnittbetrachtung der individuellen Lebensgeschichte.

In der Augenblicksaufnahme müssen wir konstatieren, daß die Antwort auf die Frage, in welchem Haushalt, d.h. hier, mit wem lebt denn der durchschnittliche Deutsche, gar nicht mehr so eindeutig ausfällt: Die statistisch häufigste Haushaltseinheit ist jedenfalls nicht eine Familie mit Kindern, sondern ein Ehepaar oder eine andere Einheit ohne minderjährige Kinder. Schon im statistischen Sinne hat sich eine klare Normalität im Sinne eines wahrscheinlich zu erwartenden Verhaltenstypus aufgelöst. Verläßt man diese äußeren, noch recht groben Kategorien der Haushaltsstatistik, wird ein überraschend buntes Bild erkennbar: Es haben sich sehr unterschiedliche Lebensstile entwickelt, die keine übergreifende, verbindliche Leitvorstellung mehr erkennen lassen: Nehmen wir junge Erwachsene des gleichen Altersjahrganges, zum Beispiel 25-jährige: Zum Teil sitzen sie - überwiegend aus ökonomischen Gründen - noch im elterlichen Nest, sie machen aber auch einen großen Teil der Singles aus, wir finden sie mit einem Partner in einem gemeinsamen Haushalt, unverheiratet - aber vielleicht mit fester Heiratsabsicht für Zukunft, oder ohne klare Bindungsvorstellungen oder mit entschlossener Antihaltung zur Ehe. Einige haben sich aber auch für Wohngemeinschaften entschieden, als zeitlich begrenzte Übergangslösung oder als bewußter Schritt zum Gruppenleben. Wir finden die 25-jährigen aber auch mit eigenem Kind in einer traditionellen Kleinfamilie. Oder nehmen wir minderjährige Kinder: Der größte Teil wächst noch in einer Familie mit den beiden biologischen Elternteilen auf. Ein wachsender Anteil jedoch lebt in einem Minihaushalt von einem Erwachsenen und einem Kind, wobei unterschiedlich intensive Kontakte zum anderen Elternteil eine zweite Bezugsfamilie daneben entstehen lassen können, andere sind mit einem Stiefelternteil und neuen Geschwistern zu einer zweiten, dritten Familie zusammengewachsen.

Wir Soziologen haben es mit der Untersuchung dieser neuen Heterogenität noch nicht sehr weit gebracht: Vorsichtige Schätzungen über die Anteile und die zahlenmäßige Entwicklung der jeweiligen Lebensform, erste Erkenntnisse über die soziale und demographische Zusammensetzung der Gruppen sind die schmale Bilanz. Erst seit kurzem wissen wir etwas mehr über eine Lebensform, die zuerst die Juristen beschäftigt hat, die sog. nichtehelichen Lebensgemeinschaften. Mit dem Ansteigen der Zahl von Ehen ohne Trauschein wucherten die Spekulationen, ob heute nur eine kurze Phase der Probeehe vor dem Gang zum Standesamt eingeschoben wird, oder ob die tragenden Merkmale unserer Ehe wie öffentliche Anerkennung, Absicht der Dauerhaftigkeit, akzeptierte gegenseitige Rechte und Pflichten gegenüber dem Ehepartner, Verantwortungsbereitschaft gegenüber Kindern, damit in Frage gestellt werden. Sehen wir uns dazu die Ergebnisse einer deutschen Repräsentativuntersuchung an, die 1983 im Auftrag des Bundesministeriums für Jugend, Familie und Gesundheit durchgeführt wurde. In 7,5 % aller bundesdeutschen Haushalte werden danach Personen angetroffen, die nach eigener Definition mit einem andersgeschlechtlichen Partner eine nichteheliche Lebensgemeinschaft bilden. Zwei Drittel dieser Paare leben ständig in einem gemeinsamen Haushalt, wir können also mit einer Gesamtzahl von 1,25 Mill. Haushalten rechnen, in denen Paare zusammenleben, ohne verheiratet zu sein. Wer hat sich für diese Lebensform entschieden? Es sind vor allem die jüngeren Männer und Frauen: Am höchsten ist der Anteil der 18- bis 24-jährigen mit einem Drittel. Die Altersgruppe zwischen 25 und 3O Jahren macht nochmals ein Viertel aus. Die 3O- bis unter 4O-jährigen sind mit 21 %, diejenigen, die 4O Jahre und älter sind, immerhin aber noch mit 17 % vertreten. Nimmt man den Bildungsabschluß als Hinweis für die soziale Schichtzugehörigkeit, so zeigt sich, daß es sich bei den unverheiratet Zusammenlebenden keineswegs um ein Phänomen der oberen Mittelschicht oder gar nur um ein Studentenphänomen handelt. Fast die Hälfte von ihnen (44 %) hat einen Volks- bzw. Hauptschulabschluß, 21 % haben Realschulabschluß, 21 % das Abitur und 12 % einen Hochschulabschluß. Eine deutliche Mehrheit dieser Partnerschaften existiert seit mehreren Jahren: Knapp die Hälfte sind mehr als drei

Jahre zusammen (bei 41 % sind es ein bis drei Jahre und lediglich bei 15 % ein Jahr oder weniger). Bei ungefähr jedem fünften Paar (18 %) hat wenigstens einer der beiden Partner bereits eine Scheidung hinter sich. Ein gemeinsames Kind aus der gegenwärtigen Partnerschaft ist sehr selten (nur 5 %), ein Kind aus einer früheren Beziehung hat dagegen jedes vierte Paar. Ordnet man diese Ehen ohne Trauschein nach Heiratsabsichten und nach ihrer Einstellung zur Ehe, ergeben sich vier unterschiedliche Gruppen. Da stechen einmal die hervor, die eine feste Heiratsabsicht haben. Sie wollen den Partner, mit dem sie jetzt zusammenleben, in absehbarer Zeit heiraten. Diese Gruppe macht ein Drittel aller unverheiratet zusammenlebenden Paare aus. Auffallend ist ihre jugendliche Altersstruktur. Jeder zweite ist unter 24 Jahre alt. Sie leben zusammen, weil sie erst einmal ihre berufliche Existenz sichern wollen, sich zur Heirat noch zu jung fühlen oder eine Eheschließung nicht für nötig halten solange noch keine Kinder da sind. Der Wunsch nach einem Kind oder einer Schwangerschaft wäre für sie der Hauptanlaß für eine Eheschließung. Alle Antworten dieser Gruppe lassen darauf schließen, daß für sie das nichteheliche Zusammenleben nur eine zeitlich begrenzte Übergangslösung darstellt: die frühere Verlobungszeit ist durch eine Probeehe im gemeinsamen Haushalt abgelöst worden.

Bei einer zweiten Gruppe - sie ist mit 38 % die größte - ist die Heiratsabsicht noch unklar: Sie wissen noch nicht, ob sie ihren gegenwärtigen Partner heiraten möchten. Auch diese Befragten sind überwiegend noch jung, aber ein Drittel von ihnen ist über 3O Jahre alt, bei jedem vierten lebt bereits ein Kind. Diese Gruppe fiel bei der weiteren Untersuchung durch in allen Bereichen noch sehr unklare, diffuse Zukunftsvorstellungen im Hinblick auf künftige Lebensformen auf.

Bei weiteren 28 % besteht keine Heiratsabsicht. Obwohl die Hälfte dieser Befragten schon länger als drei Jahre zusammenlebt, ist man sicher, den jetzigen Partner auch künftig nicht zu heiraten. In dieser Gruppe stellen die Teenager und Twens eine Minderheit von einem Drittel, dagegen sind die älteren Jahrgangsklassen stärker vertreten: ein Viertel zwischen 4O und 6O Jahre und 17 % noch älter. In dieser Gruppe fällt auch die relativ hohe Quote an Scheidungserfahrungen auf. Befragt nach den Motiven für das Zusammenleben in einer nichtehelichen Gemeinschaft, antwortet jeder zweite, daß eine Heirat heute nicht mehr nötig sei. Jeder dritte betont seinen Wunsch nach Unabhängigkeit.

Aus dieser dritten Gruppe kann man eine interessante vierte herausfinden, die absoluten Heiratsgegner. Sie machen 9 % aller unverheiratet zusammenlebenden Paare aus. Es sind übrigens doppelt soviele Männer wie Frauen, die die Ehe grundsätzlich ablehnen. Sie halten die Ehe schlichtweg für überholt und veraltet und verweisen sehr häufig auf eigene schlechte Erfahrungen oder negative Vorbilder im Freundes- oder Verwandtenkreis.

Insgesamt hat die Ehe bei allen Paaren ohne Heiratsabsicht ein überwiegend schlechtes Image. Einmal fürchtet man, daß die Sicherheit, die der Trauschein vorgaukle, die Beziehung eher gefährde denn fördere: man erschlaffe leicht, bemühe sich nicht mehr genügend um den Partner, so daß Unaufmerksamkeit, Langeweile und stereotype Alltagsabläufe das Leben des Paares bestimmten. Weiterhin schreibt man einem Ehepaar die Neigung zu, sich nach außen abzuschotten, alle Kontakte zu reduzieren bis auf die wenigen, die sich mit beiden Partnern vereinbaren ließen. Man mache die Wohnung quasi dicht und demonstriere eine Geschlossenheit, die individuelle Besonderheiten nicht mehr zuläßt.

Vor allem Frauen glauben, daß traditionelle Rollenzwänge in der Ehe wirksamer sind als in einer weniger institutionalisierten Partnerschaft. Sie sehen einen Rückfall in die Unselbständigkeit drohen und die klassische alte Rollenteilung vor sich. Ehefrau sein heißt, daß man sich nicht nachsagen lassen darf: "Du läßt deinen Mann mit ungebügeltem Hemd rumlaufen".
Was ist diesem Zerrbild der Ehe gegenüber das Besondere an den nichtehelichen Partnerschaften? Offensichtlich der Versuch, zwei widerstreitende Prinzipien auszubalancieren: Intimität und Gemeinsamkeit gegenüber Distanz und Individualität. Man legt größten Wert auf Gemeinsamkeiten im Tun, Fühlen und Denken, andererseits fordert man, beiden Partnern einen größtmöglichen Freiraum zu gewähren. Diese Freiheit trotz Bindung wird z.B. in Rückzugsmöglichkeiten gesucht: Man soll sich in ein Zimmer zurückziehen, einmal über Nacht wegbleiben oder auch allein verreisen können. Man will nicht die gleichen Freunde wie der Partner haben müssen, man will sich auch ohne ihn mit anderen treffen können. Der eigene Lebensstil, unterschiedliche Vorstellungen z.B. über Geschmack, über Geselligkeit oder auch Sicherheitsvorstellungen, sollen toleriert werden. Auch im materiellen Bereich soll jeder seine Entscheidungsfreiheit behalten, keine Rechenschaft vom anderen fordern.
Daß diese Idealvorstellungen häufig mit dem Alltag und dem Wunsch nach einer intensiven emotionalen Bildung kollidieren, ist verständlich. Am konfliktträchtigsten scheint der Bereich der sexuellen Treue zu sein. Sie wird von vier Fünfteln der Männer und Frauen in nichtehelichen Lebensgemeinschaften als unabdingbare Voraussetzung der Partnerschaft bezeichnet. Man verlangt zwar häufig von sich selbst, den anderen nicht als persönlichen Besitz in Beschlag zu nehmen, hofft aber insgeheim sehr, daß der andere die ihm zugestandene Freiheit nicht (aus)nützt.

Ein Bereich, in dem man in der sozialwissenschaftlichen Forschung am leichtesten Widersprüche zwischen Ideal und alltäglichem Verhalten in Partnerschaften aufdecken kann, ist die Arbeitsteilung zwischen Mann und

Frau. Aus den Umfragedaten wissen wir, daß auch in vom Standesamt abgesegneten Ehen das Leitbild partnerschaftlichen Verhaltens hoch im Kurs steht. Kaum ein Mann will danach mehr mit der Rolle des Alleinernährers und umsorgten Haushaltsmuffels liebäugeln. Die Forderungen der Ehefrauen nach mehr männlicher Beteiligung an Haushalts- und Erziehungsarbeiten sind schon seit langem radikaler. Machen wir ein flexibleres Verständnis der Geschlechterrollen an der Übernahme von Haushaltspflichten fest, dann ist bei unverheiratet zusammenlebenden Paaren der Fortschritt nicht überwältigend groß: Zwar werden einige der täglichen Haushaltspflichten wie Einkäufe machen, Wohnung sauber machen, Geschirr spülen zur Mehrheit (zwischen 50 und 60 %) gemeinsam erledigt, den Frauen aber bleibt überwiegend das Kochen, Wäschewaschen, Bügeln und Bettenmachen überlassen, während Männer häufiger Reparaturen und die Erledigung von Behördenangelegenheiten übernehmen. So traditionell diese Arbeitsteilung vielen scheinen mag, gegenüber einer Vergleichsgruppe von Ehepaaren schneiden die nichtehelichen Lebensgemeinschaften doch besser ab. Der Abstand zu den verheirateten wird noch größer, nimmt man die Organisation der finanziellen Versorgung als Maßstab. Bei höchstens jedem zehnten Paar ist z.B. die Frau ausschließlich auf die finanzielle Versorgung des Mannes angewiesen. Bei einer Stichprobe von Verheirateten, die in Alter und Wohnort der Struktur der unverheiratet Zusammenlebenden angepaßt wurden, gilt das für etwa drei von zehn Paaren. In nichtehelichen Lebensgemeinschaften sind die Partner also wirtschaftlich unabhängiger voneinander als bei Ehepaaren, aber die gegenseitige Unterstützungsbereitschaft ist hoch. Man legt Wert darauf, die Sorgen des anderen zu teilen, bei schwierigen Lebenssituationen wie Krankheit, Berufsunfähigkeit oder Arbeitslosigkeit füreinander einzustehen - und das auch finanziell.

Viele Fragen zu dieser neuen Lebensform sind z.Zt. noch offen. Wie ein Kind in diesen Balanceakt zwischen Bindung und grundsätzlicher Kündbarkeit eingepaßt wird, wie Gemeinsamkeit und Unabhängigkeit nach außen vertreten werden, wie weit das Ziel, die gemeinsame Basis mit dauernden offenen Gesprächen immer wieder herzustellen, verwirklicht wird, wie sich die Auflösung dieser "papierlosen Ehen" von einer Ehescheidung unterscheidet, das alles wissen wir noch nicht. Werden Ehen, in denen das Zusammenleben und Zueinanderpassen vor der Hochzeit erst einmal geprobt und geprüft werden, stabiler sein als andere? Amerikanische Untersuchungen, an allerdings sehr kleinen Bevölkerungsgruppen, lassen eher vermuten, daß die Unterschiede gering sind.
Unverheiratet zusammenlebende Paare - das ist nur eine der neuen Lebensformen, die wir uns etwas näher angesehen haben. Varianten seien nur noch genannt: Paare mit und ohne Kinder, die in getrennten Haushalten le-

ben, sich aber emotional zusammengehörig empfinden ("living apart together" hat das Straver genannt), Paare in Wohngemeinschaften, wobei die Loyalität gegenüber der Gruppe oder gegenüber dem Partner überwiegen kann oder Paare, die zeitweise zusammenwohnen, um das gemeinsame Kind zu versorgen, aber sonst eigene Lebensbereiche und -partner haben.

Diese neue Vielfalt verändert auch die individuelle Lebensgeschichte. Für lange Zeit waren wir gewöhnt, die Entwicklung des einzelnen als Familienabfolgen abzubilden. Der Durchschnittsbürger wurde in eine Familie hineingeboren, wuchs in ihr auf und verließ sie, um eine eigene Familie zu gründen, die wiederum erst mit dem Tod des Ehepartners und dem Auszug der volljährig gewordenen Kinder ihr natürliches Ende fand. In den Wissenschaften konnte man diesen nahtlosen Übergang zwischen Familien mit dem einfachen Konzept des Familienzyklus erfassen und brauchte nur kleinere aktuelle Schwankungen der Spannbreite einzelner Phasen nachzuzeichnen (In welchem Alter verläßt man die Herkunftsfamilie um selbst zu heiraten? Wann werden in der Ehe die Kinder geboren?). Dieses Konzept greift nun nicht mehr, man erlebt Familie und Single sein, nichteheliches Zusammenwohnen und Ehe, eine Zweielternfamilie und evtl. eine Eineltemsituation. Die Zahl der Formen, ihre Reihenfolge, ihre Dauer ergeben eine schier unübersehbare Variationsbreite individueller Lebensverläufe: keine normierte Lebensgeschichte mehr - quasi von der Stange, sondern ein nach ganz persönlichem Maß zurechtgeschneiderter Anzug. Es ist kaum abzusehen, wie sehr dieser Wechsel von Lebensformen und Rollen im Lebenslauf den einzelnen fordern und prägen wird, nach welchen Merkmalen, sprich Gemeinsamkeiten, sich Menschen als verwandte Gruppe und Gemeinschaft gliedern werden, wenn die Unähnlichkeiten in der privaten Dimension wachsen und auch noch zeitlich wechseln. Wird man seinen Freundes- und Bekanntenkreis öfter austauschen, je nach gerade aktueller Lebensform seine Bezugsgruppen als Orientierungshilfen wechseln müssen?

Bisher habe ich ein paar Lebensformen herausgepickt und versucht, einige ihrer Motive und Merkmale zu beschreiben. Die Auswahl, die ich getroffen habe, ist vielleicht typisch für unsere Zeit: das Neue, Überraschende, von gewohnten Selbstverständlichkeiten Abweichende fesselt am meisten, zieht die neugierigen Blicke - auch des Wissenschaftlers - an. Dabei bleibt die andere Hälfte der Wahrheit im Dunkel, daß eben immer noch die meisten Ehen halten, daß Partner ein Leben lang beieinander, miteinander ausharren, daß die Mehrheit der Frauen und Männer Kinder will und sich um ihr Aufwachsen sorgt. Klammern wir sie nicht aus, sondern versuchen wir, die Faktoren zu benennen, die auch in tradierte Formen, miteinander zu leben, hineinwirken und die Entwicklung und Lebensformen unserer Gesellschaft bestimmen. Vielleicht können wir dann etwas besser abschätzen, auf welche Fragen Lebensformen eine Antwort darstellen.

# 3 Welche gesellschaftlichen Prozesse bestimmen die Entwicklung unserer Lebensformen?

## 3.1 Der Wertwandel und die Tendenz zur Individualisierung

Die traditionellen Werte einer Wachstumsgesellschaft haben ihre Vorherrschaft eingebüßt: Leistung, Effizienz, Rationalität, Disziplin, Lustaufschub, Sparen, Karriere, Status haben als Fixpunkte der Lebensorientierung zumindest Konkurrenz bekommen: Affektivität, Sinnlichkeit, Suchen nach immateriellen Sinn, Selbstentfaltung scheinen vielen wichtiger und erstrebenswerter. Diese neuen Wertvorstellungen sind oft noch widersprüchlich, mischen sich mit alten Vorstellungen wie z.B. im Bereich des Einkommens und des Konsums. Gleichzeitig haben gesellschaftliche Entwicklungen den Menschen aus vielen gewachsenen Bindungen und Sozialbeziehungen herausgelöst mit der gemeinsamen Grundrichtung, einer weitreichenden Individualisierung. Während in vor- und frühindustriellen Zeiten Existenzsicherung, Bewahrung von Hof und handwerklicher Tradition, Erbfolge usw. im Mittelpunkt des Lebens standen und nicht das individuelle Wohlbefinden, hat sich die Befreiung aus solchen Zwängen zweifach ausgewirkt: einmal im dramatisch gewachsenen Handlungsspielraum des einzelnen, der Gestaltbarkeit des eigenen Lebenslaufs und - im Inneren des Menschen - in der Suche nach dem eigenen Selbst, nach individueller Identität (vgl. Beck 1986). Diese neue Freiheit hat ein doppeltes Gesicht, heißt auch Verlust von Sicherheit, verkommt zur Belastung, zum Zwang zum eigenen Leben. Der Boom der Selbstverwirklichungshilfen und -krücken, die dieses Ringen um das eigene Ich am Kochen und Brodeln halten, ist uns gut bekannt.

Welche Folgen hat dieser neue Wert der Selbstentfaltung, hat diese zunehmende Individualisierung für die Intimbeziehungen des Menschen? Einmal wird der Privatbereich noch einmal aufgewertet: fallen sichere Orientierungen in anderen Lebensbereichen aus, konzentriert sich die Hoffnung auf Selbstsicherheit und Lebenssinn auf die emotional nächsten Personen. Vom Partner in einer Paarbeziehung erwartet man, daß er bei dem an sich selbst gestellten Auftrag, sich zu entfalten, zu lernen, um dadurch Wissen und Genußchancen zu erhöhen, einen aktiven Part übernimmt, also zusätzliche Lernmöglichkeiten und Anregungen schafft. Gleichzeitig ist auch die Liebesbeziehung selbst in einem neuen Maß zur persönlichen Gestaltung

freigegeben. Mit der bürgerlichen Familie ist die romantische Liebe als sehr persönliche Begründung für die Schließung, also den Beginn einer Ehe eingeführt worden, heute soll man sich auch in der Aufrechterhaltung der Beziehung vor allem auf seine eigenen (oft schwankenden Gefühle) verlassen. Persönliche Gestaltbarkeit, d.h. daß auf das Paar eine endlose Reihe von Entscheidungen für ihr gemeinsames Leben zukommt: wollen wir Kinder oder keine, wann und wieviele sollen geboren werden, wer soll für sie sorgen, soll die Frau berufstätig sein und in welchem zeitlichen Ausmaß, wer darf Karriere machen, wieviel Engagement im Haushalt wird von jedem erwartet, wer ist für Verhütung verantwortlich? Daneben müssen auch die individuellen Besonderheiten zweier Lebensstile unter einen halbwegs gemeinsamen Hut gebracht werden. Die riesigen Auswahlmöglichkeiten für jeden einzelnen machen es nicht gerade wahrscheinlich, daß man sich in Fragen der Hobbys, Urlaubsvorlieben, Konsumstile usw. zu beider Zufriedenheit trifft. Und dabei bekennt sich ein moderner Mensch auch noch grundsätzlich zur zeitlichen Veränderbarkeit seiner Einstellungen und Bedürfnisse. Am liebsten sollte jede getroffene Entscheidung beliebig korrigierbar sein, der früher Karriereüberzeugte seine neue Neigung zu Heim und Kindern entdecken dürfen, die begeisterte Mutter ihren Wunsch nach Berufstätigkeit und Außenkontakten, der Großstädter seinen Hang zur ländlichen Idylle, der Familienvater seine Lust an Abenteuerreisen usw. Es ist wahrlich nicht leichter geworden, Partnerschaft zu leben.
Vielleicht hat auch das rasante Tempo gesellschaftlicher und technischer Entwicklungen den privaten Bereich miterfaßt. Informiert sein, sich umstellen und anpassen können ist in Beruf, in den geistigen Strömungen und auch im Alltag, z.B. der Konsumwelt, zur ständigen Herausforderung geworden. Aus- und Abwechslung, z.B. am Arbeitsplatz oder in der Mode, ist das Grundprinzip der Innovation. Ist es da nicht naheliegend, meint Rosenmayr (1986), daß diese Kategorie der Auswechslung eine Perspektive auch in den Partnerbeziehungen geworden ist? Im Sinne von Entwicklungen, die man im eigenen Fortschritt und in vermeintlichen Verbesserungen festzustellen glaubt, ist man bereit sich zu trennen und neu anzufangen.

## 3.2 Der verlorene Einfluß traditioneller normsetzender Instanzen

Der Einstellungswandel zu Ehe und Familie geht einher mit deutlichen Einflußverlusten der Instanzen, die jahrhundertelang ihr Interesse an diesen Institutionen in Normen zu ihrer Regelung übersetzt hatten: Kirche und Staat. Zusammenhänge zwischen religiöser Bindung und Scheidungshäufigkeit oder Entscheidung für Ehen ohne Trauschein sind zwar immer noch nachweisbar, aber insgesamt spielt der kirchliche Moralkodex für die Gestaltung von Ehe und Familie eine immer geringer werdende Rolle. Auch das staatliche Interesse an der Familie, vor allem den Kindern, wird eher abgewehrt. Die Entscheidung für eine Partnerschaft, für oder gegen Kinder wird als private Sphäre gegenüber anderen Instanzen klar abgegrenzt: Die finanzielle Privilegierung der herkömmlichen Ehe wird verärgert registriert, erzwingt aber keine Verhaltensänderung. Traditionelle Autoritäten für Ehe und Familie haben mehr oder minder abgedankt - das erinnert auch daran, wie sich die Vorstellungen der Generationen auseinander entwickelt haben: Die neuen praktizierten Lebensformen signalisieren letztlich auch, wie folgenlos die bürgerlich traditionellen Werthaltungen und Erfahrungen der Eltern offensichtlich für die jüngere Generation geblieben sind. Junge Frauen und Männer bevorzugen Lebensstile, die für ihre Mütter und Väter noch undenkbar gewesen wären. Insgesamt ist die wachsende gesellschaftliche Akzeptanz von Scheidung und von nichtehelichen Lebensgemeinschaften vielleicht noch erstaunlicher als die faktische Verbreitung der neuen Lebensformen. Noch in den 6Oer Jahren war die hohe Wertschätzung der Ehe und die Entrüstung über Abweichungen ungebrochen, heute billigt der überwiegende Teil der bundesdeutschen Bevölkerung zumindest eine Ehe auf Probe. Auch die unverheiratet Zusammenlebenden berichten selbst nur selten von gravierenden sozialen Mißbilligungen und Benachteiligungen. Das böse Wort von der wilden Ehe fällt immer seltener, die meisten Wohnungsvermieter machen bei den neuen Spielregeln mit. Wenn ich bisher nur negativ definiert habe, an welchen Instanzen sich immer mehr Menschen nicht mehr orientieren, ist zu fragen, wer dieses normative Vakuum denn jetzt füllt? Hat jeder wirklich sein handgestricktes Rezept für Leben und Partnerschaft? Anhaltspunkte, Strickmuster werden wohl weiter gesucht und in Überfülle von außen geliefert: die zahllosen gedruckten Ratgeber - die Wissenschaftler und Frauenzeitschriften liefern - scheinen ja anzukommen, eine Lücke zu füllen. Man orientiert sich dann eben an Partnerschaftskonzepten wie der offenen Ehe von O'Neill oder löst familiale Probleme mit Methoden der Gordon'schen Familienkonferenz - vielleicht guckt man sich aber auch etwas an den bunteren Vorbildern der Fernsehwelt ab.

### 3.3 Die Lockerung eines zwingenden familialen Sinnzusammenhangs

Das traditionelle bürgerliche Liebes-, Ehe- und Familienmuster hatte in die Köpfe einen quasi selbstverständlichen Zusammenhang zwischen einzelnen Verhaltensschritten eingepflanzt: wer liebt, der heiratet, wer heiratet, wohnt zusammen, wer zusammen wohnt, führt einen gemeinsamen Haushalt, wer gemeinsam lebt, bekommt auch Kinder. Der eine Schritt gibt erst Sinn durch den nächsten, der zweite setzt den ersten voraus. Die Ehe war, wie es Straver formuliert, eine Art Kompaktpaket für die grundlegenden Bedürfnisse nach Zuneigung, Sexualität, Wohnung, Haushalt und täglicher

Versorgung, materiellem Unterhalt und Sorge für die Kinder. Dieses Paket ist nicht mehr so straff geschnürt, die Verpackung lockert sich und einiges kann auseinanderfallen: aus Liebe folgt nicht mehr Heirat und Ehe, aus dem Verheiratetsein nicht mehr das Sexualprivileg. Gerade nichteheliche Lebensgemeinschaften haben diese Zusammenhänge noch unverbindlicher gemacht: Paare leben getrennt oder teilen die Wohnung in seine und ihre Räume auf, führen den Haushalt säuberlich nach Kosten getrennt, rechnen nicht zwangsläufig mehr mit gegenseitiger Unterhaltspflicht. Und in gar nicht wenigen Paarbeziehungen, in denen Kinder eines Partners leben, gibt es Konflikte, weil z.B. die Mutter dem Partner nur wenig Mitreden bei der Kindererziehung erlaubt, oder dieser nicht im erwarteten Maß Verantwortung für das Kind übernimmt.
Aber auch in den, von außen gesehen, alten Formen von Ehe und Familie vollziehen sich solche Prozesse der Differenzierung. Die Familie als geschlossene Lebensform wird von ihren Mitgliedern insofern aufgelöst, als die Teilbeziehungen einmal zum Partner und zum anderen gegenüber den Kindern in den Vordergrund treten und durchaus getrennt für die eigene Lebenszufriedenheit bewertet werden (vgl. Schulz 1983).

### 3.4 Veränderter Stellenwert der Sexualität in Intimbeziehungen

Die sexuelle Aufklärung und Liberalisierung hat die Entwicklung von Lebensformen sehr stark beeinflußt. Die Jugendlichen beginnen früher mit sexuellen Beziehungen, sie machen Erfahrungen mit mehreren Partnern, das Eingehen und Auflösen von Beziehungen wird gelernt. Sexualität und Ehe sind schon lange entkoppelt: Voreheliche Sexualerfahrung ist normal, und außereheliche Beziehungen werden nach vorsichtigen Schätzungen von einem erheblichen Teil der Männer und Frauen praktiziert. Sexuelle Treue in der Partnerschaft wird zwar weiterhin als Ideal hochgehalten und Eifersucht ist immer noch die typische Reaktion auf Nebenbeziehungen, aber die früheren und häufigeren sexuellen Erfahrungen werden kaum ohne Auswirkungen auf spätere Lebensabschnitte bleiben. Insgesamt hat die Bedeutung von Sexualität in Paarbeziehungen zugenommen, nicht nur, wie vielleicht vermutet werden könnte, in den nichtehelichen Lebensgemeinschaften, sondern auch in den Ehen. Eine positive Bewertung der Ehebeziehung korreliert heute sehr hoch mit sexueller Erfüllung. Sexualität muß nicht mehr nur zur Aufnahme von Beziehungen motivieren, sondern auch motivieren für das Zusammenbleiben. Dies hängt schon mit dem neuen Tempo von Zweierbeziehungen zusammen: die Strategie der zögernden kleinen Schritte ist längst passé, gerade das Anfangstempo vieler Beziehungen ist eher rasant, die sexuelle Zufriedenheit entscheidet dann sehr stark mit, ob diese Gemeinschaft länger aufrecht erhalten wird. Wir wissen noch nicht, wie sich Wünsche nach Selbstentfaltung und Vervollkommnung längerfristig in der Sexualität auswirken werden: Wird das Bedürfnis nach Perfektionierung zu neuen Erfahrungen und neuen Partnern drängen, Sexualität sich also von der Person des Partners eher ablösen, oder wird eine Intensivierung der einen Zweierbeziehung über das gemeinsame sexuelle Erleben gesucht? Die Einschätzung der Experten neigt eher zu Prognosen einer weiteren Destabilisierung von Paarbeziehungen.

### 3.5 Die veränderten Ansprüche der Frau

Die soziale Lage der Frauen einzuschätzen fällt gar nicht so leicht: Rückt man die nichterfüllten Erwartungen, z.B. der Frauenbewegung, in den Vordergrund, betont die immer noch bestehenden offenen und verdeckten Benachteiligungen der Frauen in Arbeit, Alltag, Politik und gesellschaftlichem Leben, oder erfreut man sich an den Fortschritten im Bildungs- und Rechtssystem, in der Berufswelt, in der ökonomischen Unabhängigkeit eines wachsenden Anteils von Frauen: Im Wandel von Lebensformen sieht es zumindest auf den ersten Blick so aus, als ob alles für die Frauen liefe, daß sie oft den Anstoß liefern für Veränderungen, Unruhe in eingespielte, so lange Zeit bewährte Formen des Zusammenlebens brächten. Dieser Eindruck kommt nicht von ungefähr: alle Faktoren, die ich bisher als auslösende und fördernde Merkmale hin zu neuen Lebensformen genannt habe, gelten schon seit längerem für den Mann, neu ist, daß sie seit vielleicht 2O Jahren erstmals massiv auch in das Leben der Frauen hineinwirken. Sexuelle Liberalisierung heißt ja vor allem, daß die doppelte Sexualmoral sich zu mehr Freiraum auch für die Frauen hin verschreibt, Geltungsverlust kirchlicher Normen für Liebe, Ehe und Familie löst heute vor allem Frauen aus der Verpflichtung gegenüber herkömmlichen Verhaltensstandards - Männer haben sich diese Freiheit schon länger genommen. Und die gesellschaftlichen Modernisierungsprozesse mit ihrem Individualisierungsschub haben zuerst den Mann aus alten Bindungen und Sozialformen entlassen hin zu größerem Gestaltungsfreiraum des eigenen Lebens, ganz neu ist, daß sich auch Frauen von den festgeschriebenen Stationen typischer weiblicher Lebensbiographien lösen und daß deshalb die Folgen dieser gesellschaftlichen Wandlungsprozesse auf die Intimbeziehungen das erstemal voll durchschlagen. Die Rolle der Frau hat sich ja keineswegs so vergleichsweise geradlinig wie die des Mannes in den letzten Jahrhunderten entwickelt. Die Lebensbereiche und Sozialcharaktere von Mann und Frau haben sich mit dem Aufkommen der bürgerlichen Familie noch einmal weiter voneinander entfernt. Während die Frau im bäuerlichen großen Haus, oder später in der Hausindustrie, ihre Arbeitskraft voll für die Erwirtschaftung der Existenzgrundlage einsetzte und der Haushalt eher eine zusätzliche Nebenverpflich-

tung darstellte, durfte in der bürgerlichen Familie des 18. und 19. Jahrhunderts das nach außen abgeschlossene Heim der einzige Wirkungsbereich der Frau sein.
Damit wurde eine neue Gestaltung von Ehe und Familie eingeläutet: Die Basis der Ehebeziehung stellte nicht mehr ein gemeinsamer Arbeits- und Wirtschaftsbereich dar, sondern das persönliche Gefühl füreinander. Auch die Kinder wurden in diesen neuen gemüthaften Binnenraum der Familie einbezogen, ihre Bedeutung für die Eltern wuchs, ihre Erziehung wurde nun erst bewußt zu einem gemeinsamen Interesse der Eltern.

Damit veränderte sich die Rolle der Frau deutlich, Heidi Rosenbaum beschrieb: "Die Tätigkeit der bürgerlichen Frau bestand nunmehr in der Organisation des wegen der Vorratswirtschaft umfangreichen Haushaltes, dort, wo die Mittel knapp waren auch in Haus- und Gartenarbeit sowie in der Kinderaufzucht und -erziehung. Erst jetzt, wo sie von der Tätigkeit des Mannes gänzlich, sowohl räumlich als auch inhaltlich, abgeschnitten war, konnte die Pflege des Haushaltes, aber auch der Wohnung zu einem zentralen Wert werden. Die "Häuslichkeit" wurde zum eigenständigen Daseinsbereich der Frau" (Rosenbaum 1982, S. 278). Das Heim bekam seine Weihe als Refugium, der Frau erwuchs die Aufgabe, daheim für den, wie es die Soziologen nüchtern nennen, emotionalen Spannungsausgleich gegenüber den Anforderungen und Beschädigungen der Arbeitswelt und des öffentlichen Raums zu sorgen. Die Kontrasttugenden (Habermas) zwischen Mann und Frau wurden schärfer herausgearbeitet, die warme, geduldige, unschuldige, schöne Frau bildete die Ergänzung zum nüchternen, kühl-rational und aktiv handelnden Mann. Diese Ideologie paßte nicht für die Lebenswelt der unverheirateten Frauen, die sich ihren Lebensunterhalt selbst erarbeiten mußten, sie paßte noch weniger für die materiell bedrängte proletarische Familie, aber sie schrieb die Wesensunterschiede, die Arbeitsteilung und das Autoritätsgefälle zwischen Mann und Frau normativ fest. Seit den 6Oer Jahren sind diese Strukturen heftig in Bewegung geraten. Die gestiegenen Bildungschancen, die Technisierung der Hausarbeit, der neue Familienzyklus der Frau, die Reform des Ehe- und Familienrechts verschieben das Gewicht zwischen Familien- und Erwerbsarbeit. Berufstätigkeit verliert ihre Lückenbüßer- und Überbrückungsfunktion im weiblichen Lebenslauf, für viele Frauen wird die ausschließliche Mutter- und Familienphase auf einige wenige Jahre zusammengedrängt. Dabei ist diese Entwicklung sicherlich nicht von allen Frauen nur herbeigesehnt, sondern häufig - man denke nur an die steigenden Scheidungsziffern und den wachsenden Konsumdruck - auch ein Stück erzwungen worden. Das Resultat ist, daß Frauen sich nicht mehr nur von der Familie her definieren, sondern - wie schon lange der Mann - sich als eigenständige Person mit individuellen

Wünschen, Zukunftsvorstellungen und dem Recht auf Handlungsalternativen begreifen. Das ist nicht nur neu und überraschend für die Männer generell, sondern besonders prekär für das Paarverhältnis. Die Abgrenzung gegenüber den Männern, die Forderungen gegenüber dem Partner fallen in dieser Phase vielleicht oft schärfer, schroffer und auch verletzender aus als gedacht. Schließlich ist es in der Geschichte von Mann und Frau seit Jahrhunderten das erstemal, daß eine Beziehung zwischen zwei relativ autonomen Partnern gestaltet werden muß. Auch wenn der Mann grundsätzlich akzeptiert, daß die Frau das Recht auf ein eigenes Leben beansprucht, steht er doch oft verblüfft vor den konkreten Folgen im Alltag: da macht plötzlich die Frau Karriere, und sein Selbstbewußtsein wird stark strapaziert, da schwebte ihm beim Konzept der partnerschaftlichen Arbeitsteilung der gemeinsame Einkauf am Samstagvormittag vor, und plötzlich soll er regelmäßig abspülen und das Bad putzen, da sah er sich als Vertreter des neuen, zärtlichen Vaters liebevoll mit der kleinen Tochter schmusen und nun findet er sich mit quängelndem Kind im vollen Wartezimmer des Kinderarztes wieder - so hatten sich viele das nun doch nicht gedacht, das Verhalten hinkt wieder einmal schmerzhaft den fortschrittlichen Einstellungen nach.

Wie sollen eigentlich in Zukunft Ehe- und Paarkonflikte gelöst werden? Trotz aller äußeren Bedrängnisse dieser Lebensform ging es häufig doch noch gut, weil letzlich die Frau nachgab, ihre Vorstellungen zugunsten des Ehe- und Familienfriedens reduzierte oder begrub. Was passiert, wenn sie immer weniger zu dieser Anpassung bereit ist? Und immer noch haben Frauen andere, wohl auch "höhere" Ansprüche an das Zusammenleben, äußern sich deshalb wohl auch häufiger als Männer unzufrieden über Ehe und Partner. Wie wird in Zukunft mit diesen unterschiedlichen Erwartungen umgegangen? Elisabeth Beck-Gernsheim hat ihre Prognose auf folgende Formel gebracht: "Im Enttäuschungsfall gaben früher die Frauen ihre Hoffnungen auf. Heute dagegen halten sie an den Hoffnungen fest - und geben die Ehe auf" (1986, S. 159).
Wir wissen nicht, ob diese Probleme beschränkt sein werden auf eine Art Übergangsphase, bis die neuen Orientierungen für Geschlechterrollen sich eingespielt haben und Widersprüchlichkeiten geklärt sind. Vielleicht stellt sich aber auch auf Dauer die Aufgabe, zwei Menschen, die beide ihr Recht auf Individualität und eigene Lebenspläne beanspruchen, zu einer Übereinkunft zu bringen, die auch noch die Verantwortung für Kinder einschließt. Die Rückkehr zu sicheren, klaren, aber einseitig die Frau einengenden Verhaltensregeln ist sicher nicht wünschenswert, die weitere Entwicklung unserer Lebensformen wird wohl davon abhängen, wie sehr Männer und Frauen aus ihrer Autonomie heraus sich bescheiden und begrenzen werden - um stabiler Bindungen willen.

## Literatur


Beck, U.: Risikogesellschaft. Auf dem Weg in eine andere Moderne. Frankfurt/M. 1986.

Beck-Gernsheim, E.: Bis daß der Tod Euch scheidet? Wandlungen von Liebe und Ehe in der modernen Gesellschaft. In: Familie - Tatsachen, Probleme, Perspektiven. Sonderveröffentlichung des Archivs für Wissenschaft und Praxis der sozialen Arbeit. Frankfurt a.M. 1986.

BMJFG (Hrsg.): Nichteheliche Lebensgemeinschaften in der Bundesrepublik Deutschland. Bd. 17O der Schriftenreihe der BMJFG. Stuttgart/Berlin/Köln/Mainz 1985.

Gutschmidt, G.: Kind und Beruf - Alltag alleinerziehender Mütter. Weinheim/München 1986.

Napp-Peters, A.: Ein-Elternteil-Familien. Soziale Randgruppe oder neues familiales Selbstverständnis. Weinheim/München 1985.

Rosenbaum, H.: Formen der Familie. Frankfurt/M. 1982.

Rosenmayr, L.: Über Familie in den Strukturumbrüchen heute. Forschungen und Erwägungen in disziplinübergreifender Absicht. In: Familie-Tatsachen, Probleme, Perspektiven. Frankfurt/M. 1986.

Rosenmayr, L./ Köckert, E.: Umwelt und Familien alter Menschen. Neuwied/Berlin 1965.

Schulz, W.: Von der Institution "Familie" zu den Teilbeziehungen Mann, Frau und Kind. In: Soziale Welt, 4, 1983, S. 4O1 - 419.

Straver, C.J.: Die nicht-eheliche Lebensgemeinschaft - Bericht über eine qualitative Untersuchung in den Niederlanden. In: Partnerschaft und Identität. Loccumer Protokolle, e, 198O, S. 18-43.

# HAUSARBEIT

**Hiltraud Schmidt-Waldherr**

# Rationalisierung der Hausarbeit in den zwanziger Jahren

Erinnert sei an einen sicherlich bekannten Ausspruch von Kenneth Galbraith: "Die Umwandlung der Frauen in eine auf unsichtbare Weise dienende Klasse war eine ökonomische Leistung ersten Ranges. Dienstboten für gesellschaftlich unterbewertete Arbeiten standen einst nur einer Minderheit der vorindustriellen Bevölkerung zur Verfügung; die dienstbare Hausfrau steht jedoch heute auf ganz demokratische Weise fast der gesamten männlichen Bevölkerung zur Verfügung" (zitiert nach Bock, G./Duden, B., 1977, S. 177). Daß diese Feststellung von Galbraith für die BRD de facto auch heute noch gilt, belegen erneut die Selbstaussagen von Männern über ihre Hausarbeitsabstinenz in der repräsentativen Untersuchung "Der Mann" (Metz-Göckel, S./Müller, U., 1986).
Aber blicken wir zurück: Im Eherecht des Bürgerlichen Gesetzbuchs (BGB) von 1900 wurden für Deutschland die häuslichen Dienste für alle Ehefrauen rechtlich festgeschrieben. Wie Marianne Weber 1907 in ihrer Untersuchung "Ehefrau und Mutter in der Rechtsentwicklung" belegte, waren die damaligen Gesetzgeber im Reichstag in ihrer Mehrheit der Ansicht, daß das Eherecht die Rechte des Mannes sichern müsse; d.h. seine "natürliche Stellung", seine "eheherrliche Autorität" sollte durch seine Geschlechtsvormundschaft im BGB rechtsbindend ihren Niederschlag finden (1907, S. 429f.). So mußte ihm unbedingt zur Festigung seiner Stellung das Verwaltungs- und Nutznießungsrecht am Frauenvermögen zustehen (§1363, vgl.: Weber, M., 1907, S. 458ff.). Ferner stand nach §1354 dem Mann allein die Entscheidung in allen das gemeinschaftliche Eheleben betreffenden Angelegenheiten zu. Nur nach Feststellung des ausdrücklichen Mißbrauchs seines Rechtes durch die Gerichte war die Frau davon entbunden, der Entscheidung des Mannes Folge zu leisten.

Unterhaltspflichtig freilich war der Ehemann. Seiner gesellschaftlichen Stellung entsprechend hatte er einen standesgemäßen Unterhalt in Naturalien zu gewähren. Geldleistungen hingegen hatte er nicht zu leisten, solange die Ehefrau mit ihm zusammenlebte (S. 422f.). Er kam seiner Verpflichtung durchaus auch dann bereits nach, wenn der Unterhalt voll aus den Einkünften bzw. aus dem eingebrachten Gut der Frau gedeckt wurde. Denn die Ehefrau war bei mangelnder standesgemäßer Unterhaltssicherung durch den Mann verpflichtet, mit ihrem Vermögen bzw. durch Erwerbsarbeit den Lebensunterhalt zu sichern (§1360). Über die Unterhaltssicherung durch Vermögen und/oder Erwerbsarbeit hinaus hatte die Frau weiteren Pflichten

Uebung macht den Meister — auch beim Bügeln

Abb. 1 ... die dienstbare Hausfrau steht ... heute auf ganz demokratische Weise fast der gesamten männlichen Bevölkerung zur Verfügung.

nachzukommen, nämlich nach Weisung des Mannes das gemeinschaftliche Hauswesen (§1354) zu leiten und - soweit üblich - Arbeiten im Hauswesen und Geschäft des Mannes zu leisten. Je nach Stand und Sitte schuldete sie dem Ehemann also häusliche Dienste und unbezahlte Arbeit in seinem Geschäft (§1356).

Ein wirtschaftlicher Wert im Sinne der Anrechnung als Beitrag zum Familienunterhalt wurde diesen Arbeiten freilich nicht zuerkannt. Verdeutlicht wird dieses Wert- und Rechtsverständnis durch das Schadensersatzrecht (BGB §842ff.), nach dem bei Verletzung oder Tötung der Ehefrau, die den Haushalt geführt hatte, nur der Mann einen Schadensersatzanspruch geltend machen konnte. Der verletzten Ehefrau selbst (§843) und eventuellen Kindern (§844) standen keine Schadensersatzansprüche zu, da Verlust oder Minderung der Fähigkeit zur Hausarbeit der Frau als Vermögensschaden angeblich nur den Ehemann betraf (wegen entbehrter Dienstleistungen).

Aber nicht nur die "häuslichen Dienste" der Ehefrau waren durch das BGB rechtlich verankert worden, sondern - wie schon ausgeführt - auch die Verpflichtung der nichtvermögenden Ehefrau, zur Unterhaltssicherung durch Erwerbsarbeit beizutragen (§1360), wodurch das Leitbild der "Doppelrolle" sowohl für die proletarische als auch für die bürgerliche Ehefrau rechtsbindend wurde (vgl. Tornieporth, G., 1984, S. 309ff.).

Nicht ohne Ironie sei angemerkt, daß damit die konservative Mehrheit der Männer im Reichstag, die doch die Ehefrauen-Erwerbsarbeit "als eine vorübergehende Entgleisung" bezeichnet und gar das "Verbot der Arbeit verheirateter Frauen" gefordert hatte, nun die Verpflichtung der Ehefrau zur Erwerbsarbeit unter den oben angegebenen Voraussetzungen im BGB festgeschrieben hat (vgl. dazu: Bäumer, G., 1914, S. 279 und Weber, M., 1907).

Durch Studien zur Frauenarbeit in den Anfängen der Sozialforschung "von Frauen für Frauen" (vgl. Braun, L., 1901 - sowie die dort angegebene Literatur) wurde die Notwendigkeit der Frauenerwerbsarbeit - aber auch die Bindung der Frauen an Hausarbeit und die deshalb im Vergleich zu den Männern geringere Disponibilität ihrer Arbeitskraft - klar. Es wurde deutlich, daß sich die Alternative "Beruf und Zölibat" oder "lebenslängliches Nur-Hausfrauen-Dasein" für die Mehrheit der Frauen zu Anfang dieses Jahrhunderts gar nicht mehr stellte, sondern Hausarbeit und Erwerbsarbeit

- also die "Doppelarbeit" - im weiblichen Lebenszusammenhang koordiniert werden mußte. "Das Problem der Doppelseitigkeit des Frauenlebens in Hauswirtschaft und Volkswirtschaft (müsse) im Mittelpunkt aller Überlegungen" stehen (Bäumer, G., 1914, S. 278f.).

Im weiteren wird es mir darum gehen, kurz die Lösungsversuche hinsichtlich der für die Frauen aus der Doppelbelastung resultierenden Probleme sowohl von seiten sozialistisch als auch bürgerlich organisierter Frauen zu erörtern. Dabei lege ich den Schwerpunkt auf jene Interessen und Kontroversen, die in die Rationalisierungsdebatte der zwanziger Jahre eingegangen sind.

## 1 Das Einküchenhaus

Die Konzeption des Einküchenhauses (vgl. Uhlig, G., 1981), die von Sozialistinnen nach der Novemberrevolution 1919 wieder aufgegriffen wurde, hatte Lily Braun schon 1900 in die sozialistische Debatte um Wohnungsreform und Frauenemanzipation eingebracht. In ihrem Referat vor einem Arbeiterinnenbildungsverein in Berlin stellte sie ihr Programm einer Hauswirtschaftsgenossenschaft vor. Ihre Vorstellungen zum Einküchenhaus wurden freilich umgehend als unrealistisch bezeichnet und von den meisten Zuhörerinnen abgelehnt. Die Argumente ihrer Gegner griff sie in der Publikation ihres Referates (1901 als Broschüre unter dem Titel "Frauenarbeit und Hauswirtschaft") auf. Das Konzept des Einküchenhauses beschrieb sie darin wie folgt: "In einem Häuserkomplex, das einen großen, hübsch bepflanzten Garten umschließt, befinden sich etwa 50 - 60 Wohnungen, von denen keine eine Küche enthält; nur in einem kleinen Raum befindet sich ein Gaskocher, der für Krankheitszwecke oder zur Wartung kleiner Kinder benutzt werden kann. An Stelle der 50 - 60 Küchen, in denen eine gleiche Zahl Frauen zu wirtschaften pflegt, tritt eine im Erdgeschoß befindliche Zentralküche, die mit allen modernen arbeitsparenden Maschinen ausgestaltet ist. Giebt es doch schon Abwaschmaschinen, die in drei Minuten zwanzig Dutzend Teller und Schüsseln reinigen und abtrocknen! Vorrathsraum und Waschküche, die gleichfalls selbstthätige Waschmaschinen enthält, liegen in der Nähe [...]. Die Mahlzeiten werden, je nach Wunsch und Neigung, im gemeinsamen Eßsaal eingenommen oder durch besondere Speiseaufzüge in alle Stockwerke befördert. Die Erwärmung der Wohnungen erfolgt durch Zentralheizung, so daß auch hier 50 Oefen durch einen ersetzt werden. Während der Arbeitszeit der Mütter spielen die Kinder, sei es im Saal, sei es im Garten, wo Turngeräthe und Sandhaufen allen Altersklassen Beschäftigung bieten, unter Aufsicht der Wärterin. Abends, wenn die Mutter sie schlafen gelegt hat und die Eltern mit Freunden plaudern oder lesen wollen, gehen sie hinunter in die gemeinsamen Räume, wo sie sich die Unterhaltung nicht durch Alkoholgenuß zu erkaufen brauchen, wenn sie kein Bedürfniß danach haben" (S. 21f.).

Zur Anpassung an differierende Bedürfnisse der Bewohner sah ihr Plan Varianten vor. Zum einen Einsparungen, indem der Lese- und/oder der Eßsaal wegfielen oder auch die Speiseaufzüge, zum anderen aber auch Erweiterungen wie ständige Reinigungsdienste für die Wohnung u.a. Diese Maßnahmen sollten eingebettet werden in ein System von Wirtschaftsgenossenschaften, das die Aufgabe hatte, zugleich mit der Lösung der Wohnungsprobleme - sei es in genossenschaftlicher Selbsthilfe oder durch Staatshilfe (S. 17ff.) - eine für breite Kreise relevante Lebensreform zu initiieren. Von dem Einküchenhaus erhoffte sich Lily Braun u.a.

- eine umfassende Wohnungsreform, die die Lösung der Wohnungsprobleme der Proletarier ermöglichen würde,
- eine Ernährungsreform, die den Dilettantismus in der Ernährung der Menschen beenden würde,
- eine Erziehungs- und Bildungsreform mit dem Ziel, die Kindererziehung durch geschultes Personal zu verbessern ,
- die Professionalisierung bzw. Verberuflichung von Haus- und Heimarbeit, durch die sowohl die Hausfrauen- und Dienstbotenfrage als auch die Heimarbeiterinnenproblematik gelöst werden könnte,
- allgemein die Frauenemanzipation, nicht zuletzt als Ergebnis der Befreiung von Hausarbeit,
- eine umfassende Familien- und Lebensreform, ermöglicht durch kollektive Wirtschaftsführung und ein von Hausarbeit befreites Familienleben.

Ihren Gegnern, die durch das Einküchenhaus das Familienleben gefährdet sahen, begegnete sie mit der folgenden Argumentation: "Die Küche ... zur Grundlage der Familie zu machen, indem man erklärt, daß sie mit ihr steht oder fällt, heißt den Begriff der Familie entweihen. Wäre es tatsächlich nichts als der Herd, der sie zusammenhält, so wäre sie werth, zu Grunde zu gehen. In Wirklichkeit liegt die Sache so: Das Feststehende im Wechsel ist das Verhältnis zwischen Mann, Weib und Kindern. Seine Tiefe und Innigkeit entwickelt sich um so mehr, je mehr es losgelöst ist von äußeren Bedingungen" (S. 28).

Die Frauen und die Familie zu befreien, hieß für Lily Braun - und sie zitiert damit Peter Kropotkin - die Frauen "vom Kochherd und dem Waschfaß befreien" (S. 27), also Haushaltsgenossenschaften einzurichten, die den Frauen gestatten würden, ihre Kinder besser zu erziehen und am sozialen Leben teilzuhaben. Die Emanzipationsinteressen, die Lily Braun mit dem Einküchenhausprojekt zur Befreiung von der "Sklaverei der Haushaltsarbeit" verfolgte, waren vielfältiger Natur: Nicht nur Hausfrauen und Dienstmädchen, sondern zugleich auch die Familie (als Folge der Lösung der Gatten- und Kinderliebe vom Küchenmief) sollten sich emanzipieren können, und zwar in sozialer (Lebensreform), ökonomischer (Wohnungs-, Haushalts-, Konsum- und Wirtschaftsgenossenschaften) und politischer Hinsicht.

## 2 Kontroversen ums Einküchenhaus

Dieses Einküchenhausprojekt wurde in den Rezensionen der bürgerlichen Presse als "Zukunftskarnickelstall" bezeichnet, in dem sich "das Familienleben auf das Schlafzimmer beschränkt", und es wurde befürchtet, daß die "Kultur der Familie" in Gefahr sei, denn "ohne Dienstboten (gäbe es) keine Kultur" (Braun, L., 1909, S. 322).

Aber auch unter den eigenen Genossinnen lösten die Vorschläge von Lily Braun "Befremden" aus. So warf Clara Zetkin ihr noch vor dem Erscheinen der Broschüre "Frauenarbeit und Hauswirtschaft" im Verlag "Vorwärts" parteischädigendes Verhalten vor und unterzog Brauns Vorschläge in fünf Nummern der "Gleichheit" einer umfassenden und vernichtenden Kritik. Ihr Hauptargument war, daß die Haushaltsgenossenschaften nicht schon im Kapitalismus verwirklicht werden könnten. Sie forderte: erst Revolution, dann Haushaltsreform! (vgl. Zetkin, C., 1901), wie dies auch bereits August Bebel in seinem Buch "Die Frau und der Sozialismus" (1887) vertreten hatte. Wenn überhaupt, dann könne sich gegenwärtig nur die kleine Gruppe der Arbeiteroberschicht Wirtschaftsgenossenschaften leisten. Für alle anderen Arbeiter komme die dazu erforderliche langfristige ökonomische Bindung eingedenk der wirtschaftlichen Unsicherheit nicht in Frage. Zetkin folgerte: "Ich neige deshalb der Ansicht zu, daß für die Reform der Hauswirtschaft im Proletariat neben kommunalen Volksküchen, Speisehallen u.a. genossenschaftliche Restaurants - vielleicht in Verbindung mit Konsumvereinen, Baugenossenschaften und Gewerkschaftshäusern - in absehbarer Zeit eine bedeutendere Rolle spielen werden als der kooperative Großhaushalt" (1901, S.14). In der Arbeiteroberschicht aber, in der allein das Einküchenhaus finanziell realisierbar wäre, sei einerseits weder die Berufstätigkeit der Ehefrau erforderlich, noch gäbe es andererseits "aus psychologischen Gründen" eine Bereitschaft der Männer, die Erwerbsarbeit der Ehefrauen oder gar eine Haushalts- und Familienreform zu unterstützen. "Die notwendigen psychologischen Voraussetzungen des genossenschaftlichen Großhaushaltes sind nämlich naturgemäß am stärksten in den breiten proletarischen Massen entwickelt, die der materiellen Möglichkeit ermangeln, die Reform der Hauswirtschaft durchzuführen. Sie sind am wenigsten in dem kleinen Kreise der proletarischen 'Aristokraten' zu finden, denen die Mittel zur Durchführung von Genossin Brauns Vorschlag eignen" (S. 121). Aus den besagten ökonomischen und psychologischen Gründen hielt Clara Zetkin Wirtschaftsgenossenschaften "erst nach der Eroberung der politischen Macht durch das Proletariat" (S. 122) für sinnvoll und realisierbar. Die "Auffassung, daß schon inmitten der kapitalistischen Gesellschaft die Möglichkeit vorhanden ist, die Ideale des Sozialismus zu verwirklichen" (S. 144), wie Lily Braun sie in der Arbeiterklasse erzeuge, hielt sie für gefährlich. Falsche Hoffnungen zu erwecken, hieße "die Arbeiterklasse 'in ihrer Energie lähmen, statt sie zu stärken'" (S. 144).

In ähnlicher Weise übte auch Henriette Fürth Kritik an Lily Braun, der sie Reformismus vorwarf. Denn Braun beschränke die "Zukunftsdebatte" der Partei auf das Einküchenhaus und zersplittere die Kräfte der Arbeiterbewegung für eine Sache, "die vom Standpunkt praktisch-proletarischer Gegenwartspolitik aussichtslos und undurchführbar" sei (Fürth, H., 1901, S. 370f.).

Trotz der vehementen Kritik gründete Lily Braun 1903 eine "Haushaltungsgenossenschaft GmbH", um ihre Einküchenhausidee zu verwirklichen, doch das Projekt mußte wegen mangelnder Unterstützung bald aufgegeben werden. Wie Walter K. Behrendt sich äußerte, scheiterte das Projekt "an der Angst der im Grunde interessierten Kreise vor sozialdemokratischem Kommunismus" (Behrendt, W.K., 1909, S. 476).

Keine der Arbeiterorganisationen wollte zu der Zeit mit dem Einküchenhaus experimentieren und sich dem Reformismusvorwurf aussetzen. Allerdings nahmen sich progressive bürgerliche Architekten und Geldgeber der Idee auf kommerzieller und nichtgenossenschaftlicher Ebene an (vgl. Uhlig, G., 1981).

In der Sozialdemokratie hingegen gewann die Position des proletarischen Antifeminismus, der Edmund Fischer 1905 in seinem Aufsatz "Die Frauenfrage" noch einmal Ausdruck verlieh, an Verbreitung: "Der alte Emanzipationsstandpunkt, der immer noch in vielen Köpfen spukt, läßt sich meiner Ansicht nach heute nicht mehr aufrechterhalten. Die Entwicklung geht bei der Frauenarbeit nicht den Weg, den man bisher annahm, und die Staatsküchen und Hauswirtschaftsgenossenschaften bleiben ein utopischer Traum." Fischer behauptete sogar: "Die sogenannte 'Frauenemanzipation' widerstrebt der weiblichen Natur und der menschlichen Natur überhaupt, ist Unnatur und daher undurchführbar" (vgl. Zepler, W., 1919, S. 24). Wie Fischer forderten auch andere innerhalb der Arbeiterbewegung die "patriarchale Lösung der Frauenfrage", die des "Nur-Hausfrau-Seins" (vgl. Thönnessen, W., 1976).

## 3 Wider die "patriarchale Lösung der Frauenfrage"

Nicht nur proletarische Frauen (vgl. Zetkin, C., 1905) lehnten die "patriarchale Lösung", also "die Frau in die alten patriarchalisch-hauswirtschaftlichen Verhältnisse zurückzuführen" (Bäumer, G., 1914, S. 279), ab, sondern auch der Bund Deutscher Frauenvereine (BDF). Wie Gertrud Bäumer ausführte, sollte nach Meinung konservativer Männer die Frau wieder "ihrer natürlichen Bestimmung" (S. 279) folgen. Denn "für die Ehefrau erscheint in dieser Anschauung die Einschränkung auf das Haus selbstverständlich". Als Ideal galt das "Verbot der Arbeit verheirateter Frauen". Aber auch für ledige Frauen wurde der Beruf als "Provisorium und ein Notbehelf" angesehen. Die dahinter stehende Vorstellung von der "patriarchalen Lösung" der Doppelarbeit der Frau, d.h. der Rückführung aller Frauen ins Haus, bezeichnete Gertrud Bäumer als unrealistisch, da sowohl der Wille der Frauen als auch die Entwicklung der Frauenarbeit zu deutlich eine entgegengesetzte Tendenz aufwiesen.

Vorrangig zwei konträre Positionen zur Lösung der Probleme um die Doppelarbeit von Frauen wurden innerhalb der bürgerlichen Frauenbewegung diskutiert: von Maria Lischnewska war in Anlehnung an die Position von Lily Braun zur wirtschaftlichen Reform der Ehe vorgeschlagen worden, die Idee, Einküchenhäuser einzurichten, zu übernehmen. Sie argumentierte - wie Braun -, daß als Grundlage einer anzustrebenden partnerschaftlichen Ehe die außerhäusliche Erwerbsarbeit der Frau unentbehrlich sei. Erst die von Hausarbeit und ökonomischer Abhängigkeit befreite Frau könne die rechte Ehefrau und Mutter sein und zugleich in der Öffentlichkeit dem Volk dienen. Private Hausarbeit - wie überhaupt der sozial und ökonomisch ineffektive private Haushalt - seien abzuschaffen. Diesen Vorschlag zur Aufhebung der Doppelarbeit vertrat Maria Lischnewska im Herbst 1905 auf der Generalversammlung des Verbandes Fortschrittlicher Frauenvereine (vgl. Lischnewska, M., 1906, S. 215ff.).

Dagegen stellte Käthe Schirmacher ihre These von der Hausarbeit als gesellschaftlich notwendiger produktiver Berufsarbeit der Hausfrau und forderte deren ökonomische, rechtliche und soziale Anerkennung. "Hat man gefürchtet, durch eingehendes Studium der Frauenarbeit im Hause zu einer Umwertung bestehender Werte, zur wissenschaftlichen Anerkennung unbequemer Forderungen gezwungen zu werden?" (1912, S. 1). Nach Käthe Schirmacher hat es die Frau zur Legitimation ihrer Forderung nach ökonomischer Unabhängigkeit, Gleichheit vor dem Gesetz sowie gleichen politischen Rechten nicht nötig, sich zusätzlich zu belasten und "gleichzeitig zwei Berufe auszuüben ..., alle jene Rechte kann sie im Namen ihrer bisherigen Arbeit als Hausfrau und Mutter" verlangen (Schirmacher, K., 1912, S. 1). Hausfrauenarbeit definierte Käthe Schirmacher als Berufsarbeit und begründete ihre Aussage mit der Übereinstimmung von Logik und gängiger Definition des Berufsbegriffs. Jede Frau - nicht nur die Ehefrau -, die einen Haushalt führe, sei in diesem Sinne berufstätig und leiste eine für die Gesellschaft notwendige produktive Arbeit. "... die häusliche Frauenarbeit (ist) die conditio sine qua non der außerhäuslichen Berufsarbeit des Mannes ..." (S. 11) sagte Käthe Schirmacher und forderte einen Teil der Summe, die der Mann durch Berufsarbeit erwirbt, für die Entlohnung der Hausfrauenarbeit, denn diese sei für die Frau ihr "Brotverdienst".

Beide Positionen wurden in der Folgezeit heftig diskutiert. Man akzeptierte zwar die Gesellschaftskritik, die hinter diesen Forderungen stand, setzte sich aber für die Forderungen selber nicht vehement ein. Zwar griff Marianne Weber 1912 die Argumentation Käthe Schirmachers zur "Neubewertung der Hausfrauenarbeit" positiv auf und betonte, daß die Frauenbewegung sich lediglich in der Frage der Entlohnung uneinig sei. Sie selbst lehnte aber wie eine Mutterschaftsrente vom Staat - weil diese nur den Mann und Vater ökonomisch emanzipieren würde - auch eine Gehaltszahlung vom Ehemann ab (1912, S. 13), womit sie die Mehrheitsmeinung der BDF-Frauen vertrat.

Auch die "sozialistische Lösung" der Frauenfrage, in der "durch genossenschaftliche Haushaltsführung und Kinderpflege ... die Frau für den außerhäuslichen Beruf freigemacht" (Bäumer, G., 1914, S. 280) werden sollte - so frei wie der Mann - hatte "innerhalb der Frauenbewegung nur eine verschwindende Minorität für sich" (S. 281). Auch wenn davon ausgegangen werden könne - so Bäumer -, daß die von der Last der Hausarbeit befreite Frau "eine um so glücklichere, spannkräftigere, weitblickendere Mutter" würde, so bliebe doch für sie der Zwang zu "genossenschaftlich organisierter Kinderpflege", eine Form, die freilich von der Mehrheit der BDF-Frauen abgelehnt würde. Sowohl bei der Berufsausbildung als auch für die Berufstätigkeit der Frau müsse die "Doppelseitigkeit des Frauenlebens" adäquat berücksichtigt werden. Deshalb sei auch die Notwendigkeit hauswirtschaftlicher Bildung in der Frauenbewegung inzwischen anerkannt, "gefordert ist nur, daß sie (die hauswirtschaftliche Bildung, H.S.-W.) sich nicht auf Kosten der Berufsausbildung ausdehne" (S. 275). "So sieht es denn die Frauenbewegung als ihre Aufgabe an, das Nebeneinander, das Ineinanderwachsen der beiden Frauensphären zu erleichtern" (S. 282). Dazu forderte der BDF - wie die Sozialistinnen auch - die Erweiterung der sozialen Sicherung der Frau, die Verkürzung der Arbeitszeit und die Veränderung der Arbeitsschutzgesetze sowie eine umfassende Reform aller immer noch frauendiskriminierenden Rechtsgrundlagen (vgl. Ostner, I./Schmidt-Waldherr, H., 1987). Insbesondere sei aber immer noch "der alte Grundsatz der organisierten Frauenbewegung: Freiheit der Berufswahl" durchzusetzen, da Berufsfreiheit und gesetzliche Berufsvertretung für Frauen immer noch nicht verwirklicht seien. Deshalb sei die berufliche Organisierung aller Frauen "eines der wesentlichsten Interessen der Frauenbewegung, nicht nur, weil die Organisation ein unerläßliches Mittel wirtschaftlicher Selbstbehauptung ist, sondern weil sie die Frau mit den neuen Lebensbedingungen innerlich durch Bande der Solidarität und sozialen Verantwortlichkeit verknüpft" (Bäumer, G., 1914, S. 284).

Die Debatten um die "Doppelarbeit der Frauen" veranlaßten die BDF-Frauen, sich nun auch mit der Frage der Organisierung und Ausbildung der Hausfrauen zu befassen. Durch die Organisierung aller Hausfrauen über das Berufsprinzip bemühten sie sich, bei diesen einen Selbstaufklärungsprozeß zu initiieren und dadurch auch bei ihnen ein emanzipatorisches Berufsbewußtsein zu erzeugen. Im Frühjahr 1915 erfolgte dann die Gründung des Deutschen Verbandes der Hausfrauen, dessen Vereine in den zwanziger Jahren die Professionalisierung der Hausfrau durch Rationalisierung der Hausarbeit verfolgten.

## 4 Kontroversen um das Einküchenhaus in der Weimarer Republik

Nach der Novemberrevolution 1919 während der Sozialisierungsdebatte (vgl. Novy, K., 1978) griffen Sozialistinnen die Problematik der Haushaltsreform erneut auf und diskutierten die Argumente der früheren Kontroverse zwischen Lily Braun, Clara Zetkin und Henriette Fürth u.a. Einige Argumente wurden verstärkt akzentuiert, neue kamen hinzu. So legte Claire Richter eine historisch fundierte Studie über das Einküchenhaus vor, dem sie - gelernte Volkswirtin - die Bezeichnung "Ökonomiat" gab, um gerade die ökonomische Bedeutung, die sie zur Befürwortung dieser Wirtschaftsform veranlaßte, herauszustellen (Richter, C., 1919). Es ging Claire Richter vor allem um die sinnvolle volkswirtschaftliche Nutzung der weiblichen Arbeitskraft. Um diese Nutzung zu steigern, sei eine ökonomische Analyse des Haushalts, eine Ökonomisierung der Hausarbeit, unumgänglich. Die Notwendigkeit der Ökonomisierung gelte für alle Schichten und würde am besten durch den hauswirtschaftlichen Großbetrieb gewährleistet. Die im einzelnen von ihr belegte enorme Verschwendung im privaten Haushalt sollte angesichts der allgemeinen wirtschaftlichen Krise mit dem Ziel der Anhebung erwerbswirtschaftlicher Ressourcen abgeschafft werden. Praktisch sollte dies durch Zentralisierung der Hauswirtschaft ermöglicht werden. Der ökonomische Aspekt der Argumentation von Claire Richter wurde nicht zuletzt von den Verschwendungsanalysen in den USA beeinflußt.

Gegen die Kritik der rechten Sozialdemokratie, die das Ideal der proletarischen Kleinhaushalte retten wollte (vgl. Thönnessen, W., 1976) und mit Begriffen wie "Kasernenmassenabfütterung" sowie "Verstaatlichung der Mutterfreuden" die Einküchenhausvertreterinnen diskriminierte, wandte sich Claire Richter vorrangig mit zwei Argumenten: Als "ökonomischer Selbstzweck" - zum Selbstkostenpreis und selbstbestimmt - solle die angestrebte Haushaltszentralisierung sich von allen "anstaltscharaktertragenden Großhaushalten wie Erziehungs- und Krankenanstalten, Altersversorgungs- und Armenhäuser" (S. 8) qualitativ unterscheiden. Zudem versicherte sie - wie zuvor auch schon Lily Braun -, daß nicht "die Auflösung des Familienlebens, sondern nur Befreiung des Familienlebens von der oft so überaus unangenehmen Belastung durch Hauswirtschaft" angestrebt sei. Es handele sich also nur um "Überweisung des rein materiellen Teils" der Hausarbeit an die Hauswirtschaftszentrale. "Der ethische Grundzug des Familienlebens dürfte durch die Entlastung der Familie von allem häuslichen Kleinkram in um so größerer Reinheit hervortreten" (Richter, C., 1919, S. 28).

Empört darüber, daß die "Wirtschaftsreform des Haushalts und Reform der Kinderpflege sogar als Gedankenexperiment storniert wird", (vgl. Zepler, W., 1919) engagierten sich Wally Zepler und Claire Richter nicht nur publizistisch, sondern gründeten auch mit anderen den "Verein für gemeinnützige Einküchenwirtschaft", um für die Einküchenhausidee eine größere Aufnahmebereitschaft innerhalb der Sozialdemokratie, aber auch allgemein in der Bevölkerung zu erwirken. In Zusammenarbeit mit Organisationen wie dem "Verein für Wohnungsreform" und der "Deutschen Gartenstadtgesellschaft" veranstaltete dieser Verein im Herbst 1921 in Berlin eine Kundgebung zum Thema "Soziale Einküchenwirtschaft - eine Zeitforderung" (vgl. Mitteilungsblatt des Vereins, 1921). Resultat dieser Kundgebung war die Verabschiedung einer Resolution, in der der Bau gemeinnütziger Einküchenhäuser für Berlin gefordert wurde und die politischen Parteien zu entsprechendem Engagement im Rahmen des staatlichen Wohnungsbaus aufgerufen wurden. Unterstützt wurde die Kundgebung in einer Rede übrigens auch von der sozialdemokratischen Reichstagsabgeordneten Marie Juchacz. Trotz allem: auch die Berliner Projekte konnten nicht realisiert werden.

Die zuvor in der Einküchenhausbewegung arbeitenden sozialistischen Architekten/innen wendeten sich dann der Rationalisierung der privaten Haushalte durch die Standardisierung der Wohnung und der "neuen Küche" zu. "Die Befreiung der Frau wird erst vollständig durchgeführt sein, wenn sie von der Sklaverei der Küche erlöst ist!" faßte der Architekt und Sozialist Bruno Taut (1927) etwas pathetisch eine der gemeinsamen Interessen der unterschiedlichen Gruppierungen und politischen Richtungen der Rationalisierungsbewegung Mitte der zwanziger Jahre zusammen. Allerdings schien es, als wäre man/frau sich auch nach mehrjährigen Debatten nicht einig, wie die Sklavenbefreiung erfolgen solle. Alice Simmel stellte 1928 im Rückblick fest, daß über den Detailerörterungen zur Rationalisierung die zentrale Frage: "ist die Einzelküche ... überhaupt das für unsere Zeit Gegebene oder ist sie durch eine für große zusammenhängende Wohnblocks zu errichtende Zentralküche zu ersetzen?" (Simmel, A., 1928, S. 351) in Vergessenheit geraten und nicht entschieden sei. Sie irrte sich. De facto war diese Frage schon vor 1924 entschieden, und zwar - wie es hieß - aus ökonomischen Gründen. Das Einküchenhaus war nicht mehr in der Diskussion sozialistischer Architekten/innen. Das "neue Bauen", der in Serie gehende Massenwohnungsbau, versprach nun, die sozialen Ideen zu realisieren (vgl. Stratmann, M., 1977).

"Nach den gemachten Erfahrungen" schreibt, auf die Einküchenhausprojekte zurückblickend, die Architektin Grete Schütte-Lihotzky (1926/27, S. 120) "erkennen wir, daß wir beim Einzelhaushalt bleiben, jedoch diesen so rationell wie nur irgend möglich gestalten müssen." Schon vor dem Krieg hätten Frauen erkannt, daß die "Entlastung der Hausfrau unbedingte Notwendigkeit sei", so erinnerte sie. "Dieses Ziel glaubte man durch Zentralwirtschaft erreichen zu können. [...] Bald jedoch erkannte man, daß das Einküchenhaus wohl für die einzelne Frau wesentliche Arbeitserspamis bedeuten kann, jedoch besonders für Arbeiter und Angestellte mit kurzer Kündigungsfrist gar nicht in Frage kommt. Das Einküchenhaus verlangt nämlich, daß das Niveau der Lebenshaltung stabil bleiben kann. Es sind so und so viele arbeitsparende allgemeine Einrichtungen, wie Zentralküche, Zentralheizung, zentrale Überwachung der Kinder vorgesehen, der für jede Familie entfallende Anteil muß unter allen Umständen aufgebracht werden" (1927, S.87). Da ihr die Rationalisierung der Hausarbeit durch Großhaushalte in den zwanziger Jahren als nicht durchführbar erschien, sie aber die Arbeit der Hausfrauen trotzdem unbedingt erleichtern wollte, konzentrierte sie sich auf die Rationalisierung und Mechanisierung der Einzelküche und schuf nach den Kriterien von Arbeitsplatzanalysen-, Zeit- und Bewegungsstudien die berühmte “Frankfurter Küche” (vgl. Dörhöfer, K./ Terlinden, U., in diesem Band). Letztere war die erste vollständig eingerichtete Küche in Deutschland. Sie wurde zum Symbol für die Erfolge des Frankfurter sozialen Wohnungsbaus der zwanziger Jahre.

7. Die richtige Arbeitshöhe
(Aus Hausfrauen-Taschenkalender 1927 Franckh'sche Verlagshandlung, Stuttgart)

Abb. 2 Einübung in die Laborküche

Obsiegt hatte in dem Konflikt um die Form der Rationalisierung das Küchenlabor, die taylorisierte Küche der “neuen Frau” als Hauswirtschaftsingenieurin im standardisierten Individualhaushalt. Unterlegen war das Modell des Einküchenhauses, das in der Form von Wohnungs-, Haushalts- und Konsumgenossenschaften sowohl Rationalisierungs- als auch Sozialisierungsideen vereinigte.

Nach Regelung der Finanzierungsprobleme durch das Hauszinssteuergesetz (vgl. Stratmann, M., 1977) wurden Rationalisierungsideen im Massenwohnungsbau realisiert. “Typisierung, Normung, Rationalisierung” sind die neuen Mittel des “neuen Bauens”, stellte Fritz Block fest und bezeichnete die damit verbundene Hoffnung auf “die Vereinheitlichung aller Lebensformen”, die er als “Grundlage jeder wirklichen Kultur” ansah: “ein neues Ethos, [...] die neue Einfachheit und Sparsamkeit, die durch Beschränkung auf Notwendiges und Wesentliches zu höchster Entfaltung der Persönlichkeit führt und den Menschen wieder das Maß aller Dinge werden läßt" (Block, F., 1928, S. 90f.).

## 5 Rationalisierung der Lebensweise - die "Neue Frau", der "Neue Haushalt"

Voraussetzung für die Rationalisierung des Lebens war die Verbreitung der wissenschaftlichen Betriebsführung. Frederick Winslow Taylor postulierte in der Einleitung zu seinem Buch "Grundsätze wissenschaftlicher Betriebsführung", daß die Prinzipien, die er in industriellen Unternehmungen entwickelt hatte, "mit gleichem Recht und gleichem Erfolg auf alle Gebiete menschlicher Tätigkeit anwendbar sind: auf die Verwaltung und Leitung des Haushaltes und des Bauerngutes, die Geschäftsführung des Handwerks- und des Fabrikbetriebes, die Leitung und Verwaltung von Kirchen, Wohlfahrtseinrichtungen und Universitäten, ja sogar der verschiedenen Ressorts der Staatsregierung" (Taylor, F.W., 1913, S. 5f.). Wie das Buch von Taylor so wurde auch das von Christiane Frederick: The New Housekeeping, Efficiency Studies In Home Management (1913, deutsch: 1920) schnell rezipiert, in dem die Autorin die Methoden des Scientific Management auf die privaten Haushalte anwandte. Die deutsche Variante von Fredericks Buch war "Der neue Haushalt" von Erna Meyer (1926). Dieses Buch wurde ein Bestseller (vgl. dazu die Einleitung zum vorliegenden Band von Gerda Tornieporth).

Die Umorientierung auf das neue Rationalisierungskonzept hin war umfassend: Wie viele Architekten/innen und bürgerliche Hausfrauen des BDF, so schlossen sich auch viele Sozialistinnen der Rationalisierungsbewegung an. So forderte z.B. Meta Corßen von der "aufgeklärten" Arbeitswissenschaft des Haushalts, 1. "die Hauswirtschaft, die einen so wesentlichen Teil der Volkswirtschaft bildet und den größten des Verbrauchs umfaßt, mit der Gesamtwirtschaft in Einklang zu bringen", 2. die Produktivität der Haushalte zu steigern, 3. "für die Frau die Voraussetzungen wirklichen Lebens zu schaffen". Insbesondere die Steigerung der Produktivität der Haushalte verlange "eine Organisation der Hausarbeit, eine systematische Zerlegung der Gesamtarbeit, die ein Haushalt erfordert, und neue Zusammenfassung nach Gesichtspunkten der Zeit- und Kraftersparnis und gleichzeitig eine Verbesserung der Arbeitstechnik durch Maschinen, die aber eine solche Organisation zur Voraussetzung hat" (Corßen, M., 1924, S. 51). Unter identischer Zielsetzung erschien es gerade wegen der "ungeahnten Steigerung der Leistungsfähigkeit" auch Grete Schütte-Lihotzky unabdingbar, die "Grundsätze arbeitssparender, wirtschaftlicher Betriebsführung" -also Taylors industrielle Forschungsergebnisse - auf die Hausarbeit zu übertragen. Folgerichtig bemühte sie sich, im Modell der Frankfurter Küche "für jede Arbeit einen besten und einfachsten Weg" herauszufinden, der dann von der Arbeitsplatzorganisation her für die arbeitende Hausfrau - so sie effizient sein wollte - vorgeschrieben war (Schütte-Lihotzky,G., 1926/1927, S. 120f.).

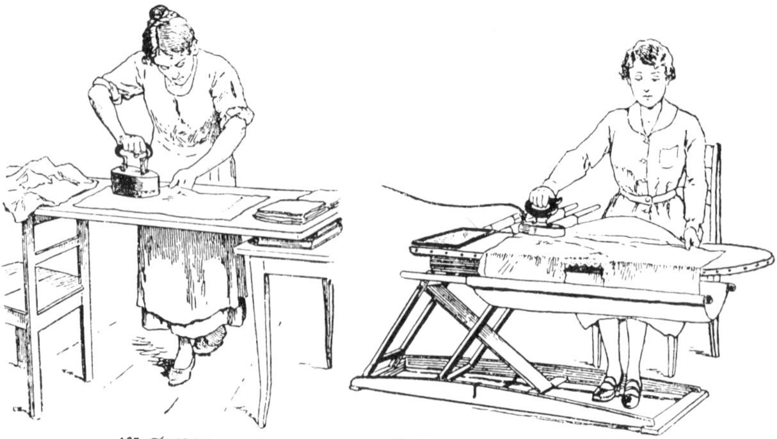

185. Falsch!

186. Richtig! Verstellbarer Patentbügeltisch mit Wäscheaufhang und -Auffänger (Güntter & Reinhard, München, Elisenstr. 7)

Abb. 3 Professionalisierung und Selbsterziehung

Hausfrauenvereine des BDF kooperierten direkt mit Architekten/innen bzw. mit anderen Organisationen, die die Rationalisierung des Haushaltes durchsetzen wollten. Das Berufsbewußtsein der Hausfrauen verschob sich von dem der Hausfrau durch die Professionalisierung zu dem der Hauswirtschaftsingenieurin. Professionalisierung und Erziehung, vor allem Selbsterziehung, wurden zu den wichtigsten Leitlinien erklärt, um dem Ziel, die Widersprüche zwischen dem realen Hausfrauenverhalten und den neuen Anforderungen an die "Hauswirtschaftsingenieurin" zu beheben, näherzukommen. "Die Hausfrauen avancierten gleichermaßen zum Subjekt wie zum Objekt des Haushaltsmanagements", schreibt Barbara Orland und erläutert: "Denn was sollten rationell gestaltete Wohnungen und Haushaltsmaschinen schon ausrichten ohne eine Umgestaltung der Arbeitsorganisation der Hausfrauen? Da es kaum möglich war, hier Generalvorschriften für jeden Haushalt zu formulieren, andererseits dies aber der Teil der Rationalisierungstheorie war, bei dem am wenigsten auf die Bereitschaft zur Mitarbeit jeder Hausfrau verzichtet werden konnte, ergingen sich die Rationalisierungspropagandisten mit Vehemenz in Appellen an die Selbsterziehung und eigenständige Denkarbeit der Hausfrauen. An die Hand gegeben wurden lediglich methodische Vorgaben zur Erreichung einer optimalen Lösung für jede Arbeit [...]. Zumindest theoretisch wurde die Hausfrau zu ihrer eigenen Betriebsleiterin gemacht, die mit der Stoppuhr in der linken und der Betriebsanleitung in der rechten Hand sich selbst über die Schulter schaute, um ihre tägliche Arbeit zu optimieren" (Orland, B., 1983, S. 226). Gefordert wurde die Trennung von Kopf- und Handarbeit, und die "Managementfunktion" erhielt ihren bürokratischen Ausdruck durch die notwendige Ausstattung des "häuslichen Büros" (vgl. Meyer, E., 1926) im Küchenlabor. Da die Hausfrauen - trotz aller Selbsterziehungsapelle - die neuen funktionalen Küchenlabors nicht zweckdienlich zu handhaben wußten, galt die Erziehung der Hausfrau als eine der wichtigsten Aufgaben diverser Institutionen wie der Wissenschaft. Das deutsche Institut für technische Arbeitsschulung (Dinta), 1926 gegründet, befaßte sich mit der Durchsetzung "der Menschenökonomie" nicht nur in Industrie und Bergbau, sondern es verfolgte die Arbeitserziehung auch durch solche Kurse, in denen Arbeiterinnen die rationelle Hauswirtschaft beigebracht wurde (vgl. Baumgarten, F., 1946, S. 52f.). "Die soziale Organisation der Arbeit erhielt in Dinta [...] ihre Logik aus der Organisation von Arbeit und Leben", weshalb in besonderem Maße die Ehefrauen und Kinder die Arbeitserziehung der Dinta genossen (Kipp, M./Manz, W., 1985).

Zwecks Rationalisierung der Haushalte engagierte sich auch das Reichskuratorium für Wirtschaftlichkeit (RKW). Die dazu gebildete Abteilung Hauswirtschaft führte entsprechende arbeitswissenschaftliche Untersuchungen durch, gab Aufklärungsschriften heraus und führte mit anderen Organisationen - wie z.B. Hausfrauenverbänden - Vorträge und Schulungskurse für Hausfrauen durch (vgl. dazu den hauswirtschaftlichen Lehrdienst des RKW).

Auf wissenschaftlicher Ebene arbeitete seit Mitte der zwanziger Jahre mit gleicher Zielsetzung, also der Verallgemeinerung der Rationalisierungsidee im Hinblick auf die Arbeits- und Effizienzmoral bei den Frauen, das Institut für Hauswirtschaftswissenschaft an der Akademie für soziale und pädagogische Frauenarbeit in Berlin - eine Gründung der bürgerlichen Frauenbewegung. Unter Leitung von Maria Silberkuhl-Schulte, der ersten Haushaltswissenschaftlerin in Deutschland, betrieb das Institut Forschung und Lehre, insbesondere in der Lehrerinnenausbildung, um sowohl die rationelle Hauswirtschaft in den Schulen durchzusetzen als auch die Hausfrauenbildung und -ausbildung zu verwissenschaftlichen, zu professionalisieren.

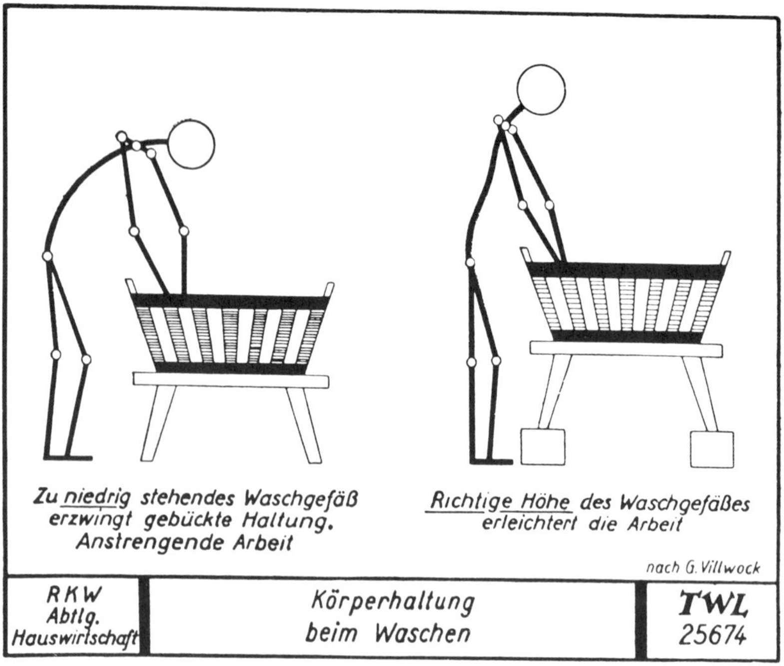


Abb. 4 Die Rationalisierungsbewegung hat Hausarbeit sichtbar gemacht

Emanzipativ war diese Arbeit der Haushaltswissenschaftlerinnen insofern, als sie gegen den bürgerlichen Naturmythos von der Frau (vgl. Schmidt-Waldherr, H., 1984, S. 21ff.) als geborener Hausfrau und Mutter gerichtet war. Andererseits übertrugen die ersten Haushaltswissenschaftlerinnen aber mit der in Anlehnung an bereits existierende Forschungszusammenhänge angestrebten Verwissenschaftlichung und Professionalisierung die Betriebs- und Arbeitslogik der Erwerbswirtschaft - deren ökonomische Rationalität - auf den privaten Haushalt und die Arbeit der Hausfrauen, mit der Konsequenz, daß ihnen im Rahmen der auf diesem Hintergrund formulierten hauswirtschaftlichen Betriebs- und Arbeitslehre die Eigenlogik der Hausarbeit aus dem Blickfeld geriet (vgl. die Aufsätze von Kettschau, I. und Methfessel, B. in diesem Band).

Insbesondere diejenigen Hausfrauen, denen die materiellen Voraussetzungen für eine Rationalisierung ihres Haushaltes fehlten - und das war die Mehrheit der Hausfrauen in der Weimarer Republik -, sollten durch arbeitswissenschaftliche und betriebswirtschaftliche Kurse geschult werden, um die neue Arbeits- und Effizienzmoral zu verinnerlichen und auf alle Lebensbereiche anwenden zu lernen.

Die Rationalisierung des Arbeits- und Lebenszusammenhangs der Menschen bedurfte also eines neuen Typs Mensch mit einem an durchrationalisierte Produktionsprozesse angepaßten Arbeitsvermögen. Gefordert wurde nicht weniger als das, was Alfred Krovoza als die "Internalisierung der Normen abstrakter Arbeit" (1976, S. 133ff.) herausgearbeitet hat: D.h.

- die Internalisierung der Arbeitszeitnormen ins Zeitbewußtsein "als Norm in Erinnerung, Zeitbewußtsein und Zeitperspektive",
- die Veränderung der Objektbeziehung, die "neue Konstitution der Gegenstandswelt vermittelt durch ... spezifische Objektwahrnehmung und -beziehung",
- die "Desexualisierung des menschlichen Organismus und seiner Ausbildung zum Arbeitsinstrument" (Krovoza, A., 1976, S. 151).

Antonio Gramsci hat bereits in den zwanziger Jahren in seiner Analyse des Amerikanismus und Fordismus den Anpassungszwang für den Mann an Effizienz und Arbeitsmoral diagnostiziert: "Die Rationalisierung hat die Notwendigkeit zur Schaffung eines Typs von Mann gesetzt, der dem neuen Typ von Arbeit und des Produktionsprozesses angemessen ist" (zitiert nach: Grossmann, A., 1984, S. 45). Entsprechende Anforderungen galten aber auch für die Frauen, die - wie oben belegt wurde -, den Normen abstrakter Arbeit nun auch im privaten Haushalt Geltung verschaffen sollten. "Die neue Welt verlangte nach einer völlig durchrationalisierten Frau, die die Lasten des Mutterseins, der Hausarbeit, der Sexualität und der Lohnarbeit handhaben konnte", führt Atina Grossmann aus und verweist zu Recht auf die daraus resultierende Widersprüchlichkeit: "Aber gleichzeitig wurde die rationalisierte Frau gefürchtet. Sie würde frigide, unmütterlich sein [...]. Die Sexualreform ... versprach beides: Die völlig durchrationalisierte - und doch völlig weibliche Frau - sowohl mütterlich als auch sexuell, Hausfrau, Mutter, berufstätige Frau" (Grossmann, A., 1984, S. 45). Galt die "neue Frau" als von der Haussklaverei befreit? Im Selbstverständnis der Rationalisierungsbewegung: ja! Dank der Arbeitserziehung konnte sie nun als sich ihrer selbst bewußte Herrin effizient und unsichtbar die knechtische Arbeit erbringen. "Die dienstbare Hausfrau" steht - trotz aller Rationalisierung - auch heute noch "auf ganz demokratische Weise" (wie es oben bei Galbraith hieß) ihren Lieben zur Verfügung.

**Arbeitserleichterung** durch Vorrichten aller Zutaten und Geschirre vor Beginn der Arbeit

Abb. 5 Arbeits- und Effizienzmoral der Frauen

## Literatur


Bäumer, G.: Die Frau in Volkswirtschaft und Staatsleben der Gegenwart. Stuttgart/Berlin 1914.

Baumgarten, F.: Die Psychologie der Menschenbehandlung im Betriebe. Zürich 1946.

Bebel, A.: Die Frau und der Sozialismus. Berlin 1887.

Behrendt, W.K.: "Das Problem des Einküchenhauses". In: Neudeutsche Bauzeitung 1909.

Block, F.: "Haus und Wohnung des modernen Menschen". In: ders. (Hrsg.): Probleme des Bauens. Potsdam 1928.

Bock, G./Duden, B.: "Arbeit aus Liebe - Liebe als Arbeit", S. 118ff. In: Gruppe Berliner Dozentinnen (Hrsg.): Frauen und Wissenschaft. Berlin 1977.

Bönig, J.: "Technik und Rationalisierung in Deutschland zur Zeit der Weimarer Republik". In: Troitzsch, U./Wohlauf, G. (Hrsg.): Technik-Geschichte. Frankfurt/M. 1980.

Braun, L.: Die Frauenfrage. Leipzig 1901a.

Braun, L.: Frauenarbeit und Hauswirtschaft. Berlin 1901b.

Braun, L.: Memoiren einer Sozialistin. Berlin 1909.

Corßen, M.: "Hausarbeit". In: Sozialistische Monatshefte 1924.

Dörhöfer, K./ Terlinden, U.: "Orte und Räume der Hauswirtschaft". In diesem Band. Berlin 1988.

Fischer, E.: "Die Frauenfrage". In: Sozialistische Monatshefte 1905.

Frederick, Ch.: Rationelle Haushaltsführung. Berlin 1922.

Fürth, H.: "Frauenarbeit und Hauswirtschaft". In: Dokumente der Frauen 1901.

Grossmann, A.: "Sexualreform und Frauen". In: Schaeffer-Hegel, B. (Hrsg.): Frauen und Macht. Berlin 1984.

Kettschau, I.: "Arbeitsplatz Haushalt". In diesem Band. Berlin 1988.

Kipp, M./Manz, W.: "Arbeit und Gehorsam". In: Berufs- und Wirtschaftspädagogik 3, 1985.

Krovoza, A.: Produktion und Sozialisation. Köln/Frankfurt 1976.

Lischnewska, M.: "Die wirtschaftliche Reform der Ehe". In: Mutterschutz 2, 1906.

Mayer, C.: "Zwischen Taylorismus und Technokratie". In: Strümer, M. (Hrsg.): Die Weimarer Republik. Königsstein/Taunus 1980.

Methfessel, B.: "'...entscheidend bleibt die Arbeitskraft der Frau.' Zu den Grenzen der Rationalisierbarkeit und Technisierbarkeit der Hausarbeit". In diesem Band. Berlin 1988.

Metz-Göckel, S./ Müller, U.: Der Mann. Weinheim/Basel 1986.

Meyer, E.: Der neue Haushalt. Stuttgart 1926.

Novy, K.: Strategien der Sozialisierung, die Diskussion der Wirtschaftsreform in der Weimarer Republik. Frankfurt/New York 1978.

Orland, B.: "Effizienz im Heim". In: Kultur und Technik 4, 1983.

Ostner, I./ Schmidt-Waldherr, H.: "Politik mit den Frauen - Über Frauen, Frauenarbeit und Sozialpolitik". In: Opielka, M./Ostner, I. (Hrsg.): Umbau des Sozialstaats. Essen 1987.

Richter, C.: Das Ökonomiat. Berlin 1919.

Salomon, A.: "Literatur zur Frauenfrage". In: Archiv für Sozialwissenschaft und Sozialpolitik. Tübingen 1908.

Schirmacher, K.: Die Frauenarbeit im Hause. Ihre ökonomische, rechtliche und soziale Wertung. Leipzig 1912.

Schmidt-Waldherr, H.: "Pervertierte Emanzipation". In: Schaeffer-Hegel, B. (Hrsg.): Frauen und Macht. Berlin 1984.

Schmidt-Waldherr, H.: Emanzipation durch Professionalisierung? Frankfurt/M. 1987.

Schütte-Lihotzky, G.: "Rationalisierung im Haushalt". In: Das neue Frankfurt 5, 1926/27.

Simmel, A.: "Neue Haushaltsliteratur". In: Arbeiterwohlfahrt, 1928.

Stahl, G.: "Von der Hauswirtschaft zum Haushalt oder wie man vom Haus zur Wohnung kommt". In: NGBK (Hrsg.): Wem gehört die Welt? Kunst und Gesellschaft in der Weimarer Republik. Berlin 1977.

Stratmann, M.: "Wohnungsbaupolitik in der Weimarer Republik". In: NGBK (Hrsg.): Wem gehört die Welt? Kunst und Gesellschaft in der Weimarer Republik. Berlin 1977.

Taut, B.: "Der gedeckte Tisch". In: Wohnungswirtschaft 10,12, 1927.

Taylor, W.: Die Grundsätze wissenschaftlicher Betriebsführung. Berlin 1913.

Thönnessen, W.: Frauenemanzipation. Frankfurt/M. 1976.

Tornieporth, G.: Studien zur Frauenbildung. Weinheim/Basel 1976.

Tornieporth, G.: "Proletarische Frauenleben und bürgerlicher Weiblichkeitsmythos". In: Schaeffer-Hegel, B./Wartmann, B. (Hrsg.): Mythos Frau. Berlin 1979.

Uhlig, G.: Kollektivmodell "Einküchenhaus". Gießen 1981.

Weber, M.: Ehefrau und Mutter in der Rechtsentwicklung. Tübingen 1907.

Weber, M.: "Die Bewertung der Hausfrauenarbeit". In: Bäumer, G. (Hrsg.): Der deutsche Frauenkongreß 1912 in Berlin. Leipzig/Berlin 1912.

Zepler, W. (Hrsg.): Sozialismus und Frauenfrage. Berlin 1919.

Zetkin, C.: "Die Wirtschaftsgenossenschaft". In: Gleichheit 14, 15, 16, 18, 1901.

Zetkin, C.: "Aus Krähwinkel". In: Gleichheit 6,7, 1905.

## Quellen der Abbildungen

Abb. 1 Sunlicht-Insitut der Sunlicht Ges. AG, Haushaltungskurs, Mannheim o.J., Heft 7, S. 2.

Abb. 2 Dr. Erna Meyer: Der neue Haushalt. Franck'sche Verlagsbuchhandlung, Stuttgart 1928, S. 20.

Abb. 3 a.a.O., S. 148.

Abb. 4 Reichskuratorium für Wirtschaftlichkeit. Hausarbeit leicht gemacht. Hauswirtschaftlicher Lehrdienst 1, S. 9, o.J.

Abb. 5 Eugenie Erlewein: Hauswirtschaftslehre der Neuzeit. I. Band, Verlag Peter & Co., München 1939, S. 81.

Barbara Methfessel

# ... entscheidend bleibt die Arbeitskraft der Frau. Zu den Grenzen der Rationalisierbarkeit und Technisierbarkeit der Hausarbeit

Rationalisierung und Technisierung sind die Begriffe, die in der Diskussion über den privaten Haushalt entscheidend die Vorstellung vom 'modernen Haushalt' prägen: Sie beschwören das Bild einer Hausarbeit, die zum entscheidenden Teil durch technische Geräte erledigt wird. Der sinnvolle Einsatz der Technik und die mühelose Bewältigung des 'verbliebenen Restes' sind aus dieser Sicht eine Frage der richtigen Organisation, eine Frage des rationalen Umgangs mit der zu bewältigenden Arbeit und ihrer rationellen Erledigung.

Dieses Bild vom Haushalt, der der meisten seiner produktiven, arbeitsintensiven Aufgaben entledigt ist und nur noch als Konsum-, Freizeit- und Beziehungsraum gesehen wird[1], steht im krassen Widerspruch zur Realität der Haushalte: Immer noch werden z.B. für einen Familienhaushalt 7O Stunden aufgewandt[2]. Im Alltag findet dieser Widerspruch eine Entsprechung in der geschlechtlichen Rollen- und Arbeitsteilung:

Es sind immer noch die Frauen, die - unabhängig von ihrer Erwerbstätigkeit - die Hausarbeit leisten[3], während für die (Ehe-) Männer der Haushalt tat-sächlich überwiegend Freizeit-, Konsum- und Beziehungsraum ist.

Diese Rollen- und Arbeitsteilung ist wahrscheinlich eine der wesentlichen Ursachen für die partielle Blindheit gegenüber der Tatsache, daß im Haushalt trotz der Errungenschaften der Haushaltstechnik und der Erkenntnisse der Arbeitswissenschaft noch soviel Arbeit geleistet wird.

Aber nicht nur "Außenstehenden" fällt es schwer, Verständnis für die alltäglichen Sorgen und Verrichtungen der Hausarbeitenden aufzubringen. Auch Frauen, vor allem nichterwerbstätige Hausfrauen, formulieren oft Unbehagen angesichts eines vollen, aber bezogen auf die einzelnen Arbeitsgänge zerrissenen Arbeitstages, der sie oft ohne sichtbare befriedigende Ergebnisse läßt[4]. Für sie waren und sind die Begriffe "Rationalisierung" und "Technisierung" auch Hoffnungsträger, Boten einer Entwicklung, die der Hausarbeit die Seite der Mühsal nehmen soll; allerdings oft nicht ohne eine gewisse Skepsis oder Bitterkeit, die aus dem Widerspruch der gleichzeitigen Erfüllung und Nicht-Erfüllung dieser Hoffnung resultiert.

zeitigen Erfüllung und Nicht-Erfüllung dieser Hoffnung resultiert.
Ohne Zweifel haben besonders die Errungenschaften der Haushaltstechnik entscheidende Erleichterungen für die Hausarbeit gebracht, wenn sie auch die Lage der Frau - entgegen allen Hoffnungen[5] - in unserer Gesellschaft nicht grundsätzlich verändern konnten[6].

Arbeitswissenschaftlerinnen[7] und Feministinnen[8] sehen die Ursache dafür in einem falschen Verhalten der Frauen, im Fehlen einer sachgerechten, d.h. emotional distanzierten, rationalen Organisation der Hausarbeit.

Es gibt, wie in der Frauenforschung herausgearbeitet wurde[9], eine Reihe von Bestimmungsmomenten für Quantität und Qualität von Hausarbeit, die Ergebnis der in den letzten 15O Jahren gewachsenen Rolle der "guten Hausfrau und Mutter" und deren jeweiliger individueller Aneignung sind. Es gibt zusätzlich und damit verbunden aber auch Bestimmungsmerkmale, die in der Struktur und Zielsetzung von Hausarbeit begründet sind. Die Frage nach diesen Merkmalen erwies sich in mehrfacher Hinsicht als wichtig:

- Frauenpolitisch ermöglichte sie einen Perspektivwechsel weg von den "Defiziten" von Frauen hin zu den Rahmenbedingungen im Haushalt und den erbrachten Leistungen.
- Für die wissenschaftliche Diskussion ermöglichte sie einen neuen Zugang zur Komplexität des Haushalts und der Hausarbeit, der über bisher in vielfältigsten Formen praktizierte IST-SOLL Vergleiche oder andere modellhafte Vorstellungen von "richtiger", "rationaler" Haushaltsführung hinausgeht.
- Damit konnte ein Beitrag zur Diskussion über die Andersartigkeit der Hausarbeit im Vergleich zu Erwerbsarbeit geleistet werden.
- Waren bisher in der allgemeinen Diskussion Rationalisierung und Technisierung der Hausarbeit tendenziell per se soziale, fortschrittliche Akte, so wird nun - wie für die Erwerbsarbeit schon längst - die Frage nach den Folgewirkungen, nach der "Sozialverträglichkeit" aufgeworfen.

Die Suche nach der Antwort auf die Frage nach der Diskrepanz zwischen erwarteter und realer Arbeitserleichterung und -verringerung durch Rationalisierung und Technisierung führte sehr schnell von deren *Möglichkeiten* und deren *Grenzen* und vor allem zur *Veränderung der Arbeit und des Zusammenlebens im Haushalt.* Aus diesen Überlegungen sollen hier einige Ausschnitte vorgestellt werden. Wenn auch die Frage nach der Rationalisierung der Hausarbeit die übergeordnete Frage ist, wird hier zunächst auf Grenzen und Folgewirkungen der Technisierung der Hausarbeit eingegangen. Dabei werden die aus wissenschaftlicher Arbeit und/oder eigener

Haushaltserfahrung gewonnenen Kenntnisse über die Arbeitserleichterung durch Haustechnik (Heizung etc.) und Haushaltstechnik (Waschmaschine, Bügeleisen etc.) vorausgesetzt. Hier soll es darum gehen, bisher meist aus der Diskussion ausgeblendete Fragen aufzuwerfen, Ansätze zu deren Beantwortung zu geben und damit den Blick auf Prozesse im Haushalt zu lenken, die - oft verborgen - das Alltagsleben und die alltägliche (Frauen) Arbeit entscheidend beeinflussen.

## 1 Zu den Grenzen und Folgewirkungen der Technisierung der Hausarbeit

Ein Ausschnitt aus dem Spektrum der mit der Technisierung des Haushalts verbundenen Fragen soll zunächst kurz an einem Beispiel aufgezeigt werden:
Der Kohleofen war nicht nur eine Feuerstelle zur Nahrungszubereitung. Er wärmte auch das Wasser, das für Haus und Hof gebraucht wurde, erhitzte

Der Kohlenherd

Abb. 1 Heizen, Kochen, Backen, Warmwasserbereitung, Trocknen und Müllverwertung in einem Gerät das Bügeleisen wie das Waffeleisen und die Steine, die als Heizung mit in das Bett genommen wurden. Abfälle wurden im Ofen verbrannt, nasse Kleidung an ihm getrocknet.

Diese Funktionen werden heute von verschiedenen Geräten übernommen. Gekocht wird auf einem Elektro- oder Gasherd, den schnellen Zugriff zu heißem Kaffee sichert eine Kaffeemaschine, heißes Wasser bereitet ein Tauchsieder oder ein Boiler; Bügeleisen, Waffeleisen, Heizkissen, Trockner oder Mülleimer sind vom Ofen unabhängige Geräte. Die Küche war im Winter oft der einzig warme Raum. Heute werden meist die Wohnung oder das Haus oder ganze Wohnkomplexe zentral beheizt, oft verbunden mit einem Warmwassersystem. Es kann auch im Winter im ganzen Haus gewohnt werden, jede/r kann sich in ihr/sein Zimmer (falls sie/er eines hat) zurückziehen, ohne zu frieren. Diese Zimmer müssen nun allerdings auch ordentlich und sauber gehalten werden, ebenso wie das Badezimmer, das anstelle der Zinkbadewanne getreten ist, die früher samstags in die Küche gestellt wurde, sowie an die Stelle der Wasserkrüge und -schalen im Zimmer.
Und nicht nur die Arbeit verteilte sich von der Küche in das ganze Haus, auch die Kommunikation verlor die Küche als ihren Mittelpunkt bzw. als ihren Raum. Dic Arbeit in der Küche, im Haus, wurde einsamere Arbeit.
Wer längere Zeit mit einem Kohleofen arbeiten mußte, weiß, daß man keiner verklärenden Nostalgie verfallen darf. Denn nicht nur Kommunikation, sondern auch Spannungen und Streit verteilten sich, so manche Arbeit wurde flexibler, weil sie nicht mehr an die Mühe des Ofenheizens und -brennendhaltens gebunden war; die Wohnung wurde von dem schwarzen fettigen Schmierfilm befreit, der sich über alles zog, was sich im Luftzugbereich der Kohlefeuerung befand. Wir wissen heute, daß es ernährungsphysiologisch nicht gerade erwünscht ist, Nahrung lange Zeit auf dem Herd warm zu halten - andererseits haben wir heute (nicht nur aus ernährungswissenschaftlicher Sicht) höhere und damit auch arbeitsintensivere Ansprüche an das Essen...
*Die Abschaffung des Kohleofens* hatte also - ursächlich und/oder zeitlich - eine *Veränderung der Wohngewohnheiten,* der *Hausreinigung,* der *Kommunikation zwischen den Haushaltsmitgliedern,* der *Ernährungsgewohnheiten,* der *Nahrungsmittelzubereitung* usw. zur Folge. Die Bedeutung dieses technischen Wandels kann also nicht (nur) mit einem Zeit-, Kosten- oder Energieverbrauchsvergleich des Anheizens oder der Heizleistung erfaßt werden.

Grenzen und Folgewirkungen des Technikeinsatzes im Haushalt sollen im folgenden noch einmal kurz aufgeschlüsselt werden.

## 1.1 Grenzen für den Einsatz von Technik

- Wie I. Kettschau in ihrem Beitrag ausführt[10], ist Arbeit im privaten Haushalt geprägt durch ihre Personenbezogenheit und die damit verbundene Verknüpfung materieller und immaterieller Arbeitsprozesse. Im Gegensatz zur industriellen Arbeit sind Arbeitsgänge im Haushalt vielfältig, kurz, für kleine Mengen/Bereiche. Sie sind oft individuell auf einzelne Haushaltsmitglieder abgestimmt. Sie finden zudem oft in Auseinandersetzung mit diesen Personen oder parallel dazu statt. Die Technisierung vieler Prozesse ist daher nicht möglich oder nicht sinnvoll.
- Eine Automatisierung, d.h. die Erfassung und Erledigung mehrerer Arbeitsgänge hintereinander durch eine Maschine, ermöglichen nur wenige Geräte, so die Waschmaschine und die Geschirrspülmaschine. In den meisten Fällen werden nur einzelne Abschnitte eines Arbeitsprozesses mit Hilfe (jeweils) eines Gerätes erleichtert, verändert oder ersetzt. So kann die Küche z.B. vollgestopft sein mit einer Summe unterschiedlichster Geräte zum Zerkleinern, Rühren, Garen etc., die jeweils nur in einzelnen, z.T. seltenen Arbeitsgängen gebraucht werden. So wird in den meisten Fällen die *Handarbeit nicht ersetzt,* sondern in ihren *Bewegungsabläufen verändert* .
- Auch zur Bewältigung der "neuen Hausarbeiten" wie Informationssuche, Planung, Beschaffung (vgl. Thiele-Wittig 1987) ist Technik nur bedingt einsetzbar. Technik ist ein Hilfsmittel in diesen Prozessen, vor allem, wenn wir z.B. Telefon, Fernsehen oder das Auto mit in unsere Überlegungen einbeziehen. Sie verändern wiederum den Arbeitsprozeß, ersetzen aber nicht entscheidend die menschliche Arbeitskraft. Eine Änderung ist auch durch die neuen Technologien für den privaten Haushalt noch nicht abzusehen. Auch für deren Einsatz sind Grenzen durch die Struktur der Haushalte, der der Hausarbeit und durch die Personenbezogenheit der Arbeit gesetzt (vgl. Kettschau/Methfessel 1986; Methfessel 1987).

Wie in dem Beispiel angesprochen, ergeben sich aus dem Wechselverhältnis zwischen Technik, Arbeit und Zusammenleben Folgewirkungen, die Arbeitserleichterungen und -verringerungen verhindern, neutralisieren oder gar konterkarieren.

## 1.2 Folgewirkungen der Technisierung der Hausarbeit

- *Mehrarbeit* durch *Erhöhung des Anspruchsniveaus*
  Eine Erhöhung von Standards bei der Ernährung oder beim Wohnen (und damit einhergehend bei Ordnung und Sauberkeit) sind schon kurz angesprochen worden. Ein weiteres deutliches Beispiel ist die Wäschepflege. Obwohl die Waschmaschine als eine der wenigen Maschinen mehrere Arbeitsgänge hintereinander erledigt, obwohl sie von einer großen Mehrheit von Frauen als erstes genannt wird, wenn gefragt wird, auf welches Gerät sie am wenigsten verzichten möchten, hat sich die Zeit, die für die Wäschereinigung und -pflege aufgewandt wird, nicht verringert. Sie hat sich im Gegenteil z.T. erhöht, u.a. weil öfter als früher und mehr gewaschen wird, da sich unser Anspruch an Kleidung, an die Sauberkeit der Kleidung und auch unser Umgang damit verändert hat (vgl. Kettschau 1981, S. 166; Methfessel 1987). Dabei ist es schwer zu unterscheiden, wieweit es sich hier um eine *Befreiung von Grenzen* handelt, von Grenzen, die durch die Schwere der Arbeit, durch ökonomische Bedingungen, durch die Begrenztheit des Wissens gesetzt waren oder wo eine *neue Belastung* durch höhere Erwartungen oder Normen beginnt (vgl. Kettschau 1983).

- *Mehrarbeit* durch Erhöhung der *Eigenproduktion/Eigenarbeit*
  Die technische Entwicklung hat die Haushalte im Verlauf der Entwicklung unterschiedlich beeinflußt. Zunächst machte sie einerseits die industrielle Produktion von Haushaltsgütern möglich, die damit über den Markt bezogen werden konnten; andererseits führte sie zum Aufbau von Dienstleistungsunternehmen (Wäscherei, Schneiderei), die Teile der Hausarbeit übernehmen konnten. Dann hatten mit der Entwicklung von Haushaltsgeräten die Haushalte neue Möglichkeiten, diese zeitweilig ausgelagerte Arbeit wieder in den Haushalt zurückzuholen oder zumindest sie in einem Arbeitsprozeß im Haushalt auf die spezifischen Erfordernisse (z.B. bei der Änderung von Kleidungsstücken) oder Geschmäcker (bei der Nahrung) auszurichten (vgl. Orland 1986). Die so einmal zur Arbeitserleichterung angeschafften Geräte haben Aufforderungscharakter: "Der Kapitaleinsatz soll sich lohnen. Durch die Bügelmaschine wird mehr gebügelt, Joghurtbereiter, Saftpressen und Strickmaschinen werden vermehrt eingesetzt. Damit wird auch bezahlte Arbeit (für Marktprodukte) zur unbezahlten Hausarbeit" (Kettschau/Methfessel 1986, S. 45).

- *Unsichtbarkeit* der Hausarbeit durch Technisierung
  Technik kann Arbeit "unsichtbarer" machen. Dies ist zum einen darin begründet, daß die durch die Maschine verrichtete Arbeit stärker wahrgenommen wird, als die verbleibende, bzw. der Existenz der Maschine schon die Erledigung der Arbeit zugeschrieben wird[11]. Wenn "die Waschmaschine wäscht" und "die Spülmaschine spült", ist die Notwendigkeit einer Rücksichtnahme oder Mithilfe weniger offensichtlich. Daß dabei die mehrfache Menge an Wäsche oder Geschirr anfallen kann, wird weder bedacht noch bemerkt.
  Wenig oder gar nicht wahrgenommen wird auch, daß es eine *Verlagerung von Arbeit* und auch eine *Verlagerung von Wissen* gibt.

- *Verlagerung von Arbeit*
  Die Vor- und Nachbereitung der Arbeitsprozesse, die Bedienung, Wartung und Säuberung von Geräten erfordert neue, zusätzliche Arbeit. Die Beschaffung und der angepaßte und sinnvolle Einsatz von Technik erfordern Wissen über komplexe Zusammenhänge.

- *Verlagerung von Wissen*
  Die industrielle Technisierung und die Technisierung der Hausarbeit verlangen
  weniger Wissen über die ursprüngliche Produktion der Güter,
  mehr über Qualität und Preise der Marktgüter und deren Beschaffung,
  mehr über die Verarbeitung von Marktgütern zur "Konsumreife",
  mehr über einen sinnvollen Einsatz von "maschinengerechten Gütern",
  mehr über die Funktionsweise und Bedienung von Geräten,
  mehr über ökologische Zusammenhänge und Folgewirkungen (vgl. Thiele-Wittig 1986; dies. 1987; Jörges 1982).

Die mit den neuen Technologien verbundenen Prozesse gesellschaftlicher Veränderungen mit ihren Auswirkungen auf den privaten Haushalt werden zudem noch neue Aufgaben für die privaten Haushalte bringen (vgl. Arbeitsgemeinschaft Hauswirtschaft 1987).

Die mit der Technisierung verbundenen neuen Haushaltsaufgaben ersetzen aber nur zum Teil die alte Haushaltsproduktion. Die alltägliche materiell-technische Hausarbeit macht - wenn auch in modifizierter Form - immer noch einen entscheidenden Teil der Hausarbeit aus. Die genannten neuen Aufgaben stellen oft zusätzliche Anforderungen.

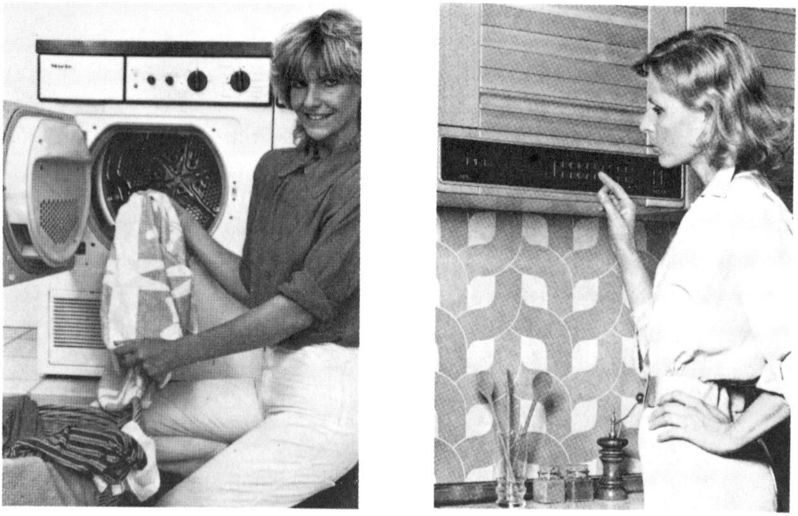

Abb. 2 Computer-Technik in der Küche. "Was hast Du eigentlich den ganzen Tag getan?"

- *Veränderungen des Materials und der Endprodukte*
  Die Technisierung des Haushalts hat nicht nur die Arbeit verändert, sondern auch zu einer Veränderung des Materials und der Endprodukte geführt. Im Arbeitsbereich Ernährung z.B. fand man nicht nur andere Wege der Haltbarmachung und des Garens. Verbunden mit dem (auch technisch ermöglichten) breiten Marktangebot und den Lagerungsmöglichkeiten durch Kühlschrank und Gefrierschrank, führten diese Entwicklungen zum Frittieren und zum Grillen, zu Jahreszeit-unabhängigen Speiseplänen, zu neuen Rezepten, die auf die auf Grenzen und Möglichkeiten der Küchenmaschine oder des Mikrowellenherdes abgestimmt sind. Der Staubsauger ermöglichte die Verbreitung der Teppichböden und die Waschmaschinen führen zu pflegeleichter und waschmaschinengerechter Kleidung, die zudem in Farben und Formen der Sichtbarkeit der Verschmutzung weniger Grenzen setzen. Wo diese Veränderung der Qualität nicht akzeptiert wird, wie z.B. bei der Vorliebe für empfindliche Fasern (Seide, Pullover aus unterschiedlichen Materialien), da hat auch schnell der Einsatz von Maschinen seine Grenzen.

- *Veränderung der Arbeitsstruktur*
  Die Veränderung der Arbeit beinhaltet nicht nur eine Veränderung der Quantität der jeweiligen Aufgabe und des dazu benötigten Wissens, damit verbunden ist auch eine Veränderung der Arbeitsstruktur. Um dies deutlich zu machen, kann ein Vergleich mit der Geschichte hilfreich sein. Früher, d.h. ohne die heutige technische Ausstattung, wurden eine Reihe von Haushaltsaufgaben schwerpunktmäßig, d.h. zusammenhängend erledigt. So gab es den Waschtag, den Hausputztag usw. Unsere heutigen Haushaltsgeräte erleichtern und verkürzen nicht nur einzelne Arbeitsgänge, sie ermöglichen auch das zeitliche Auseinanderziehen, die Aufteilung in einzelne, voneinander unabhängigere Arbeitsgänge. So kann heute "schnell-mal-eben-zwischendurch" gewaschen, staubgesaugt, gekocht werden, mit all den dazugehörigen Vor- und Nacharbeiten[12]. Die Ineinanderschachtelung vieler verschiedener Arbeitsgänge läßt einerseits die Summe der Zeit, die für eine Aufgabe gebraucht wird, nicht wahrnehmen. Auf der anderen Seite kommt es zu einer starken Intensivierung der Arbeit, da die Entspannungsmöglichkeit, die eine längerandauernde Routinetätigkeit beinhaltet, wegfällt. Letztere wird abgelöst durch viele unterschiedliche Arbeiten, die nicht nur die Umstellung von einer Aufgabe zur anderen, sondern auch für den einzelnen Arbeitsgang eine besondere Konzentration verlangen. So kommt es zu dem Paradoxon, daß einerseits die Arbeit verdichtet und intensiviert wird und andererseits oft subjektiv aufgrund der Begrenztheit der einzelnen Aufgaben das Gefühl wächst, nichts Richtiges geschafft zu haben.

- *Veränderung der Sozialbeziehungen* und des Zusammenarbeitens und -lebens im Haushalt
  Eine der wesentlichsten Folgewirkungen der Technisierung der Haushalte war die Aufhebung des Zwangs zur Zusammenarbeit. Die Freistellung der Männer für die Industriearbeit, die der Kinder für die Schule und der freiwillige oder erzwungene Verzicht auf Dienstboten wurde längerfristig nur möglich durch die Technisierung der Hausarbeit (vgl. Schwartz-Cowan 1984).
  Der hohe Standard bürgerlicher Haushalte konnte für diese beibehalten werden und setzte sich langsam auch für niedere Schichten durch (vgl. Bock/Duden 1976; Kittler 1982). Ebenso wie der Zwang zur innerfamiliären Zusammenarbeit entfiel auch der zur gemeinsamen Arbeit mit Nachbarn/innen und damit im wesentlichen gemeinsame Hausarbeit überhaupt. Hausfrauenarbeit wurde immer mehr einsame, isolierte Arbeit (vgl. Meyer/Orland 1982).

Die neuen Arbeitsprozesse enthalten nicht nur weniger Zwang zur Zusammenarbeit, sondern auch weniger Möglichkeiten. Kinder lassen sich schlechter in technisierte Arbeitsprozesse integrieren. Von einem bestimmten Alter an können sie die Geräte zwar handhaben, es fehlt aber oft der gemeinsame Arbeitsprozess. Zudem entfiel auch für viele Männer und Kinder der moralische Druck zur Mithilfe. Vorstellungen wie "die Maschine wäscht ja, nicht die Mutter" oder "dafür habe ich Dir doch die Spülmaschine gekauft" beeinflussen das Verhalten der Familien- bzw. Haushaltsmitglieder nicht nur in Bezug auf mangelnde Mithilfe, sondern auch auf mangelnde Rücksichtnahme[13].

Die auf die Arbeit bezogene und durch die Arbeit vermittelte Kommunikation hatte auch eine sehr große Bedeutung für den Zusammenhalt von Nachbarschaften und auch von Familien. Dieser Verlust war von Vorteil, wo kein Zwang mehr bestand, Verbindungen aufrechtzuerhalten, an denen man kein Interesse hatte (wie bei manchen Nachbarschaften), wo Gespräche weniger abgelenkt stattfinden (z.B. mit Kindern). Er hat aber auch den Nachteil, daß diese Gespräche und Gemeinsamkeiten nicht mehr selbstverständlich sind, nicht mehr die Ungezwungenheit haben, sondern nun bewußt gesucht und organisiert werden müssen. Wo dies geschieht, werden sie dann aber nicht mehr als Arbeit definiert (obwohl sie notwendig sind zum sozialen (Über-)Leben, sondern als Klatsch, Freundschaft oder Liebe. Dies hat wiederum Auswirkungen auf die Wertschätzung von Frauenarbeit, auch in der Selbsteinschätzung. Dies mag ein Grund dafür sein, daß freie Zeit eher wieder in neue Hausarbeit investiert wird.

Im Gegensatz zur industriellen Produktion und anderen Erwerbsarbeitsbereichen ersetzt Technik im Haushalt also im wesentlichen nicht die menschliche Arbeitskraft. Sie verringert, erleichtert und/oder verändert sie vielmehr. Die menschliche Arbeitskraft (die der Frau) bleibt für die Bewältigung der Hausarbeit entscheidend.

Mit den angesprochenen Faktoren sollte aufgezeigt werden, daß über die Verringerung und Erleichterung von Hausarbeit hinaus Haus- und Haushaltstechnik einen vielfältigen Einfluß auf Arbeit und Leben im Haushalt haben. Die verschiedenen Aspekte konnten hier nur kurz angesprochen werden. Ihre Bedeutung und Wirkung mag für den einzelnen Haushalt, für den einzelnen Aufgabenbereich sehr unterschiedlich, im einzelnen nicht einmal nennenswert sein. In der Summe, in ihrem Zusammenwirken, können sie aber eine Bedeutung bekommen, die, wie schon gesagt, die Errungenschaften der Technik infragestellen, neutralisieren oder gar konterkarieren kann.

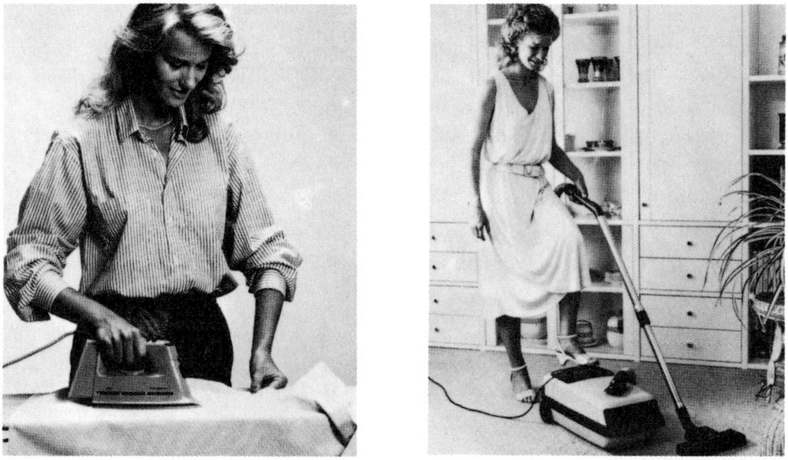

Abb. 3 Veränderung der Arbeitsstruktur: "schnell-mal-eben-zwischendurch"

Es konnten auch nicht alle wesentlichen Aspekte angesprochen werden. Es fehlen hier zum Beispiel die ökologischen Folgewirkungen. Diese werden in anderen Beiträgen dieser Tagung behandelt (vgl. den Beitrag von Hans-Joachim Rieseberg). In der ökologischen Diskussion werden allerdings auch viele der angesprochenen Fragen nicht berührt. Im Gegenteil, es ist erschreckend, wie selbstverständlich (vor allem von männlichen Teilnehmern) zur Behebung der ökologischen Krise durch die Haushalte vermehrte, unbezahlte Haus-Frauen-Arbeit stillschweigend vorausgesetzt oder offen gefordert wird (vgl. hierzu den Beitrag von Karin Riedesser in diesem Band).

Ein weiterer Aspekt, der in diesem Zusammenhang nicht behandelt werden konnte, ist die Bedeutung der Projektionen auf Technik. Es wäre sicherlich lohnenswert, die Vielzahl der Wünsche und Hoffnungen, z.B. auf Befreiung von Hausarbeit, auf Unabhängigkeit, auf mehr Anerkennung und Liebe, die zum Kauf und Gebrauch von Technik führen, auf ihre Bedeutung und Wirkung hin zu untersuchen, zu hinterfragen, wie oft vielleicht auch persönliche und/oder familiäre Probleme eine technische (Schein-)Lösung bekommen.

Eine Bewertung der Bedeutung und der Folgewirkungen von Technik soll und kann es hier nicht geben. *Wie auch in anderen gesellschaftlichen Bereichen ist die Wirkung von Technik im Haushalt ambivalent.* So stehen die Zerrissenheit der Arbeit und die Isolation der Arbeitenden neben begrüßten Folgewirkungen wie Flexibilität und Individualität (vgl. Schwartz-Cowan

1985). Das Bewußtsein über diese Ambivalenz, der Blick auf die vielfältigen Aspekte kann die Nutzung der positiven und die Verminderung oder Verhinderung der unerwünschten Folgewirkungen ermöglichen, kann Entscheidungshilfen geben[14]. Diese Möglichkeiten sind nicht oder nur ungenügend gegeben, wenn technisch-ökonomische Fragestellungen bezogen auf einen aus dem Haushaltsgeschehen isolierten Prozess behandelt werden[15]. Der Blick auf weitergehende Faktoren erschließt auch neue Dimensionen für die Analyse von Haushaltsprozessen, eine Möglichkeit die verschenkt wird, wenn kritische Fragestellungen sofort mit (realem oder gezieltem?) Mißverständnis abgetan werden[16].

## 2 Zu den Grenzen der Rationalisierung der Hausarbeit

Vorstellungen einer optimalen Nutzung der Errungenschaften von Haushaltstechnik basieren auf einer Einordnung dieser Nutzung als Teil einer rationalen Haushaltsführung. Deren Kerngedanke wiederum ist das "ökonomische Prinzip", nachdem mit einem bestimmten Aufwand ein maximaler Nutzen oder für einen bestimmten Nutzen ein minimaler Aufwand angestrebt werden soll. Die zentrale Forderung bedeutet das Sparen von Zeit, Kraft und Geld/Material.

Die rationale Haushaltsführung beinhaltet eine Analyse der jeweiligen Bedingungen als Voraussetzung für eine zielgerichtete und -gerechte Planung: Hier kämpfte und kämpft die Wirtschaftslehre des Haushalts um den "Kopf der Frau"[17]. Entsprechend einer Planung sollen der Raum für das Handeln, die Arbeitsabfolge und die einzelnen Bewegungen nach arbeitswissenschaftlichen Kriterien durchgeführt werden. Die strikte Durchorganisation bis hin zu vorgegebenen Bewegungsabläufen und -zeiten führt aufgrund der fehlenden Arbeitsteilung im Haushalt - zugespitzt formuliert - dahin, daß derselbe Mensch (dieselbe Haus-Frau)

- kreativ sein soll wie eine Künstlerin,
- planen soll wie eine Managerin und
- arbeiten soll wie eine Akkordarbeiterin.

Daß diese Vorstellungen nicht im erwarteten Maße Wirklichkeit wurden und werden, wurde und wird der Rückständigkeit von Haus-Frauen zugeschrieben.

Es erhebt sich aber die Frage, ob nicht grundsätzlich Grenzen für die Rationalisierbarkeit von Hausarbeit bestehen, Grenzen[19], die begründet sind in

- der Struktur eines (Familien-)Haushalts,
- der Personenbezogenheit der Hausarbeit sowie in
- der Bedeutung der Hausarbeit für den/die Hausarbeitende(n) selbst.

Bevor ich Ansätze zur Beantwortung dieser Fragen entwickle, möchte ich eine alltägliche Szene aus dem Haushaltsalltag schildern. Mit diesem Beispiel[20] soll verdeutlicht werden, daß die materiell-technische Dimension der Hausarbeit (vor allem im Familienhaushalt) nicht unabhängig von den anderen Dimensionen, wie der psycho-sozialen oder der sozio-kulturellen, gesehen und behandelt werden sollte:
Aufräum- und Reinigungsarbeiten gehören für viele zu den ungeliebtesten, unkreativsten, undankbarsten Tätigkeiten. Eine Rationalisierung, eine zeit- und kraftsparende Erledigung dieser Arbeiten bietet sich also geradezu an. Übliche Ratschläge dazu sind z.B.

- erst alle Zimmer durchräumen,
- geeignetes Reinigungsmaterial herbeischaffen,
- alle gleichartigen Arbeiten hintereinander erledigen ...

In diesem Rahmen soll wiederum

- der Bewegungsablauf kontrolliert,
- gegebenenfalls beidhändig gearbeitet werden etc. (vgl. z.B. Hardt 1973; Hennenhofer/Kamm 1974).

Aber: Aufräumen im privaten Haushalt ist gleichzeitig eine Konfrontation, eine Konfrontation mit Personen über (deren) Sachen, z.B. mit dem Mann oder mit den Kindern: So wird bei herumliegenden Sachen abgeschätzt, ob es sich lohnt, den Kampf um die Arbeitsteilung zu führen, welche Konsequenzen es hat, wenn man diesmal wieder aufräumt, wie, wenn man es tut (in den Schrank oder auf den Schreibtisch?) ... Es ist auch eine Konfrontation mit Sachen: wegwerfen oder behalten, auf den "Zu-erledigen-Haufen" legen oder sofort erledigen? Soll man umräumen oder auf den alten Platz legen? ...
Ähnliche Überlegungen bringt das Reinigen mit sich: Warum ist es schon wieder soo schmutzig? Es kommt zu Überlegungen, was man in Zukunft ändern will, was man vielleicht bei der Erziehung der Kinder falsch macht etc. Gleichzeitig wird der Abnutzungsgrad von Gebrauchsgegenständen registriert, kreisen die Gedanken um die nächsten Anschaffungen, um deren Finanzierung und Beschaffung, wird festgehalten, was an Reinigungsmitteln fehlt. Die Bewegungen verlangsamen sich vielleicht, werden "unökonomischer". Am Schluß des Reinigungsprozesses kann als Ergebnis aber mehr als eine saubere, aufgeräumte Wohnung stehen.

Im Gegensatz zur Betrachtung von gewerblichen Haushalten oder, um im Beispiel zu bleiben, von der Arbeit von Putzkolonnen, ist bei der Diskussion um die Rationalisierung der Hausarbeit zu bedenken, daß der private Haushalt der eigene Lebensbereich ist und die Beachtung und Berücksichtigung des gesamten Lebenszusammenhangs bei der Durchführung einer einzelnen Aufgabe notwendig sein kann. Zur Begründung dieser Forderung und zur Erläuterung der damit verbundenen Konsequenzen sollen im weiteren vor allem folgende drei Aspekte angesprochen werden:

- die Berechtigung und Notwendigkeit einer eigenen Ökonomie,
- die Problematik einer undifferenzierten Forderung nach dem "Sparen von Zeit und Kraft",
- die Bedeutung der Hausarbeit und des bei der Arbeit herausgebildeten Arbeitsvermögens für den/die Menschen.

## 2.1 Berechtigung und Notwendigkeit einer "eigenen Ökonomie"

Mit dem o.g. Beispiel sollte aufgezeigt werden, daß materiell-technische Prozesse im Haushalt oft mit immateriellen, mit Beziehungsprozessen verknüpft sind. Man könnte dieses Beispiel fortführen: Es kann wichtig sein, ob Personen im Haushalt sind, die den Arbeitsprozess beeinflussen: Kleinkinder, die beaufsichtigt werden müssen, Schularbeitenbetreuung neben dem Geschirrspülen, Beteiligung der Kinder an der Hausarbeit, Gäste, mit denen während der Nahrungszubereitung ein Gespräch geführt wird. Unterbrechungen (der materiell-technischen Arbeit), wie durch ein aufgeschlagenes Knie eines Kindes, fordern nicht nur Zeit für Sorge und Trost, sie können auch die Gedanken und damit die Konzentration in der darauffolgenden Zeit beanspruchen bzw. beeinflussen[21]. Starken Einfluß können auch Ansprüche anderer haben: Ansprüche an die Quantität und/oder Qualität der Arbeit oder an den Zeitpunkt ihrer Erledigung. Die Rücksichtnahme auf den Schlafrhythmus von Schichtarbeitern, der "geheime Zwang", materiell-technische Arbeit für Familienmitglieder oder Besucher "unsichtbar" zu halten, damit es nicht "ungemütlich" wird oder damit die Wohnung als Freizeitraum erhalten bleibt[22], können ebenso eine Bedeutung haben wie der Selbst- oder Fremdanspruch, als Mutter immer für Kinder ansprechbar zu sein[23].

Spezifische Ansprüche an die Wohnraumgestaltung können - von der Arbeitsökonomie her gesehen - nicht gerade vorteilhaft sein: Blumen oder verschnörkelte und empfindliche Antiquitäten, offene Regale oder zu helle oder zu dunkle Teppiche entsprechen vielleicht eher dem Geschmack der Familie als den Anforderungen einer funktionalen, arbeitssparenden Wohnraumgestaltung.

Es gilt also, unterschiedlichen und sich widersprechenden Bedürfnissen und Anforderungen Rechnung zu tragen: Den Widersprüchen zwischen

- Zeit- und Kraftknappheit *und* dem Wunsch, die Haushaltsangehörigen nicht darunter leiden zu lassen,
- der Arbeit als Last, als "schnell-hinter-sich-zu-bringende" *und* der Arbeit als Sorge, Bemühen um andere (und sich), die gerne getan wird bzw. in der ein Sinn gesehen wird,
- der Wohnung als Arbeitsraum *und* der Wohnung als Lebensraum,
- der Zeit nach der Erwerbsarbeit als Haus-Arbeitszeit *und* als Freizeit, Familienzeit,
- der Wunsch, mit der Familie, besonders mit den Kindern, beisammenzusein *und* der Wunsch nach Ruhe und eigener Regeneration,
- der Wunsch nach systematischer und ungestörter Erledigung der (materiellen) Hausarbeit *und* der Wunsch, die Hausarbeit nach den Kindern auszurichten bzw. für die anderen "dazusein".

Diese Widersprüche verbieten es, die wirtschaftlichen bzw. materiell-technischen Aufgaben des Haushalts für sich zu nehmen und "rationell", d.h. durch strikte Anwendung der Rationalisierungskriterien zu "lösen". Damit würden diese Widersprüche einseitig aufgelöst. Soziale, kulturelle und andere Aufgaben des Haushalts würden damit nicht nur nicht erfüllt, sondern die Arbeit dafür könnte sogar konterkariert werden. Im Umgang mit diesen Widersprüchen entwickeln die Haushalte bzw. die in ihnen arbeitenden Menschen eine eigene Ökonomie. Diese eigene Ökonomie stellt den Versuch der Berücksichtigung und Bewältigung der je spezifischen Haushaltsanforderungen dar. Eine Kritik an "unrationalem" oder "unrationellem" Handeln muß demnach auch zunnächst die Frage nach den Zusammenhängen stellen, die die jeweilige, kritisierte Lösung hervorgebracht haben[24].

## 2.2 Zum "Sparen von Zeit und Kraft"

Zeit und Kraft - und zwar physische und psychische Kraft - sind in vielen Haushalten knappe Ressourcen. Eine Ökonomie im Umgang mit diesen Ressourcen ist daher für diese dringend notwendig. Die Arbeitswissenschaft hat auch für die Hausarbeit mit Bewegungs- und Zeitstudien, mit der Gestaltung von Maschinen (oder Werkzeug) und mit der Arbeitsplanung nach arbeitsphysiologischen Gesichtspunkten Kriterien zur Rationalisierung der Hausarbeit entwickelt. Diese Kriterien, seien sie gelernt oder über Erfahrungen mühselig angeeignet, finden daher im Alltag auch ihre Anwendung da, wo sie nicht in Konflikt geraten mit anderen Haushaltszielen und -aufgaben. Bezogen auf die Gesamtheit der Aufgaben und der Ressourcen ist aber festzuhalten, daß ein ökonomischer Umgang mit Zeit und Kraft nicht unbedingt das Sparen von Zeit und Kraft heißen muß.

Im Gegensatz zum Rest der Gesellschaft, in dem die Ökonomie der Zeit die Bewirtschaftung der Zeit zu *dem* Rationalprinzip wurde, blieben im privaten Bereich traditionelle Zeitstrukturen dominant: Arbeit im privaten Haushalt richtet sich als personenbezogene Arbeit nach natürlichen, biologischen, kulturellen und sozialen Rhythmen (vgl. Ostner 1978; Rinderspacher 1985; Negt/Kluge 1981). Private Haushalte stehen damit aber im Konflikt: als Teil der Gesellschaft sind sie permanent mit dem Zwang zu einer solchen industriellen Zeitökonomie konfrontiert. Gleichzeitig sollen sie die damit verbundenen Verluste und Begrenzungen kompensieren und eine Gegenwelt bieten. Der Zwang zu dieser Zeitökonomie ist sowohl durch real begrenzte Zeitressourcen gegeben als auch durch die Verinnerlichung des Gebots der effizienten Zeitnutzung[25]. Effizient heißt im Sinne der Arbeitswissenschaft: jede Arbeit gezielt und konzentriert zu erledigen, "the one best way" zur zeit- und kraftsparenden Erledigung zu finden, entstehende Freiräume mit weiterer Arbeit auszufüllen etc.

Gegen die Verabsolutierung eines solchen Effizienzbegriffes soll hier ein Aspekt der "eigenen Ökonomie" noch einmal zugespitzt werden auf die Feststellung, daß es im Haushalt auch gilt, *Zeit zu verlieren*[26], daß zur Erfüllung der Regenerationsaufgaben und auch besonders der Sozialisation der Kinder das Sparen von Zeit und Kraft eine zu enge Problemstellung ist.

So fällt es gerade im Umgang mit Kindern oft schwer, nicht den Zeitdruck aus anderen Arbeitsbereichen auf die Kinder zu übertragen, das andere Zeitgefühl der Kinder zu akzeptieren, die andere Wertigkeit, die Zeit und Handeln für Kinder haben kann[27]. Dies gilt nicht nur für die spielerische Beschäftigung mit Kindern. Bedacht werden muß auch, daß das Diktat der Zeitökonomie im Haushalt die Umstellung auf die Ansprüche der Kinder erschwert. Der Anspruch, Zeit "verlieren" zu können, greift so auch auf andere Bereiche der Hausarbeit über: z.B. wenn Kinder mithelfen wollen, aber auch, wenn sie gerade da spielen wollen, wo geputzt werden soll, wenn sie Ansprüche anmelden, die mehr Arbeit verlangen oder Pläne umstoßen. Konflikte sind überall da, wo die Sorge um Personen gegen die Erledigung von (für den Zeitpunkt geplanter) materiell-technischer Arbeit steht.

Die Aufforderung, Zeit verlieren zu können, kann auch aus bestimmter Arbeit selbst entspringen. Überall da, wo Kreativität erfordert wird, z.B. bei der Nahrungszubereitung, gibt es neben der Routine auch im Allgemeinen das Kreative. Dann, wenn etwas Neues probiert wird, dann, wenn auf bestimmte Eigenarten Rücksicht genommen werden soll, dann, wenn Qualitätsunterschieden bei den Nahrungsmitteln Rechnung getragen werden muß. Wenn es gut werden soll, dann braucht es Zeit und innere Ruhe, um sich darauf einlassen zu können. Ähnliches gilt für alle Arbeiten, die nicht nur mit Routine erledigt werden können: bestimmte Näharbeiten, Reparaturen, die etwas komplizierter sind, Wohnraumgestaltung etc. Oft bestehen die Forderungen, Zeit zu sparen und Zeit zu verlieren nebeneinander, lösen sich schnell ab, stehen gegeneinander. Eine Ausrichtung auf die Rationalisierung, wie sie oft gefordert wird, könnte dazu führen, daß die Zeitpunkte, wo Zeit-verlieren gefordert ist, verpaßt werden, ignoriert oft sogar die Widersprüchlichkeit der Anforderungen.

Von den Frauen (und den Männern, die sich nicht nur als ausführende Helfer, sondern als haushaltende Haushaltsangehörige verstehen) wird verlangt, Zeit sparen zu können, Zeit verlieren zu können und die Zeitpunkte zu erkennen, wann das eine und wann das andere notwendig ist. Von ihnen wird nicht nur Zeit und sinnvolle Zeitverwendung, sondern auch ein spezifischer Zeitumgang verlangt.
Außerdem müssen sie die Entscheidung dafür noch vermitteln können, vor allem, wenn sie keine Zeit haben, nicht eingehen können auf Bedürfnisse anderer. Es wird die Gleichzeitigkeit von verschiedenem Zeitumgang verlangt, wenn verschiedene Aufgaben nebeneinander stehen, wie die Schulaufgabenbetreuung und das Geschirrabspülen. Es wird die Unterordnung verlangt, wenn es z.B. einen Mann stört, wenn seine Frau noch Hektik verbreitet, wenn er Ruhe/Feierabend haben will. Dann muß/wird sie auf Tätigkeiten ausweichen, die ihm weniger als Arbeit erscheint, wie z.B. textile Handarbeiten.

Aus den vorhergegangenen Ausführungen wird deutlich, daß es im Haushalt nicht einfach nur um Zeit, um das Sparen von Zeit geht, sondern um verschiedene Formen des Umgangs mit Zeit. Ebenso wie das *Sparen von Zeit* kann auch das *Sparen von Kraft* nicht absolut gesetzt werden. Kraft wird auf verschiedenen Ebenen ausgegeben. Es kann unterschieden werden zwischen physischer und psychischer Kraft, mit jeweils zusätzlichen Ebenen. Wenn Gartenarbeit nach der Erwerbsarbeit zur Erholung genutzt wird, dann wird hier körperliche und geistige Kraft gespeichert, während körperliche Kraft ausgegeben wird. Hier kann andere körperliche Arbeit gemacht werden mit einer anderen emotionalen Besetzung. Bei körperlicher Arbeit kann Wut verarbeitet werden, Distanz geschaffen werden - kann, muß nicht[28]. Demnach sollte unterschieden werden, wo gespart werden muß (bzw. kann) und wo nicht.

Mutter hat Zeit

Abb. 4 ... und Vater hat die Zeitung; Kinderbetreuung und Feierabend

Ebenso wichtig ist es, differenzierter auf die psychische Kraft einzugehen. Frauen berichten oft, daß sie "die Nerven nicht mehr haben". Bestimmte Formen der Arbeitsorganisation, die verlangen, daß die Hausarbeit rationell erledigt wird, verlangen aber noch zusätzlich psychische Kraft, die nicht mehr vorhanden ist. Da kann es sinnvoller sein, durch Routine entlastet *mehr* zu arbeiten.

Auch die Durchsetzung rationellerer Arbeitsweise gegenüber anderen, gegenüber den Interessen anderer an die eigene Zeit, an die Wohnungsnutzung, an eine bestimmte Atmosphäre, kostet psychische Kraft. Stattdessen wenden viele Frauen oft lieber körperliche Kraft auf. Dies gilt auch bei der Forderung nach Arbeitsteilung: Der Kampf mit Mann und Kindern kostet oft mehr als er bringt. Oft ist dafür keine psychische Kraft mehr da. Das mag aus pädagogischer Sicht falsch sein, ist aber Realität. Es ist auch ein Ergebnis eines Teufelkreises, wenn die Frau aufgrund fehlender Arbeitsteilung zu erschöpft ist, um eben diese durchzusetzen.

Psychische Kraft ist eben auch notwendig, um das eigene Ruhebedürfnis gegenüber den anderen Haushaltsangehörigen durchzusetzen. Viele Frauen schildern, daß "die Nerven" oft das erste sind, was ihnen "ausgeht"[27]. Hier geht es also auch nicht einfach darum, Kraft zu sparen, sondern es geht um *das richtige Abwägen von Krafteinsatz und Kraftsparen*, vom Einsatz psychischer und physischer Kraft.

Offensichtlich wird auch, daß nicht nur Zeit und Kraft die Ressourcen sind, sondern der Umgang damit, wenn die Fähigkeit zur Umstellung, zum Abwägen, wenn intellektuelle, emotionale, handwerkliche Fähigkeiten gefordert sind. Einsatz von bzw. haushalten mit diesen Fähigkeiten ist mehr als Sparen. Haushälterisches Umgehen ist vielleicht der umfassendere Begriff. Und erfaßt werden müssen damit alle Ressourcen.

Wenn wir also feststellen, daß die Menschen und ihre Lebensbedürfnisse selbst sich als Störfaktoren bei der Übertragung der Rationalisierungslogik der Wirtschaft auf den privaten Haushalt erweisen (Schmidt-Waldherr 1987, S. 28O), dann ist die Konsequenz zu ziehen, daß es nicht nur einer Überprüfung für den einzelnen Haushalt bedarf, wieweit die Rationalisierung der Hausarbeit möglich und sinnvoll ist. Vielmehr muß auch hier auf gesellschaftlicher Ebene ein Umdenken stattfinden: "Nicht die weitere Technisierung und der erneute Versuch zur Rationalisierung des Haushalts sind gegenwärtig und für absehbare Zukunft geboten, sondern umgekehrt: die Überprüfung der erwerbswirtschaftlichen Technisierungs- und Rationalisierungsnormen und -konzepte auf ihren Sinn für das Leben der Menschen, auf ihre Fähigkeit, gegenwärtige und zukünftige Probleme zu lösen" (Kettschau 1987, S. 96).

## 3 Zur Bedeutung der Hausarbeit für die Hausarbeitenden

Aus dem Vorhergesagten wird offensichtlich, daß Hausarbeit zwiespältig erfahren wird: Es ist Arbeit wie jede andere, gesellschaftlich notwendig, arbeitswissenschaftlich erfaßbar und gestaltbar, in Quantität und Qualität von gesellschaftlichen Normen beeinflußt und bestimmt. Gleichzeitig ist Hausarbeit "andere" Arbeit, anders als industrielle Erwerbsarbeit. Sie ist exklusiv, für bekannte Personen und sich selbst, im eigenen Lebensbereich, in Grenzen selbstständig gestaltbar - private Arbeit.

Gleichzeitig beinhaltet Hausarbeit noch Arbeitsprozesse, die - weil nicht dem Zwang zur Geldökonomie und damit zur Arbeitsteiligkeit unterworfen - komplex und vielschichtig sind, die (getrennt oder verbunden) materielle und immaterielle Ebenen enthalten, die in ihrer Gestaltung, die physischen und psychischen Bedürfnisse der Arbeitenden und (vor allem) der Nutznießer der Arbeit berücksichtigen (können). Arbeitsprozess und Resultat haben damit eine andere Bedeutung als bei der Erwerbsarbeit. Eine strikte Durchorganisierung der Hausarbeit würde dieser aber die Bedeutung als "andere" Arbeit nehmen. Dies kann besonders von erwerbstätigen Frauen, die unter stark reglementierten und rationalisierten Arbeitsbedingungen leiden, negativ erlebt werden (vgl. Becker-Schmidt u.a. 1982; Eckart u.a. 1979). Zum anderen besteht die Gefahr, daß die spezifischen Leistungen der Haushalte (der Frauen) unmöglich gemacht werden: die Kompensation für Versagungen und Belastungen, die aus dem Diktat der ökonomischen Rationalität der Industriegesellschaft erwachsen sowie die ausgesprochene Personenbezogenheit, die die Hausarbeit besonders auch beim Großziehen der Kinder prägt. Aber auch die Rationalisierung der Hausarbeit hat zwiespältige Folgen.

Zum einen impliziert die Behandlung der Hausarbeit durch die Arbeitswissenschaft die Anerkennung als Arbeit. Die Rationalisierungsbewegung hat damit (zumindest partiell) die Unsichtbarkeit der Hausarbeit aufgehoben und mit der Diskussion um Professionalisierung und Qualifikation dem für die Hausarbeit notwendigen Arbeitsvermögen[30] die Zuschreibung als "quasi tertiäres Geschlechtsmerkmal" (vgl. den Beitrag von Irmhild Kettschau in diesem Band) genommen. An die Bewertung der Arbeit war zum anderen aber auch die Festlegung gebunden, was Arbeit ist und was nicht. Die Möglichkeit der Bestimmung von Bewegungs- und Zeitabläufen[31] wurde zu einem Diktat[32], dessen Nicht-Beachtung Stigmatisierungen zur Folge hatte. All das, was über diese Festlegungen, was über die der Erwerbsarbeit vergleichbaren Arbeitsprozesse hinausgeht, was anders ist (weil es

Abb. 5 Die Grenzen naiver Rationalisierungslogik

durch die Personenbezogenheit bedingte, andere Ziele mitberücksichtigt) wird mit dem Makel der Ineffizienz oder der Irrationalität behaftet oder wird als Zuwendung oder auch im Sinne von Nicht-Arbeit definiert.

Zum einen ist das Wissen um eine zielgerichtete, gut durchdachte, handwerklich saubere Erledigung von Arbeit ein Gewinn für das Arbeitsvermögen, es schafft Sachkenntnisse und Fertigkeiten und erhöht die Sicherheit. Zum anderen kann eine einseitige Anlegung industrieller Rationalisierungsmaßstäbe eine Entwertung des Arbeitsvermögens zur Folge haben. Die alleinige Ausrichtung auf die zielgerichtete Erledigung einzelner Arbeitsprozesse könnte die Kompetenz beeinträchtigen, mehrere Aufgaben, mehrere Prozesse, mehrere Ebenen eines Prozesses gleichzeitig zu bewältigen. Die in vorherigen Abschnitten angesprochene Fähigkeit zur Bewältigung von industrieller Arbeit *und* von Hausarbeit, zur Umstellung von der einen auf die andere, zur Beachtung unterschiedlicher, widersprüchlicher Anforderungen, Zeitstrukturen, Wert- und Zielsetzungen[33] ist ein über die alltägliche Arbeitsbewältigung herausgebildetes Arbeitsvermögen[34].

Dieses ist aber auch ein "weibliches Arbeitsvermögen", dessen Bedeutung und Wirkung wiederum auch zwiespältig ist: Frauen leisten mit der Erhaltung einer menschenbezogenen und in der Struktur ganzheitlichen Produktionsweise gleichzeitig Zuarbeit für das industrielle System. Diese Zuarbeit wirkt nicht nur strukturell - als Zuarbeit der Haushalte für die Industriearbeit - sondern auch als Zuarbeit zwischen den Geschlechtern, als die der Frau für den Mann. Negt und Kluge folgern im Anschluß an Ausführungen zur Geschichte der Unterdrückung der Frau: "Da jede subtil erweiterte Fähigkeit, im Hause Beziehungen herzustellen, zugleich ein Arbeitsmittel ist, wäre eine permanente Produktivität durch Frauen festzustellen, wäre sie nicht durch die Männer und die Söhne sofort als Ausweis von deren Produktivität angeeignet. In der gesamten Geschichtsfolge produzieren Frauen etwas, das die Männer anschließend aneignen und veröffentlichen" (Negt/ Kluge 1981, S. 33O).

Damit wird aber ein Aspekt eines prinzipiellen Zwiespalts angesprochen: Mit der Verteidigung ihres Arbeitsvermögens und ihrer Arbeitsweise festigen Frauen gleichzeitig die einseitige Festlegung auf diese, die Einseitigkeit der Sorge, die permanente Umwandlung der Sorge in Bedienen und Dienen. Dies geschieht durch die Beibehaltung der Zuarbeit für ein System, das diese Arbeitsteilung zementiert, das Frauen und ihre Arbeit im Haushalt ignoriert und ohne gesellschaftliche Macht läßt, während und indem es die Früchte der Arbeit nutzt.

Wir stehen hier also vor der komplizierten, unter den herrschenden Bedingungen sogar widersprüchlichen Situation,

- daß die Errungenschaften der Technik und auch der Arbeitswissenschaft genutzt werden können und sollten, obwohl dieser Nutzung Grenzen gesetzt sind und ihre Wirkung ambivalent ist,
- daß die Besonderheit, die Personenbezogenheit der Hausarbeit mit dem dazu notwendigen Arbeitsvermögen als Leistung von Frauen verteidigt werden muß, ohne daß damit die Anbindung dieser Arbeit an Frauen verfestigt werden soll,
- daß das Ziel der Rationalisierung, die naive Forderung nach einer Minimierung der Arbeit in Frage gestellt wird, Hausarbeit als gesellschaftlich notwendige und sinnvolle Arbeit verteidigt, berücksichtigt, anerkannt und abgesichert wird, ohne daß dies diejenigen aktuellen Bestrebungen unterstützten soll, die Frauen mit dem Hinweis auf die Bedeutung einer sinnerfüllten und selbstbestimmten Hausarbeit von bezahlter Lohnarbeit fernhalten und Männer für eben diese freistellen wollen.

Ich fürchte, auch für die Lösung dieses Problems bleibt die Arbeitskraft entscheidend.

## Anmerkungen

1 Zur Kritik dieser Positionen vgl. z.B. Kettschau 1981, S. 6ff., oder Schmidt-Waldherr 1985.

2 Zur Zusammenstellung und Diskussion verschiedener Zeiterhebungen im Haushalt vgl. Kettschau 1981.

3 Die Benutzung der Begriffe Haus-Frauen oder Frauen soll nicht eine bestehende Norm festigen, sondern dieser Realität Rechnung tragen.

4 Vgl. z.B. Aussagen der Hausfrauen in Becker-Schmidt u.a. 1982 und 1984 oder Kontos/Walser 1979.

5 Die Erwartungen waren zu Beginn dieses Jahrhunderts z.T. geradezu euphorisch: vgl. Meyer 1929; Grünbaum-Sachs 1930/31; Frederick [2]1922; Bielfeld 1930 und vor allem: Bebel 1973, S. 510.

6 Vgl. den Beitrag von H. Schmidt-Waldherr in diesem Band.

7 Vgl. Wieter/Schulz 1985; Naarmann 1987 sowie die o.g. Arbeiten aus den 20er und 30er Jahren.

8 Ein viel diskutiertes Werk dazu ist B. Friedans "Weiblichkeitswahn" von 1970. Friedans Thesen sind lange Zeit relativ unwidersprochen aufgegriffen worden. Erst 1976 kam, ausgehend von Beiträgen auf der Berliner Sommeruniversität für Frauen (Bock/Duden 1976), eine neue, veränderte Diskussion auf.

9 Vgl. u.a. Bock/Duden 1977; Ostner 1978; Kontos/Walser 1979; Tornieporth 1979; Kittler 1980; Block u.a. 1981; Ostner/Schmidt-Waldherr 1983; Schmidt-Waldherr 1984; Methfessel/Thiele-Wittig 1986.

10 Ich beziehe mich hier im wesentlichen auf einen Hausarbeitsbegriff, wie ihn I. Kettschau in ihrem Beitrag in diesem Band entwickelt.

11 So wird z.B. auch in fast allen haushaltswissenschaftlichen Arbeiten zur Haushaltstechnik oder zur Haushaltsführung implizit oder explizit eine kapitalintensivere Haushaltsführung (durch Technisierung) mit einer arbeitsextensiveren gleichgesetzt. Nur selten wird, wie bei v. Schweitzer 1983, auf die Möglichkeiten der Kompensation der Erleichterungen durch Technik hingewiesen. Kettschau weist auf die Parallelität von Technisierungsgrad, Anspruchsniveau und Arbeitszeitaufwand hin (1981, S. 166).

12 Ostner und Schmidt-Waldherr gehen auf diesen Prozess im Zusammenhang mit der Beschreibung der fortschreitenden Entmischung der Arbeit ein (Ostner/Schmidt-Waldherr 1983).

13 Dieser Aspekt, den auch Frauen in Seminaren immer wieder nennen, widerspricht der These der stärkeren Beteiligung der Männer an der Hausarbeit bei stärkerer Technisierung der Arbeit. Dies belegen auch Zeitstudien über die Arbeitsverteilung von Männern und Frauen im Haushalt (Kettschau 1981; BMJFG 1976; Krüger 1986).

14 Vgl. Thiele-Wittig 1986; dies. 1987; v.Schweitzer 1983; Schulz-Albrecht 1984.

15 Vgl. die zahlreichen Beispiele in hauswirtschaftlichen Lehrbüchern, in denen Zeit- und Kostenvergleiche bezogen auf eine bestimmte Menge (Geschirr, Wäsche ...) und bestimmte Arbeitstechniken ohne Rückbezug auf (die sich ändernden) Verhaltensweisen und Lebensbedingungen im Haushalt erfolgen.

16 Ein Beispiel dafür ist die Reaktion Paolettis auf die schon entwickelte Diskussion in den USA (Paoletti 1982). In der BRD findet diese Diskussion nur zögernd Eingang in die Haushaltswissenschaft. Die Arbeitsgemeinschaft Hauswirtschaft führte eine Tagung 1986 und 1987 dazu durch (AgH 1987a; AgH 1987b). Im Hinblick auf die geschichtliche Entwicklung haben Meyer und Orland (Meyer/Orland 1987) viel Material zusammengetragen. Sie arbeiten auch am einzigen Forschungsprojekt zu diesem Thema (vgl. Beitrag in diesem Band).

17 Vgl. Beitrag von H. Schmidt-Waldherr in diesem Band.

18 Zu den neueren Ergebnissen vgl. die Publikationen des REFA-Fachausschusses; einen Überblick gibt auch Stübler (1979).

19 Ebenso wie in den Ausführungen zur Technik kann auf die positive Bedeutung der Ergebnisse der Rationalisierungsbewegung und der Arbeitswissenschaft hier nicht eingegangen werden.

20 Dieses Beispiel habe ich auch in meinem Beitrag auf der Tagung der Arbeitsgemeinschaft Hauswirtschaft 1986 angeführt (Methfessel 1987a).

21 Während die Zeit der "Störung" schon länger in REFA-Tabellen berücksichtigt wird, werden die Folgen z.B. für die Konzentration nicht thematisiert.

22 Die Geschichte dieser Forderung, Hausarbeit unsichtbar zu erledigen, beschreibt S. Meyer (1982) sehr eindrucksvoll. Zur "geheimen Arbeitsplatzbeschreibung" vgl. auch Kettschau (1983). Aufschlußreiche Beispiele finden sich auch in Becker-Schmidt u.a. (1982 und 1984) oder in Eckart u.a. (1979).

23 Vgl. Becker-Schmidt u.a. (1982 und 1985); Eckart u.a. (1979); Kontos/Walser 1979.

24 Zur grundlegenden Bedeutung der Berücksichtigung der spezifischen Haushaltsbedingungen, Haushaltsziele und Lebensstile vgl. v. Schweitzer (1968).

25 Dieses Gebot wird zum einen von der Erwerbsarbeit auf die Hausarbeit übertragen (Becker-Schmidt u.a. 1982); zum anderen ist es das Ergebnis von Erziehungsbemühungen, die Rationalisierungskriterien auch für die Hausarbeit durchzusetzen (Orland 1983; Stahl [4]1974).

26 Die Diktion, "Zeit zu verlieren", geht davon aus, daß Zeit, die nicht unter dem Diktat der Zeitökonomie "gespart" wird, "verlorene" Zeit ist. Im folgenden wird die Diktion weiter benutzt, um die Widersprüchlichkeit der Ansprüche stärker hervorzuheben.

27 Vgl. Becker-Schmidt (1982, 1984 und 1985) sowie Sichtermann (1982).

28 Der Regenerationsaspekt von Hausarbeit ist wesentlich in der Diskussion um die Sozialverträglichkeit von Rationalisierungsmaßnahmen. Leider ist die Vereinnahmung dieses Aspektes eine beliebte Methode zur Legitimation der geschlechtsspezifischen Arbeitsteilung und der Mehrarbeit von Frauen.

29 All diese Gesichtspunkte sind eindrucksvoll dokumentiert in Becker-Schmidt u.a. (1982 und 1984) sowie in Eckart u.a. (1979).

30 Zu den politischen Hintergründen und Konsequenzen der Diskussion um die Professionalisierung der Hausarbeit vgl. Beitrag von H. Schmidt-Waldherr in diesem Band sowie dies. (1987b).

31 Zur Problematik der Gleichsetzung von Bewegungsabläufen von Maschinen und Menschen sowie zu weiteren hier angesprochenen Fragen vgl. Krell (1984).

32 B. Orland schließt ihren Beitrag zur Rationalisierungsdebatte in der Weimarer Republik mit dem Satz: "In den Begriffskanon der ordentlichen, sauberen, guten ... Mutter und Hausfrau reiht sich nun auch rationell und effizient ein" (Orland 1983, S. 227).

33 Negt und Kluge schildern in ihrem Kapitel über den "Umgang mit einander entfremdeten Zeiten" ein Beispiel, daß es für einen auf seine Arbeit voll konzentrierten Arbeiter unmöglich wäre, auf eine Störung durch eine Frage seiner Frau (die einen anderen, den privaten Lebenszusammenhang betrifft) angemessen zu reagieren. Solche "Störungen", d.h. Zusammentreffen widersprüchlicher Zeitstrukturen, sind für den Haushalt "normal", wenn auch von den Betroffenen nicht gerade geliebt.

34 Zur Herausbildung und Bedeutung des "weiblichen Arbeitsvermögens" vgl. Ostner (1978), dazu und zur allgemeinen Bedeutung des Verhältnisses von Arbeitsprozess und Arbeitsvermögen vgl. Negt/ Kluge (1981).

## Literatur

Arbeitsgemeinschaft Hauswirtschaft/Stiftung Verbraucherinstitut (Hrsg.): Technisierung und Rationalisierung - überholte Zielsetzungen für den privaten Haushalt? Bonn, Berlin 1987a.

Arbeitsgemeinschaft Hauswirtschaft (Hrsg.): Ein neues Technologiezeitalter - eine neue Zerreißprobe für Frauen und Familien? Bonn 1987b.

Bebel, A.: Die Frau und der Sozialismus. Berlin 1973.

Becker-Schmidt, R. u.a.: Nicht wir haben die Minuten, die Minuten haben uns. Zeitprobleme und Zeiterfahrungen von Arbeitermüttern in Fabrik und Familie. Bonn 1982.

Becker-Schmidt, R. u.a.: Arbeitsleben - Lebensarbeit. Bonn 1983.

Becker-Schmidt, R. u.a.: Eines ist zuwenig - beides ist zuviel. Erfahrungen von Arbeiterfrauen zwischen Familie und Fabrik. Bonn 1984.

Becker-Schmidt, R./
Knapp, G. A.: Arbeiterkinder gestern - Arbeiterkinder heute. Bonn 1985.

Bielfeld, G.: Die Mechanisierung des Haushalts und ihre volkswirtschaftliche Bedeutung. Langensalza, Berlin, Leipzig 193O.

Block, I. u.a.: Das unsichtbare Tagwerk. Mütter erforschen ihren Alltag. Reinbek 1981.

Bock, G./Duden, B.: Arbeit aus Liebe, Liebe als Arbeit. In: Frauen und Wissenschaft. Beiträge zur Berliner Sommeruniversität. Berlin 1977.

Bundesministerium für Jugend, Familie und Gesundheit (Hrsg.):
Die "Rolle des Mannes" und ihr Einfluß auf die Wahlmöglichkeiten der Frau. Schriftenreihe Bd. 41. Stuttgart 1976.

Eckart, C. u.a.: Frauenarbeit in Familie und Fabrik. Frankfurt 1979.

Frederick, C.: Die rationelle Haushaltsführung. Betriebswissenschaftliche Studien. Übersetzung von I. Witte. Berlin 1922.

Friedan, B.: Der Weiblichkeitswahn oder die Selbstbefreiung der Frau. Reinbek 197O.

Grünbaum-Sachs, H.: Die Entwicklung des Familienhaushalts zum hauswirtschaftlichen Betrieb. In: Annalen der Betriebswirtschaft und Arbeitsforschung. 4. Band, Berlin 193O/31, S. 267-27O.

Hardt, H.: Rationelle Hauswirtschaft. Hamburg 1973.

Hennenhofer, G./
Kamm, J.: Unternehmen Haushalt. Stuttgart 1974.

Jörges, B.: Berufsarbeit, Konsumarbeit, Freizeit - Zur Sozial- und Umweltverträglichkeit einiger struktureller Veränderungen in Produktion und Konsum. In: Mitteilungen der VZ NRW 1/1982. Düsseldorf 1982.

Kettschau, I.: Wieviel Arbeit macht ein Familienhaushalt? - Zur Analyse von Inhalt, Umfang und Verteilung der Hausarbeit heute. Dissertation. Dortmund 1981.

Kettschau, I.: Die heimliche Arbeitsplatzbeschreibung im Haushalt und ihre öffentlichen Seiten - Gedanken zur Anlage und Aussagefähigkeit empirischer Untersuchungen zum Zeitaufwand für Hausarbeit. In: Hauswirtschaft und Wissenschaft 31 (1983), 3, S. 128-134.

Kettschau, I.: Technisierung und Rationalisierung als Mittel zum Zweck oder als Selbstzweck? In: Arbeitsgemeinschaft Hauswirtschaft/Stiftung Verbraucherinstitut (Hrsg.): Technisierung und Rationalisierung - überholte Zielsetzungen für den privaten Haushalt? Berlin, Bonn 1987a.

Kettschau, I./ Methfessel, B.: Computerrationalität gegen haushälterische Vernunft - Nutzen Haushalte(n) neue Technologien. In: Hauswirtschaftliche Bildung, 1(1986), S. 45-5O.

Kontos, S./Walser, K.: "...weil nur zählt, was Geld einbringt". Probleme der Hausfrauenarbeit. Gelnhausen 1979.

Krell, G.: Das Bild der Frau in der Arbeitswissenschaft. Frankfurt 1984.

Krüger, D.: Trends und Tendenzen in der häuslichen Arbeitsteilung unter rollentheoretischer Perspektive. In: Hauswirtschaftliche Bildung, 1(1986) S. 3-12.

Methfessel, B.: Rationalisierung und Technisierung - ein Mittel zur Befreiung der Hausarbeit? In: Arbeitsgemeinschaft Hauswirtschaft/ Stiftung Verbraucherinstitut (Hrsg.): Technisierung und Rationalisierung - überholte Zielsetzungen für den privaten Haushalt? Berlin, Bonn 1987a.

Methfessel, B.: Informations- und Kommunikationstechniken wandeln Alltagsleben und insbesondere Hausarbeit. In: Arbeitsgemeinschaft Hauswirtschaft (Hrsg.): Ein neues Technologiezeitalter - eine neue Zerreißprobe für Frauen und Familien. Bonn 1987b.

Methfessel, B./ Thiele-Wittig, M.: Kinder, Küche - Kopfarbeit. Umstrittene Wissenschaft vom Haushalt. In: Schlüter, A./Kuhn, A. (Hrsg.): Lila Schwarzbuch. Zur Diskriminierung von Frauen in der Wissenschaft. Düsseldorf 1986.

Meyer, E.: Der neue Haushalt. Stuttgart 1929.

Meyer, S.: Das Theater mit der Hausarbeit. Bürgerliche Repräsentation in der Familie der wilhelminischen Zeit. Frankfurt 1982.

Meyer, S./Orland, B.: Technik im Alltag des Haushalts und Wohnens. In: Troitzsch, U./Weber, W. (Hrsg.): Die Technik von den Anfängen bis zur Gegenwart. Braunschweig, Stuttgart 1987, S. 564-583.

Naarmann, H.: Arbeitsorganisation als Grundlage zur Rationalisierung von Hausarbeit. In: Arbeitsgemeinschaft Hauswirtschaft/Stiftung Verbraucherinstitut (Hrsg.): Technisierung und Rationalisierung - überholte Zielsetzungen für den privaten Haushalt? Berlin, Bonn 1987a.

Negt, O./Kluge, A.: Geschichte und Eigensinn. Frankfurt 1981.

Orland, B.: Effizienz im Heim. Die Rationalisierungsdebatte zur Reform der Hausarbeit in der Weimarer Republik. In: Kultur und Technik. Zeitschrift des Deutschen Museums in München, 4 (1983), S. 221-227.

Orland, B.: Haushaltstechnik und Kleinfamilie. Ein unbedeutendes Kapitel des "technischen Fortschritts". In: Hildebrand, E. u.a. (Hrsg.): High-Tech-Down. Kritisches Gewerkschaftsjahrbuch 1986/87. Berlin 1986.

Orland, B./Schlag, R.: Tendenzen der Elektronisierung der privaten Haushalte. Erscheint vorr. in: Forschungsgruppe Soziale Ökologie (Hrsg.): Arbeitsberichte sozial-ökologischer Forschung. Frankfurt Winter 1987/88.

Ostner, I.: Beruf und Hausarbeit. Die Arbeit der Frau in unserer Gesellschaft. Frankfurt 1978.

Ostner, I./Schmidt-Waldherr, H.: Arbeit und weiblicher Lebenszusammenhang. In: Mayer, C. u.a. (Hrsg.): Mädchen und Frauen. Beruf und Biographie. DJI Materialien. Genf 1983.

Paoletti, J. B.: Technology Versus "The Good Old Days": A Historian View. In: Journal of Home Economics, Summer 1982, p. 25-27.

Rinderspacher, J. P.: Gesellschaft ohne Zeit. Frankfurt 1985.

Schmidt-Waldherr, H.: Pervertierte Emanzipation und die Organisation von weiblicher Öffentlichkeit im Nationalsozialismus. In: Schaeffer-Hegel, B. (Hrsg.): Frauen und Macht. Der alltägliche Beitrag der Frauen zur Politik des Patriarchats. Berlin 1984.

Schmidt-Waldherr, H.: Hausarbeit aus der Sicht der Gesellschaftswissenschaften. In: Deutsche Gesellschaft für Hauswirtschaft (Hrsg.): Wirtschaftliche und gesellschaftliche Aspekte der Hausarbeit. Essen 1985.

Schmidt-Waldherr, H.: Privater Haushalt auf der Suche nach Sinngebung - Versuch einer Einordnung von Technisierung und Rationalisierung. In: Arbeitsgemeinschaft Hauswirtschaft/Stiftung Verbraucherinstitut (Hrsg.): Technisierung und Rationalisierung - überholte Zielsetzungen für den privaten Haushalt? Berlin, Bonn 1987a, S. 277-285.

Schmidt-Waldherr, H.: Emanzipation durch Professionalisierung? Politische Strategien und Konflikte innerhalb der bürgerlichen Frauenbewegung während der Weimarer Republik und die Reaktion des bürgerlichen Antifeminismus und des Nationalsozialismus. Frankfurt 1987b.

Schulz-Albrecht, E.: Investitionen im Haushalt. Erläutert an Beispielen des landwirtschaftlichen Haushalts. In: Fingerle, K. H. u.a. (Hrsg.): Beiträge zur Didaktik der Hauswirtschaft. Stuttgart 1984.

Schwartz-Cowan, R.: More Work For Mother. The Ironies of Household. Technology from the Open Hearth to the Microwave. New York 1983.

v. Schweitzer, R.: Haushaltsanalyse und Haushaltsplanung. Berlin 1968.

v. Schweitzer, R.: Haushaltsführung. Stuttgart 1983.

Sichtermann, B.: Vorsicht Kind. Eine Arbeitsplatzbeschreibung für Mütter, Väter und andere. Berlin 1982.

Stahl, G.: Von der Hauswirtschaft zum Haushalt oder wie man vom Haus zur Wohnung kommt. Die Ökonomie des ganzen Hauses und die Ökonomisierung der Hausfrau. In: "Wem gehört die Welt?" Kunst und Gesellschaft in der Weimarer Republik. Berlin [4]1974.

Stübler, E.: Einführung in das Arbeitsstudium in der Hauswirtschaft. Berlin, Köln 1979.

Thiele-Wittig, M.: Beschaffungsarbeit des privaten Haushalts - Überlegungen zu einem neuen Konzept. In: Hauswirtschaft und Wissenschaft 33 (1985), 3, S. 14O-147.

Thiele-Wittig, M.: ... der Haushalt ist fast immer betroffen. "Neue Hausarbeit" als Folge des Wandels der Lebensbedingungen. In: Hauswirtschaft und Wissenschaft 35 (1987), 3, S. 119-128.

Tornieporth, G.: Studien zur Frauenbildung. Weinheim, Basel 1979.

Wieter, G./Schulz, S.: Gesichtspunkte zur Akzeptanz arbeitsgestalterischer Maßnahmen im privaten Haushalt. In: Hauswirtschaftliche Bildung 1 (1985), S. 28-33.

## Quellen der Abbildungen

Abb. 1 Sunlicht-Institut der Sunlicht Ges. AG: Haushaltungskurs, Mannheim o.J., Heft 9, S. 5.

Abb. 2/3 Werksfoto AEG-Telefunken, Miele, Braun. Aus: Hauptberatungsstelle für Elektrizitätsanwendung (Hrsg.): Strompraxis 1/86. Frankfurt a.M., S. 28.

Abb. 4 Sunlicht-Institut der Sunlicht Ges. AG: Haushaltungskurs, Mannheim o.J., Heft 1, S. 2.

Abb. 5 Foto Horst Rudolph

Ilona Ostner

# Phantom Hausarbeit

Ausgangspunkt dieses Beitrages ist die Frage, ob es so etwas wie Hausarbeit heute überhaupt gibt, also eine Arbeit, die sich von Erwerbsarbeit signifikant unterscheidet. Und gibt es sie auch in einem Ausmaß, das es lohnend macht, über sie nachzudenken? Dieser Frage soll hier einmal nicht systematisch, sondern in Auseinandersetzung mit einigen aktuellen Trends nachgegangen werden. Über Hausarbeit nachzudenken, bedeutet auch ein Nachdenken über das Schicksal unserer leiblich-seelischen Bedürfnisse dort, wo sie ver-heim-licht und doch sozial formiert und kontrolliert lebensnotwendend zur Geltung kommen sollen: im privaten Haushalt, dem es anheimgestellt wird, aus dieser Lebensnot eine spezielle "Kultur des Hauses" zu machen. Solch ein Nachdenken lohnt sich m.E. immer, auch wenn es fragmentarisch bleibt.

## 1 Viele reden vom Haushalt

Der Titel meines Beitrags leuchtet auf den ersten Blick nicht ein. Zumindest der private Haushalt, - der allerdings nicht in eins gesetzt werden kann mit Hausarbeit -, seine Leistungen und strukturellen Veränderungen sind heute Tagesgespräch. Wahrscheinlich ist seit der Debatte um die Rationalisierung des privaten Haushalts in den ersten beiden Jahrzehnten dieses Jahrhunderts nicht mehr so viel von ihm gesprochen worden wie heute. Klassisch "männliche" Wissenschaften nehmen sich nun seiner an, Wissenschaftler und Politiker erinnern an ihn - wer hätte ihn denn vergessen? "Der Haushalt", so heißt es, "sei zu lange übersehen und geringgeschätzt worden, zu lange nur als Ort zur Vernichtung von Gütern" wahrgenommen worden. Zeit sei es, seine *produktiven* Funktionen aufzudecken. Haushalte leisten schließlich einen wesentlichen Beitrag zur individuellen wie gesellschaftlichen Wohlfahrt, nicht nur, wie bisher überbetont, der Markt und der Sozialstaat mit seinen gemeinwirtschaftlichen Leistungen. Die heutigen Entdekker des privaten Haushalts lassen uns auch wissen, weshalb ihnen der private Haushalt neuerdings am Herzen liegt: Wir leben in einer Zeit struktureller Umbrüche, "Verwerfungen", die nach Ausgleich, Hilfe, Ersatz oder Ergänzung schauen lassen. Was sind solche Struktur(ein)brüche, die nach dem privaten Haushalt schauen lassen (vgl. zum folgenden Ostner 1986)?
Da ist zunächst das, was heute "Krise des Arbeitsmarktes" genannt wird, oft auch in Zeitungen zu finden als von den einen erhoffte, von anderen be-

fürchtete Entwicklung: daß unserer Arbeitsgesellschaft die Arbeit ausgehe. "Arbeit" meint hier "Erwerbsarbeit", nicht "Hausarbeit". "Krise des Arbeitsmarktes" bedeutet nun keineswegs, daß Erwerbsarbeit generell knapper wird. Sie wird nur ungewisser, brüchiger, d.h. diskontinuierlicher und möglicherweise wenig geschützt durch rechtliche Regelungen. Die Erwerbstätigen müssen in Zukunft mit Brüchen, Ungewißheit, Deklassierungen in ihren Berufskarrieren rechnen. Der Begriff Karriere mag sich dabei als unpassend erweisen; unterstellt er doch einen vom Ausgangspunkt stetig sich in die Zukunft bewegenden Lauf der Dinge. Aber die Rede von der "Krise des Arbeitsmarktes" erweist sich als zu stark verallgemeinernd, denn stetig, ohne Brüche, Verwerfungen ist die Erwerbsarbeit nie für alle gewesen. Erst seit den 6Oer Jahren gab es in der BRD für eine Mehrheit der männlichen Erwerbstätigen tatsächlich eine lebenslange kontinuierliche Berufskarriere und zwar für die qualifizierten Arbeitnehmer, deren langfristiger Einsatz den Betrieben lohnend zu sein versprach. Voraussetzung hierfür war, daß diese Arbeitnehmer sich auch langfristig zur Verfügung stellen konnten, weil ihr Arbeitsvermögen flexibel, offen und transferierbar gewesen ist. Wenn überhaupt, dann wird heute diese qualifizierte männliche Erwerbsarbeit knapp, die, obwohl nicht immer quantitativ die stärkste Kategorie, Bild und Norm "normaler" (männlicher) Erwerbsarbeit geprägt hat. Deshalb ist die Krise des Arbeitsmarktes gleichbedeutend mit der Krise dieses "Normalarbeitsverhältnisses", das, wenn auch von vielen nie erreicht, doch handlungsleitend wurde. Nicht nur half und hilft noch immer das Muster eines kontinuierlichen "Normalarbeitsverhältnisses" männliche Identität zu begründen; die kontinuierliche, "vollzeitige" qualifizierte Teilhabe am Erwerbsleben garantiert auch jede andere Form ausreichender, mehr als "lebens-not-wendender" gesellschaftlicher Teilhabe. Es verspricht nicht nur geregeltes Einkommen, sondern auch soziale, kulturelle und politische Teilhabe. Das "Normalarbeitsverhältnis" hat dem Mann ermöglicht, "Haus zu halten", einen eigenen Hausstand zu begründen, der ihm den Rücken für seine Verfügbarkeit am Arbeitsmarkt freihielt.

"Krise des Arbeitsmarktes" heißt nun, daß die Zahl derer, die kontinuierlich in das Erwerbssystem eingebunden sind, sinkt, während immer mehr Menschen, Frauen wie Männer, zu Gelegenheits-/Verlegenheitsarbeitern werden, die auf alle möglichen Strategien der Einkommenserzielung und des Auskommens mit dem Einkommen angewiesen sind. "Ihr Mann braucht sie mehr denn je" - so warben öffentliche Institutionen um Verständnis bei den mitbetroffenen Ehefrauen. Sie sollen ausgleichen helfen durch Liebe und Arbeit - Haus- wie Erwerbsarbeit. Vor diesem Hintergrund werden heute die privaten Haushalte abgeklopft nach Möglichkeiten des Ersatzes oder der Ergänzung von Erwerbseinkommen bzw. Transfereinkommen durch Haus- und Eigenarbeit. Und damit gesucht, abgeklopft werden kann, muß der private Haushalt auf einmal mehr sein als bloßer Ort der Vernichtung von Gütern, mehr also als nur Verbraucher. Seiner Anerkennung als Leistungsbereich und Produktionsstätte von Gütern und immateriellen Wohlfahrtserträgen steht nun nichts mehr im Weg.

Steigende Erwerbslosigkeit oder auch nur die Zunahme diskontinuierlicher Beschäftigung bedeuten, daß die Erwerbseinkommen sinken und in der Folge sowohl das Steueraufkommen wie auch die über Erwerbsarbeit beitragsfinanzierte Risikovorsorge (Alter, Krankheit, Erwerbslosigkeit). Zugleich müssen mehr und mehr Haushalte - Erwerbslosen- oder Rentner-Haushalte z.B. - von der "öffentlichen Hand", d.h. letztlich wiederum durch ein sinkendes Erwerbs-/Steueraufkommen unterstützt werden. Neben die "Krise des Arbeitsmarktes" ist die "Krise der öffentlichen Hand" getreten. Beides betrifft die privaten Haushalte und ihre ökonomische Basis, das Einkommen. In dieser Zeit sind Stimmen rechter wie linker Staatskritik laut geworden: der Sozialstaat habe nur die Bessergestellten begünstigt, neue Ungleichheiten produziert, ein Expertenheer und mit ihm neue Formen professioneller und sozialer Kontrolle hervorgebracht. Selbsthilfepotentiale, lebensweltliche Ressourcen in den privaten Haushalten seien so entwertet und ausgetrocknet, daß die Menschen ihren Existenzbedingungen zu Hause entfremdet worden seien.

Nicht nur Erwerbslosigkeit, auch demographische Veränderungen haben den privaten Haushalt ins Blickfeld gerückt. Die steigende Zahl alter Menschen, eine höhere Lebenserwartung, damit verbunden die Zunahme von Alterskrankheiten, Pflegebedürftigkeit, abnehmende Bereitschaft zu unentgeltlicher Betreuung und Sorge, nicht zuletzt die Finanzierungsprobleme der öffentlichen Hand - all das drängt in Richtung auf eine Umorientierung. Hier hat das Interesse am privaten Haushalt einen weiteren Grund. Der private Haushalt ist immer dort gefragt (gewesen), wo es zu schwierig, das heißt immer zu teuer ist, Bedürfnisse, die sich aus Hilfsbedürftigkeit ergeben, angemessen durch ein Markt- oder Sozialstaatsangebot zu befriedigen. Das ist immer dann der Fall, wenn sich die subjektive Hilfsbedürftigkeit und ein durch verschiedene Schritte der Problemrationalisierung (wer ist wie, warum, wie weit oder wie eingrenzbar usw. bedürftig) hergestellter Begriff "bedarfsgerechter Bedürftigkeit" nicht decken. Was heute in der BRD wieder den privaten Haushalten zugewiesen werden soll, hängt - jenseits jeder Überlegung, daß Menschen möglichst lange selbst entscheiden können sollen - in Inhalt und Umfang von den Ursachen der Hilfsbedürftigkeit ab, folgt also herrschenden Aus- und Eingrenzungen und nicht etwa der Natur einer Sache/eines Bedürfnisses. Daß Menschen, wo sie "nackt hilflos" sind, vielleicht mit gutem Grund von Frauen und/oder von gleichgeschlechtlichen, am liebsten von Verwandten betreut werden wollen (vgl. Ungerson 1983), muß herhalten als Vorwand für eine politische Strategie, die jede Abhängigkeit, die nicht Krankheit im Sinne von baldiger Gesundung, sondern chronisch ist, am liebsten verhäuslicht wissen will. Deshalb sollen Noch-Nicht- oder Nicht- bzw. Nicht-Mehr-Erwerbstätige zunächst, soweit und solange es geht, zu Hause versorgt werden bzw. irgendwie für sich selbst sorgen. Daß wir die uns Nahestehenden auch am liebsten zu Hause und wenn nur möglich selbst versorgen, ist für unsere Gesellschaft eine willkommene nachträgliche Rechtfertigung.

Das neue Interesse am privaten Haushalt läßt sich wie folgt zusammenfassen: Angesichts eines behaupteten Markt- und Staatsversagens soll die private Haushaltsaktivität einer weiteren Durchsetzung des Vergabeprinzips entgegenarbeiten. "Vergabe" bedeutet, daß die Produktion von Gütern und *güter*bezogenen Diensten mehr und mehr dem Markt, die Produktion *personen*bezogener Dienste dem Staat bzw. gemeinwirtschaftlichen Institutionen überlassen wird. Die Marktvergabe ist u.a. abhängig von den Erwerbseinkommen der Haushalte, die durch die Krise der kontinuierlichen Erwerbsarbeit sinken und Ersatz oder Ergänzung verlangen. Die Vergabe an den Staat wiederum, heißt es, setzt öffentliche Leistungsangebote voraus, die zwangsläufig zu einer höheren Steuerbelastung der sinkenden Zahl kontinuierlich Erwerbstätiger führen müßte, folglich zu einer möglicherweise überstrapazierten Solidaritätsverpflichtung dieser sozialen Gruppe. Diese Strategie sei prinzipiell "leistungsfeindlich". Stattdessen soll der Marktvergabe die güterbezogene Eigenarbeit, der Vergabe an den Staat und seine Institutionen die soziale Eigenarbeit, Selbst- oder Nachbarschaftshilfe, meist "soziale Netzwerkhilfe" genannt, entgegenarbeiten.

## 2 Routine-Hausarbeit und Haushaltsproduktion

Nicht alle Leistungen des Haushalts interessieren also heute, sondern nur die, die geeignet erscheinen, Markt und Staat ohne Einbußen zu entlasten. Nur solche Leistungen fallen unter die Begriffe "Haushaltsproduktion" oder "Eigenarbeit". Beide Begriffe sind nicht gleichbedeutend mit "Hausarbeit". Für den Alltagsverstand mag der Hausarbeitsbegriff weit sein und alles erfassen, was im Haushalt getan wird. Nicht so in der aktuellen Diskussion um eine Verstärkung der Haushaltsproduktion. Da ist selten die Rede von der Hausarbeit. Vielleicht umfaßt "Hausarbeit" zu vieles; vielleicht ist der Begriff zu diffus, zu wenig trennscharf, umfaßt zu viele heterogene, unterschiedliche Aktivitäten, die oft gleichzeitig, neben oder "durcheinander" laufen - und zwar derart zugeschnitten auf die spezifischen Bedürfnisse eines Einzelhaushalts und seiner verschiedenen Mitglieder, daß diese Aktivitäten häufig nicht vergleichbar sind über die Grenzen des jeweiligen Haushalts hinaus (vgl. hierzu die Beiträge von Irmhild Kettschau und Barbara Methfessel in diesem Band). Sowohl der Begriff der "Haushaltsproduktion" wie der der "Eigenarbeit" schneiden aus der Hausarbeit die Leistungen heraus, die als "produktiv" gelten: nur das, was gleichermaßen und vergleichbar auch von anderen, von "dritten" Personen, für den Haushalt erbracht werden könnte. "Produktiv" sind dann nur solche Tätigkeiten im Haushalt, die ausgelagert werden könnten, die für die Familienmitglieder nicht unmittelbar nützlich sind und nicht als "Konsum" bezeichnet werden. "Konsum" umfaßt Aktivitäten wie Essen und Schlafen, Freizeitbeschäftigung, Bildung und Hobby, die nicht ausgelagert werden können (oder sollen) und somit direkt Zufriedenheit bewirken (vgl. Piorkowsky 1986, S. 442). Auslagerbarkeit und die Art der Nutzenstiftung sind demnach heute die Kriterien, die den privaten Haushalt zum Arbeitsbereich werden lassen. Der Zuschnitt ist ganz den Prinzipien der Marktökonomie gefolgt: Beliebigkeit, Allgemeinheit, Verallgemeiner- und deshalb Vergleichbarkeit. Hausarbeit, die diesen Kriterien nicht entspricht, wird abgedrängt in die Kategorie der "Routine-Hausarbeiten". So mißt Wolfgang Glatzer (1986) die Häufigkeit von Eigenarbeit, Netzwerkhilfe und marktwirtschaftlicher Versorgung an "Routinetätigkeiten" wie Wohnung sauber halten, Fenster putzen, Bettwäsche waschen, Einkaufen, Mahlzeiten zubereiten, Wasserhahn reparieren oder Wohnung tapezieren. Diese Hausarbeiten werden zu 9O Prozent von den Haushalten (meist von den Frauen) selbst erledigt. Von der "Routine-Hausarbeit" unterscheidet Glatzer die dann wohl eigentliche Haushaltsproduktion/Eigenarbeit: die güter- und die personenbezogene (Pkw selbst reparieren; Rohbau selbst fertigstellen; die Pflege von Hilfsbedürftigen).

Vieles was bisher als typische Hausarbeit galt, Putzen, Waschen, Einkaufen, Kochen, selbst die "bloße" Kinderbetreuung, aber nicht die Betreuung von alten Verwandten, verschwindet heute in der Kategorie der "Routine-Hausarbeit". Was ist die Logik dieser Differenzierung? Aktivitäten, wie die erstgenannten, sollte jeder für sich selbst zu Hause irgendwie erledigen und wenn er es nicht tut (z.B. eine Ehefrau braucht), dann ist dies in Zukunft wohl bald auch rechtlich seine Privatsache, die niemanden - auch nicht das Finanzamt - etwas angeht. Auch für die "rohe" Baby- und Kinderpflege gilt die Norm der Selbsthilfe: schließlich hat sich in der BRD die Auffassung durchgesetzt, daß die Bedürfnisse vom Kind und von der Mutter wenigstens in den ersten drei Lebensjahren identisch sind; hilft die Mutter dem Kind, hilft sie sich selbst.

## 3 Heim-lich heißt ungesehen

Die Hausarbeit hatte ihren Platz im gesellschaftlichen Wertsystem schon verloren, bevor sie sich zu verallgemeinern, d.h. durchzusetzen begann. Der Arbeitsmarkt ist erst seit etwa hundert Jahren der vorherrschende Zugang zur Existenzsicherung geworden und parallel mit ihm ist der Gütermarkt expandiert. Davor hatte das Prinzip der "sinnvollen Ergänzung aller verfügbaren Kräfte" (Duden/Hausen 1979, S. 3O) gegolten: alle Haushaltsmitglieder trugen für alle sichtbar, wenn auch in jeweils getrennten Bereichen zur Existenzsicherung bei. Die entstehende zentralisierte kapitalistische Warenproduktion mit ihren Allokationsprinzipien Arbeits- und Gütermarkt hat die in der Haushaltsproduktion übliche Balance in der Aufteilung der Arbeiten zwischen Frauen und Männer, jung und alt zerrissen (vgl. ebd.). Die Abhängigkeit der Frauen wuchs mit der Trennung von Erwerb und Haushalt und der damit vebundenen stärkeren Abspaltung geschlechtsspezifischer Leistungen. Trennungen und Hierarchien sind in den Vordergrund getreten. Die Frauenarbeit im Haushalt wurde weniger wert. Von Haus (frauen)arbeit begann man in einer Zeit zu sprechen, als das Haus des Bauern, Handwerkers oder Kaufmanns allmählich aufhörte, gemeinsame Existenzgrundlage und gemeinsamer Arbeitsbereich von Frau und Mann, jung und alt zu sein. Immer mehr Bereiche der Haushaltsproduktion wurden an die Industrie abgegeben und die Menschen folgten nach und fanden massenhaft Erwerbsarbeitsplätze in der Industrie. Der Haushalt wurde das Auffangbecken für nicht-, noch nicht oder nicht mehr Erwerbstätige oder -fähige. Der Haushalt wurde auch der andere "Pol", zu dem die Erwerbstätigen nach ihrer Arbeit zurückkehrten. Dort warteten Frauen auf sie, die trotz eigener Heim- oder außerhäuslicher Erwerbsarbeit durch ihre Hausarbeit die Erwerbstätigkeit der Männer möglich machten, indem sie ihnen den Rücken frei von Hausarbeiten hielten. Hausarbeit entstand massenhaft als Dienst für andere, die legitimerweise bedient wurden, weil sie durch ihre Tätigkeit die Existenzgrundlage - das Erwerbseinkommen - sicherten. Dieses Dienen und Bedientwerden war - nimmt man die privilegierten Klassen aus - ein anachronistisches Moment im Kapitalismus; dieser sollte doch die Arbeit befreien aus persönlichen Abhängigkeiten. Die Menschen konnten sich nun ihre Arbeitgeber frei wählen. Der Kapitalistenklasse insgesamt aber konnten sie - wie Marx schreibt - nicht entkommen, denn zur Sicherung ihrer Existenz waren sie abhängig von Erwerbsarbeit.

Gegenüber dieser Erwerbsabhängigkeit erschien die Arbeit der Frau im Haus autonom; man konnte mal "fünfe grad sein lassen". Aber der Schein trügt. Weil Hausarbeit privat-intim als Dienst für andere entstand, konnte das nicht gekochte, noch nicht fertige, mißlungene oder nicht schmeckende

Essen zum Gegenstand des Ehestreits, manchmal sogar zum Auslöser von Gewalt des Mannes gegen die Frau werden. Die Hausfrauenarbeit hatte die Bedürfnisse der anderen von nun an nicht einfach zu befriedigen, sondern wenn möglich die Befriedigung zum Genuß zu erheben. Dabei blieb sie, was sie schon immer war: die Sorge für die leiblich-seelischen Bedürfnisse der anderen. Der Kreis derer, die unmittelbar in Genuß dieser weiblichen Sorge kamen, hat sich seit dem 18. Jahrhundert mehr und mehr verengt: Hausarbeit ist heute exklusive Sorge für wenige, vertraute, meist verwandte Personen. Aber auch die Sorge für diesen eingeschränkten Personenkreis ist mannigfaltig und zeitraubend geblieben. Die Hausfrau wurde Köchin, Wäscherin, Näherin, Buchhalterin, Tapeziererin, Erzieherin, Geliebte und vieles mehr in einer Person. Mit dieser Rundumaktivität schuf sie die Voraussetzung für die Freiheit des Bürgers in der Öffentlichkeit, seine Freiheit zu "höherwertigen" Tätigkeiten jenseits der Privatsphäre. Die Dienst- und Kindermädchen, die Wäscherinnen, die Schneiderinnen, die noch in den 5Oer Jahren wenigstens zweimal im Jahr ins Haus kamen, sie alle gaben Zeugnis von der Arbeit, die da zu tun war. Mit dem Verschwinden dieser Helferinnen wurde die Mehrheit der Frauen endgültig zum "Mädchen für alles", - ein Grund vielleicht, weshalb der Haushaltsgütermarkt expandieren konnte (vgl. hierzu den Beitrag von Herrad Bussemer u.a. in diesem Band).

Obwohl sich nun fast alle Frauen gleichermaßen abmühten, allem und jedem zuhause persönlich gerecht zu werden, galt ihre Arbeit weniger denn je. Sie wurde nicht mehr wahrgenommen, zumindest nicht vom außenstehenden Betrachter (vgl. Sichtermann 1987).

## 4 Ein warmes Essen für Vater

Als wir, an Frauenforschung interessierte Sozialwissenschaftlerinnen, in den 7Oer Jahren anfingen, über Hausarbeit zu debattieren, faßten wir sie wie selbstverständlich als *Sorge für* und zugleich als *Sorge um andere* vertraute Menschen auf. Ein bestimmter Teil der Hausarbeit wurde in der feministischen Diskussion dieser Jahre "Beziehungsarbeit" genannt. Im Blick zurück ist die Unterscheidung zwischen materieller Arbeit (Kochen, Putzen usw.) und Beziehungsarbeit (kommunikatives Tun wie Zuhören, Vorlesen, Trösten) vergleichbar mit der aktuellen Diskussion um "Routine-Hausarbeit" und Haushaltsproduktion. Hausarbeit als Beziehungsarbeit sollte damals auch die Tatsache sichtbar machen, daß selbst so banale "materielle" Tätigkeiten wie Putzen, Kochen, Waschen "bezogene" sind, andere Personen meinen und eine Mitteilung an sie enthalten. Im Haushalt wird geputzt, gekocht usw., wenn schon nicht immer aus Liebe und Sorge um andere, so doch in Erfüllung einer Norm, derzufolge es so sein sollte. Zum Beispiel: die warme Mahlzeit. Wir haben genaue Erwartungen, woraus sie (immer noch) bestehen soll, wenn es geht: aus Fleisch, Kartoffeln, Gemüse und Bratensauce, aus Suppe und Nachtisch, keine Dose, schnell aufgewärmt und kein Fertiggericht.

Abb. 1 "a meal for return home"

Schon immer sind Familienmitglieder zu unterschiedlichen Zeiten heimgekommen, schon immer war die Zeit der Frau knapp, immer mußte aufgehoben, auf die Seite gelegt und aufgewärmt werden. Aber gerade in diesem Warmmachen, Aufwärmen, im Kochen der warmen Mahlzeit steckt(e) die tiefere Bedeutung (vgl. dazu ausführlich Murcott 1983 a und b): "a meal for return home" oder "cooking for homecoming", die Mahlzeit, das Essen ist gemacht für die Heimkehrenden. Dieses Ritual, dieses rituelle Kochen entzieht sich einer politischen Ökonomie der Hausarbeit. Denn es ist so etwas wie ein "rite de passage", eine Übergangszeremonie, von der Welt da draußen mit ihrer Hetze und Beliebigkeit, die mit dem warmen Essen vergessen gemacht, draußen gelassen werden soll, zumindest für den Rest des Tages. Emile Zola läßt in Germinal die Frau den heimkehrenden Bergmann erst die warme Mahlzeit essen, dann wäscht sie ihn im Trog selbst von Kopf bis Fuß. Zu dieser Heimkehr bekommen noch heute so viele Kinder und Männer ihr warmes Essen oder zumindest am Abend das Aufgewärmte. Das Kochen der traditionellen warmen Mahlzeit hat seine besondere Zeitstruktur, es läuft der Zeit des Heimkehrens entgegen. Die Frau, die die Heimkehrenden erwartet, ordnet sich den verschiedenen Garzeiten unter. Sie weiß, wann sie, mit Blick auf die Heimkehrzeit, zu beginnen hat, wieviel Zeit jedes Teil zum Garen braucht. Frauen sind es fast immer, die die dauernde Sorge für das tägliche warme Essen für andere übernehmen. Sie kochen selten für sich allein eine warme Mahlzeit. Manche, vor allem ältere hören sogar ganz auf zu kochen, wenn sie niemanden mehr beköstigen können. Auch dies unterstreicht, wie sehr das Kochen eine Arbeit für andere ist.

Abb. 2 Der Mikrowellenherd: jeder kann sich selbst helfen

Die Werbung will uns heute nahelegen, daß es kinderleicht geworden ist, Mahlzeiten zuzubereiten. Jede/r kann es, wenn nur die entsprechenden Fertigprodukte gekauft werden. Es gibt take-aways, fast food und Essen auf Rädern. Der Mikrowellenherd erlaubt es, marktförmige Rationalisierung auf die Beköstigung im Haushalt zu übertragen; Fertigprodukte aus der Tiefkühltruhe werden verzehrfertig gemacht mit minimalem Zeitaufwand und einfachster Bedienungstechnik. Es entsteht der Eindruck, daß wirklich jeder sich selbst helfen kann, daß der ökonomische Individualismus der modernen Gesellschaft sich auch in den privaten Haushalten durchsetzt. Wird der Mikrowellenherd das "cooking for homecoming" ersetzen? Oder setzt dieses Gerät nur die Reihe der Haushaltsgeräte fort, die nach außen den Eindruck erwecken, daß sie Hausarbeit überflüssig machen, nach innen aber vermehrte Arbeit und Ansprüche erzeugen? Wer einen Mikrowellenherd besitzt, wird Mahlzeiten massenhaft zubereiten, portionieren, garnieren und einfrieren. Das "meal for return" wird perfekter. Es ist nicht aufgewärmt, es ist eigens zubereitet für jeden zu jeder Zeit.

Hans-Joachim Rieseberg hat darauf hingewiesen, daß die Technisierung der Haushalte nicht nur zweifelhaft ist im Hinblick auf deren Effekte sondern auch um einen viel zu hohen Preis eingehandelt wird, nämlich um den Preis der Zerstörung unserer biologischen Grundlagen (vgl. den Beitrag von H.-J. Rieseberg in diesem Band).

## Schlußbetrachtung

Mit den Haushaltstechnologien kam auch deren Logik in den Haushalt. Die "weiße Ware" hat sich ihre Nachfrage im Haushalt geschaffen, aber auch die Haushalte (Frauen) haben die Marktangebote oft ohne größeres Zögern angenommen. Warum, ist längst nicht geklärt. Vielleicht, weil die Haushalte alle möglichen inputs, Marktgüter, staatliche Hilfen, Eigenleistungen für ihre Wohlfahrt kombinieren und optimieren? Vielleicht ging auch das Wissen um die richtige Wahl der Mittel, ihre Kombination, die richtige Zusammensetzung z.B. von Zutaten und Gerichten verloren? Oder ist Selbermachen für andere peinlich geworden, wie vielleicht insgesamt die exklusive Sorge um und für vertraute Menschen?

Die sich ausbreitenden Eßstörungen bei Frauen in allen westlichen Gesellschaften können auch als Hinweis darauf gedeutet werden, daß Nahrung, Nähren und Genährt- oder Beköstigtwerden als ursprünglichste Form von Bedürftigkeit und Bedürfnisbefriedigung für Frauen auf irgendeine Weise prekär geworden sind. Gekocht bekommen, bedient werden, bedeutet in einer Gesellschaft, in der alles einen Preis hat und entgolten werden soll, leicht Ausbeutung. Vielleicht ist auch deshalb die Technisierung der Haushalte so durchgehend gelungen, weil dadurch der Umfang der Sorge für und um andere - scheinbar - verringert werden konnte. Die Sorge für andere, erst recht die Vorstellung vom Dienen und Bedientwerden stößt in einer Gesellschaft, die auf freier Arbeit, Arbeitsvertrag und Äquivalenz aufbaut, immer weniger auf Akzeptanz. Deshalb hat sich möglicherweise auch in den Ländern, die uns am "kapitalistischsten" anmuten, der self-service so weit durchgesetzt. Er schreitet auch bei uns voran, - bis hinein in die Haushalte. Mit ihm verschwindet Hausarbeit im ursprünglichen Sinn, wird die Hausarbeit auf ihrem eigenen Terrain "geschlagen", zurückgedrängt.

## Literatur

Bundeszentrale für Politische Bildung (Hrsg.): Datenreport 1987. Bonn, Bad Godesberg. 1987.

Duden, B./Hausen, K.: Gesellschaftliche Arbeit - geschlechtsspezifische Arbeitsteilung. In: Kuhn, A./Schneider, G. (Hrsg.): Frauen in der Geschichte. Düsseldorf 1979, S. 11-33.

Glatzer, W.: Haushaltsproduktion. In: Glatzer, W./Berger-Schmitt, R. (Hrsg.): Haushaltsproduktion und Netzwerkhilfe. Frankfurt/ New York 1986.

Murcott, A. (Hrsg.): The sociology of food and eating. London 1983 (a).

Murcott, A. (Hrsg.): It´s a pleasure to cook for him: Food, Mealtimes and Gender in some South Wales Households. In: Garmarnikow, E. et.al. (Hrsg.): The Public and the Private. London 1983 (b), S. 78-9O.

Ostner I.: Prekäre Subsidiarität und partielle Individualisierung - Zukunft von Haushalt und Familie. In: Berger, J. (Hrsg.): Die Moderne - Kontinuitäten und Zäsuren. Sonderband 4 der Sozialen Welt. Göttingen 1986, S. 235-259.

Piorkowsky, M.-B.: Haushaltsproduktion in einzelwirtschaftlicher Sicht. In: Das Wirtschaftsstudium (wisu) (1986), S. 440 - 445.

Sichtermann, B.: Frauenarbeit. Zur Geschichte des Konflikts Hausarbeit/ Beruf. In: dieselbe: Frauenarbeit. Berlin 1987, S. 11-34.

## Quellen der Abbildungen

Abb. 1 Eugenie Erlewein: Hauswirtschaftslehre der Neuzeit. I. Band, Verlag Peter & Co., München 1939, S. 0.

Abb. 2 Werkfoto. Aus: Hauptberatungsstelle für Elektrizitätsanwendung (Hrsg.): Strompraxis 3/85. Frankfurt a.M. 1985, S. 18.

**Irmhild Kettschau**

# Zur Theorie und gesellschaftlichen Bedeutung der Hausarbeit

Am Arbeitsplatz Haushalt arbeiten mehr Arbeitskräfte als an jedem anderen und sie erbringen soviel Arbeitsstunden, wie in der Erwerbswirtschaft insgesamt erbracht werden. Die Arbeitsaufgabe umfaßt nicht weniger als die Versorgung, Pflege und Betreuung der Haushaltsangehörigen im Hinblick auf deren physische und psychische Erhaltung und Entfaltung.

Im direkten Gegensatz zu der Bedeutung des Haushalts für Individuen und Gesellschaft steht seine mangelnde gesellschaftliche (und oft auch individuelle) Wertschätzung. Das gesicherte Wissen über den Arbeits- und Lebensbereich Haushalt ist gering, es fehlen die Ressourcen für Forschung, Lehre, Beratung und Vermittlung - mehr als ideelles Interesse wird dem "Arbeitsplatz Haushalt" oft nicht entgegengebracht. Überhaupt - daß es sich um einen "Arbeitsplatz" von zentraler gesellschaftlicher Bedeutung handeln könnte, ist ein Gedanke, der nur schwer seinen Weg über die Grenzen feministischer und haushaltswissenschaftlicher Zirkel hinweg nimmt - ein Gedanke, der, im Gegenteil, auch in Frauenforschung und Haushaltswissenschaft nicht unumstritten ist.

Versuchen wir also, dem Arbeitsplatz Haushalt näher zu treten. Dies soll hier in vier Schritten geschehen, die insgesamt nur in Anspruch nehmen, Annäherungen und Anmerkungen zu einer Theorie der Hausarbeit und deren gesellschaftlicher Bedeutung zu sein. Die hier vorgestellten Überlegungen gehen aus von einer Reflexion des Arbeitsbegriffs und dessen (immer) noch bestehender Beschränkung auf marktförmige Arbeit. Ich versuche in der Kritik daran die gesellschaftlichen Funktionen des Haushalts und ihre Realisation durch Hausarbeit darzustellen und frage schließlich nach dem Begriff der Hausarbeit in Haushaltswissenschaft und Frauenforschung, deren Diskussionslinien in der Zukunft weiter zu verknüpfen sind. Die "gesellschaftliche Bedeutung" der Hausarbeit kann in diesem Beitrag nur in sehr allgemeiner Form angesprochen werden; sich damit verbindende Fragestellungen sind teils in anderen Beiträgen dieses Bandes bearbeitet (vgl. den Beitrag von Barbara Methfessel in diesem Band), teils an anderer Stelle diskutiert, teils in Zukunft neu aufzugreifen.

## 1 Zur Theorie von Hausarbeit

Um herauszufinden, was Hausarbeit sein könnte, um also Begriff und Inhalt zu bestimmen, sind Überlegungen zu zwei Fragen notwendig:
Erstens: was eigentlich ist *Arbeit* - wie ist der Begriff unter den gegebenen Bedingungen einer entwickelten Industriegesellschaft zu füllen und

zweitens: was sind die *Funktionen des Haushalts* in individueller und gesellschaftlicher Hinsicht und (wie) läßt sich aus der Funktionsanalyse eine Inhaltsanalyse des Arbeitsplatzes Haushalt ableiten?

*Arbeit* ist in der okzidentalen Kultur zentraler Begriff gesellschaftlicher Entwicklung und gesellschaftlichen Selbstverständnisses. Zugeschriebene Begriffsinhalte umfassen den "Stoffwechsel des Menschen mit der Natur" also die Grundbedingung des menschlichen Seins, in neuerer Diktion auch das "Handeln" oder die "Partizipation" des Menschen (vgl. Schmidt-Waldherr 1985).

Schneidungen und Brechungen des Begriffs, Vorstellungen über Arbeitsethos und Arbeitsziel (damit auch über Seinsethos und Seinsziel des Menschen) unterliegen dem historischen Wandel. Während das Mittelalter das Primat der "Ökonomik" vor der "Chrematistik" kannte - das meint den Vorrang des Erhaltens und Bewahrens vor dem Erwerben und Vermehren - bedeutet der Neuzeit das Ergebnis mehr als der Prozeß: Arbeit zielt nun auf den Lohn, auf den Erwerb, sie wird mit dem Maß des Tauschwerts und nicht mehr mit dem Maß des Gebrauchswerts gemessen. Im Prozeß der Industrialisierung gewinnt die "neue" Erwerbsarbeit dominante gesellschaftliche Bedeutung. Vergesellschaftung des Arbeitsvermögens und der Produktion, Arbeitsteilung, Spezialisierung, Rationalisierung und Abstrahierung der Arbeit sind die Prinzipien der marktvermittelten Produktion, deren Ziel in der Gewinnmaximierung, im quantitativen wirtschaftlichen Wachstum besteht.

Der abgespaltete "ursprüngliche Betrieb" der häuslichen Produktion erfährt einen grundlegenden Wandel in Funktion und Position. In der alten Gesellschaft bildeten die hauswirtschaftlichen und haushälterischen Aufgaben eine Einheit mit der Subsistenz- und Marktproduktion. Die Arbeitsteilung zwischen den Geschlechtern war nicht an die Schnittstelle Hauswirtschaft/Außenwirtschaft gebunden, wenn auch davon auszugehen ist, daß die hauswirtschaftlichen Aufgaben von Frauen wahrgenommen worden sind. Indem aber diese Aufgaben Teil des Betriebes waren und die Arbeitsrolle der Frauen weitere Teile der betrieblichen Produktion umfaßte, war das Verhältnis der Geschlechter in ihrem Anteil an der Wirtschaft des "Ganzen Hauses" ein sich ergänzendes. Die patriarchalen Strukturen gerade auch der "alten Gesellschaft" focussieren dagegen in der Ideologie der Minderwertigkeit der Frau, in der Festlegung der Frauen auf minderwertigere Arbeiten und in ihrem weitgehenden Ausschluß von den Rechten der öffentlichen Vertretung des Hauses.

Erst mit der Trennung von Hauswirtschaft und Erwerb im Zuge der Umwälzung der gesellschaftlichen Verhältnisse durch die beginnende Industrialisierung wurde es möglich (und in gewissem Sinn notwendig), die Aufgaben der unmittelbaren Daseinsvorsorge, der Pflege, Betreuung und Versorgung, aus dem Begriffsinhalt gesellschaftlicher Arbeit zu lösen und in den Bereich des nunmehr individuell-privaten Geschlechterverhältnisses in der Kleinfamilie zu verweisen. Die neue Hausarbeit war nun nicht mehr Bestandteil einer Arbeitsrolle der Frau, sondern wurde quasi als *tertiäres Geschlechtsmerkmal* - neben der Gebärfähigkeit - dem "Wesen" der Frau naturgesetzlich anvermutet. Hiermit war notwendig ein Wandel im Verständnis von Ehe und Familie verbunden. Nicht mehr wirtschaftliche Gesichtspunkte sind bindungsstiftend, sondern persönliche Zuneigung, erotische Anziehung und die Hoffnung auf eine gelingende Rollenergänzung im "neuen", modernen Sinn: die Frau sollte eine gute Hausfrau und Mutter sein und der Mann die Familie ernähren, ohne seine Privilegien allzusehr auszunützen.

Abb. 1 Jupiter und Juno: Hausarbeit als tertiäres Geschlechtsmerkmal

Der Begriff der Arbeit wurde ideologisch - im Alltagsbewußtsein wie in den Wissenschaften - gebunden an den vergesellschafteten Kapitalverwertungsprozeß, an die marktvermittelte Produktion von Sachgütern und Dienstleistungen. Zum universalen Maß für die Erwerbsarbeit wurde das Tauschmittel Geld: Bedeutung und Bewertung der Arbeit drückt sich u.a. in der Höhe des erzielten Geldeinkommens aus. Der Geldwert aller erzeugten Sachgüter und Dienstleistungen innerhalb einer Volkswirtschaft ist als "Sozialprodukt" die Meßgröße für Wachstum und Fortschritt eines Volkes. Die dementsprechenden Betrachtungsweisen in der Soziologie und in den Wirtschaftswissenschaften sehen den privaten Haushalt als Institution der Konsumtion (im Sinne der Marktentnahme) bzw. der Reproduktion der Arbeitskraft, in pragmatischer Perspektive auch als Ort der "Freizeitgestaltung" und des "Privatlebens". Die Begriffe werden im Gegensatz gebildet: Produktion und Konsum bzw. Reproduktion, Arbeit und Freizeit, Öffentlichkeit und Privatheit.

Hinter dieser Ideologie verbirgt sich die Wandlung der gesellschaftlichen Arbeit zur zwiespältigen Gestalt: Das sichtbare, entlohnte Arbeitsverhältnis im Erwerbssystem enthält jeweils die unsichtbare Vor-, Zu- und Nacharbeit im Unterhaltssystem. Und auch dies ist noch eine verengte Sicht. Sie impliziert das Primat des Kapitalverwertungsprozesses, der marktförmig vermittelten Produktion und nähert sich dem o.a. soziologischen Reproduktionsbegriff insoweit, als die Erwerbsfähigkeit im Zentrum auch der Anstrengungen der Hausarbeit steht.

Die aktuelle Auseinandersetzung um die gesellschaftliche Orientierung unter den Stichworten Ökologie/Ökonomie, Krise/Ende der Arbeitsgesellschaft, Frieden schaffen ohne/mit weniger Waffen, und schließlich Gleichberechtigung der Frau durch gleiche Verteilung der Lasten in Haus- und Erwerbsarbeit verweist auf die Notwendigkeit einer *Neubestimmung der Werte*: Soll weiterhin der Arbeits- und damit Sinnbegriff des Erwerbssystems dominieren oder kann es einen neuen gesellschaftlichen Konsens geben, der Handeln an anderen Werten ausrichtet als an denen des (quantitativen, ökonomischen) Wachstums?

Zurück zur modernen Hausarbeit. Beides bestimmt ihren Charakter: ihre Verdrängung aus dem Bereich der gesellschaftlichen Arbeit, ihre Umdefinition in das "Wesen" der Frau einerseits und die Abspaltung regenerativer Teile aus dem Erwerbsprozeß andererseits. Hierdurch erst entsteht die eigentümliche Aufgabe der "Liebesarbeit", der Schaffung eines privaten Lebensmilieus, das Kompensationen der leidvollen Erfahrungen in der arbeitsteiligen Erwerbsarbeit ermöglicht und zugleich in seiner eigenen Struktur frei von Arbeit zu sein scheint.

Um die verengte markt- bzw. tauschwertzentrierte Perspektive der gesellschaftlichen Selbstdefinition zu überwinden, ist ein neues Verständnis gesellschaftlicher Arbeit und damit auch des gesellschaftlichen Bewegungsprozesses notwendig. Als instinktreduzierte Wesen sind die Menschen "darauf angewiesen, sich ihre materiellen Lebensvoraussetzungen zu schaffen, indem sie in der praktischen Auseinandersetzung mit der Natur Fähigkeiten zu deren Aneignungerwerben" (Wachtler 1982, S. 15). Der Arbeitsprozeß ist zugleich ein Lernprozeß, in dem Menschen Erfahrungen sammeln, Wissen erwerben und tradieren, wie auch ein Prozeß der sozialen Auseinandersetzung über die Bedingungen der Arbeit, die Verteilung des Erworbenen, die aus der Arbeit resultierenden Belohnungen wie z.B. Ansehen und Macht.

Abb. 2 Verdrängung der Hausarbeit aus der gesellschaftlichen Arbeit

Dieser Prozeß "bewußter, planvoller und zielgerichteter Tätigkeiten" zur Befriedigung der Lebensbedürfnisse der Menschen bzw. zur Sicherung der Bedingungen der Bedürfnisbefriedigung ist insgesamt die einer menschlichen Gesellschaft zu ihrem Überleben abgeforderte Arbeit. Eine Verengung des Arbeitsbegriffs auf erwerbsförmige Arbeit ist zunehmend auch in der sozialwissenschaftlichen Theoriebildung obsolet (vgl. Schmidt-Waldherr 1985) und in Verbindung damit wird auch die Frage nach der spezifischen Vergesellschaftung der Hausarbeit gestellt. Hausarbeit erscheint nun nicht mehr als privat, ausgegrenzt vom gesellschaftlichen Prozeß, sondern als auf widersprüchliche Weise "privatbelassener" Bestandteil gesellschaftlicher Produktion (vgl. Behrens/Manz 1984; Schmidt-Waldherr 1985).

## 2 Haushaltsfunktionen und Hausarbeit

Während es nun aus der makroanalytischen Perspektive der "gesellschaftlichen Notwendigkeit" von Arbeit möglich wird, die Hausarbeit als Arbeit zu definieren, ist zugleich festzustellen, daß sie in der historischen Entwicklung des Geschlechterverhältnisses und in ihrer spezifischen Subsumtion unter die Erwerbswirtschaft nicht als solche erscheint.

In dieser Auseinandersetzung ist die Frage nach den *Funktionen der Hausarbeit* in der modernen Gesellschaft von zentraler Bedeutung. Inwieweit also dient die Hausarbeit der Bedürfnisbefriedigung bzw. der Schaffung und Sicherung ihrer Bedingungen? Der Idealtypus des privaten Haushalts in der Industriegesellschaft ist der (Klein-)Familienhaushalt. Wenn auch die Entwicklung gerade der letzten Jahre die Stabilität der Familie und ihre Verbreitung als Lebensform eingeschränkt hat, so ist sie doch immer noch die ideologisch dominante Lebensform, an der sich die Alternativen ausrichten oder abarbeiten.

Die Funktionen der Familie sind beschrieben als Reproduktionsfunktion, Regenerationsfunktion und Sozialisationsfunktion. Manchmal wird dem eine "Haushaltsfunktion" beigeordnet. Dies scheint aber eine Vermischung der Ebenen zu sein, denn der Haushalt, wie er in der Haushaltswissenschaft gesehen wird, ist eher *als die Bedingung der Funktionserfüllung* der Familie zu verstehen. Der Haushalt umfaßt die Mittel (Güter, Dienste und Rechte), die die Familie (oder andere Lebensgemeinschaft) zur Funktionserfüllung benötigt (Blosser-Reisen 1976, S. 147 f.). Insofern, als der Haushalt grundlegend als "Einheit der auf Sicherung der Bedarfsdeckung gerichteten Verfügungen" (Egner 1976, S. 34) oder - wie v. Schweitzer (1968, S. 38) m.E. sehr richtig ergänzt - und Handlungen zu verstehen ist, insofern als er als Institution der Daseinsvorsorge mit dem Ziel der Sicherung der Bedarfsdeckung im Sinn der Lebenserhaltung und Lebensentfaltung beschrieben wird, sind die *Familienfunktionen auf den Haushalt* (als die Bedingung zu ihrer Umsetzung in Handeln) *zu übertragen* (vgl. hierzu auch v. Schweitzer 1978).

In der Übertragung auf den Haushalt gewinnen die Funktionen der Familie *stoffliche Qualität.* Zunächst wird die Notwendigkeit der Verwendung von Mitteln sichtbar, um Ziele zu erreichen: z.B. erfordert die Erfüllung der Regenerationsfunktion Raum, Material und menschliche Tätigkeit, diese so zu gestalten und zu pflegen, daß sie den konkreten, auf die Regeneration bezogenen Bedarf auch tatsächlich decken können - dies läßt sich auf die übrigen Funktionen analog anwenden und verweist auf die materiell-technischen und ökonomischen Implikationen physischer, psychischer, sozialer und kultureller Bedürfnisbefriedigung.

Für die Familiensoziologie und auch für die Frauenforschung ergibt sich aus der Einbeziehung haushaltswissenschaftlicher Fragestellungen - und damit aus der Betrachtung des Haushalts als Institution der Bedarfsdeckung - die Notwendigkeit, die stoffliche, materiale Seite sozialer und emotionaler Vorgänge und Abläufe stärker zu beachten. So entbehrt beispielsweise das verbreitete Theorem vom zunehmenden Primat beziehungsbezogener Aktivitäten (in der Frauenforschung der "Beziehungsarbeit") gegenüber den materiell-technischen Aufgaben der Grundlage in empirischen Belegen (vgl. Kettschau 1981 und den Beitrag von B. Methfessel in diesem Band).

Im Gegenteil haben veränderte und erweiterte Ansprüche, z.B. in den Bereichen der Regeneration und Sozialisation, fast immer eine stoffliche Seite, stellen also materiale und ökonomische Anforderungen an den Haushalt.

## 3 Hausarbeit in der Haushaltswissenschaft

Bezogen auf den Haushalt wird im Umkehrschluß deutlich, daß seine Aufgaben der Mittelbeschaffung und Mittelverwendung unter den Prämissen der gesellschaftlichen Funktionszuweisung an die Familie in der Einheit materieller und immaterieller Leistungsanforderungen zu sehen sind. In der Analyse der Haushaltswissenschaft beinhaltet die Haushaltsführung einen Prozeß von Entscheidungen oder Abstimmungen über die Verwendung der Mittel für die unterschiedlichen Bedarfe der Haushaltsangehörigen.

Die qualitative Ebene der Haushaltsführung, d.h. die durch sie erreichte Bedarfsdeckung, wird mit dem Begriff der *Lebenshaltung* (Egner 1974) angesprochen. Die Lebenshaltung umfaßt neben materiellen auch ideelle (normative), kulturelle und soziale Dimensionen (vgl. Kettschau 1985). In der Funktionsanalyse des Haushalts, wie sie von der Haushaltswissenschaft seit den 5Oer und 6Oer Jahren entwickelt worden ist, findet sich bereits eine ausführliche Auseinandersetzung mit seiner gesellschaftlichen, insbesondere volkswirtschaftlichen Bedeutung (vgl. Egner 1952; v. Schweitzer 1968; Blosser-Reisen 1976). Kernthese ist hierbei, daß es nicht hinreicht, den Haushalt als einen Konsumenten zu betrachten, dessen wirtschaftliche Aufgabe sich mit dem Akt der Marktentnahme erschöpft, sondern daß für die Bedarfsdeckung "produktive Leistungen" erforderlich sind, die in "derjenigen Individualisierung und Qualifizierung, wie sie das Familienleben erfordert, von keiner anderen Stelle aus verfügbar gemacht werden können" (Egner 1952, S. 26).

Eine stringente Übertragung dieses Ansatzes in eine Theorie der *Hausarbeit* steht in der Haushaltswissenschaft jedoch noch in den Anfängen. So findet sich das Stichwort "Hausarbeit" in den ausführlichen Sachregistern vieler zentraler haushaltswissenschaftlicher Publikationen nicht (z.B. v. Schweitzer 1968; Blosser-Reisen 1976; Egner 1974), und in Egners Hauptwerk von 1952 werden zwar die produktiven Leistungen des Haushalts betont, aber es wird ein Haushaltsbegriff entfaltet, der die Handlungen, also die Umsetzung der haushälterischen Verfügungen ausdrücklich *nicht* als konstitutiv sehen will (Egner 1952, S. 30 ff.). In seine Analyse des inneren funktionellen Aufbaus des Haushalts nimmt Egner die *Hausarbeit* erst in der 1976 erschienenen Umarbeitung seines Werkes von 1952 auf und erläutert, daß es sich hierbei um eine "bunte Fülle von Aufgaben" handelt, die sich "auf alle Seiten des Haushaltsgeschehens erstrecken", sich in "monotoner Weise wiederholen" und im "Ruf der Minderwertigkeit" stehen (Egner 1976, S. 101 f.).

Die Auseinandersetzung um die Hausarbeit hat sich in der Haushaltswissenschaft traditionell auf den hauswirtschaftlichen, d.h. den materiell-technischen Bereich konzentriert und zwar überwiegend unter der Fragestellung der Entwicklung von Leistungs-Optimierungsstrategien entlang erwerbswirtschaftlicher Rationalitäts- und Rationalisierungskriterien (vgl. hierzu die Beiträge von B. Methfessel und H. Schmidt-Waldherr in diesem Band). Bereits die als Gegenstand von Forschung und Lehre sehr bedeutende Thematik des Dispositionsbereichs (Information, Planung, Entscheidung, Kontrolle in der Mittelbeschaffung Mittelverwendung) wird i.d.R. nicht unter dem Gesichtspunkt der Hausarbeit behandelt (vgl. zur Kritik daran Thiele-Wittig 1985 und 1987).

Zu einer systematischen Diskussion des Begriffs der Hausarbeit aus der Sicht der Haushaltswissenschaft ist es m.E. notwendig, auf die Funktionsanalyse des Haushalts zurückzugreifen.

Die oben entwickelte Theorie des Haushalts als einer Institution zur Sicherung der Bedarfsdeckung eröffnet zwei Perspektiven:

a) welche Bedarfe werden im Haushalt gedeckt und
b) zu welchem Zweck werden diese Bedarfe gedeckt?

Hier sollen die Elemente der Funktionsanalyse nochmals kurz zusammengetragen werden: Über die Bedarfe hinaus, die sich aus der Bewältigung der "unmittelbaren Lebensnot" ergeben (Daseinsvorsorge, Lebenserhaltung), besteht Konsens, daß die Funktionen des Haushalts sich beziehen auf die Persönlichkeitsbildung und -entfaltung im sozialen und kulturellen Sinn. Auch auf diese Bedarfe hin sind also Maßnahmen der "Bedarfsvorkehrung" - dieser Begriff wird z.B. von Hesse (1983) synonym für Hausarbeit verwendet - zu treffen. Die Gestaltung des Lebensstils, die Entwicklung des Lebensstandards und die Pflege der sozialen Beziehungen sind konstitutive Merkmale des haushälterischen Handelns.

Egner und v. Schweitzer haben mit dem Begriff der "Haushälterischen Vernunft" eine Abgrenzung zwischen den Handlungsprinzipien der Erwerbswirtschaft und des Haushalts vorgenommen. Nicht an der "ökonomischen Rationalität" im Sinne der Optimierung von Einsatz und (wertneutralem) Nutzen richtet sich demnach haushälterisches Handeln aus, sondern an

Abb. 3 Hobby oder Hausarbeit: Schwierigkeiten der Begrenzung

"sittlich fundierten qualitativen Kriterien" (v. Schweitzer 1968, S. 173), an der "seinsrichtigen menschlichen Daseinsbehauptung" (ebd.). Hiermit ist für den Haushalt eine "unaustauschbare spezifische Aufgabe" (a.a.O., S. 190) verbunden - nämlich eben die, seine Bedarfsvorkehrungen, und das meint seine Hausarbeit, auf die Erhaltung und Pflege des Lebens- und Arbeitsvermögens der Haushaltsangehörigen auszurichten. In diesem Sinn hat v. Schweitzer eine Definition des Begriffs der Hausarbeit entwickelt, die über die klassische Begrenzung auf die hauswirtschaftlichen Tätigkeiten hinausgeht: "... alle gesellschaftlich nicht entlohnten Arbeiten im privaten Bereich der Daseinsvorsorge (sind) der Haushaltsführung zuzurechnen .. und damit auch als Hausarbeit (zu bezeichnen). Die Hausarbeit umfaßt dabei nicht nur körperliche Arbeiten, sondern auch dispositive und soziale Dienste" (v. Schweitzer 1981, S. 173).

Auch Hesse erweitert die Perspektive eines materiell-technischen Begriffsverständnisses, wenn er unter Hausarbeit "alle Arbeitsbereiche, die der Eigenversorgung dienen", versteht und dazu "neben den materiellen auch immaterielle Bedarfsvorkehrungen wie Erziehungs- und Pflegeleistungen" zählt (Hesse 1983, S. 115).

Welche Schwierigkeiten die Umsetzung eines so erweiterten Verständnisses der Hausarbeit allerdings bereiten kann, zeigt sich, wenn v. Schweitzer zur Abgrenzung zwischen Hausarbeit und Freizeitgestaltung den Begriff der *Notwendigkeit* oder gar der *Unerläßlichkeit* einführt. In dem von ihr angeführten Beispiel ist es nach ihrer Auffassung als "Arbeit" zu betrachten, wenn die Mutter aus der Großstadtwohnung ohne Garten oder Spielbereich die Kinder spazieren führt, sind aber genügend Spielmöglichkeiten in der Nähe der Wohnung vorhanden "kann die Notwendigkeit des Spazierengehens entfallen, der Familienspaziergang kann somit zur Freizeitgestaltung werden" (1981, S. 171). Hier erscheint eine Bindung des Arbeitsbegriffs an Grundbedürfnisse im Sinne der "bloßen" Lebenserhaltung, eine Scheidung zwischen Hausarbeit und Freizeit, die sich doch wieder an erwerbswirtschaftlichen Kriterien orientiert. Denn das "Lüften" der Kinder mag zum Zweck ihrer körperlichen Gesunderhaltung zwingend sein und ein darauf verwandter Zeitaufwand ökonomisch rational vertretbar, im Sinne der haushälterischen Vernunft allerdings ließen sich sicher viele gute Gründe für den gemeinsamen Spielplatzbesuch trotz des Vorhandenseins einer geeigneten "Auslauffläche" finden: Unterstützung des Kindes bei der Bereinigung eines Konfliktes, Hilfe bei der Kontaktaufnahme zu anderen Kindern, aber auch das Gespräch mit anderen Müttern u.v.m. Im Versuch einer Zusammenfassung und Schlußfolgerung ergibt sich aus den hier dargestellten Überlegungen:

- die Notwendigkeit der Erweiterung des Arbeitsbegriffs im Hinblick auf nicht marktförmige, nicht kollektive, aber gesellschaftlich erforderte Arbeit, vor allem die Arbeit im Privathaushalt,

- die Ableitung der Haushaltsfunktionen aus den Familienfunktionen, denn der Haushalt ist die Bedingung und umfaßt die Mittel zur Erfüllung der Familienfunktionen,
- schließlich ein Begriff der Hausarbeit, der diese als das ursprüngliche und wichtigste Mittel versteht, welches immer erforderlich ist, um Haushaltsfunktionen zu realisieren.

Damit steht Hausarbeit in der Spannung materieller und immaterieller, ökonomischer, sozialer, emotionaler und kultureller Anforderungen. Die daraus erwachsenden, immanenten Widersprüche (auf die z.B. schon Kontos/ Walser 1979 hingewiesen haben) prägen nicht nur den Arbeitsalltag im privaten Haushalt, sondern sind auch konstitutiv für die haushaltswissenschaftliche Diskussion zur Hausarbeit - wie aus den angeführten Beispielen deutlich wird.

Zu entwickeln, bzw. weiterzuentwickeln sind demgegenüber theoretische und empirische Ansätze, die eine Verbindung zwischen der Komplexität des Haushalts und der Hausarbeit herzustellen vermögen: in den haushaltswissenschaftlichen Analysen zu den Funktionen des privaten Haushalts sind die Voraussetzungen hierfür gegeben. Es ist ein eigenartiges Phänomen, daß erst die Diskussion der Frauenforschung auch in der Haushaltswissenschaft eine neue Auseinandersetzung mit dem Begriffsinhalt der Hausarbeit ausgelöst hat. In der Funktionsanalyse nämlich sind in haushaltswissenschaftlichen Beiträgen schon früh Erkenntnisse angelegt, die die Frauenforschung in ihrer Debatte zur Hausarbeit gewonnen und zugespitzt hat.

So z.B. wenn Egner in seinem 1974 erschienenen Werk "Hauswirtschaft und Lebenshaltung" die *soziale Funktion* der Lebenshaltung - und der Begriff Lebenshaltung steht zugleich für Haushaltsführung und, aus heutiger Sicht *Hausarbeit* - analysiert, indem er als wesentliche Elemente dieser sozialen Funktion die "häusliche Befriedigung" durch Spannungsausgleich, die Schaffung einer "Atmosphäre des Einvernehmens" und die soziale Integration des Haushalts in die Gesellschaft herausarbeitet (Egner 1974, S. 82). Hier ist ja quasi die Beziehungsarbeit umrissen, noch bevor sie durch die Schriften der Frauenforscherinnen erst eigentlich benannt und theoretisch entfaltet wurde (so in den Beiträgen von Bock/Duden 1977; Kontos/ Walser 1979; Ostner 1978).

Der in der Haushaltswissenschaft zu verzeichnende "time lag" in der Diskussion zur Theorie der Hausarbeit erklärt sich m. E. zunächst aus dem Bemühen der Haushaltswissenschaft in Abgrenzung von der eigenen Geschichte des klassischen Mädchen- und Frauenfachs (vgl. Tornieporth 1979; Methfessel/Thiele-Wittig 1986), den Haushalt geschlechtsneutral unter institutionellen und funktionalen Gesichtspunkten zu betrachten. Es war aber gerade die Frage nach der geschlechtsspezifischen Zuweisung der Hausarbeit und deren Bedeutung für das Geschlechterverhältnis und die Lebenszusammenhänge von Männern und Frauen, die es der Frauenforschung ermöglichte, die wissenschaftliche Diskussion neu aufzunehmen und voran zu bringen.

## 4 Hausarbeit in der Frauenforschung

Der Ausgangspunkt der Frauenforschung, der in den siebziger Jahren zu der politischen und wissenschaftlichen Auseinandersetzung mit der Hausarbeit geführt hat, war die Suche nach den Ursachen der andauernden Diskriminierung von Frauen und damit verbunden nach der Aufdeckung bisher verborgener, verschwiegener gesellschaftlicher Wirklichkeit. "Hausarbeit" war zunächst ein "Kampfbegriff", der die Wahrnehmung, Erklärung, aber auch Veränderung der spezifischen Widersprüchlichkeit des weiblichen Lebenszusammenhangs ermöglichte. Dagegen stand die Haushaltswissenschaft sowohl in ihrem Entstehungszusammenhang in den 2Oer Jahren, als auch bei ihrer Wieder- und Neubegründung in den 5Oer und 6Oer Jahren unter dem Zwang begrenzter Aufgabenzuschreibungen (Entwicklung von Optimierungsstrategien für ökonomische und materiell-technische Funktionsbereiche des Haushalts) und in der Notwendigkeit wissenschaftstheoretischer Legitimationen gegenüber den Nachbardisziplinen, vor allem gegenüber der Nationalökonomie.

Dabei wurde, und wird zum Teil bis heute, die Rollenteilung zwischen Mann und Frau entweder unhinterfragt, quasi als Ergebnis "außerhaushaltswissenschaftlicher", gesellschaftlicher Prozesse, vorausgesetzt, oder aber durch Betrachtung des Haushalts mit abstrakt-funktionalen Kategorien ausgespart: "Haushaltspersonen" oder "Humankapital" haben kein Geschlecht.

In einem weiteren, streng haushaltsökonomischen Ansatz, weisen Haushaltswissenschaftler die "komparativen Vorteile" der derzeitigen Arbeitsteilung für die Haushalte nach, weil "die erwerbswirtschaftlichen Lohnsätze der Männer über denen der Frauen liegen und ... die durchschnittliche haushaltswirtschaftliche Ausbildung der Männer nicht die der Frauen erreicht" (Hesse 1985, S. 24). Hier bleibt Haushaltswissenschaft explizit und dezidiert immanent, will sagen, auf die Erklärung bestehender Verhältnisse innerhalb der Haushalte beschränkt; als ökonomische Erklärungsgröße wird im Wesentlichen die Nutzenmaximierung im Sinne des Einkommens- und Vermögensvermehrung herangezogen (vgl. Hesse 1985, S. 25).

Anders die Frauenforschung: mit ihren Postulaten der Betroffenheit als Ausgangspunkt und dem Focus der Parteinahme für die Verbesserung der Lebensbedingungen der Frauen (vgl. Mies 1978; Hagemann-White 1987) untersucht sie die historischen Entstehungszusammenhänge der privaten

Hausarbeit, ihre gegenwärtige Problematik und ihre zukünftige Entwicklung. Ihre wesentlichen Ergebnisse sollen hier kurz dargestellt werden:

- Hausarbeit als Privatarbeit in Beziehungsverhältnissen ist historisch relativ neu, sie entstand erst mit der Trennung marktförmiger Erwerbsarbeit vom ursprünglichen häuslichen Betrieb (vgl. z.B. Bock/ Duden 1977).
- Hausarbeit wird von Frauen erbracht, ihnen aber als Bestandteil ihres Geschlechtscharakters abverlangt, nicht als gesellschaftliche Arbeit - oder gar Leistung - zugerechnet (vgl. Kontos/Walser 1977).
- Die unbezahlte Hausarbeit der Frauen wird ökonomisch, rechtlich, sozial und emotional durch die Institution der Ehe und Familie gesichert (vgl. Gerhard 1978; Beer 1984), wobei auch über die eigentliche Bezahlung hinausgehende materielle und immaterielle Gratifikationen ganz überwiegend nur für die "Ernährerrolle" des Mannes gewährt werden.
- Hausarbeit unterscheidet sich durch ihre Strukturen, Inhalte, Rhythmen von Erwerbsarbeit (vgl. Ostner 1978). Sie bezieht sich auf die konkreten Bedürfnisse einer exklusiven Gruppe und bleibt, gegenüber der Entmischung der Arbeitsvorgänge in der Erwerbsarbeit, vermischtes Tun (vgl. Ostner/Schmidt-Waldherr 1983; Kettschau 1985). Sie ist konfrontiert mit der Komplexität leiblicher, seelischer und geistiger Bedürfnisse und steht in der Anforderung einer Synthesis ihrer Versorgungsleistungen im Hinblick auf materielle und immaterielle Haushaltsfunktionen.
- Zentraler Begriff der Analyse der Hausarbeit durch die Frauenforschung ist *Beziehungsarbeit*, dies in zweifacher Hinsicht: bindungsstiftend und -erhaltend sind in der Industriegesellschaft die persönlichen Beziehungen der beteiligten Individuen, nicht ihre ökonomische Komplementarität (wenn diese auch faktisch eine wichtige, vielleicht in der wissenschaftlichen Diskussion noch nicht genug beachtete Rolle spielt), und erst diese persönlichen Beziehungen begründen und verdecken zugleich das Arbeitsverhältnis; zum anderen ist Beziehungsarbeit permanenter, dominierender Teil der Hausarbeit, der als explizite psychische Reproduktion, aber auch als den jeweiligen - materielltechnischen, ökonomischen, kulturellen usw. - Arbeitsvollzügen immanent beschrieben wird (vgl. Kettschau 1985).
- So ist Hausarbeit in der Diskussion der Frauenforschung insgesamt definiert als "die Gesamtheit der Arbeitsleistungen, die in der Familie und im Privathaushalt erbracht werden, um die langfristige physische und psychische Reproduktion des Menschen zu gewährleisten. (Hausarbeit) hat sowohl die Funktion, materielle, soziale und emotionale Bedürfnisse zu befriedigen und dadurch Menschen lebens- und arbeitsfähig zu erhalten, (als auch) durch Geburt, Pflege und Erziehung das Heranwachsen der nächsten Generation zu sichern" (Diezinger u.a. 1982, S. 226).

## Schlußbemerkungen

Der Versuch, Diskussions- und Argumentationslinien der Frauenforschung und der Haushaltswissenschaft zusammenzuführen, scheint naheliegend und fruchtbar; hier konnten dazu nur erste Ansätze beigetragen werden. Die Haushaltswissenschaft ist, so denke ich, gefordert, ihren Begriff der Hausarbeit zu überdenken und die *Analyse des Geschlechterverhältnisses*, unter dem Focus des privaten Haushalts, in ihre Forschungsarbeit einzubeziehen. Zentrale Fragestellungen, wie zum Beispiel die Konstituierung von Bedürfnissen und Bedarf im Haushalt, die für die Haushaltsführung/Hausarbeit benötigten Qualifikationen, die Auswirkungen gesellschaftlichen Wandels auf den Haushalt, erfahren durch den Einbezug der Perspektive geschlechtsspezifischer Arbeitsteilung eine neue Dimension der Bearbeitung und Beantwortung. Desiderat der Frauenforschung zur Hausarbeit dagegen ist ganz überwiegend noch der Blick auf den *Haushalt* als Lebensort und Arbeitsbereich. So hat die Analyse und Entfaltung des Begriffs der "Beziehungsarbeit" zu einem Paradigmenwechsel nicht nur in der Familiensoziologie geführt, doch bieten sich in haushaltswissenschaftlicher Sicht wesentliche Ergänzungen und Erweiterungen an. Nicht nur die These des Primats der Beziehungsarbeit (vgl. zur Kritik daran Kettschau 1981) ist unter Hinweis auf die materiell-technischen Anforderungen, die - sicherlich in geänderter und sich weiter verändernder Weise - mit der modernen Hausarbeit verbunden sind, zu relativieren. Die haushaltswissenschaftliche Funktionsanalyse des privaten Haushalts weist darüber hinaus zumindest zwei Bereiche aus, die in der bisherigen Diskussion der Frauenforschung noch nicht genügend beachtet wurden: es sind dies die *(alltags-)kulturellen* und die *dispositiven* Funktionen des Haushalts (vgl. Egner 1974; v. Schweitzer 1968; Kettschau 1981 und 1985). Beides, Gestalten und Planen/Sich informieren/Entscheiden, sind der Hausarbeit immanent und bilden wie die Beziehungsarbeit zugleich eigenständige Arbeitsbereiche und qualitative Merkmale der jeweils übrigen Bereiche. Diese Sichtweise eröffnet m. E. neue Möglichkeiten und Herausforderungen sowohl im wissenschafts-theoretischen Diskurs wie auch in der Entwicklung empirischer Fragestellungen und Forschungsmethoden.

Anstehend ist, so scheint mir, sowohl der Dialog zwischen Frauenforscherinnen aus den Sozialwissenschaften und Haushaltswissenschaftlerinnen, als auch die Entwicklung einer eigenständigen Frauenforschung in der Haushaltswissenschaft. Ansätze zu beidem konnten mit der hier dokumentierten Tagung verwirklicht werden.

## Literatur


Beer, U.: Unentgeltliche Arbeit im Lebenszusammenhang von Frauen. In: Sektion Frauenforschung in den Sozialwissenschaften in DGS (Hrsg.): Frauenforschung. Beiträge zum 22. Deutschen Soziologentag. Frankfurt/New York 1984, S. 22-39.

Behrens, A./Manz, W.: Die Vergesellschaftung des Privaten - Zur Kritik betriebswirtschaftlicher Verwissenschaftlichung der Reproduktionsarbeit. In: Hauswirtschaft und Wissenschaft 32 (1984), 3, S. 123-131.

Blosser-Reisen, L.: Grundlagen der Haushaltsführung. Eine Einführung in die Wirtschaftslehre des Haushalts. Baltmannsweiler ²1976.

Bock, G./Duden, B.: Arbeit aus Liebe - Liebe als Arbeit. Zur Entstehung der Hausarbeit im Kapitalismus. In: Frauen und Wissenschaft. Beiträge zur Berliner Sommeruniversität für Frauen. Berlin 1977.

Diezinger, A. u.a.: Die Arbeit der Frau in Betrieb und Familie. In: Littek, W./Rammert, W./Wachtler, G. (Hrsg.): Einführung in die Industrie- und Arbeitssoziologie. Frankfurt/New York 1982, S. 225-248.

Egner, E.: Der Haushalt. Eine Darstellung seiner volkswirtschaftlichen Gestalt. Berlin 1952.

Egner, E.: Hauswirtschaft und Lebenshaltung. Berlin 1974.

Egner, E.: Der Haushalt. Eine Darstellung seiner volkswirtschaftlichen Gestalt. Berlin, 2. umgearb. Aufl. 1976.

Gerhard, U.: Verhältnisse und Verhinderungen. Familie und Rechte der Frauen im 19. Jahrhundert. Frankfurt/M. 1978.

Hageman-White, C.: Geschichte und Selbstverständnis der Frauenforschung. Vortrag und Thesenpapier anläßlich des Symposiums "Frauenforschung und Hausarbeit" am 19.11.1987 in Gießen. Die Beiträge zum Symposium erscheinen 1988 als Buch: Frankfurt/New York 1987.

Hesse, K.: Hausarbeit in der "Theorie des Haushalts". In: Hauswirtschaft und Wissenschaft 31 (1983), 3, S. 115-121.

Hesse, K.: Haushaltsarbeit aus ökonomischer Sicht. In: Deutsche Gesellschaft für Hauswirtschaft (Hrsg.): Bericht über die 35. Jahrestagung am 19./2O.9.1985 in Darmstadt. Generalthema: Wirtschaftliche und gesellschaftliche Aspekte der Arbeit im Haushalt. S. 19-28.

Kettschau, I.: Wieviel Arbeit macht ein Familienhaushalt? Zur Analyse von Inhalt, Umfang und Verteilung der Hausarbeit heute. Diss. Dortmund 1981.

Kettschau, I.: Emotionalität und Gestaltungsfähigkeit als qualitative Dimensionen der Hausarbeit. In: Deutsche Gesellschaft für Hauswirtschaft (Hrsg.): Bericht über die 35. Jahrestagung am 19./2O.9.1985 in Darmstadt. Generalthema: Wirtschaftliche und gesellschaftliche Aspekte der Arbeit im Haushalt, S. 51-6O.

Littek, W./Rammert, W./Wachtler, G. (Hrsg.): Einführung in die Arbeits- und Industriesoziologie. Frankfurt/New York 1982.

Methfessel, B./Thiele-Wittig, M.: Küche, Kinder, Kopfarbeit. Umstrittene Wissenschaft vom Haushalt. In: Schlüter, A./Kuhn, A. (Hrsg.): Lila Schwarzbuch. Zur Diskriminierung von Frauen in der Wissenschaft. Düsseldorf 1986, S. 196-212.

Mies, M.: Methodische Postulate zur Frauenforschung - dargestellt am Beispiel der Gewalt gegen Frauen. In: Beiträge zur feministischen Theorie und Praxis. Bd. 1, München 1978, S. 41-63.

Ostner, I.: Beruf und Hausarbeit. Die Arbeit der Frau in unserer Gesellschaft. Frankfurt/New York 1978.

Ostner, I./Schmidt-Waldherr, H.: Arbeit im weiblichen Lebenszusammenhang. In: Mayer, C./Krüger, H. u.a. (Hrsg.): Mädchen und Frauen. Beruf und Biographie. DJI-Materialien. Genf 1983, S. 221-239.

Schmidt-Waldherr, H.: Hausarbeit aus der Sicht der Gesellschaftswissenschaften. In: Deutsche Gesellschaft für Hauswirtschaft (Hrsg.): Bericht über die 35. Jahrestagung am 19./2O.9.1985 in Darmstadt. Generatlthema: Wirtschaftliche und gesellschaftliche Aspekte der Arbeit im Haushalt. S. 38-5O.

v. Schweitzer, R.: Haushaltsanalyse und Haushaltsplanung. Versuch einer systematischen Darstellung des haushälterischen Handelns. Berlin 1968.

v. Schweitzer, R.: Haushalte, private. In: Handbuch der Wirtschaftswissenschaften. Stuttgart 1977.

v. Schweitzer, R.: Wert und Bewertung der Arbeit im Haushalt. In: dies. (Hrsg.): Leitbilder für Familie und Familienpolitik. Berlin 1981, S. 167-192.

Thiele-Wittig, M.: Beschaffungsarbeit des privaten Haushalts - Überlegungen zu einem neuen Konzept. In: Hauswirtschaft und Wissenschaft 33 (1985), 3, S. 14O-147.

Thiele-Wittig, M.: ... der Haushalt ist fast immer betroffen. - "Neue Hausarbeit" als Folge des Wandels der Lebensbedingungen. In: Hauswirtschaft und Wissenschaft 35 (1987), 3, S. 119-127.

Tornieporth, G.: Studien zur Frauenbildung. Ein Beitrag zur historischen Analyse lebensweltorientierter Bildungskonzeptionen. Weinheim/Basel 1979.

Wachtler, G.: Die gesellschaftliche Organisation von Arbeit. Grundbegriffe der gesellschaftstheoretischen Analyse des Arbeitsprozesses. In: Littek, W./Rammert, W./Wachtler, G. (Hrsg.): Einführung in die Industrie- und Arbeitssoziologie. Frankfurt/New York 1982, S. 14-25.

## Quellen der Abbildungen

Abb. 1 Postkarte Griechenland

Abb. 2 Veranstaltungsplakat der VHS Dortmund zum 1. Frauenforum im Revier 1979.

Abb. 3 Erna Horn: Der neuzeitliche Haushalt. Verlag Th. Peter München, o.J., 4. Auflage S. 459.

# HAUSHALTE
# ALS
# VERBRAUCHER

**Herrad Ulrike Bussemer**
**Sibylle Meyer**
**Barbara Orland**
**Eva Schulze**

# Zur technischen Entwicklung von Haushaltsgeräten und deren Auswirkungen auf die Familie[1]

Heute findet sich in jeder bundesdeutschen Wohnung eine Grundausstattung technischer Geräte. Der Umgang mit einem Elektroherd ist ebenso selbstverständlich wie die Benutzung von Waschmaschine oder Bügeleisen. Fließendes Wasser, Zentralheizung, Einbauküche und Badezimmer sind für die meisten von uns nicht mehr wegzudenken. Kaum jemand von uns weiß, wie noch die Generation unserer Mütter gewaschen hat oder unter welchen Bedingungen unsere Großmütter gekocht haben, denn die Ausstattung heutiger Haushalte unterscheidet sich in vieler Hinsicht von der vor nur 20 Jahren. Vor 50 Jahren waren lediglich einige der heutigen Geräte in den Haushalten zu finden. Die Haushalte zur Jahrhundertwende sind mit unseren heutigen kaum vergleichbar.

Wir haben in den letzten Jahren versucht, die Technisierung der privaten Haushalte sozial- und technik-geschichtlich zu verfolgen. In dem Projekt "Zur Sozialgeschichte der Haushaltstechnik mit Schwerpunkt im 20. Jahrhundert"[2] wollten wir die historischen Entwicklungslinien der Haushaltstechnik im Hinblick auf ihre technische Entwicklung, Verbreitung und Anwendung untersuchen.

Dabei ist unser zentrales Untersuchungsinteresse die Wechselwirkung von ökonomischen und sozialen Faktoren einerseits und technischen Innovationen andererseits gewesen. In besonderem Maße interessierten uns die Folgen, die sich aus der Anwendung der Haushaltstechnik ergeben haben, d.h. wie sich die Technisierung der Haushalte auf Haushaltstypen und Familienstrukturen auswirkte und - umgekehrt - welche Einflüsse Haushaltstypen und Familienstrukturen auf die Entwicklung und Verbreitung der Haushaltstechnik hatten. Ähnlich relevant für unsere Untersuchung waren Gründe, die die Verbreitung und Durchsetzung von Haushaltstechnik beschleunigten, verzögerten oder generell verhinderten, so etwa die technische Unzulänglichkeit der Geräte, wirtschaftspolitische Entscheidungen oder aber familiäre Zusammenhänge.

Unter Haushaltstechnik verstehen wir sowohl technische Geräte und Maschinen, technische Infrastrukturen wie z.B. die Wasser-, Gas- und Elektrizitätsversorgung, Verkehrs- und Kommunikationssysteme als auch weitere industrielle Produkte wie chemische Reinigungsmittel, Kunststoffe und Konservierungsmittel, die im Haushalt gebraucht werden. Dementsprechend interessiert uns auch das Verhältnis zur allgemeinen technischen und wissenschaftlichen Entwicklung sowie die Herausbildung technischer Infrastrukturen, insbesondere die Entwicklung der Gas- und Elektrizitätsversorgung.

Darüber hinaus muß die Entwicklung der Haushaltstechnik im Kontext der wirtschaftlichen, sozialen und politischen Systeme betrachtet werden, die die Produktion, Gebrauchsfähigkeit, den Preis usw. der Haushaltstechnik bestimmten.

Die Vielzahl unterschiedlicher Geräte, die im familiären Alltag Verwendung finden - vom Fernsehgerät über das Telefon bis zu Handmixer und Filmkamera - macht deutlich, daß Kriterien zur Eingrenzung des Untersuchungsgegenstandes Haushaltstechnik gefunden werden mußten. In unserer Untersuchung wurden nur solche Geräte berücksichtigt, die als Arbeitsmittel zur Befriedigung der konsumptiven Bedürfnisse der Familienmitglieder benutzt werden. Darüberhinaus wurde die Geräteauswahl auf die folgenden vier zentralen hauswirtschaftlichen Arbeitsbereiche beschränkt:

- Nahrungsmittelherstellung,
- Nahrungsmittelkonservierung,
- Reinigungsarbeiten,
- Wäschepflege.

Diese Eingrenzung orientierte sich also einerseits an zentralen Bereichen der Hausarbeit und andererseits an den heute verbreiteten Haushaltsgroßgeräten, also Elektro- und Gasherd, Kühl- und Gefrierschrank, Geschirrspülmaschine und Staubsauger, Wasch-, Trocken- und Bügelmaschine. Es ist offensichtlich, daß damit nicht alle Bereiche der Haushaltstechnisierung und der Hausarbeit abgedeckt sind: So fallen z.B. die im Verlauf des 2O. Jahrhunderts immer wichtiger gewordenen Arbeiten (die kaum technisiert sind) wie z.B. Einkaufen und Aufräumen, Kinderbetreuung und Krankenpflege, jede Form emotionaler Zuwendung aus der Analyse heraus.

## 1 Zur technischen Entwicklung der Haushaltsgeräte

Die Großgeräte, die heute zur Standardausstattung der Privathaushalte zählen, wurden keineswegs gleichzeitig entwickelt, vielmehr lassen sich große zeitliche Differenzen zwischen dem Auftauchen einzelner Gerätetypen feststellen:
Ab 186O wurden Gaswärmegeräte für den Haushalt - Bügeleisen, Kocher und Herde - entwickelt und produziert, nachdem durch die Erfindung des Bunsenbrenners mit entleuchteter Flamme (1855) die Voraussetzung geschaffen worden war, Gas außer zur Beleuchtung auch als Wärmequelle zu nutzen. Nach der Jahrhundertwende erweiterte sich das Spektrum der Gashaushaltsgeräte um die gasbeheizte Waschmaschine (1912), den Absorber-Kühlschrank (ca. 192O) und die gasbeheizte Bügelmaschine (ca. 1928).

Abb. 1 Gasbeleuchtung um 1910

Nachdem die Elektrizität bereits auf dem Gebiet der Beleuchtung dem Gas zunehmend Konkurrenz machte, begannen in den 188Oer Jahren Versuche, die neue Energie auch für die Beheizung von Haushaltsgeräten zu

Elektrokoch- (1886) und -bügelgeräte (189O) auf den Markt. Im Laufe des 2O. Jahrhunderts wurde das Prinzip der Elektrowärme bei einer Anzahl weiterer Haushaltsgeräte angewendet: Absorber-Kühlschränke (ab ca. 192O), Waschmaschinen und Elektroherde (ab ca. 1925), Bügelmaschinen (ab ca. 195O) und Geschirrspülmaschinen (ab ca. 1955).

Nach 19OO wurden schließlich auch die Möglichkeiten des elektrischen Antriebes für Haushaltsgeräte genutzt, nachdem Elektromotoren in diversen gewerblichen und industriellen Bereichen bereits mehrere Jahrzehnte in Gebrauch waren. Zunächst blieb ihr Anwendungsbereich wegen der Größe der Motoren auf große Apparate oder zentrale Anlagen wie die Vakuum-Entstaubungspumpen beschränkt; ab ca. 191O ermöglichte die Verkleinerung der Motoren, die neue Antriebsenergie auch auf zahlreiche weitere Geräte zu übertragen. Die zunächst angebotenen Waschmaschinen- (ab 191O) und Küchenmotoren (ab 1912) waren zwar noch sehr klobig, schwer und reparaturanfällig; ihre Weiterentwicklung in den nächsten Jahrzehnten ermöglichte den Bau von handlicheren und seltener reparaturbedürftigen Maschinen. Hauptanwendungsgebiete der Elektromotorik wurden neben den Waschmaschinen der Kompressor-Kühlschrank (ab 191O), Wäscheschleudern (ab ca. 192O), Bügelmaschinen (ab 1928), Gefriergeräte (ab ca. 195O) und Geschirrspülmaschinen (ab ca. 1955).

Die Anwendung von Gas und Elektrizität im Haushalt erfolgte zumeist durch Umstellung der bekannten und bereits in den Haushalten verbreiteten Geräten auf die neuen Energieträger. So wurde z.B. bei den ersten elektrischen Waschmaschinen lediglich der Antrieb von Hand durch einen E-Motor ersetzt, während die mechanischen Prinzipien der Maschinen bereits im frühen 19. Jahrhundert entwickelt waren. Bis zur endgültigen Durchsetzung der Trommelmaschine (nach dem 2. Weltkrieg) existierten eine Vielzahl verschiedener mechanischer Prinzipien des 19. Jahrhunderts, z.B. Schaukel- oder Wiegemaschinen, Rührflügel- oder Waschbrettmaschinen, Saugglockenmaschinen usw.
Nur teilweise ermöglichte das Experimentieren mit Gas oder Elektrizität die Entwicklung von neuartigen Geräten, deren Konstruktion und Funktionsweise nicht auf mechanische oder mit festen Brennstoffen beheizte Gerätevorläufer zurückging; Beispiele hierfür sind der Kompressor-Kühlschrank oder der Zimmerstaubsauger.

Als treibendes Motiv der technischen Entwicklung lassen sich weder Rationalisierung der Hausarbeit noch Arbeitsentlastungen der Hausfrau ausmachen, sondern die Ausnutzung technischer Möglichkeiten und Absatz-

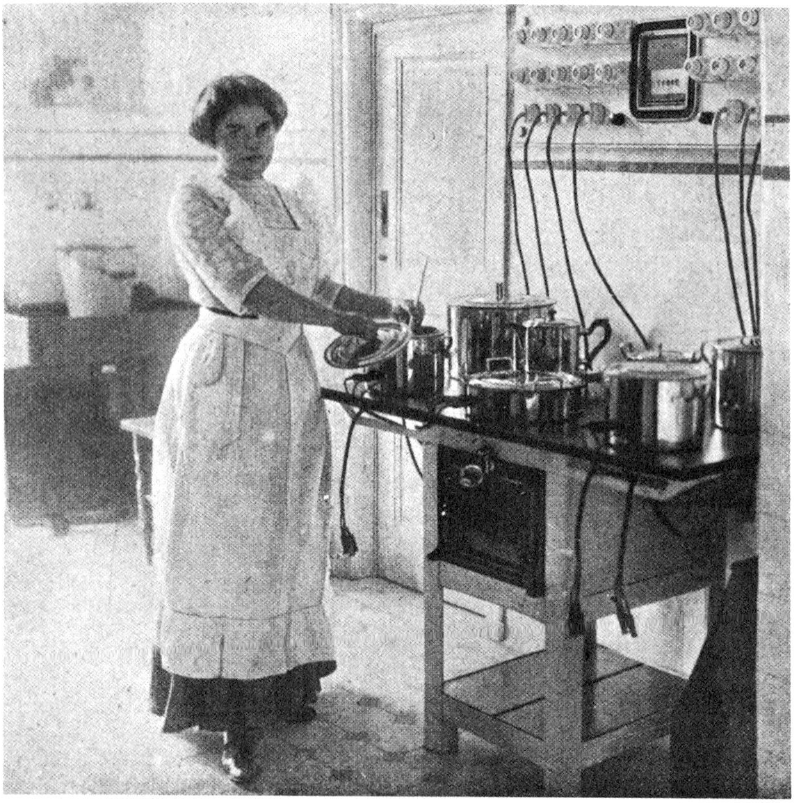

Abb. 2 Elektrischer Kochherd 1908

chancen. So wurden die einzigen Maschinen, die tatsächlich einen größeren Bereich der Hausarbeit selbsttätig erledigen, die vollautomatischen Trommelwaschmaschinen und die Geschirrspülmaschinen erst nach dem 2. Weltkrieg entwickelt, während Gas- und Elektrokochgeräte, die den Kochprozeß nur marginal veränderten, bereits gegen Ende des 19. Jahrhunderts entstanden. Andere Bereiche der Hausarbeit wurden von der Technisierung überhaupt nicht erreicht.

Die Frage, ob die technischen Grundprinzipien der Haushaltsgeräte für die Anwendung im Haushalt entwickelt wurden oder ob es sich um Abfallprodukte aus anderen Industriebereichen handelt, ist wegen der Vielzahl der in der Haushaltstechnik angewandten Verfahren nicht eindeutig zu beantworten. So waren z.B. die beiden, in Haushaltsgeräten üblichen Formen der künstlichen Kälteerzeugung - das Kompressions- und das Absorptions-

Abb. 3 Schaukelwaschmaschine um 1910: Vielzahl mechanischer Prinzipien im 19. Jahrhundert

prinzip -, die annähernd gleichzeitig im letzten Drittel des 19. Jahrhunderts entwickelt wurden, zunächst primär für gewerbliche Anwendung - Lebensmittelindustrie und -transport, Brauereien etc. - konzipiert und wurden nach der Jahrhundertwende analog für Haushaltsgeräte verwendet. Seit den 2Oer Jahren aber wurden Absorber-Kühlgeräte nur noch für den

den 2Oer Jahren aber wurden Absorber-Kühlgeräte nur noch für den privaten Haushalt gebaut, technische Innovationen wie z.B. das periodische Absorptionsprinzip (1926) wurden eigens für diesen Anwendungsbereich entwickelt. Zum Experiementierfeld für technische Innovationen wurden einzelne Haushaltsgeräte schließlich auf dem Gebiet der Elektrowärme: am elektrischen Bügeleisen wurde mit den verschiedenen Formen elektrischer Wärmeerzeugung - Induktionsheizung, Lichtbogenheizung, Übergangswiderstandsheizung und der sich schließlich durchsetzenden Widerstandsheizung - experimentiert, bevor sie in Industrie und Gewerbe eingesetzt wurden.

Um diese Frage nach Ursachen und Hintergründen bestimmter Innovationen und deren Herkunft weiter verfolgen zu können, scheint es notwendig, firmengeschichtliche Quellen exemplarisch hinzuzuziehen. Dies verspricht Aufschluß über firmeninterne Entscheidungen für oder gegen bestimmte technische Prinzipien, die Aufnahme der Produktion von Gas- oder Elektrogeräten und die Auswirkungen dieser Entscheidungen auf Marktentwicklungen, Konkurrenzprozesse zwischen Firmen, Verdrängung einzelner Hersteller etc.

## 2 Zur Verbreitung der Haushaltsgeräte

Die technische Entwicklung der Geräte und ihr Erscheinen auf dem Markt ist nicht gleichzusetzen mit ihrer allgemeinen Verbreitung in den Privathaushalten; die Zeitspanne zwischen Produktionsreife, industrieller Fertigung und Einsatz im Haushalt ist bei den verschiedenen Geräten sehr unterschiedlich: So kochte die Mehrzahl der deutschen Hausfrauen bis in die Zeit nach dem 2. Weltkrieg auf den gewohnten Kohleherden, obwohl seit Jahrzehnten Gas- und Elektroherde auf dem Markt waren; auch das Waschen mit Kessel und Waschbrett war in den 5Oer Jahren keine Seltenheit, obwohl bereits in der Vorkriegszeit verschiedenste Waschmaschinenmodelle entwickelt und gebaut wurden. Bei anderen Haushaltsgeräten ist die Zeitspanne zwischen Entwicklung und Verbreitung sehr viel kürzer: Elektrobügeleisen z.B. wurden bereits wenige Jahre nach ihrer Erfindung von Großunternehmen wie AEG in Serienfertigung und folglich zu niedrigen Preisen produziert und bereits kurz nach dem 1. Weltkrieg war das Elektroeisen das meist gekaufte Bügelgerät. Allerdings setzten sich erst Ende der 5Oer Jahre temperaturgeregelte Eisen durch, obwohl Thermostate bereits in den 2Oer Jahren entwickelt waren. Trotz der in der Literatur häufig geschilderten Unfall- und Brandgefahr bei den ungeregelten Bügeleisen blieb ihr Marktanteil erstaunlich lange sehr hoch: noch 1954, nachdem Reglereisen fast drei Jahrzehnte auf dem Markt waren, wurden 1,45 Millionen nicht regelbare Eisen gegenüber O,89 Millionen - allerdings erheblich teureren - Reglerbügeleisen produziert und verkauft. Endgültig verdrängt wurden die Bügeleisen ohne Temperaturregelung vermutlich erst durch die neuen Kunststofftextilien und Mischgewebe, die niedrige und exakt bemessene Temperaturen erforderten.

Abb. 4 Wasch-Dampfmaschine um 1910: mit festen Brennstoffen beheizter Vorläufer

Der Kühlschrank wiederum wurde erst in den 5Oer Jahren zum allgemein üblichen Haushaltsgerät: Zwar wurden ab 19O5 die ersten für den Privathaushalt konzipierten Kühlanlagen angeboten, aber bis in die 3Oer Jahre produzierten die meisten deutschen Kühlschrankfirmen ihre Haushaltsgeräte auf handwerklicher Basis. Nach zeitgenössischen Schätzungen betrug die gesamte Produktion bis 1935 nicht mehr als 3O.OOO Stück. Die Propagierung des "Volkskühlschrankes" unter dem Nationalsozialismus wurde zwar bis in den 2. Weltkrieg hinein fortgesetzt, trotzdem erreichte die Jahresproduktion von Kühlschränken in Deutschland vor dem 2. Weltkrieg kaum mehr als 3O - 5O.OOO Stück. Erst nach 195O setzte der Boom in der Kühlschrankproduktion und im Absatz ein, doch von einer allgemeinen Verbreitung dieses Haushaltsgerätes konnte erst sehr viel später gesprochen werden: Noch 196O lag die Marktsättigung des Kühlschranks erst bei 4O % aller Haushalte, obwohl sich die deutsche Jahresproduktion seit 195O verfünffacht hatte (von 65.OOO auf 32O.OOO Stück).

Eine besondere Rolle bei der Durchsetzung von Gas- oder Elektrohaushaltsgeräten spielten die Energieversorgungsunternehmen, die häufig mit den Herstellerfirmen verflochten waren oder eng mit ihnen kooperierten. Sie förderten die Verbreitung der Geräte, um den Energieverbrauch zu erhöhen und einen kontinuierlichen Absatz zu sichern. Sie waren vorrangig an Geräten interessiert, die entweder besonders viel Energie verbrauchten wie die Elektrowärmegeräte, im Dauerbetrieb arbeiteten wie der Kühlschrank oder als Nachtstromgeräte in Zeiten niedrigen Stromverbrauchs benutzt wurden wie z.B. der elektrische Sprudelwascher oder bestimmte Absorbermodelle. Für diese Haushaltsmaschinen offerierten sie nicht nur Sondertarife, sondern übernahmen auch Werbung und Verkauf und boten häufig günstige Abzahlungsmodalitäten, meist in Kombination mit den monatlichen Gas- oder Stromrechnungen. Im Unterschied zu den Herstellerfirmen waren sie nicht nur am Verkauf der Geräte interessiert, sondern ebenso an ihrer regelmäßigen Benutzung im Privathaushalt und setzten sich deshalb für die Produktion von wenig reparaturanfälligen und einfach zu bedienenden Geräten ein.

Aus diesen knappen Hinweisen zur Bedeutung der Energieversorgungsunternehmen für die Verbreitung von Haushaltsgeräten wird bereits deutlich, daß ihre Entwicklung und der Ausbau der Gas- und Stromversorgung eng miteinander zusammenhängen.

## 3 Zur Auswirkung der Haushaltstechnik auf die Familie

Die Rekonstruktion der technischen Entwicklung der einzelnen Haushaltsgeräte vermittelt nur einen begrenzten Eindruck von der Veränderung der Hausarbeiten durch den Einsatz dieser Geräte. Die Kenntnis technischer Daten einzelner Maschinen ermöglicht eine Einschätzung der Bedienung oder eine Beurteilung der Veränderung eines spezifischen Arbeitsganges. Teilweise lassen Informationen über die Reparaturanfälligkeit, Sicherheit oder Haltbarkeit einzelner Geräte Rückschlüsse auf deren Benutzung zu.

Jedoch ermöglicht die Rekonstruktion der technischen Geräteentwicklung keine Einschätzung des Technisierungsgrades bestimmter Haushaltstypen zu einem bestimmten historischen Zeitpunkt, noch läßt sie eine Interpretation der Wechselwirkungen von verschiedenen Geräten und den zugehörigen Arbeitsgängen zu. Ebensowenig kann aus der bisherigen Analyse gefolgert werden, wie die Technisierung die geschlechts- oder generationsspezifische Arbeitsteilung innerhalb der Familie, die Kommunikations- und Kooperationsstrukturen, die Standards und den Zeitaufwand für die Hausarbeit veränderte.

Teilantworten auf diese Fragen lassen sich aus der Analyse der durchgeführten Retrospektivbefragung von Berliner Haushalten geben. Bei der Erhebung der biographischen Interviews orientierten wir uns an einem Heiratskohortenansatz und befragten Frauen, die in den 2Oer, 3Oer und 5Oer Jahren geheiratet haben. Dieses Vorgehen ermöglichte Familienzyklen aus unterschiedlichen Zeiträumen miteinander zu vergleichen. Desweiteren konnte anhand der Biographie-Verläufe die Veränderung der Hausarbeit rekonstruiert und der jeweilige Einfluß haushaltstechnischer Innovationen abgeschätzt werden. Um Informationen über ein möglichst breites Spektrum sozialer Wirklichkeit zu erhalten, legten wir Wert auf eine möglichst heterogene Zusammensetzung der einzelnen Kohorten. Anhand unserer qualitativen Daten aus 3O Familienbiographien läßt sich zeigen, daß sich Hausarbeit im historischen Prozeß ausgeweitet hat und die Technisierung sowohl wegen der Zunahme von Hausarbeit erfolgte als auch selbst den Prozeß der Ausweitung von Hausarbeit beschleunigte. So ermöglichte die Technisierung den sich im 2O. Jahrhundert verändernden Standards der Hausarbeit ohne gravierende Mehrarbeit gerecht zu werden. Anhand unserer Analysen gibt es Ansatzpunkte, die zeigen, welche gesellschaftlichen und sozialen Prozesse zu einer Vermehrung der Hausarbeit führten; hierbei erscheinen uns die radikal verschärften Hygienestandards, die Zunahme des Lebensstandards, Veränderungen von kulturellen Mustern wie gewandelte Eßgewohnheiten, Pluralisierung von Mahlzeiten und Gerichten, Abschaffung gemeinsamer Mahlzeiten zugunsten einer zunehmenden Individualisierung des Essens etc. wesentlich.

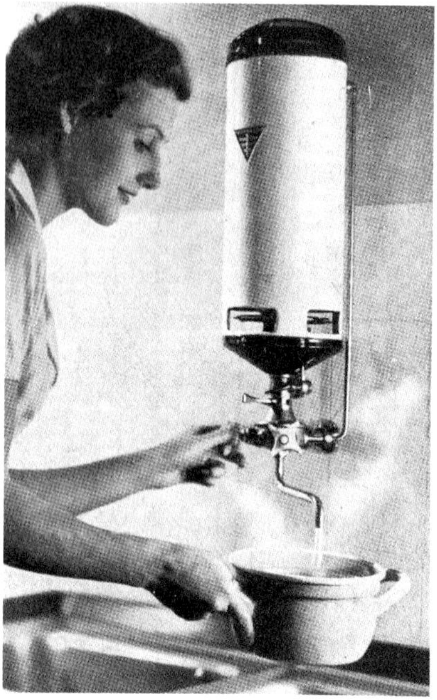

Abb. 5 Durchlauferhitzer 30er Jahre: radikal verschärfte Hygienestandards

Die fortschreitende Technisierung der Haushalte, Verbreitung technischer Infrastruktur und Haushaltsmaschinen ermöglichten es, diesen veränderten Standards, kulturellen Mustern und erhöhten Anforderungen an Hausarbeit gerecht zu werden. Zusätzlich ermöglicht die Technisierung der Privathaushalte eine Effektivierung der Hausarbeit: Während früher für viele Arbeiten mehrere Personen - zumeist Frauen, Verwandte und Dienstpersonal - nötig waren, erlaubt der zunehmende Maschinenpark, daß die Hausfrau diese Arbeiten allein - weitgehend ohne Personal oder Hilfe von Familienangehörigen - bewältigt. Insofern gestattet die Technisierung eher eine zunehmende Festschreibung der Hausarbeit auf Frauen, also eine Festigung der traditionellen Arbeitsteilung in der Familie, als eine zunehmende Beteiligung von Männern.

## Anmerkungen

1. Wiederabdruck in leicht veränderter Fassung aus: Pierenkemper, T. (Hrsg.): Haushalt und Verbrauch in historischer Perspektive. Scripta Mercaturae Verlag, St. Katharinen 1987.

2. Das Projekt wurde in der Zeit vom 15.10.1984 bis 15.10.1987 am Institut für Zukunftsstudien und Technologiebewertung Berlin durchgeführt und durch die Stiftung Volkswagenwerk gefördert.

## Quellen der Abbildungen

Abb. 1 Minna Neuburger (Hrsg.): Ich kann wirtschaften. Verlag Ullstein & Co., Berlin, Wien 1910, S. 325.

Abb. 2 Ich kann kochen. Verlag Ullstein & Co., Berlin 1920, S. 24.

Abb. 3 Minna Neuburger a.a.O., S. 193.

Abb. 4 a.a.O., S. 191.

Abb. 5 Irmgard Schütz-Glück: Wohnen und Wirtschaften. Stuttgart 1938, S. 67.

Hans Joachim Rieseberg

# Energieverbrauch im Haushalt. Von der Sonnenenergie zur Umweltzerstörung

Der Weltenergieverbrauch ist in der Zeit seit 1945 dramatisch gestiegen und beträgt heute jährlich 8,6 Milliarden Tonnen Steinkohleeinheiten. 75 % dieses Verbrauchs werden von 25 % der Menschheit verbraucht, nämlich den Einwohnern der Länder USA, Kanada, Europa, der sozialistischen Länder und Japan. Die Auswirkung dieses riesigen Globalverbrauchs der Industrieländer sind Waldsterben, Bodensterben, Wassersterben und Luftsterben. Die Forderung für ein Überleben der Menschheit im nächsten Jahrhundert lautet also Sparen und Verändern der Konsumgewohnheiten der Menschen in den Industrieländern.

Die Einzelhaushalte tragen zu diesem Globalproblem entscheidend bei, weil sie in immer größerem Maße Strom verbrauchen und damit die Energieart verwenden, die die größten Umweltschäden verursacht. Denn die Einwirkungen der Stromerzeugung auf die Umwelt sind Abgase, wie $CO_2$ (Kohlendioxyd), Abwärme und chemische Rückstände, wie Schwefel und Schwermetalle. Diese Rückstände fallen in unterschiedlicher Verteilung bei allen Stromerzeugungsarten, die fossile Energieträger - Kohle, Öl, Gas - benutzen, sowie der Kernenergie an.

Die Einzelhaushalte in der Bundesrepublik Deutschland verbrauchen heute ca. 44 % der Primärenergie, die Industrie 38 % und der Verkehr ca. 18 %. Wir können dieses Problem aber auch anders betrachten. Geht man davon aus, daß die Rüstung als nichtproduktiver Bereich ca. 10 % (geschätzt) der Gesamtenergie verschwendet, dann werden von den Einzelhaushalten 90 % direkt oder indirekt verbraucht, denn die Produkte, die die Industrie erzeugt, werden von den Einzelhaushalten konsumiert. Wendet man sich dem statistischen Einzelhaushalt mit vier Personen (Eltern und zwei Kinder) zu, so verteilen sich die einzelnen Verbrauchsbereiche folgendermaßen: auf Heizung entfallen 56 %, auf Warmwasser 6 %, auf elektrische Geräte 6,4 %, auf das Auto 31 % und auf Licht ca. 0,6 %. Offenkundig ist demnach, daß große Sparpotentiale im Heizungs- und Automobilbereich liegen. Da die elektrischen Geräte im Haushalt, die den größten Strombedarf haben - Waschmaschinen, Geschirrspüler u.ä., - zur Wärmeerzeugung benutzt werden, kann man sie mit der Warmwasserbereitung gemeinsam betrachten und kommt so immerhin auf einen Anteil von 12 % - auch hier sind Sparreserven vorhanden.

Eine der Ursachen für den hohen Energieverbrauch der Haushalte liegt in den schlechten Wirkungsgraden, die hier erreicht werden. Der Gesamtwirkungsgrad unseres Energieverbrauchs liegt bei 25 %, d.h., 25 % der Primärenergie kommt in den Einzelhaushalten an. Dort wird sie aber von Geräten verbraucht, die konstruktionsbedingt einen Wirkungsgrad haben, der zwischen 10 % und 30 % schlechter ist, als der vergleichbarer Profigeräte. Dies ist leicht an Einzelbeispielen feststellbar. Eine beliebige Elektrobohrmaschine für Profis hat z.B. eine Leistungsaufnahme von 740 Watt und eine Abgabe von 460 Watt. Die Heimwerkerausführung dagegen nimmt 600 Watt auf und gibt 300 Watt ab, d.h., ihr Wirkungsgrad beträgt 50 %, während der der Profimaschine mindestens 60 % ausmacht. Kaum ein Haushaltsgerät - Spülmaschine, Waschmaschine etc. - erreicht Wirkungsgrade, die höher als 50 % sind, d.h., der Einzelhaushalt nutzt effektiv nur die Hälfte der Energie, wodurch die Gesamtenergienutzung auf 12,5 % absinkt. Wenn wir jetzt noch hinzurechnen, daß die Mehrzahl der heutigen Konsumartikel mit einem unsinnigen Aufwand hergestellt bzw. vertrieben wird, z.B. einfach dadurch, daß Verpackungen, Einwegprodukte etc. gekauft werden, so ist evident, daß die Industriegesellschaften Energie nur noch zu 5 % ausnutzen, mit dem Rest den Boden, die Flüsse, die Meere und die Atmosphäre aufheizen sowie die Umwelt mit Schadstoffen, Schwermetallen und vielem anderen belasten.

Wie ist es nun dahin gekommen, daß sich der Energieverbrauch so zu Lasten des Haushalts verschob, daß er schließlich die Industrie überflügeln konnte? Bis zur Anwendung der Dampfmaschine und der kohlebefeuerten Raumheizung waren alle Haushalte sonnenenergetische Kreislauforganismen. Die Kraftenergie war in der Regel Muskelkraft, die Nahrungsenergie kam aus einer sonnenergetischen Landwirtschaft und die Reste wurden entweder in den Kreislauf zurückgegeben oder als Dünger der Natur wieder zugeführt. Die Reinigung und die Körperpflege wurden ausschließlich sonnenenergetisch betrieben, und auch die kulturelle Unterhaltung verbrauchte keine fossile Energie. Die Haushalte blieben in der ersten Phase der industriellen Entwicklung von dem fossilen Energieverbrauch weitgehend verschont. Lediglich die Raumheizung wurde durch die Entwicklung der Eisenbahntransportsysteme von Holz und anderen regenerierbaren Energiequellen auf Steinkohle und Braunkohle umgestellt. Diese Umstellung erfolgte vor allem für die großen Städte in nicht einmal 100 Jahren. Seit der Mitte des vorigen Jahrhunderts verlor der private Haushalt mehr und mehr seine autonome Funktion durch die Entwicklung der großen Versorgungssysteme Gas, Wasser, Strom, Telefon, Straßen, Eisenbahn, Rundfunk, Fernsehen und die großen Entsorgungssysteme Kanalisation,

Müllabfuhr, Zentralheizung, Straßenreinigung. Dadurch wurde der Haushalt schrittweise in große Organisationssysteme integriert, Teilarbeitsbereiche wurden ausgegliedert und unterlagen fortan nicht mehr den eigenen Dispositionen der Familien.

Verstärkt wurde diese Tendenz durch die Städteplanung von Le Corbusier und dem Bauhaus. Die Zauberformel hieß Entmischung der Funktionen und war der Versuch, die Verslumungstendenzen der Millionenstädte durch ein Kurieren an den Symptomen einzudämmen. Entmischung hieß Trennung von Wohnen, Arbeiten, Transport, Verkehr, Produktion und Freizeit. Ermöglicht wurde diese Städteplanung durch die Hoffnung auf das Universal- und Individualverkehrssystem Auto. Die berühmten Städteplaner unter Führung von Corbusier reduzierten die Funktion des Einzelhaushalts auf ein Anhängsel an den großen Organismus Gesellschaft und Stadt.
War die Stadt des Mittelalters und noch des 19. Jahrhunderts die Summe der Einzelhaushalte und ihrer Bedürfnisse, so kehrte das 20. Jahrhundert dieses System um. Das Leben sollte künftig nicht mehr im Haushalt, in der Küche, im Wohnzimmer gelebt werden, sondern draußen in der Stadt, auf der Straße, im Auto, auf dem Sportplatz, in der freizeitgerechten Natur, in den Ferien. Haushalt, Küche und Wohnen, einst Mittelpunkt des Lebens, wurden an die Peripherie verlagert und zu einer Art Imbißbude und einer Hotelfunktion reduziert. Entsprechend wurden alle Lebensumstände beschleunigt und immer mehr automatisiert.

Der Privathaushalt der Familie wurde immer mehr fremdbestimmt und konnte bei der Entscheidung, wie Gas hergestellt oder Strom erzeugt oder Wasser bezogen wird, nicht mehr mitbestimmen, sondern wurde zum Konsumenten degradiert, der die Produkte der großen Versorger abnehmen mußte. Er wurde ihren Monopolen oder dem Staat ausgeliefert und lieferte sich ihnen zum Schluß selbst aus, weil sie ihm die Abhängigkeit mit einem scheinbaren Komfortanstieg versüßten. Hierzu einige Zahlen für die Berliner Entwicklung: Stromabnehmer der Bewag!

| | | |
|---|---|---|
| 1885 | - | 28 Abnehmer |
| 1903 | - | 10.573 Abnehmer |
| 1920 | - | 94.899 Abnehmer |
| 1925 | - | 369.205 Abnehmer |
| 1933 | - | 1.128.728 Abnehmer |

Trotz der 1933 erreichten Anschlußdichte war der Stromverbrauch in den Haushalten noch sehr gering, denn es handelte sich noch um reinen Lichtverbrauch, wenn man von einzelnen Bügeleisen oder von Luxusausstattungen in einzelnen Haushalten absieht. Der Strom war noch sehr teuer.

Z.Zt. des Nationalsozialismus trat in dieser Beziehung keine Änderung, sondern eher eine Verschlechterung ein, denn durch das Energiewirtschaftsgesetz von 1935 bekam die Elektrifizierung in Deutschland eine neue Funktion: Die Stromerzeugung mußte zentralisiert werden, es mußten größere Kraftwerke gebaut werden, und die vielen kleineren Erzeuger wurden aus dem Markt geworfen. Die Stromtarife wurden geändert; die Kleinverbraucher wurden grundsätzlich gegenüber den Großverbrauchern benachteiligt, denn je mehr man verbrauchte, um so billiger wurde der Strom. Grundlage für diese Ordnung war die Gummiformulierung im Energiewirtschaftsgesetz: Strom muß billig und sicher sein. All diese Maßnahmen hatten nur ein Ziel: die Elektrizitätswirtschaft sollte wehrfähig werden.

"In den Jahren 1933 und 1934 kam es zunächst darauf an, die Energiewirtschaft zu einer möglichst umfangreichen Mitwirkung an der *Arbeitsbeschaffung* anzuregen. Auch vorteilhafte Tarifpreise mußten sich in einer Erhöhung des Energieverbrauchs und einem erhöhten Bedarf an Energiegeräten auswirken, und auch dies förderte die Arbeitsbeschaffung. Noch wichtiger war es, die Energiewirtschaft endlich *"wehrfähig"* zu machen, denn wehrwirtschaftlich bot insbesondere die Elektrizitätsversorgung damals das getreue Abbild des vorangegangenen Zeitabschnitts, in dem sich mit Fragen der wirtschaftlichen Wehrkraft überhaupt niemand abgegeben hatte. Die leistungsfähigen Riesenkraftwerke waren dort errichtet worden, wo Braunkohlen- oder Wasserkraftvorkommen die betriebswirtschaftlich besten Standorte boten. Es störte niemanden, daß sich einige der wichtigsten Großanlagen in unmittelbarer Grenznähe oder gar in dem damals "entmilitarisierten" Gebiet befanden. Die Verbundwirtschaft war nur dort hochentwickelt, wo sie den Interessen einzelner Konzerne oder Großversorgungsunternehmen entsprach" (Friedrich 1942, S. 3O2).

Die Elektrizitätsversorgung spielte für die Aufrüstung deshalb eine bedeutende Rolle, weil vor allem für die Herstellung von Aluminium große Strommengen benötigt wurden. Das Aluminium wurde für die Flugzeugproduktion benötigt. Welche kriegsentscheidende Rolle dabei das Aluminium spielte, zeigt ein Bericht der Gesellschaft von Freunden der Technischen Hochschule Berlin zu Charlottenburg e.V. (heute TU Berlin e.V.). In diesem Referat wird die Bedeutung des Aluminiums für Rüstungszwecke ausführlich diskutiert. Für uns heute ist aber auch der Blick in die Zukunft wichtig, und dazu heißt es wörtlich:
"Betrachten wir zum Schluß eine immer wieder an den Vortragenden gestellte Frage: Wie beurteilen Sie die Auswirkungen dieses gigantischen Kriegsausbaues der Leichtmetallindustrie mit Rücksicht auf demobile Friedensverhältnisse? ...

Wenn es schon richtig ist, im Frieden für den Krieg gerüstet zu sein - falls es dem bösen Nachbar nicht gefällt - ist es ebenso richtig, im Krieg den Frieden zu planen. ...
... Ein hochgezüchteter Flugzeugbau wird sicherlich auch in Friedenszeiten seine Bedeutung erhalten. Nun ist aber das Flugzeug lediglich *eine* Sparte des gesamten Fahrzeugbaues. ...
Schneidet man ein Segment aus einem Flugzeugrumpf heraus und isoliert es unter beiderseitigem Verschluß, so hat man den idealen "Container", den Behälter, wie wir ihn für die Kühlkette der Zukunft gebrauchen. Der Maschinen- und Apparatebau wird sich gern der Leichtmetalle bedienen, sei es, um das Gewicht der bewegten Massen zu vermindern und damit Energie zu sparen oder im Gesamtgewicht den Export zu erleichtern oder sei es, um sich die chemische Widerstandsfähigkeit zunutze zu machen. Dieses letzten Vorteiles wird sich besonders die Nahrungsmittelindustrie bedienen. Sollte Zinn nach Europa wieder hineinfließen, so wird es bestimmt zivil und wehrwirtschaftlich vernünftigeren Einsatz finden als in die bisherige Domäne der Konservendose. Diese bleibt dem lackierten Schwarzblech und dem Aluminium vorbehalten. Das gleiche gilt für das Großgebiet der Milchkannen, deren Metallbedarf vom Laien allgemein stark unterschätzt wird" (Berichte der Gesellschaft von Freunden der Technischen Hochschule Berlin zu Charlottenburg 1942, S. 72).

Die Tiefkühlkette und die Coladose können also durchaus auch als Erbe faschistischer Kriegswirtschaft angesehen werden. Die ökologischen Probleme eines Produktes wie der Alu-Dose demarkieren einige Daten einer 75 g leichten Dose. Zur Herstellung dieser Aluminiumplatte von 75 g Gewicht benötigt man zunächst etwa 300 g Bauxit, den meist aus Entwicklungsländern stammenden Rohstoff. Das Bauxit muß mit Natronlauge aufgeschlossen werden. Die Natronlauge wird durch Elektrolyse, also auch unter hohem Stromverbrauch, aus Kochsalz gewonnen. Dabei entsteht als weiteres Produkt auch noch Chlor, ein Grundstoff, dem wir eine Unzahl von Umweltproblemen bis hin zum Dioxin zu verdanken haben. Aus dem Bauxit wird mit Hilfe der Natronlauge Aluminiumoxid erzeugt, das durch Schmelzflußelektrolyse in Aluminium und Sauerstoff zerlegt wird. Für die Erzeugung des hierzu benötigten Stroms sind etwa 500 g Kohle oder entsprechende Mengen anderer Energieträger erforderlich. Bei der Aufbereitung des Bauxits bleiben etwa 150 g Rotschlamm, der die Verunreinigungen des Rohstoffs und Natronlauge enthält, zurück. Der größte Teil dieses Rotschlamms wird in Deutschland auf Deponien gebracht. Zurück bleibt außerdem ca. 1 $m^3$ verunreinigter und aufgeheizter Luft.

Die Haushalte waren also damals nicht der Grund für den Erlaß und die Durchführung des Energiewirtschaftsgesetzes. Dies zeigt auch folgende Äußerung: "Dabei ist zu beachten, daß infolge des starken und immer noch wachsenden Energiebedarfs der Industrie die Haushaltungen trotz ihrer großen Zahl einen kleinen Bruchteil der insgesamt erzeugten Elektrizität und Gasmenge beanspruchen" (Friedrich 1942, S. 31O).

Auch die Zukunftsszenarien von A. Friedrich nach Abschluß des laufenden Krieges sahen für den Privathaushalt trotz der angeblich so familienfreundlichen Politik des Nationalsozialismus keine Zuwachsrate des Stromverbrauchs vor. Es kommen bei ihm alle möglichen Verwendungsmöglichkeiten vor, z.B. die Landwirtschaft. Die Böden sollten mit Heizschlangen ausgerüstet und beheizt werden, um höhere Erträge zu erzielen. Weitere Pläne bestanden für Raumklimaanlagen und neue chemische Rohstoffe. Die Erleichterung für die Hausfrau oder die Haushalte spielte hier noch keine Rolle.

Parallel zur Lichtelektrifizierung der Haushalte hatte sich seit den 2Oer Jahren eine neue Küchenidee herausgebildet. Abgeleitet vom Pullmann-Salonwagen und der Schiffsküchen, in denen auf kleinstem Raum Mahlzeiten bereitet wurden, entwickelte sich die Reformküche.

Der Maschineneinsatz im privaten Haushalt hatte zwei Hauptgründe: Zum einen wurden die frühen Organisationsmethoden der Industrie - Fließbandproduktion bei Oliver Evans und Henry Ford - auf den Privatbereich übertragen, zum anderen wurden die Dienstkräfte in den bürgerlichen Haushalten knapp.

Die Bedeutung dieser Frage für die Versorgung der Haushalte war zunächst kein Massenproblem, denn der Arbeiterhaushalt hatte noch nie Dienstboten. Aber die großbürgerlichen Haushalte wurden in vielen Teilbereichen mit Dienstleistungen versorgt, die Dienstboten durchführten: Reinigen, Kochen und Organisieren. Viele dieser Funktionen wurden zunächst in den großbürgerlichen Haushalten durch Maschinen ersetzt. Insoweit spielte der großbürgerliche Haushalt die Vorreiterrolle in der Mechanisierung und Automatisierung des Einzelhaushaltes. Auch hier - wie in vielen anderen Bereichen - gab es also eine Vermischung zwischen Statusproblemen und Arbeitserleichterungen. Der Privathaushalt wurde damit an die Fließbandproduktionssysteme der Industrie angekoppelt, und die Arbeit der angeblich unproduktiven Hausfrau tayloristisch durchorganisiert. Diese neuen Organisationsformen in der Küche finden wir bereits ab 187O in den USA. Die Küchen wurden organisatorisch vorbereitet, die Strukturen wurden ge-

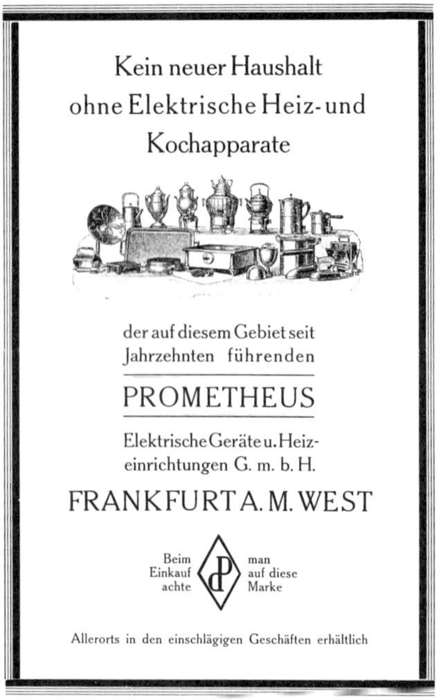


Abb. 1 Werbung aus den 20er Jahren für das große Geschäft der Energie- und Elektrogeräteindustrie

schaffen, in die die elektrischen Geräte und Maschinen einbrechen konnten. Die Küche wurde damit für die Elektroindustrie vorbereitet und ab 1920 von einem Gerät nach dem anderen erobert. Das große Geschäft mit der Energie und der Elektrogeräteindustrie begann. Die Hausfrau spielte mit, denn endlich wurde ihr die neue Freiheit versprochen. Europa hinkte in dieser Frage wie immer hinterher und fand den Anschluß an die Neuorganisation des Haushalts erst mit der Bauhausbewegung und der funktionellen Architektur, der Reformküche und der Frankfurter Küche. Hier nahmen sich die Architekten der Küche an und entwickelten fast eigenständig die durchorganisierte Einbauküche in L-Form. Es ist verblüffend festzustellen, daß aus zwei unterschiedlichen Ansätzen fast gleiche Lösungen gefunden wurden. Diese Mechanisierung der Küche in Amerika und in Europa schuf die Voraussetzung für den Einzug einer Armada von elektrischen Geräten. Dabei war Amerika Europa bis zum Ende des 2. Weltkrieges weit voraus. Dort gab es schon Spülmaschinen, Waschmaschinen, Kühlgeräte, Elektrokocher und Elektroherde und fast vollständig elektrisch ausgerüstete Automatikküchen, die wir teilweise noch in älteren Filmen als Persiflage sehen. Das Ziel der Entwicklung schien die vollautomatische Küche und der vollautomatische Haushalt zu sein, der weitgehend von Handarbeit befreit, die Familie mit allem Notwendigen versorgt.

Erst in der Zeit nach 1945, als die großen Energieerzeugungsunternehmen nach dem Wiederaufbau den Energiebedarf der Industrie gedeckt hatten und der hohe Anteil des Rüstungsbedarfs noch nicht wieder vorhanden war, entdeckten die Stromerzeuger den privaten Haushalt als Kunden.

Das Motto der Stromwerbung der 5Oer Jahre zeigt diese Tendenz: "Strom kommt sowieso ins Haus, nutz das aus!". Hinter diesem Werbespruch konnte fast niemand der Verbraucher Probleme vermuten, die wir heute mit den Energieverbrauchsmengen im Haushalt als Folge des sorglosen Umgangs bewältigen müssen. Konnte man aber zur damaligen Zeit noch mit der Unkenntnis um eventuelle Folgen den Werbespruch entschuldigen, so ist der Werbespruch der 8Oer Jahre "Strom ist Leben" geradezu zynisch und nicht mehr entschuldbar. Die Lobby der Stromerzeuger und der Gerätehersteller kann sich aber meines Erachtens schon von Anfang an nicht auf die Unschädlichkeit ihres Tuns der unbesorgten Ausrüstung der Haushalte mit stromfressenden Energiegeräten berufen. Auch in der Frühphase gab es bereits warnende Stimmen, die auf die Folgen des Energieverbrauchs hingewiesen haben; sie wurden aber überhört. Die Anschlußwerte wurden laufend erhöht, die Kapazitäten ausgebaut, dem Kunden wurde der Strom frei Haus geliefert zu billigen Einstiegspreisen. Die Haushaltsgeräteindustrie zog nach und bot sehr schnell dem Wirtschaftswunderaufbaumenschen die Kopien der amerikanischen Vorbilder der 5Oer Jahre an. Der Kühlschrank zog als erstes in die Haushalte ein und verdrängte die Speisekammer. Die Architekten hatten Raum gewonnen, und der Küchenbereich konnte erneut verkleinert und rationalisiert werden. Die Waschmaschine wurde nach und nach Standard und ersetzte jetzt nicht nur die schwere Arbeit, die früher beim Waschen geleistet werden mußte, sondern erzeugte das weißeste Weiß und das schlechte Gewissen der Hausfrau, die den Gilb noch nicht vertrieben hatte oder ihre Wäsche sauber, aber nicht rein gewaschen hatte. Mit der Waschmaschine wurde der Wahn von Sauberkeit, Reinheit und Weißheit erkauft. Künftig wurde alles weiß und rein. Nach der Waschmaschine kam die Spülmaschine, und zum Schluß der Trockner, der suggerierte, daß man durch den Einsatz des Trockners unabhängig werde von der Luftverschmutzung. So wirbt z.B. eine große bundesdeutsche

Firma: "Keine Verschmutzung durch unsaubere Luft. Mit einem Miele-Wäschetrockner kann man für die Wäsche die Luftverschmutzung vergessen. Denn er hat das, was die 'frische' Luft längst nicht mehr hat: Trockene, saubere Luft, frei von Ruß, Vogeldreck, Insekten und anderen Dingen (...)".

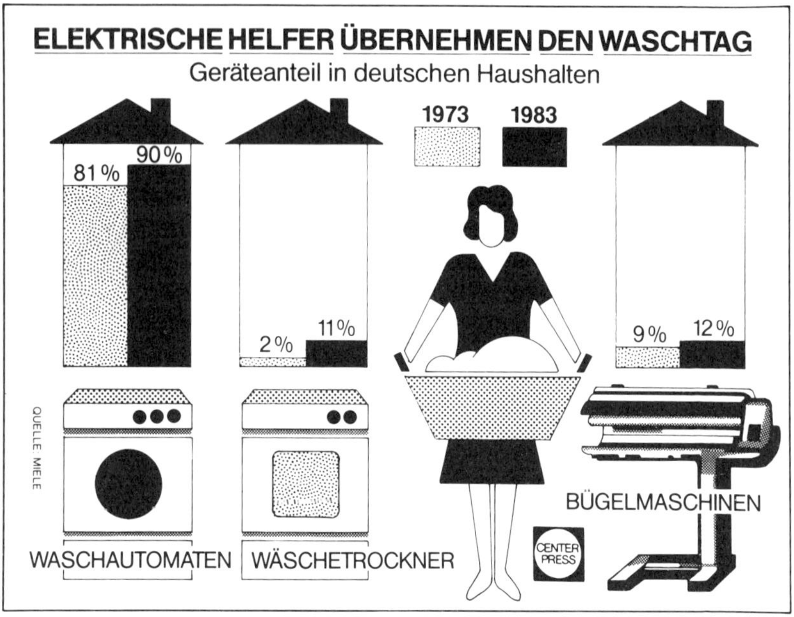


Abb. 2 Vereinsamung am Arbeitsplatz

Dem Trockner folgte der Bügelautomat und parallel zu allen diesen großen Geräten das nicht mehr zählbare Heer der Kleingeräte, die in der Regel mehr Aufwand für die Erzeugung an Energie und die Reinigung brauchen, als sie an Zeitersparnis im Budget der Hausfrau erbringen. Ich will hierzu nur Kurioses aufzählen, wie den elektrischen Messerschärfer, den elektrischen Dosenöffner, den elektrischen Tischgrill, den Eierkocher oder die Teemaschine.

Bei der heutigen Diskussion über die Ausstattung der Haushalte mit Maschinen wird in der Regel nur die Arbeitserleichterung gesehen. Die Paradebeispiele hierfür sind die Waschmaschine und das Rubbelbrett der armen, geplagten Hausfrau der früheren Generation. Wenn man die Diskussion so verkürzt, wird das Problem nicht richtig gesehen. Zweifelsohne hat die Waschmaschine der Hausfrau oder dem Hausmann von heute die Arbeit erleichtert, aber in der Regel nur körperlich. Rechnet man den gesamten Zeitaufwand, der heute für die Wäschepflege im Einzelhaushalt aufgewendet wird, zusammen, so überschreitet wahrscheinlich sogar das Zeitbudget von heute das von früher, denn die Anforderungen an den Standard der Wäschepflege sind heute wesentlich höher als früher, ohne daß damit hygienische und gesundheitliche Fortschritte erreicht worden wären. Dieselben Maßstäbe gelten für das Spülen und viele andere Tätigkeiten im Haushalt. Übers Ganze gesehen hat also die Mechanisierung der Küche den Zeitaufwand für die Hausarbeit nicht verkürzt, sie aber in Teilbereichen erleichtert. Die Anforderungen an den Standard sind weit erhöht worden, und die Arbeitsvorgänge sind immer mehr aus ihren Zusammenhängen herausgerissen worden. Der Waschtag früher hatte eine kommunikative Form; den Waschtag gibt es heute nicht mehr, und die Hausfrau ist zum Einzelkämpfer geworden. Sie setzt sich nicht mehr mit Menschen auseinander, sondern kämpft nur noch mit den Maschinen und muß sich nach ihren Geschwindigkeiten und nach ihrem Takt richten.

Abb. 3 "Fleißiger Küchenhelfer": mehr Aufwand als Zeitersparnis?

Nachdem der große Energieverbrauchsmarkt Haushalt entdeckt war, suchten die Elektrizitäts-Versorgungsunternehmen (EVUs) in periodischen Studien nach Verbrauchslücken im Strombereich. Dabei sind in erster Linie Sättigungstendenzen interessant, denn wenn 90 % aller Haushalte mit der Spülmaschine oder der Waschmaschine versorgt sind, dann steigt der Verbrauch nicht mehr. Dann gibt es zwei Möglichkeiten, den Verbrauch zu steigern: Entweder, man muß in den Markt anderer Energieverbrauchserzeuger eindringen, z.B. in den Gasmarkt, oder man muß einen neuen Luxusenergieverbrauch schaffen. Beispiele für das erste Verfahren sind das elektrische Kochen, das sich auf Kosten des wesentlich besser regelbaren und energiepolitisch vernünftigeren Gaskochens ausbreitete, oder die Nachtstromspeicherheizung, die mit sehr geringem Wirkungsrad in den Zentralheizungs- und Gasheizungsbereich eindringt. Beispiele für das zweite Verfahren, nämlich den Luxusenergieverbrauchsmarkt, sind die diversen Bräunungsgeräte, die extrem hautschädlich sind, die Fitnessgeräte oder die Heimsauna, der Whirlpool und was sonst die Elektrogeräteindustrie noch alles auf den Markt bringt. In diesem Zusammenhang ist ein Vergleich zwischen der Bundesrepublik und den USA interessant, denn die allgemeine These - und sie ist fast unwiderlegbar - lautet: Fast alle Tendenzen im Konsumgüterbereich, die in den USA stattfinden, laufen mehr oder weniger verzögert auch in der Bundesrepublik ab. Die USA haben heute immer noch pro Kopf einen fast doppelt so hohen Energieverbrauch wie die Bundesrepublik, und sie führen damit noch immer unangefochten die Weltspitze an. Dabei dürfte heute der durchschnittliche USA-Haushalt die Küche noch weniger nutzen als Haushalte in der Bundesrepublik; es wird dort nämlich wesentlich weniger zu Hause gekocht, und es sind schon wesentlich mehr Versorgungsprobleme in den sog. Dienstleistungsbereich ausgelagert. Dennoch existiert der hohe Energieverbrauch, denn die Wohnungen sind durchschnittlich größer als in der Bundesrepublik, die Anschlußwerte der Einzelgeräte sind höher, die Einzelgeräte sind z.T. größer, vor allem im Kühlbereich, die Sättigungswerte der Einzelhaushalte beim Gerätepark sind höher, die Strompreise sind immer noch niedriger und fördern geradezu die Stromvergeudung, aber ganz entscheidend ist der Unterschied in der Ausstattung mit Klimaanlagen. Mehr als 5O % der USA-Haushalte sind heute mit Klimaanlagen ausgerüstet. Diese Klimaanlagen haben einen Anschlußwert von mindestens 5 kW und eine hohe Verbrauchskonstanz, weil sie im Sommer und Winter laufen. Hier dürfte der entscheidende Faktor des Mehrverbrauchs im Vergleich zur Bundesrepublik liegen.

In der 3O.OOO Mark-Geräteküche der BRD, in der es für jeden Handgriff ein Elektrogerät gibt, das die Arbeit erleichtern soll, wird aber auch immer weniger gekocht. Die Hausfrauen/männer greifen aus Zeitersparnis zu veredelten landwirtschaftlichen Produkten. Man greift zur Tiefkühlkost, die im nur für diesen Zweck konstruierten Mikrowellenherd sekundenschnell auftaut, wärmt Dosengerichte auf oder ißt Toast. Auch auf diesem Gebiet hatten die USA die Führungsrolle inne. Bereits in der Mitte des vorigen Jahrhunderts wurden hier mechanische Knetmaschinen eingeführt, Backöfen mit Durchlaufbändern und Endlosbackvorgängen. Die amerikanischen Großbrotfabrikanten entstanden. Das für die Toastbrotherstellung benötigte weiße Mehl wurde von den Walzenstühlen der Großmühlen geliefert, und

Abb. 4 Gaskochen: Vernünftigere Energieform verdrängt?

die Mehlherstellung wurde bis zum feinsten Weizenauszugsmehl weiterentwickelt. Nunmehr mußte die Produktion der Brote rational durchorganisiert werden. Deshalb wurden dem Teig chemische Zusätze beigemengt.
Das Brot mußte maschinengerecht gestaltet werden, und es wurde gleichmäßig geschnitten. Das Toastbrot trat von Amerika aus seinen Siegeszug durch die Welt an. Ein Nahrungsmittel ohne Geschmack und mit wenig Nährstoffen, nur noch gedacht als dezente Unterlage für gekochte, gebratene oder verrührte Eier, wurde die Hauptzutat für das künftige Welteinheitsfrühstück. Der Produktionsprozeß des Toastbrotes ist von Anfang an mit seinem durchrationalisierten Ablauf auf einen hohen Bedarf an Fremdenergie ausgerichtet. Man braucht hierfür Kohle, Gas und Elektrizität. Der Energieverbrauch wird zum Selbstzweck, das Produkt degeneriert vom Lebensmittel zur vorgefertigten Einheitspampe.

Nach dem Brot erobert die Mechanisierung die Fleischverarbeitung: Die großen Rinderbestände im mittleren Westen der USA konnten dort weder verkauft noch verarbeitet werden. Die Märkte lagen im Osten und Europa. Die Produktion war bereits damals auf Überschuß angelegt, also mußte das Fleisch auf irgendeine Weise in den Osten und von dort über den Ozean nach Europa transportiert werden. Und so wurde ab 182O in Cincinnati der

Grundstein für die amerikanische Fleischindustrie gelegt. Der Ort wurde gewählt, weil er am Ohio lag und die Rinder bis dorthin getrieben werden konnten, der Weitertransport des Fleisches konnte dann über den Fluß erfolgen. In dieser sogenannten "Cincinnati-Phase" ging man mit dem Fleisch absolut verschwenderisch um. Nur die wertvollsten Teile der Rinder wurden verwendet, der Rest wurde einfach in den Fluß gekippt, so daß der Fluß von dem Blut und von den Fleischresten geradezu dampfte. Obwohl in diesem ersten großen Zentralschlachthof Amerikas noch Kühlmöglichkeiten fehlten, waren der Schlachtprozeß und die Weiterverarbeitung bereits automatisiert. Das Fleisch wurde entweder verpackt oder gleich zur Konserve gemacht. 1875 entwickelte J. A. Wilson die Methode, das Fleisch zu kochen, zu pressen und in einer Dose zu konservieren. Das Produkt nannte er Cornedbeef, und das Behältnis war die charakteristische pyramidenförmige Dose. Der endgültige Durchbruch der automatisierten und mechanisierten Weiterverarbeitung der Fleischmassen des nordamerikanischen Kontinents brachte die Entwicklung des Eisenbahnkühlwaggons. Sie dauerte 15 Jahre, und 1882 traf der erste Waggon mit billigem Rindfleisch aus Chicago in New York ein. Von dort konnte das Fleisch dann mit Kühlschiffen bis nach Europa transportiert werden. Nach und nach wurden nun immer mehr landwirtschaftliche Produktions- und Veredelungsbereiche mechanisiert und automatisiert und die Produkte in Einheitsangebote verwandelt. Dabei spielte die Energie die entscheidende Rolle, der Verbrauch wurde als Vermarktungsproblem angesehen.

Erst vor diesem Hintergrund ist zu verstehen, wie ein ganzes Volk aus Aluminiumdosen - einem Friedensprodukt der Aluindustrie - Coca Cola trinkt, Nescafé konsumiert und das geschnittene Brot aus der Packung ißt. Mit diesen Methoden haben wir inzwischen erreicht, daß wir O,48 kg Erdöl verbrauchen, wenn wir ein Toastbrot essen, oder 2 Kilowattstunden Strom verbrauchen, wenn wir aus einer Dose Cola trinken. Solche Energierelationen gelten inzwischen für alle Nahrungsmittel, die wir konsumieren.

Niemand hat dies bisher besser geschildert als Georg Orwell in seinem Essay "Kreativität und Lebensqualität" 1942!
"In den hochtechnisierten Ländern ist der Gaumen, dank Büchsennahrung, Kaltlagerung, künstlichen Aromastoffen usw., fast ein totes Organ. Wie Sie an jedem Obst- und Gemüseladen sehen können, versteht die Mehrheit unter einem Apfel ein Stück stark gefärbter Watte aus Amerika oder Australien; sie verschlingen diese Dinger, scheinbar mit Genuß, und lassen die einheimischen Äpfel unter den Bäumen verfaulen. Es ist das glänzende, stereotype Fabrik-Aussehen des amerikanischen Apfels, das ihnen gefällt; der bessere Geschmack des eigenen Apfels ist etwas, das sie einfach nicht

bemerken. Oder schauen Sie sich den in Fabriken hergestellten, in Folien verpackten Käse und die Butter in einem beliebigen Lebensmittelgeschäft an; schauen Sie sich die scheußlichen Reihen von Konserven an, die mehr und mehr Platz in den Lebensmittelläden, ja sogar in Molkereien, für sich beanspruchen; schauen Sie sich eine billige Biskuitroulade oder ein Eis für zwei Pence an; schauen Sie sich das schmutzige chemische Abfallprodukt an, das sich die Leute unter dem Namen Bier die Kehle hinunterschütten. Wo immer man auch hinschaut, überall sieht man irgendeinen schicken maschinell hergestellten Artikel über den altmodischen Artikel, der immer noch nach was anderem als Sägemehl schmeckt, triumphieren. Und was für ein Lebensmittel gilt, gilt auch für Möbel, Häuser, Kleider, Bücher, Vergnügungen und alles andere, aus dem unsere Umgebung besteht. Es gibt heute Millionen von Leuten, und ihre Zahl nimmt jedes Jahr zu, für die das Plärren eines Radios nicht nur ein willkommenerer, sondern auch ein normaler Hintergrund für ihre Gedanken ist als das Brüllen von Rindern oder das Singen der Vögel. Die Technisierung der Welt könnte nie sehr weit fortschreiten, solange der Geschmack, ja nur die Geschmacksknospen der Zunge, unverdorben blieben, weil die Produkte der Maschine in dem Fall einfach unerwünscht wären. In einer gesunden Welt bestünde kein Bedarf an Konserven, Aspirin-Tabletten, Grammophonen, Gasrohrstühlen, Maschinengewehren, Tageszeitungen, Telefonen, Autos usw., usw.; dagegen bestünde ein ständiger Bedarf an Dingen, die die Maschine nicht herstellen kann. Aber inzwischen ist die Maschine da, und ihr verderblicher Einfluß ist beinahe unwiderstehlich. Man schimpft über sie, aber man benutzt sie trotzdem weiter. Sogar jeder Eingeborene wird, wenn man ihm die Möglichkeit dazu gibt, die Laster der Zivilisation innerhalb weniger Monate erlernen. Die Technisierung führt zum Verfall des Geschmacks, der Verfall des Geschmacks führt zum Verlangen nach maschinell hergestellten Artikeln und somit zu mehr Technisierung, und auf diese Weise wird ein Teufelskreis hergestellt." (Orwell 1980, S. 44-52)

Gibt es einerseits die Tendenz, die Möglichkeiten der Küche nur wenig zu nutzen, indem man Vorgefertigtes konsumiert, so gibt es auch eine noch weitergehende Tendenz: Immer weniger Menschen essen zu Hause - eine Marktchance, die die Fast-Food-Industrie nutzte, die inzwischen 100 Milliarden DM in weltweit 38.000 Imbißhallen umsetzt. Die Zielgruppen für die Manager sind die Menschen unter 35 Jahren, die noch in der Lage sind, den Hamburger aus der Styroporpackung als gastronomische Spezialität zu akzeptieren. McDonald's verkauft heute pro Sekunde 140 Hamburger - unter Arbeits- und Verzehrverhältnissen, die Wallraff in "Ganz unten" eindrucksvoll beschrieben hat. Für den deutschen Bedarf werden bei L & O in Günzburg täglich 500 Rinder durch den Wolf gedreht, die mit

Futter aus der Dritten Welt schnell zur Schlachtreife hochgemästet wurden. Dabei entsteht folgender verhängnisvoller Kreislauf: Anstelle von Lebensmitteln für den eigenen Bedarf werden in den Ländern der Dritten Welt Viehfutter (Soja) angebaut sowie die Anbauflächen durch die Rodung der tropischen Regenwälder vergrößert. Allein zwischen Mexiko und Panama sind 6O % der Wälder diesem Zerstörungsprogramm zum Opfer gefallen. Das so erhaltene Futter wird z.B. in die EWG transportiert und zur Aufzucht von Rindern verwendet, die als Fleischberge mit hohem Energieaufwand gekühlt und gelagert werden müssen. Obwohl es aus ernährungswissenschaftlicher Perspektive zumindest bedenklich ist, so viel Fleisch zu verzehren, sind noch Steigerungsraten denkbar: Schließlich ist der Fleischverbrauch in den USA von 38 kg pro Kopf im Jahre 196O auf 61 kg 1976 angestiegen. Der Anspruch der Fast-Food-Konzerne, industriegerechte landwirtschaftliche Produkte zu verarbeiten, wird vom Agrobusiness aufgenommen: Forschungslabors arbeiten an Gemüsen, die zu den Verarbeitungsmaschinen passen, z.B. an gentechnisch manipulierten Großkartoffeln.

Zum Schluß will ich eine Prognose über die Küche der Zukunft wagen: Die Gerätehersteller der Haushaltsgeräteindustrie haben in ihren Labors bereits die Cockpitküche entwickelt, dic eine riesige Menge an eingebauten Küchengeräten enthält, die die Hausfrau oder der Hausmann mit Kleincomputern programmiert und die ihre Funktion weitgehend automatisch erfüllen. Die Küche würde damit mehr einem Labor als einem Kommunikationsraum gleichen: Die Nahrungsmittel würden immer maschinengerechter produziert, das Halbfertig- oder Fertiggericht würde immer weiter entwickelt und die Funktion der Küche, nämlich Lebensmittel in individueller Form als Speise auf den Tisch zu bringen, würde immer weiter reduziert. Damit sinkt aber gleichzeitig der Antrieb, die Küche überhaupt zu benutzen, denn Halbfertig- und Fertigprodukte sind und werden immer mehr die Stärke der Fast-Food-Restaurants. Der Trend, diese zu nutzen, würde durch diese Küche verstärkt. Damit würde aber die Küche ihre eigentliche Funktion verlieren und sich selbst überflüssig machen. Der andere Trend ist ein ganz anderer, nämlich der Trend zurück zu einer natürlichen Ernährungsform, zu viel mehr Raffinesse in der Küche, zu viel mehr Eigenarbeit, zu natürlich hergestellten Lebensmitteln, zur Nutzung von mehr Primärprodukten in der Küche und zu kürzeren Wegen vom Verbraucher zum Erzeuger aus der Erkenntnis heraus, daß Lebensmittel, wenn sie erzeugt sind, schnell verbraucht werden müssen und dort verarbeitet werden müssen, wo sie gegessen werden, nämlich in der Küche. Diese Küche der Zukunft sieht ganz anders aus, sie ist wesentlich größer als die Einbauküche von heute, sie wird wahrscheinlich mindestens 3O $m^2$ groß sein, sie wird ein angeschlossenes Gewächshaus haben, in dem - je nach Jahreszeit - Kräuter, Salate und Gemüse wachsen. Diese Gewächse verschaffen der Küche ein angenehmes Raumklima, verarbeiten die Dünste der Küche und schaffen für die Familie wieder eine Beziehung zur Natur. In der Küche gibt es einen großen Eßplatz, keinen kleinen, es gibt einen gemütlichen Eßplatz, keine Stehecke, es gibt in ihr nur natürliche Materialien, wie Holz, Marmor und Stein, sie hat keinen Krankenhauscharakter, sondern sie lädt zum Verweilen ein, in ihr kann auch geschrieben werden, in einer Ecke gibt es Bücher und auch einen Fernseher und ein Telefon, vielleicht sogar eine Stereoanlage oder ein Klavier. Die Familie verbringt wieder viel mehr Zeit in der Küche, und zwar gemeinsam, weil sie auch gemeinsam die Lebensmittel zubereitet und weil diese Zubereitung einbezogen wird in das Leben und kein isolierter Prozeß mehr ist. Diese Küche ist nicht klinisch rein, weil es das gar nicht gibt, sondern sie ist gestaltet wie ein guter Kräutergarten. Sie ist eine ökologische Erlebnisküche, die jedem sterilen Wohnzimmer von heute als Aufenthaltsort den Rang ablaufen wird. Der Platz für diese Küche in den Wohnungen der Zukunft oder der Vergangenheit kann aus den vielen nutzlosen Räumen der heutigen Wohnung, die nur Repräsentationszwecken dienen, gewonnen werden. In dieser Küche wird die Ausstattung mit elektrischen Geräten zwangsläufig kaum noch eine Rolle spielen, es sei denn, das Mahlen des Getreides wird anstatt mit der Hand von einer kleinen Mühle mit Sonnenenergieantrieb gemacht. Wenn wir noch eine Überlebenschance haben mit unserer Zivilisation, dann haben wir sie nur auf einer solch ökologischen Basis, dann hat die Zukunft noch viele Überraschungen für uns bereit. Diese Überraschungen werden aber viel natürlicher sein als die sterile Cockpitküche aus dem Flugzeug. Die Zukunft liegt eben nicht in der Luft, sondern liegt an der zentralen Kochstelle, von der aus sich die Küche entwickelt hat. Diese zentrale Kochstelle der frühen Haustypen ist unsere Zukunftschance.

## Literatur

Berichte der Gesellschaft von Freunden der Technischen Hochschule Berlin zu Charlottenburg e.V. Heft 2, Bd. 1, Berlin 1942.

Friedrich, A.: Die unsichtbare Armee. Berlin 1942.

Orwell, G.: Kreativität und Lebensqualität. In: Tintenfass. Magazin für Kunst. Heft 1, 198O.

## Quellen der Abbildungen

Abb. 1 Dr. Erna Meyer: Der neue Haushalt. Franck'sche Verlagsbuchhandlung, Stuttgart 1928, S. 198.

Abb. 2/3 Hauptberatungsstelle für Elektrizitätsanwendung (Hrsg.): Strompraxis 3/84, S. 34, 2/85, Frankfurt a.M.

Abb. 4 Kochen Backen Braten leicht gemacht durch Eschebach. Eschebach-Werke AG, Radeberg bei Dresden o.J., S. 16

Eberhard Kuhlmann

# Energiesparverhalten privater Haushalte: Bestimmungsgrößen und Beeinflussungstechniken

## 1 Ansätze zur Erklärung des Energiesparverhaltens

Im Jahre 1985 wurden in der Bundesrepublik Deutschland ca. 24 % der Endenergie vom Verkehrswesen verbraucht, 32 % von der Industrie und 44 % von Haushalten und Kleinverbrauchern. Diese Zahlen machen deutlich, daß das größte Potential zum Energiesparen bei privaten Haushalten und Kleinverbrauchern liegt, zumal in Industrie und öffentlichem Verkehr in den vergangenen Jahren schon allein aus Gründen der Kostenreduktion die verschiedensten Energiesparmaßnahmen realisiert wurden. Um Energiesparen erklären zu können, ist zunächst die Frage zu beantworten, wie Energie verbraucht wird. Van Raaij & Verhallen (1983) unterscheiden drei Verhaltensformen des Energieverbrauchs in privaten Haushalten und damit auch drei Formen, in denen der Energiekonsum erhöht oder aber verringert werden kann:

- Kaufverhalten
  Es werden Einrichtungsgegenstände und Geräte erworben, die Energie verbrauchen, z.B. Heizungen, Elektrogeräte, Autos. Hier kann bei Kaufentscheidungen der Energieverbrauch als eine wesentliche Größe mitbeachtet werden. Diese Überlegung gilt sinngemäß auch bei Miete und Kauf von Wohnungen und Häusern, da deren Lage, Größe, Isolation usw. sich ganz wesentlich auf den Energieverbrauch auswirken können. Bei Kaufentscheidungen kann der absolute oder der relative Energieverbrauch als eine wichtige Eigenschaft berücksichtigt werden.

- Wartung und Werterhaltungsmaßnahmen
  Auf den Energieverbrauch von Heizungen, Häusern, Elektrogeräten kann man Einfluß nehmen, wenn durch regelmäßige Kontrolle, Wartung und kleinerer Reparaturen ein Mehrverbrauch vermeidbar bzw. ein Minderverbrauch erzielbar ist.

- Nutzungsverhalten
  Im alltäglichen Nutzungsverhalten drücken sich unsere Gewohnheiten beim Verbrauch von Energie aus. Eingeschliffene Verhaltensmuster bestimmen, wie wir unseren Pkw fahren, auf welche Temperatur wir

unsere Wohnung normalerweise aufheizen, in welchem Energieaufwand wir unser Essen kochen und, schließlich, in wieviel Räumen wir wie lange Licht brennen lassen.

Es liegt auf der Hand, daß diese äußerst unterschiedlichen Energieverbrauchsformen auch ebenso unterschiedliche Energiesparformen nach sich ziehen. Kaufentscheidungen werden häufig noch halbwegs mit Verstand gefällt, so daß man hier eher rationale Erklärungen des Energiesparverhaltens vermuten könnte. Das alltägliche Nutzungsverhalten läuft hingegen weitgehendst außerhalb bewußter Kontrolle und bedarf daher andersartiger Erklärung.

Im folgenden seien einige wichtige Größen nacheinander behandelt, die den Energieverbrauch bestimmen und die daher zur Erklärung herangezogen werden können.

## 1.1 Nicht-personale Bestimmungsgrößen

In einer groben Unterteilung seien zunächst Bestimmungsgrößen, die nicht mit den Personen verknüpft sind, unterschieden von personalen Determinanten. Zu den nicht-personalen Bestimmungsgrößen zählen technische und bauliche Faktoren, aber auch sonstige Bedingungen der materiellen Umwelt, so z.B.

- Art und technischer Stand der Heizungsanlage,
- Größe und Zustand der Wohnung,
- Qualität der Hausisolation,
- Lage der Wohnung im Haus und Lage des Hauses,
- Anzahl, Art und Typ der energieverbrauchenden Haushaltsgeräte,
- Anzahl, technischer Stand und Verfügbarkeit von Individualverkehrsmitteln und schließlich
- Angebot, Qualität und Verfügbarkeit von öffentlichen Verkehrsmitteln.

Daß diese und andere ähnliche Determinanten sich auf den privaten Energieverbrauch auswirken, ist offensichtlich und bedarf daher keiner weiteren Begründung. Hervorzuheben ist in diesem Zusammenhang, daß die meisten Haushalte irgendwann einmal Gelegenheit haben, zumindest einige dieser Faktoren ganz oder teilweise zu bestimmen. Dies ist in starkem Maße bei Personenwagen und Haushaltsgeräten möglich, in weniger starkem Maße normalerweise bei der Größe und der Lage der Wohnung. Zwei weitere nicht-personale Determinanten dürfen nicht vergessen werden, es sind die

- Kontrollmöglichkeiten des Energieverbrauchs und
- Energiepreise bzw. Tarifsysteme.

Die üblicherweise vorhandenen Möglichkeiten, den Energieverbrauch überwachen zu können, müssen als ausgesprochen dürftig eingestuft werden: Die Benzinuhr im Pkw und der Zähler für den Gas- und Elektrizitätsverbrauch zeigen nur in sehr grober Form an, wieviel Energie in einer Periode eingesetzt wurde. Für den Haushalt ist es jedoch wichtig zu wissen, mit welchem Verhalten er welchen Energieverbrauch verursacht. Wieviel Benzin frißt z.B. ein Kavalierstart, wieviel Kilowatt benötigt eine Schnellkochplatte pro Stunde? Wünschenswert sind daher Anzeigegeräte, die den jeweiligen Energiepreis mit dem Handeln verbinden, indem sie sozusagen die Energiekosten einer jeden Tätigkeit - z.B. die einer Autofahrt zum Händler um die Ecke - im einzelnen deutlich vor Augen führen. Diese Problematik soll daher an späterer Stelle im Rahmen der Beeinflussungsmöglichkeiten noch einmal aufgegriffen werden. Schließlich sind auch die Höhe der Energiepreise und die Struktur der Tarifsysteme von Einfluß auf den Energieverbrauch. Insbesondere drastische Preiserhöhungen ziehen Verminderungen des Energiekonsums nach sich. Dieser Effekt ist jedoch nur bei einkommensschwachen Haushalten von Dauer, der statistische Durchschnittshaushalt nähert sich meistens allmählich wieder seinem alten Niveau des Energieverbrauchs an. Tarifstaffeln, die mit steigendem Periodenverbrauch die einzelne Energieeinheit verbilligen, sind zweifelsohne auch nicht geeignet, Energiesparverhalten zu fördern und zu unterstützen. Auch diese Problematik sei daher an späterer Stelle noch einmal aufgegriffen.

Die genannten nicht-personalen Einflußgrößen erlauben, die Höhe des Energieverbrauchs vor allem größerer Verbrauchergruppen teilweise zu erklären. Aus zwei Gründen ergibt sich aber die Notwendigkeit, daneben personale Bestimmungsgrößen für die Erklärung des Energienutzungs- bzw. -sparverhaltens mit heranzuziehen: zum einen werden die genannten nicht-personalen Faktoren - wie bereits ausgeführt - durch Entscheidungen der Mitglieder privater Haushalte selbst festgelegt. Zum anderen ist festzustellen, daß Haushalte, die gleichartige Wohnungen besitzen, den gleichen Pkw-Typ fahren, oder mit den gleichen Haushaltsgeräten ausgestattet sind, doch noch in erheblichem Maße unterschiedliche Energiemengen konsumieren. Diese Unterschiede sind auf personale Bestimmungsgrößen zurückzuführen.

## 1.2 Personale Bestimmungsgrößen

Aus der Fülle der personalen Determinanten lassen sich im vorliegenden Rahmen nur einige herausgreifen.

### 1.2.1 Soziodemographische Größen

Das absolute, besser noch, das Pro-Kopf-Einkommen privater Haushalte bestimmt außerordentlich stark die Höhe des Energiekonsums: je höher das Einkommen, desto höher der Verbrauch.
Ein Blick in das statistische Jahrbuch zeigt uns aber, daß der Energieverbrauch nicht direkt proportional mit dem Einkommen steigt. Der Anteil der Ausgaben für Energie an den gesamten Verbrauchsausgaben ist bei Haushalten mit höherem Einkommen (Haushaltstyp III) deutlich geringer als bei Haushalten mit mittlerem bzw. geringerem Einkommen (Haushaltstypen II und I). Trotzdem besteht natürlich bei höherem Pro-Kopf-Einkommen auch ein höherer Pro-Kopf-Energieverbrauch. Damit steigt das Energie-Sparpotential: empirische Untersuchungen zeigen, daß bei höherem Einkommen nicht nur eine erhöhte Bereitschaft, Energie zu sparen, vorliegt, sondern daß auch tatsächlich in größerem Umfang Energie eingespart wird. Diese Tatsache läßt sich zum einen damit erklären, daß einkommensschwache Haushalte kaum Möglichkeiten zur weiteren Reduktion ihres Energiekonsums besitzen, zum anderen dadurch, daß einkommensstarken Haushalten Investitionen leichter fallen, die letztendlich zum Energiesparen führen, z.B. durch die Isolation eines Hauses oder durch den Kauf eines Pkw's mit elektronisch geregelter Benzineinspritzung.

Der Energieverbrauch ist weiterhin abhängig vom Familienzyklus, d.h. er variiert mit dem Alter, der Berufstätigkeit und der Zahl der Kinder. Wenn in jungen Haushalten ohne Kinder beide Partner einem Erwerb außerhalb des Hauses nachgehen, so ist der Energieverbrauch unterdurchschnittlich. Verständlicherweise steigt er an, wenn sich Kinder in der Familie befinden. Haben die Jugendlichen schließlich den Haushalt verlassen, so reduziert sich der Energieverbrauch wieder, steigt jedoch dann allmählich mit zunehmendem Alter an, da ältere Personen normalerweise höhere Temperaturen bevorzugen.

### 1.2.2 Motivation zum Energiesparen

Motive, die den Energieverbrauch beeinflussen, können in zwei verschiedene Gruppen unterteilt werden:
- Motive, die eine Verbrauchssteigerung bewirken und
- Motive, die in Richtung auf Einsparungen im Energieverbrauch wirken.

Motive, die Energieverbrauchssteigerungen nach sich ziehen, wie z.B. der Wunsch nach Bequemlichkeit, Arbeitserleichterung, Geschwindigkeit und sozialem Status stehen häufig im Vordergrund, wenn Wohnungen gemietet oder Küchengeräte und Autos gekauft werden. Motive, die eher geeignet sind, Energiesparverhalten zu unterstützen, lassen sich wiederum in extrinsische und intrinsische unterteilen. Eine extrinsische Motivation liegt vor, wenn über Energieeinsparungen Kostenreduktionen bewirkt werden sollen, bei intrinsischer Motivation wird das Energiesparen selbst an sich als belohnend und erwünscht betrachtet. Die extrinsische Motivation läßt sich z.B. über Steuerersparnisse ankurbeln, sie entfällt jedoch, wenn diese Subvention gestrichen wird. Intrinsische Motivationen sind demgegenüber langfristig wirksam und scheinen auch größere Schubkraft zu entwickeln. Aus einer Untersuchung, die Motive für die Bildung von Fahrgemeinschaften erfaßte, geht hervor, daß der Wunsch zur Kosteneinsparung von den Beteiligten als nachrangig eingestuft wurde. Im Vordergrund stand bei den Beteiligten das Bestreben, Energie zu sparen, um einer weltweiten Energieverknappung entgegenzuarbeiten und um ihr soziales Bewußtsein zum Ausdruck zu bringen. Diejenigen hingegen, die Fahrgemeinschaften ablehnend gegenüberstanden, nannten als wichtigste Beweggründe Unabhängigkeit und Bequemlichkeit.

### 1.2.3 Einstellungen zum Energieverbrauch

Einstellungen wird allgemein eine hohe Bedeutung für die Erklärung des Verhaltens beigemessen, da angenommen wird, daß Menschen von mehreren Möglichkeiten letztendlich jene wählen, die sie am stärksten positiv beurteilen. Es hat sich jedoch gezeigt, daß sehr allgemein gehaltene Einstellungen eher ein ideologisches Mäntelchen für viele Menschen abgeben, aber eine verhaltenslenkende Kraft nicht entfalten. Wer also Umweltschutz sehr positiv beurteilt, muß noch lange kein Energiesparer sein. Allgemeine Einstellungen machen den Einzelnen lediglich sensitiver, z.B. für ökologische Argumente und können Lernprozesse fördern, die u.U. zu Energieeinsparungen führen. Zu den Lernergebnissen gehören dann vielleicht spezifische Einstellungen, wie z.B. defensives Fahren bei mäßiger Geschwindigkeit oder Raumtemperaturen um 18° C positiv zu bewerten. Zusammen mit relevanten Kenntnissen und Motiven können derartige spezifische Einstellungen dann durchaus handlungslenkende Kraft entfalten.

Einstellungen bauen sich wiederum aus Kenntnissen und Motiven auf. Aus einer amerikanischen Untersuchung über Einstellungen zum Energieverbrauch für air condition geht hervor, daß diese spezifische Einstellung sich wiederum auf folgende andere Faktoren zurückführen ließ:

- Einstellungen zum persönlichen Komfort und Gesundheit,
- die Überzeugung, daß der Komfortverlust sich schließlich auch in harten Dollars auszahlt,
- die Überzeugung, selbst einen positiven Beitrag zur Überwindung der Energiekrise liefern zu können,
- Meinungen darüber, ob die Energiekrise tatsächlich existiert oder aber nur von Ökonzernen und Förderländern "künstlich" herbeigeführt wurde.

Personen, die sehr viel Energie verbrauchen, besitzen offensichtlich sehr traditionelle Verbrauchereinstellungen und sind bemüht, die Verantwortung für die Behebung von Umwelt- oder Energiekrisen auf andere abzuladen. Je ernster die negativen Folgen exzessiven Energiekonsums eingeschätzt werden, desto eher formen sich ökologisch relevante Einstellungen, die wiederum Energiesparen nach sich ziehen können. Personen, die derartige Einstellungen aufweisen, sind im Durchschnitt jünger, höher gebildet und leben in größeren Familien mit stark ausgeprägtem Familienbewußtsein.

### 1.2.4 Bereitschaft zum Energiesparen

Die Bereitschaft, den Energiekonsum einzuschränken, hängt im wesentlichen Maße von der Überzeugung des Einzelnen ab, durch eigenes Verhalten einen wesentlichen Beitrag mit deutlich erkennbarem Ergebnis leisten zu können. Wer in sich selbst einen Verursacher von Umweltproblemen durch Energieherstellung und -verbrauch sieht, ist auch eher zu eigenverantwortlichem Handeln geneigt. Der überwiegende Teil der Verbraucher ist jedoch der Meinung, keinen nennenswerten Beitrag zur Lösung von Energieproblemen leisten zu können. Diese große Gruppe schiebt die Verantwortung dem "Staat" oder der "Regierung" zu, da dort die Handlungskompetenz gesehen wird und scheinbar die wirksameren Instrumente zur Verfügung stehen. Geringe Sparbereitschaft aufgrund geringer Eigenverantwortlichkeit findet sich schließlich auch bei denjenigen, die dem technischen Fortschritt positiv gegenüberstehen. Sie sind der Meinung, daß man bislang noch für jedes Problem eine vernünftige technische Lösung gefunden habe und daß dies auch bei Problemen der Fall sein werde, die mit der Herstellung und den Verbrauch von Energie verbunden sind.

Die Bereitschaft zum Energiesparen ist natürlich auch darum gering, da der Konsum von Energie integraler Bestandteil unseres alltäglichen Lebensstils ist. Energiesparen bedeutet, liebgewonnenen Gewohnheiten ade zu sagen - und wer tut das schon besonders gern? Das Aufknacken alltäglicher Verhaltensmuster erfordert erhebliche psychische Energie, die man nahezu überall und ständig aufzuwenden hat. Auf der anderen Seite ist der Ertrag aus diesen mühsamen Verhaltensänderungen entweder kaum zu bemerken - was trägt der Einzelne schon zur Minderung der Umweltprobleme bei? - oder der Ertrag fällt fern am Ende eines Abrechnungsjahres in Form von ein paar müden Mark an.

Wie schwer es ist, liebgewonnene Lebensstile zum Zwecke des Energiesparens aufzubrechen, machen einige Beispiele aus den Vereinigten Staaten deutlich. Zu nennen sind hier z.B.

- verstärkte Heimarbeit oder Umzug in eine Wohnung, die näher am Arbeitsplatz liegt,
- möglichst häufig das Telefon nutzen, um Autofahrten zu vermeiden,
- weniger neue energieverbrauchende Geräte und Einrichtungsgegenstände kaufen bzw. vorhandene weniger nutzen,
- Nutzungsdauer verlängern und Energienutzungseffizienz vergrößern durch häufigere Reparaturen und Wartungsarbeiten an Geräten und Automobilen,
- im Winter weniger heizen und wärmere Kleidung in der Wohnung tragen, im Sommer Verzicht auf air-condition,
- weniger häufig zum Einkaufen fahren,
- weniger Straßenbeleuchtung,
- Ferien zu Hause verbringen, mehr Sport treiben anstatt vor dem Fernseher sitzen,
- nicht das Auto, sondern öffentliche Verkehrsmittel benutzen usw.

Die genannten Beispiele mögen verdeutlichen, daß wir sicher nur sehr ungern bereit sind, von unserem bequemen Lebensstil Abschied zu nehmen. Psychische Prozesse, die sich beim Verlust des liebgewonnenen Lebensstils abspielen können, sind daher auch verglichen worden mit dem, was sich beim Verlust eines liebgewonnenen Menschen in uns abspielt (Avera 198O). Danach durchlaufen wir bis zur Akzeptanz eines neuen Lebensstils und zur Bereitschaft zum neuen Handeln mehrere psychische Stufen:

- Verneinung: Zunächst glaubt man, daß das alles gar nicht wahr ist. Man hält allenfalls kurzfristige und partielle Einschränkungen für nötig, glaubt jedoch, langfristig wieder zum alten Lebensstil zurückkehren zu können.

- Verärgerung: Wenn man sieht, daß die Einschränkungen doch nicht nur kurzfristig erforderlich sind, beginnt man auf Politiker, Energiegesellschaften usw. zu schimpfen.
- Verhandeln: Man sieht, daß die unangenehmen Konsequenzen sich langfristig doch nicht vermeiden lassen, möchte aber die eine oder andere lieb gewonnene Gewohnheit in die Zukunft retten oder ganz allgemein den Wandel des Lebensstils noch ein klein wenig hinausschieben.
- Niedergeschlagenheit: Man erkennt, daß der Kelch doch nicht an einem vorübergeht, ist jedoch zunächst noch deprimiert und unfähig, neue Verhaltensmuster und neue Pläne zu entwickeln.
- Akzeptanz des neuen Zustandes und Bereitschaft zum neuen Handeln: Man verabschiedet sich innerlich von den alten Bequemlichkeiten, die mit reichlichem Energiekonsum verbunden waren und ist bereit, neue Handlungsmuster zu entwickeln, die schließlich auch bei geringerem Energiekonsum ein ganz angenehmes Leben ermöglichen.

## 2 Möglichkeiten zur Beeinflussung des Energiesparverhaltens

### 2.1 Kommunikationsstrategien

Die Kenntnisse der privaten Haushalte über Energiepreise, Kosten des Energieverzehrs und der Möglichkeiten, ihn zu reduzieren, sind allgemein recht gering. Das gilt zum einen für den laufenden Energieverbrauch, wenn die meisten Verbraucher nicht die Preise für eine Kilowattstunde oder einen Kubikmeter Gas nennen können und wenn sie nur sehr ungenaue Vorstellungen darüber besitzen, auf wieviel DM sich denn ihre monatlichen oder jährlichen Energierechnungen laufen. Geringe Kenntnisse sind aber auch dann zu beobachten, wenn Verbraucher über den Kauf energieverzehrender Geräte, Einrichtungsgegenstände und Pkw entscheiden. In diesen Fällen findet der zukünftige Energieverbrauch solcher Güter meistens keine oder nur sehr untergeordnete Beachtung - das Augenmerk gilt in erster Linie dem Anschaffungspreis und natürlich der Bequemlichkeit, dem Aussehen, der technischen Leistung usw. Aus Unwissenheit kalkulieren die meisten Menschen nicht so, wie man es vernünftigerweise tun sollte: Dem Produktpreis sind die gesamten Betriebs- und Wartungskosten eines Produktes zuzuschlagen und dann hat man jenes Produkt zu wählen, das die geringsten totalen Kosten aufweist. Ein derartiges Kalkül wird aber meistens nicht durchgeführt, da uns zum einen dieses Denken fremd ist und zum anderen die dafür nötigen Informationen nicht angeboten werden bzw. nur in sehr schwer verständlicher Form zur Verfügung stehen.

In welcher Weise kann man nun Veränderungen des Energienutzungsverhaltens bewirken? Allgemeine Aufrufe zum Energiesparen, die sich über Massenmedien an große Adressatenkreise wenden, finden häufig zwar Aufmerksamkeit, erhöhen aber kaum das Wissen über sinnvolle Energienutzungsmöglichkeiten und führen schon gar nicht zu einem Wandel in Motivation, Einstellung und Verhalten. Besser ist es hingegen, sich mit gezielten Informationen direkt an kleine Gruppen zu wenden, die sich - wie z.B. die Besitzer von Kachelöfen oder von älteren Pkw - in ähnlichen Energienutzungssituationen befinden. Die Informationen sollten diese Gruppen nicht nur über ihre Energieprobleme aufklären, sondern ihnen auch möglichst schnell und leicht in die Tat umsetzbare Handlungsmöglichkeiten vor Augen führen. Dieses Wissen sollte möglichst in personifizierter Form angeboten werden, so z.B. durch bekannte Persönlichkeiten, die Glaubwürdigkeit genießen.

Häufig wird empfohlen, Motivationen, Einstellungen und Bereitschaften zum Verhalten durch Ermahnungen, Überredungen, dringliche Hinweise und Angstappelle zu verändern. Ermahnungen und Überredungen haben sich immer dann als wirksam erwiesen, wenn die privaten Haushalte aufgrund der gegebenen Situation - z.B. knappes Energieangebot und stark ansteigende Energiepreise - die Notwendigkeit zum Energieeinsparen gar nicht mehr übersehen konnten. Immer dann, wenn sich die Situation wieder entspannte, kehrten sie auch zu ihrem alten, liebgewonnenen Verhalten zurück. Angstappelle kennen wir vor allem im Zusammenhang mit gesundheitsbezogenen Themen. Wir wissen aber auch um die geringe Wirksamkeit z.B. von Kampagnen zum Nichtrauchen. Angstappelle sind im Großen und Ganzen zwar geeignet, die Aufmerksamkeit großer Bevölkerungsgruppen auf aktuelle Themen zu lenken, ihnen bleibt jedoch der erwünschte Erfolg versagt, wenn sie uns nicht gleichzeitig auch zeigen, was wir denn an die Stelle des alten, liebgewonnenen Verhaltens setzen sollen. Bei ausgeprägtem Suchtverhalten können Angstappelle daher nicht gerade als der Weisheit letzter Schluß angesehen werden. Da nun aber viele Formen des Energienutzungsverhaltens noch nicht in suchtartigen Verhaltensweisen ausgeartet sind, gibt es sinnvolle und vom einzelnen befolgbare Alternativen, die an die Stelle energieintensiven Verhaltens gesetzt werden können. Angstappelle sind also zu kombinieren mit Handlungshinweisen, deren Befolgung auch als möglich, sinnvoll und belohnend empfunden wird.

Die Formen der Belohnung können äußerst unterschiedlich sein: So ist es sicherlich sehr erfreulich, mit der Energie auch gleichzeitig Geld zu sparen. Eine besondere Form der Belohnung stellt jedoch die der sozialen Anerkennung des eigenen Verhaltens dar. Soziale Anerkennung kann man über

Energiesparen aber nur dann gewinnen, wenn in der näheren sozialen Umgebung oder in der Gesamtgesellschaft eine entsprechende Wertestruktur vorhanden ist. Es muß also schon Personen geben, die Enrgiesparen für "gut" und "wünschenswert" erachten und auf deren Urteil der potentielle Energiesparer auch Wert legt. Ist dies der Fall, so mögen Kommunikationskampagnen sich als fruchtbar erweisen, die soziale Anerkennung eingeschränkter Energienutzung aufgreifen und verstärken. Dazu zählen z.B. Fernsehspots und Anzeigen in Illustrierten und Tageszeitungen, in denen bekannte, beliebte und glaubwürdige Personen des öffentlichung Lebens ganz bestimmte Formen des Energiesparens als eine gute Sache bezeichnen und gleichzeitig bekennen, daß sie sich auch so verhalten. In Ergänzung dazu lassen sich Plaketten und Aufkleber verteilen, in denen es z.B. heißt: "Wir sparen Öl" oder "Ich fahre nicht über 1OO".

Informationen über den Energieverbrauch von elektrotechnischen Geräten, Heizungen, Pkw usw. müssen dann in leicht verständlicher Form angeboten werden, wenn der normale Haushalt über den Erwerb derartiger Produkte entscheidet. Das kann über Prospekte geschehen, besser jedoch noch über Produktinformationen und Warenkennzeichnung, die in Ausstellungsräumen oder im Laden in direkter Verbindung mit den Produkten und Geräten angeboten werden. Wesentlicher Bestandteil der Produktinformationen ist der Energieverbrauch, wie er z.B. bei Wasch- und Geschirrspülmaschinen bei einem Standardwaschgang anfällt. Es hat mehrere Experimente gegeben, um die optimale Form der Produktinformation herauszufinden. Generell läßt sich sagen: je einfacher, desto wirkungsvoller! Empfehlenswert scheint es, absolute Angaben wie "2 kw/Std." durch graphische Darstellungen zu ergänzen, wieviel Energie ein Produkt im Vergleich zu den Konkurrenzprodukten verbraucht. Derartige Produktinformationen und Warenkennzeichnungen können nur von den anbietenden Herstellern und Händlern zur Verfügung gestellt werden. Um Geräte in den einzelnen Merkmalen und damit auch in den Energiekosten miteinander vergleichen zu können, müssen die Produktinformationen in weitgehend standardisierter Form vorliegen, so daß es dazu einer Übereinkunft in den jeweiligen Branchen bedarf. Leider befindet sich das in der Bundesrepublik für elektrotechnische Geräte zunächst eingeführte System der Produktinformation seit längerer Zeit auf dem Rückmarsch. In diesem Zusammenhang darf natürlich nicht vergessen werden, daß Energiekosten bzw. Energieverbrauch auch für den vergleichenden Warentest ein ganz wichtiges Beurteilungskriterium darstellt. Die Stiftung Warentest mißt diesem Merkmal daher zu Recht seit langem hohe Bedeutung zu. Produktinformationen und vergleichende Warentests haben leider einen schwerwiegenden Nachteil gemeinsam: Sie werden nur von einer relativ kleinen Gruppe aktiver Konsumenten beachtet und bei den Entscheidungen berücksichtigt. Diese Gruppe setzt sich vorwiegend aus Personen mit überdurchschnittlicher formaler Bildung, überdurchschnittlichem Einkommen und technisch orientierten Berufsausbildungen bzw. Berufen zusammen.

Während die eben genannten Kommunikations- und Informationsmaßnahmen vor dem Kauf von Geräten wünschenswerte Effekte entfalten können, wollen wir nun einen Blick auf jene Informationsmöglichkeiten werfen, die das Nutzungsverhalten zu steuern geeignet sind. Um den bereits angesprochenen engen Zusammenhang zwischen Verhalten und Energieverbrauch bzw. Energiekosten herstellen zu können, sind feed-back Informationen notwendig. Um diese Informationen erhalten zu können, müssen Zähler installiert werden, die entweder für einzelne Geräte oder für ganze Wohnungen gelten. Die Funktionsweise der Zähler kann nun äußerst unterschiedlich sein, entsprechend unterschiedlich sind auch die Informationen, die sie liefern:

- Energieverbrauch der Vergangenheit:
  Diese Form der Energieverbrauchmessung kommt der uns geläufigen am nächsten. Sie unterscheidet sich jedoch von der uns vertrauten Meßmethode, da sie den Energieverbrauch für zurückliegende Perioden - Tage, Wochen, Monate - ausweist und auf diese Art und Weise Vergleiche erleichtert. Empirische Untersuchungen haben ergeben, daß die Verständlichkeit derartiger Informationen hoch ist und daß sie geeignet sind, zu langfristigen Verhaltensänderungen beizutragen.

- Messung des Momentverbrauchs:
  Es liegt auf der Hand, daß derartige Maße am ehesten dazu beitragen können, einen bestimmten Energieverbrauch einzelnen Handlungsweisen zuzuordnen, durch die er verursacht worden ist. Wenn diese Zähler auch noch an einzelnen Geräten installiert sind und den Energieverbrauch in Mark und Pfennig ausweisen, dann zeigt sich, in welch starkem Maße sie energiekostenorientiertes Verhalten unterstützen.

- Prognosen zukünftigen Energieverbrauchs:
  Hier handelt es sich um Prognoseinformationen. Der Energieverbrauch zukünftiger Perioden wird aus den vergangener hochgerechnet. Berücksichtigt man dabei saisonale Schwankungen des Verbrauchs, so kann der Haushalt schon nach ein bis zwei Monaten erkennen, auf wieviel DM sich die Energiekosten des ganzen Jahres belaufen werden, wenn man das augenblickliche Grundmuster des Ver-

haltens beibehält. Geeignet sind diese Informationen sowohl für Budgetierungszwecke als auch für frühzeitige Verhaltenskorrekturen, mit denen man ein böses Erwachen am Ende einer Abrechnungsperiode vermeiden kann.

Zu den Kommunikationsstrategien ist auch die Verbrauchererziehung zu rechnen. Alle bereits genannten Maßnahmen entfalten größere Wirkungen, wenn sie auf einen fruchtbaren Boden fallen, den die Verbrauchererziehung an Schulen bereiten kann. Sie vermag grundlegende Dispositionen zu schaffen, d.h. Wissen, Motivationen, Einstellungen und Handlungsbereitschaften allgemeiner Art, so daß sich die Chance spezifischer Einzelinformationen erhöht, aufgenommen, verarbeitet und befolgt zu werden. Verbrauchererziehung kommt also in diesem Rahmen die allgemeine Aufgabe zu, das Denken in ökonomischen Kategorien zu trainieren - ob sie nun haushaltswirtschaftlicher oder gesamtwirtschaftlicher Natur sind. Daß diese Effekte erreichbar sind, machen amerikanische Untersuchungen deutlich. Darüber hinaus gilt es, das Denken in Ursache-Wirkungskategorien zu schulen: Was ändert sich beim Energieverbrauch und bei den Energiekosten, wenn ich mein Kaufverhalten und mein alltägliches Nutzungsverhalten in bestimmte andere Bahnen lenke?

## 2.2 Preis- und finanzpolitische Strategien

Für sich allein genommen übertreffen preis- und finanzpolitische Strategien alle Kommunikationsmaßnahmen in ihrer Wirkung. Ihr Vorteil liegt darin, daß sie leicht zu handhaben sind und daß die gewünschten Effekte sehr schnell eintreffen. Zu ihren Nachteilen zählt, daß ihre Wirkung häufig mit der Zeit abklingt und häufig auch spätestens mit dem Ende der preis- und finanzpolitischen Maßnahme verschwunden ist sowie die Tatsache, daß insbesondere Preiserhöhungen einkommensschwache Haushalte stärker treffen als einkommensstarke.

Preiserhöhungen lassen sich insbesondere über die Anhebung von Verbrauchssteuern erreichen. Führen sie zu erheblichen Preissteigerungen, so lassen sich auf gesamtwirtschaftlicher Ebene schnell bemerkenswerte Energiespareffekte erzielen. Schonender für das Budget des privaten Haushalts - jedoch nicht für das des Finanzministers - sind Bonuszahlungen, die am Ende einer Abrechnung der Periode für Einsparungen des Energieverbrauchs geleistet werden. Bonuszahlungen scheinen gegenüber Preiserhöhungen einen wichtigen Vorteil aufzuweisen: Man gewöhnt sich nicht allmählich an sie, so daß man den Energieverbrauch wieder allmählich hochfährt, sondern reduziert ihn, solange sie geleistet werden. Steuerliche Anreize haben sich schließlich im Rahmen von Kampagnen zur Wärmeisolation von Häusern und Wohnungen bewährt. Daß dies vor allem den Eigentümern der Immobilien zugutekommt, liegt ebenso auf der Hand wie die Tatsache des von ihnen ausgehenden langfristigen Energiespareffektes.

Große Bedeutung kommt den Tarifstrukturen für leitungsgebundene Energien zu. Wenn an die Stelle der bisher üblichen degressiven Staffelungen progressiv steigende Preise treten, so vermag diese Änderung des Tarifsystems vor allem im Zusammenhang mit den bereits genannten feed-back Informationen Einsparungseffekte nach sich zu ziehen. Denkbar sind schließlich auch Preisvergünstigungen für den Fall, daß private Haushalte darauf verzichten, energieintensive Geräte in den Zeiten der Spitzenbelastung in Betrieb zu nehmen bzw. eingeschaltet zu lassen.

## 2.3 Produkt- und distributionspolitische Maßnahmen

Produkt- und distributionspolitische Maßnahmen stellen vor allem auf das Kauf- und Wartungsverhalten privater Haushalte ab. Es geht hier vor allem darum, über Handwerks- und Handelsbetriebe Einsparungen im Energieverbrauch privater Haushalte zu erzielen. Handwerker und Händler können sowohl durch Informationsmaterial als auch durch Trainingskurse und Lehrgänge über den neuesten Stand energiesparender Technik unterrichtet werden.
Daraus mag resultieren, daß sie sowohl andere Geräte beschaffen als auch bestehende Geräte anders reparieren. Schließlich stehen sie ja auch in häufigen Kontakten mit den Verbrauchern, so daß sie Gelegenheit besitzen, diese in Richtung auf Einsparungsmöglichkeiten in Energieverbrauch und in den Energiekosten zu beraten.

## 2.4 Evaluation von Beeinflussungsstrategien

Joerges und Müller (1986) haben eine Untersuchung über Maßnahmen durchgeführt, die in verschiedenen Ländern zur Reduktion des Energieverbrauchs privater Haushalte durchgeführt worden sind. Sie haben folgende Länder in ihrer Analyse einbezogen: Niederlande, Bundesrepublik Deutschland, Griechenland, Schweden, Großbritannien, USA, Frankreich und Australien. Die Institutionen, die in diesen Ländern für die Durchführung der Energiesparmaßnahmen verantwortlich waren bzw. diese durchführten, waren sehr unterschiedlich und wurden von ihnen in fünf Gruppen unterteilt:

- Regierung: Nationale Energiebehörden, Abteilungen in Ministerien, interministerielle Ausschüsse usw.

- Wirtschaft: Gemeinsame Arbeitsgruppen von Regierungsbehörden und Wirtschaftsverbänden bzw. Wirtschaftsunternehmen, Stäbe in Verbänden, Abteilungen für Öffentlichkeitsarbeit im Unternehmen usw.
- Verbraucherorganisation: Verbandsorgane oder einzelne Verbraucherinstitutionen.
- Umweltorganisation: Stäbe in zentralen Organisationen oder ad hoc Zusammenschlüsse lokaler Gruppen.
- Caritativer Sektor: Stäbe in zentralen Organisationen oder ad hoc Zusammenschlüsse lokaler Gruppen.

Die Wirksamkeit der tatsächlich durchgeführten Maßnahmen kann an Hand einiger wichtiger Ergebnisse beleuchtet werden:
- Regierungskampagnen über Massenmedien führten zwar zu Veränderungen in Verbrauchereinstellungen, entfalteten jedoch nur begrenzte Verhaltenseffekte.
- Preis- und finanzpolitische Maßnahmen erwiesen sich als erfolgreich, bewirkten jedoch in starkem Maße Mitnahmeeffekte der Haushalte, die sie in erster Linie zu nutzen verstanden.
- Produkt- und Warentestinformationen beeinflussen vor allem Hersteller und Handel zu Veränderungen in ihren Produkten und Sortimenten.
- Kommunikationsmaßnahmen sowie preis- und finanzpolitische Maßnahmen wirken nicht auf die Bevölkerung insgesamt, sondern gruppenspezifisch: es sind insbesondere Haushalte mit überdurchschnittlichem Einkommen und überdurchschnittlicher formaler Bildung, die sie zu nutzen wissen.
- Örtliche Maßnahmen sind besonders wirksam, da sie neben den genannten Strategien auch die Möglichkeiten informeller Kommunikation, des alltäglichen Gedankenaustausches von Mensch zu Mensch also, zu stimulieren vermögen.

Joerges und Müller weisen auf die Gefahr der Verzettelung hin, auf fehlende Koordinationen in Zielen und Maßnahmen zwischen den einzelnen Trägern also, die bei den betroffenen Verbrauchern zu einer Beeinträchtigung der Glaubwürdigkeit von Maßnahmen und Trägern der Energiesparpolitik führen können.

## Literatur

Avera, W.E.: (198O), Homeowners and Energy Costs. The Grief Process, Texas Business Review, Jan./Febr., 4O-44.

Balderjahn, I.: (1986), Das umweltbewußte Verbraucherverhalten, Berlin, (Deucker & Humblot).

Bruhn, M.: (1978), Das soziale Bewußtsein der Konsumenten, Wiesbaden, (Gabler).

Fietkau, H.J.: (1984), Bedingungen ökologischen Handelns, Weinheim u. Basel, (Beltz).

Joerges, B. (Hrsg.): (1982), Verbraucherverhalten und Umweltbelastung, Frankfurt, (Campus).

Joerges, B. & H. Müller: (1986), Energiesparen zwischen Umweltpolitik und Verbraucherpolitik. In: VZ NRW (Hg.): Energiepolitik und Verbraucherinteressen, 87-119.

Katz, R.: (198O), Energy Conservation from a Consumer Perspective - A State of the Art Review -, Arbeitspapier Nr. 25, Institut für Marketing der Universität Münster.

Meffert, H.; M. Bruhn, F. Schubert & Th. Walter: (1985), Marketing und Ökologie - eine Bestandaufnahme, Wiss. Ges. f. Marketing u. Unternehmensführung e.V., Universität Münster.

van Raaij, W.F. & M.M. Verhallen: (1983), A Behavioral Model of Residential Energy Use, Journal of Economic Psychology 3, 39-63.

Russo, J.E.: (1977), A Proposal to Increase Energy Conservation Through Provision of Consumption and Cost Information to Consumers. In: B.A. Greenberg & D.N. Bellenger (Ed.): Contemporary Marketing Thougth. 1977 Educator´s Proceedings, Chicago: American Marketing Association, 437-442.

Ursula Hansen

# Haushalte im Markt: Partner oder Konsumäffchen? Rollenanalyse am Beispiel der Produktentwicklung

## 1 Diskussion der Konsumentenrolle in der Wissenschaft

Wir sind alle Konsumenten und insofern von dem Thema persönlich betroffen. Konsumenten sind Adressaten des privaten und öffentlichen Güter- und Dienstleistungsangebots, soweit es marktvermittelt wird, also Marktteilnehmer. Das Thema spricht zwei Rollenausprägungen der Konsumenten an. Verstehen wir uns in der Rolle des Konsumenten eher als partnerschaftliche Marktteilnehmer, die ernst genommen werden im Marktprozeß und Einfluß ausüben; haben wir vielleicht selbst schon einmal aktiv versucht, am Marktgeschehen etwas zu verändern? Oder fühlen wir uns eher im Marktgeschehen getrieben, manipuliert und manipulierbar, verführt und verführbar, domestiziert? Kroeber-Riel äußert diese Auffassung sehr unumwunden: "Wir sollten uns nicht schämen, alle noch etwas Tier (sprich Konsumäffchen) zu sein, und wir sollten uns mit den sich daraus ergebenden Problemen sachlich auseinandersetzen" (Kroeber-Riel 1984, S. 665).

Zu diesen Selbstbildern, die hier von der eigenen Konsumentenrolle entstehen, gehören auch die Bilder der Marktgegenseite, nämlich, empfinden wir den Anbieter als Partner, mit dem Dialoge möglich sind, der uns als Konsumenten ernst nimmt, oder als Dompteur, der uns Zuckerbrot und Peitsche verabreicht und uns nach seinem Bilde formt, übermächtig oder als weltverschmutzender und gefährdender Profit-Geier?

Das Ergebnis dieser Selbstbeschau könnte sein, daß wir Elemente beider Rollen in uns finden und diese in verschiedenen Konsumsituationen jeweils Priorität gewinnen. Dabei gehe ich von der These aus: *je mehr Expertentum wir in einem Konsumbereich erreichen und je höher unser ego involvement ist, desto eher können wir uns partnerschaftlich verhalten.*

### 1.1 Marketingwissenschaft: Offizielle und geheime Leitbilder von den Konsumenten

In der Wissenschaft ist die Frage nach der Rolle der Konsumenten als Marktteilnehmer schon sehr traditionsreich. Die Rollendichotomie Partner - Konsumaffe spiegelt sich in der Diskussion um die Konsumentensouve-

ränität wider, nämlich Souveränität im Sinne von Autonomie, die als Grundlage von Partnerschaft anzusehen ist und sogar zur Beherrschung des Marktes führen kann.

Das Marketing wird leitbildhaft als Bedürfnisorientierung interpretiert. Probleme, Wünsche und Bedürfnisse der Kunden stehen am Anfang und im Mittelpunkt unternehmerischer Aktivitäten. Danach ist der Konsument nicht nur Partner, sondern darüber hinaus sogar Beherrscher der Unternehmenspolitik. Das Verständnis von Marketing als bedürfnisorientierter Unternehmenspolitik ist sicherlich deshalb auf so große Resonanz in Wissenschaft und Praxis gestoßen, weil es das Marketinghandeln positiv auszeichnet und legitimiert (vgl. zu folgendem Hansen/Stauss 1983).

In einer naiven Interpretation der Bedürfnisorientierung erscheint Marketing in einer gesellschaftlich dienenden Funktion, als Erfüllungsgehilfe des Verbrauchers, der sein Urteil am Markt per Kaufentscheid vollstreckt. Marketing, das die Zufriedenheit der Verbraucher zu erreichen sucht, erscheint als großer Schritt in Richtung auf das Ziel, die Unternehmenstätigkeit mit den Interessen der Konsumenten in eine positive Beziehung zu bringen (Kotler 1974, S. 26). Der problematische, ja ideologische Gehalt solcher Vorstellungen, die von Vertretern des Marketingkonzeptes zum Teil liebevoll gepflegt wurden, ist früh erkannt und kritisiert worden. Kroeber-Riel hat beispielsweise bereits Anfang der 7Oer Jahre darauf hingewiesen, daß die a priori Subsumierung unternehmerischer Ziele unter das Ziel der gesellschaftlich legitimierten Befriedigung von Konsumentenbedürfnissen dazu führt, gesellschaftlich nachteilige Folgen von Marketingentscheidungen aus der Betrachtung auszuschließen (Kroeber-Riel 1974, S. 34). Sollten nämlich während der Produktion oder beim Kauf der am Markt angebotenen Produkte gesellschaftliche Probleme auftreten, dann liegen diese zum einen meist außerhalb des Marktes und damit außerhalb einer marktorientierten Marketingpraxis und -wissenschaft, zum anderen sind diese Probleme ja offenbar in Erfüllung von Konsumentenwünschen entstanden, so daß die Konsumenten die Verantwortung für diese Entwicklung tragen, nicht aber die eingesetzten Mittel, nicht das Marketing. Aktuelle Beispiele sind ökologische Schuldzuweisungen an den Konsumenten, wie z.B. sein Verpackungsmüll, der schließlich vom Produzenten initiiert wurde oder seine Autoliebe, mit der das Waldsterben beschleunigt wird. Die Kritik an der dargestellten Auffassung von Bedürfnisorientierung im Marketing richtet sich also gegen die Ausgrenzung von Verantwortlichkeit und gegen das zulässige verfälschte Bild einer Harmoniebeziehung zwischen Konsument und marketingtreibender Unternehmung.

Die Ausrichtung der Unternehmenspolitik auf die Bedürfnisse der Nachfrager scheint dem Marketing zunächst einmal eine passive Rolle zuzuweisen und dem Konsumenten eine aktive (Partner, Herrschaft). Marketing hat mit Hilfe der Marktforschung Bedürfnisse zu ermitteln und durch adäquate Problemlösungen zu befriedigen. Liest man aber die Lehrbuchdefinitionen von Marketing genauer, so ist dort von einer Ausrichtung aller Unternehmensfunktionen auf die effektiven *und potentiellen* Bedürfnisse der Abnehmer die Rede. Raffée weist zum Beispiel darauf hin, daß es beim Marketing nicht nur um die Befriedigung vorhandener Wünsche und Bedarfe geht, sondern auch um deren Formung und Weckung (Raffée 1979, S. 3). Dies ist eine realistische Wahrnehmung tatsächlichen Marketinghandelns, die in Lehrbüchern als Konsequenz bzw. Inhaltsbestandteil der Marktorientierung dargestellt wird, obwohl es sich hier um einen gewissen Bruch mit dem Konzept handelt. Denn die Steuerung von Bedürfnissen und Wünschen der Kunden im Sinne unternehmerischer Gewinnziele steht recht deutlich der Formulierung des Marketingkonzeptes entgegen, die die Konsumentenbedürfnisse als Steuerungsinstrument für das Marketing und die gesamte Unternehmenspolitik herausstellt.

Hier liegt nun ein echtes Dilemma der Marketingpraxis: Während einerseits am offiziellen Leitbild des souveränen und auch partnerschaftlichen Konsumenten festgehalten werden muß, um den Glückszustand marktwirtschaftlicher Allokationsprinzipien zu dokumentieren, besteht andererseits das geheime Leitbild eines verhaltenswissenschaftlich beeinflußbaren Konsumenten (Konsumäffchen), durch den das Marketing und die damit verbundenen unternehmerischen Aufgaben Legitimation gewinnen.

## 1.2 Verbraucherwissenschaft: was wird den Verbrauchern zugetraut?

Verbraucherpolitisch ist die Diskussion um die Konsumentenrolle unter zwei Zielrichtungen geführt worden: Die Verbraucherpolitik entsteht einerseits aus Kritik am Marketing und reflektiert insofern die Rolle des Konsumenten im Markt, zum anderen ist die Diskussion der Konsumentenrolle zur Entwicklung verbraucherpolitischer Strategien notwendig. Hier dokumentieren sich in den verbraucherpolitischen Modellen die verschiedenen Einschätzungen der Konsumentenrolle, wobei die Frage im Vordergrund steht, was die Wissenschaftler den Verbrauchern zumuten können.

Das *Verbraucherschutzmodell* zum Beispiel zeugt von einer relativ geringen Einschätzung der Konsumentenautonomie (Richtung Konsumaffe) und setzt Prioritäten auf Rechtsvorschriften, mit denen die Entscheidungsfreiheit der Anbieter eingeschränkt und die Rechtsposition des Verbrauchers verbessert werden soll. Als extreme Gegenposition besteht das *Partizipationsmodell* . Eine Verbraucherpolitik in partizipatorischer Absicht will den reaktiven Charakter der Verbraucherpolitik überwinden und fordert die Einrichtung institutioneller Mitbestimmungsmöglichkeiten innerhalb und außerhalb von Unternehmungen bzw. staatlichen Institutionen, die eine frühzeitige und direkte Einflußnahme von Verbrauchern oder legitimierten Verbrauchervertretern auf Entscheidungen über das privat und öffentlich bereitgestellte Güterangebot ermöglichen. In diesem Modell wird relativ stark auf die partnerschaftlichen Fähigkeiten des Konsumenten gesetzt. Es hat starke Implikationen für die Informations- und Bildungspolitik im Rahmen der Verbraucherpolitik.

In der bundesrepublikanischen Organisation der Verbraucherpolitik ist ablesbar, daß hinsichtlich des partnerschaftlichen Modells eine gewisse Abstinenz zutrifft. Offensichtlich wird von der partnerschaftlichen Einbeziehung des individuellen Konsumenten an der Basis verbraucherpolitischer Organisationen wenig gehalten.

## 2 Analyse des Konsumenteneinflusses auf die Produktentwicklung

Nach dieser allgemeinen Problemstellung möchte ich meine Ausführung im folgenden stark beschränken auf eine exemplarische Diskussion des Rollenverhaltens von Konsumenten, und zwar soll uns die Frage der Artikulation und Einflußmöglichkeiten von Konsumenten in einem spezifischen Problemfeld des Marketing beschäftigen, nämlich der Entwicklung von neuen Produkten. Damit haben wir für unsere Fragestellung ein Herzstück des Marketinggeschehens herausgegriffen. Die Innovationstätigkeit ist derzeitig sowohl aus unternehmerischer wie aus verbraucherpolitischer Sicht von höchst aktueller Bedeutung. Mit ihr wird ganz wesentlich die menschliche Umwelt gestaltet. Die derzeitige Dynamik auf diesem Gebiet ist stark gestiegen.

Im Rahmen dieses Bereiches des Marktgeschehens möchte ich mich zwei Fragen zuwenden:

1. Welche Stellung hat der Konsument bei der Informationsgewinnung über den Markt, d.h. welche Artikulationsmöglichkeiten werden ihm eingeräumt (partnerschaftlich oder konsumaffenartig)?
2. Welche Möglichkeiten für die Realisierung von mehr partnerschaftlichen Elementen bestehen?

Produktentwicklungen bzw. Innovationen können bedarfs- oder technologieinduziert erfolgen. Im weiteren beschränken wir uns auf bedarfsinduzierte Produktentwicklungen. Wir wollen zunächst die Stellung des individuellen Konsumenten analysieren, dabei gehen wir von folgender These aus:

*Im Rahmen der Produktentwicklung hat der Konsument eine eher passive Rolle. Er wird von den Unternehmungen in der Regel als unkreativ und inkompetent betrachtet.*

Die derzeitig wesentlichsten Einflußmöglichkeiten des individuellen Konsumenten sind einerseits Kauf bzw. Nichtkauf und andererseits seine Einbeziehung in die Marktforschung.

### 2.1 Kauf bzw. Nichtkauf

Als klassische ex post-Einflußmöglichkeit der Konsumenten gilt in der Ökonomie die sog. Abstimmung mit dem Geldschein durch Kauf bzw. Nichtkauf. Hirschman schildert in seiner brillanten Analyse über "Abwanderung und Widerspruch" den Glauben der Wirtschaftswissenschaftler an das Funktionieren des Abwanderungsmechanismus als typisch ökonomisch, da er unpersönlich und statistisch meßbar ist (Hirschman 1974, S. 13). Es ist nun leicht nachweisbar, daß Kauf bzw. Nichtkauf als Abwanderung allein noch keine sehr ergiebige Informationsquelle für Produktentwicklungen darstellt. Jedenfalls sagen diese Handlungsweisen wenig über die damit verbundene Zufriedenheit bzw. Unzufriedenheit der Konsumenten aus.

Ein *Kauf* muß kein Zeichen von Zufriedenheit sein, er kann aufgrund eines Mangels an wünschenswerten Alternativen erfolgen. Darüber hinaus ist der Aussagewert der Kaufhandlung für die Produktentwicklung dort eingeschränkt, wo Marktintransparenzen bestehen oder starke Beeinflussungen für die Marktakzeptanz notwendig waren. Umgekehrt sind *Abwanderungen* und sogar die eventuell daraus resultierenden flops noch lange kein Beweis dafür - wie häufig zu hören ist -, daß Hersteller nur bedarfsgerechte Produkte absetzen können. Ein *Nichtkauf* kann vielerlei bedeuten: Austritt aus dem Markt und damit Verzicht auf die entsprechende Versorgung, Hinwendung zu einem Konkurrenten oder auch temporäre Kaufverweigerung.

Kauf und Nichtkauf sind also zwei ökonomische Phänomene, die in ihrem Aussagewert für Produktentwicklungen interpretationsbedürftig sind.

### 2.2 Konsumenten als Gegenstand der Marktforschung

Dies führt zu einer weiteren passiven Beeinflussungsform, nämlich der Teilnahme an der Marktforschung. Sie ist m.E. insofern als passiv einzuschätzen, als Konsumenten hier Gegenstand einer Informationstätigkeit von Unternehmen sind und auf deren Initiative hin einbezogen werden, ohne selbst Veränderungsintentionen zu haben.

Der Bereich der *Marktforschung* hat sich in den letzten Jahrzehnten überaus stark entfaltet, und zwar sowohl in der theoretischen Methodenentwicklung wie in der praktischen Anwendung. Es würde einer umfangreichen Analyse bedürfen, die Marktforschungsmethoden auf unsere Fragestellung hin, nämlich den dadurch ausgeübten Einfluß der Konsumenten auf Produktentwicklungsprozesse, zu untersuchen. Hier können nur einige globale Thesen zur Diskussion gestellt werden:

1. Entwicklung und Anwendung von Marktforschungsmethoden basieren auf Theorien zum Konsumentenverhalten. Breite Anerkennung findet das S-O-R-Modell des Konsumentenverhaltens mit der Fragestellung, wie gewisse Stimuli (insbesondere unternehmerische Im-

pulse) durch einen Organismus (in unserem Fall: durch den Konsumenten) verarbeitet werden zu Reaktionen (insbesondere Kauf/Nichtkauf). Angewendet auf unser Problem heißt dies: Ein neues Produkt wird weniger als eine Problemlösung für den Konsumenten aufgefaßt, sondern eher als Stimulus, dessen Wirkung es per Marktforschung zu prognostizieren gibt. Wenngleich die Marktforschung den Konsumenten in den Mittelpunkt stellt, ist er dennoch nicht Akteur sondern passiver Stimulusempfänger.

2. Eine Durchsicht der Literatur zur Marktforschung und zur Innovationstechnik zeigt, daß die Konsumenten als *externe Ideenquelle* nur am Rande erwähnt werden und ihre Beteiligung an der Ideengewinnung ebenfalls nur spärlich behandelt und offensichtlich auch in der Praxis relativ selten angewendet wird. Geeignete Methoden, wie z.B. Gruppendiskussionen zur angeleiteten Problemerkennung und Kreativitätsentfaltung, sind wenig entwickelt.

Eine Begründung hierfür könnte darin liegen, daß für die Ideengewinnung hohe und spezielle Ansprüche bezüglich der notwendigen Kreativitätsentfaltung bestehen, so daß Konsumenten für Problementdekkung und Ideenproduktion als inkompetent erscheinen. Es herrscht das *Bild vom unkreativen und inkompetenten Konsumenten* vor. Diese Begründung und dieses Konsumentenbild können aber selbst bei hochkomplexen marktpolitischen und technischen Problemen nicht überzeugen, da Kreativität nicht an technische oder ökonomische Kompetenz gebunden ist und zudem die Produktentwicklungsphase Ideengewinnung der Phase Ideenselektion und damit Realisierungsüberlegungen vorgeschaltet ist. Überzeugender erscheint dagegen die Erklärung von Bendixen (1976, S. 68). Er stellt fest, daß in den Unternehmensleitungen eine Neigung besteht, gerade bei komplexen Problemsituationen von Anfang an eine klar umrissene Aufgabe und Vorstrukturierung vorzugeben, um Problemlösungen zu verhindern, die Organisationszielen entgegenstehen. Auf diese Weise werden kreative Prozesse "domestiziert", und es ist leicht vorstellbar, daß Konsumenten in diesen Rahmen bei der Ideengewinnung nicht eingefügt werden können. Die geringe Einbeziehung von Konsumenten in die Ideengewinnung führt dazu, daß sie erst relativ spät im Verlauf des Produktentwicklungsprozesses mit Ergebnissen konfrontiert werden und damit zu Zeitpunkten, wo die Revision von Produktentscheidungen aufgrund entstandener Entwicklungskosten problematisch erscheint und Fehlentscheidungen unter Umständen durch kosmetische Maßnahmen oder erhöhten Einsatz von Beeinflussungstechniken korrigiert werden.

3. Wenn die Konsumenten am Ende des Produktentwicklungsprozesses von der Marktforschung als Ideen- und Produktempfänger befragt und getestet werden, sind sie in der Regel mit Detailproblemen befaßt. Sie erhalten *keine Problemeinsicht,* bekommen selten Gelegenheit, sich zu Problemzusammenhängen zu äußern und erhalten keine Rückmeldung über die Ergebnisse (Lindhoff/Ölander 1977, S. 169 ff.). Darin wird ihre passive Rolle besonders deutlich.

4. Herrschende Methodenansprüche der empirischen Sozialforschung bezüglich der Objektivität, Validität und Reliabilität haben zur Bevorzugung anspruchsvoller quantitativer Methoden geführt. In diesem Sinne werden *standardisierte Kommunikationsformen,* insbesondere auch Einwegkommunikation, bevorzugt, bei deren Anwendung oft eine *Problemreduktion* zugunsten der Methoden in Kauf genommen werden muß.

5. Die zunehmende Politik der Marktsegmentierung als Wettbewerbsstrategie von Unternehmen birgt die Gefahr in sich, daß Probleme innovatorischer Produktentwicklung zu einer Frage der Schaffung von Markenimages durch Produktdifferenzierung und Differenzierung des sonstigen Marketinginstrumentariums degenerieren.

Als Fazit können wir diesen Überlegungen entnehmen, daß die Artikulationsmöglichkeiten des Konsumenten bei der Produktentwicklung - einem Bereich, bei dem er stark betroffen ist - sehr begrenzt sind und sich zumindest - soweit es sich um Kauf bzw. Nichtkauf handelt - noch verschlechtert haben.

Daher fragen wir uns in einem weiteren Abschnitt, welche Strategievorschläge zur Stärkung der partnerschaftlichen Komponente gemacht werden können.

# 3 Strategievorschläge zur Stärkung der partnerschaftlichen Komponente durch dialogische Kommunikation bei der Produktentwicklung

## 3.1 Zieldiskussion

Für die Produktentwicklung umfaßt die Stärkung der partnerschaftlichen Konsumentenrolle die Ziele, ihn

- frühzeitiger in Marketingentscheidungen einzubeziehen und seine Möglichkeiten zu stärken, Probleme zu formulieren und
- verbraucherinitiierte Kommunikation zu fördern.

Mögliche Strategien bestehen darin, mit den Konsumenten mehr dialogische Kommunikation zu pflegen. Als Minimalregeln (normative Setzung) derartiger partnerschaftlicher Kommunikation (Dialog) sehen wir folgende Elemente:

- zweiseitige Kommunikation,
- wenig Vorstrukturierung, damit Problemverständnis eingebracht werden kann,
- Bereitschaft zur Offenlegung des Kommunikationsprozesses und seiner Ergebnisse, hier also Informationsrechte der Konsumenten,
- Verwertungsrechte.

Die Interessen auf *Unternehmensseite* an dialogischer Kommunikation sind hauptsächlich strategischer Art (Hansen/Raabe/Stauss 1985 S. 637 ff.). Die sich beschleunigende Umweltdynamik erfordert bei den Unterneh-men eine Sensibilisierung für schwache qualitative Signale aus dem Markt, die Zukunftsprognosen ermöglichen. In diesem Zusammenhang werden dialogische Kommunikationsformen als mögliche Gestaltungselemente diskutiert: Im Gegensatz zur traditionellen Marktforschung, die - wie gezeigt - aufgrund von Repräsentationsansprüchen und Standardisierungszwängen in der Regel nur dann zum Einsatz gelangt, wenn bereits ein Problembewußtsein auf seiten der Unternehmen vorhanden ist, bieten dialogische Kommunikationsformen die Chance, auch *schwächere qualitative Signale* aus Markt und Gesellschaft *zu empfangen,* die unter Umständen als Indikatoren für zukünftige Wandlungsprozesse gedeutet werden können.

Aus *verbraucherpolitischer Sicht* könnte eine dialogische Kommunikation eine - wenn auch schwache - Realisationsform des *Rechts auf Anhörung* darstellen, wobei die Auslegung dieses Rechts in der Formulierung von Kommunikationsregeln stattfindet, wie sie eben für den Dialog als Mindestanforderung vorgeschlagen wurden. Eine partnerschaftlich/dialogische Kommunikation im Rahmen von Produktentwicklungsprozessen könnte auch ex ante-Elemente des Verbrauchereinflusses enthalten und bietet die Chance einer frühzeitigeren Einbeziehung des Konsumenten. Anhörungsrecht und ex ante Mitwirkung an Produktentwicklungsprozessen sind aus verbraucherpolitischer Sicht Mittel zum Zweck besserer Marktergebnisse, speziell eines verbesserten Güterangebots in gebrauchstechnischer, ökologischer und gesellschaftlicher Hinsicht. Allerdings sollten die Erwartungen nicht zu hoch gesteckt sein, denn natürlich ergeben sich hier Konsensprobleme: das Interesse an einem verbesserten Produktangebot ist nicht widerspruchsfrei, was teils in der Sache selbst liegt und teils auf Interessenkonflikte innerhalb der Verbraucherschaft zurückzuführen ist. Diese Problematik ist bei der Beurteilung der Leistungsfähigkeit des Dialogkonzeptes für Produktentwicklungsprozesse zu berücksichtigen. Gedacht ist im folgenden nur an eine konsultative Einflußnahme der Konsumenten, die allerdings kaum mit formalen Rechten versehen werden kann. Letztere würden bereits einen Mitbestimmungsanspruch begründen. Dies erscheint aus verfügungsrechtlichen Gründen nicht realisierbar und aufgrund der mangelnden Legitimität der beteiligten individuellen Verbraucher zur Interessenvertretung auch nicht wünschenswert. Da die Risikoträgerschaft für die Produktentwicklung beim Unternehmen verbleibt, ist ein unternehmerischer Entscheidungsvorbehalt in jedem Falle als legitim zu bewerten.

Dialogische Kommunikation zwischen Unternehmen und Verbrauchern sind auf kollektiver und individueller Ebene möglich.

### 3.2 Dialogformen auf Unternehmensebene

Grundsätzlich geht es darum, daß die Unternehmen die Artikulationschancen des Konsumenten erhöhen, ihn frühzeitiger in Produktentwicklungsprozesse einbeziehen und ihm die Möglichkeit zu ganzheitlicher Problemartikulation geben, wodurch seine partnerschaftliche Stellung im Markt gestärkt würde. Als aktivere Artikulationsformen kommen Beschwerden, Anfragen und Vorschläge in Frage.

Beschwerden als eine Form des Widerspruchs stellen eine Unzufriedenheitsäußerung der Konsumenten dar. Wenden wir uns der Frage zu, wie weitgehend derzeitig Beschwerden einen Einfluß auf Produktentwicklungsprozesse ausüben, so ist einerseits zu klären, unter welchen Bedingungen Konsumenten Widerspruch artikulieren und andererseits, ob und unter welchen Bedingungen die Unternehmen Widerspruch hören und in innovatorische Tätigkeit umsetzen.

Beschwerden stellen eine geeignete Informationsgrundlage dar, wenn sie als Indikator für Unzufriedenheit ein gewisses Maß an Eindeutigkeit, Frühzeitigkeit und Vollständigkeit aufweisen (im folgenden Hansen 1979, S. 126 f.).

Die Konsumenten nehmen den zeitlichen und psychischen Aufwand einer Beschwerde nur dann auf sich, wenn sie ein klares Verständnis des Problems haben. Insofern scheint die *Eindeutigkeit der Beschwerdeinformationen* in der Regel gegeben. Dennoch ergeben sich gravierende Interpretationsprobleme. Ölander (1977, S. 131) weist darauf hin, daß Unzufriedenheit bzw. Zufriedenheit abhängig ist vom jeweiligen individuellen Anspruchs- und Erwartungsniveau, vom Niveau der Referenzgruppen, von der Kenntnis bzw. dem Vorstellungsvermögen in bezug auf Alternativen u.ä. Ohne Kenntnis des jeweils zugrunde liegenden Standards, Bezugsrahmens, Alternativenbewußtseins des Beschwerenden sowie ohne Information über die Zugehörigkeit des Beschwerenden zur angesprochenen Zielgruppe sind vor allem Beschwerdetatbestände, die die subjektive Wahrnehmung von Problemen betreffen, nicht eindeutig genug.

Werden nach Einführung eines Produktes in den Markt bereits die ersten der eingehenden Beschwerden als Indizien für möglicherweise zukünftig stärker auftretende Probleme angesehen und überprüft, erscheinen Reaktionsmöglichkeiten des Unternehmens für weitere Produktentwicklungsprozesse möglich, so daß Beschwerden das Kriterium der *Frühzeitigkeit* ausreichend zu erfüllen scheinen. Dies gilt insbesondere, wenn sich unter den Beschwerdekonsumenten eine hohe Rate von opinion-leaders befindet.

Hinsichtlich der *Vollständigkeit der Beschwerdeinformationen* erscheinen allerdings starke Zweifel angebracht. Einschränkungen ergeben sich aus unterschiedlichen Beschwerderaten, die insbesondere durch Art und Bedeutung des durch ein Produkt gegebenen Konsumproblems, die Marktsituation und die Persönlichkeitsmerkmale des Verbrauchers entstehen. Grundsätzlich ist eine Beschwerde auf Situationen beschränkt, in denen dem Verbraucher die mögliche Belohnung höher erscheint als das Opfer. Deshalb erfolgen Beschwerden in der Regel eher bei hochwertigen Produkten, bei denen Mängel das Haushaltsbudget fühlbar belasten. Außerdem beschränken sich Beschwerden auf Probleme bei Produkten und Dienstleistungen, von denen individuelle Abhilfe durch Beschwerde erwartet wird (z.B. eher bei Reparaturbedürftigkeit, weniger bei Benutzungserschwernissen oder Designmängeln). Die Vollständigkeit von Beschwerden wird weiterhin dadurch beeinträchtigt, daß die Marktsituation auf die Beschwerderate Einfluß hat, und zwar sinkt sie mit zunehmenden

Substitutionsmöglichkeiten unter den Produkten und steigt mit einer Loyalitätsbindung der Konsumenten. Konsumentenspezifisch ist zu berücksichtigen, daß überwiegend Mitglieder aus mittleren und höheren Schichten die psychischen Barrieren des Beschwerdevorgangs überwinden. Dabei kann wegen der schichtenspezifischen Unterschiede in Güterwahl und Konsumproblematik nicht durchgängig eine advokatorische Rolle der sich tatsächlich Beschwerenden angenommen werden.

Es ist also nicht zu verkennen, daß die Beschwerde gewisse Mängel als Problemindikator aufgrund fehlender Eindeutigkeit und Vollständigkeit aufweist. Dennoch erscheint es offensichtlich, daß hier eine wichtige Quelle zur Problemerkennung vorliegt, auch wenn die aufgezeichneten Restriktionen eine genaue Quantifizierung der Problemverbreitung verbieten und die Hoffnung auf eine vollständige Problemerkenntnis unerfüllt bleibt.

Sehen wir nun auf der anderen Seite die derzeitige Bereitschaft der Unternehmen, Beschwerden zu hören und damit die Chance wahrzunehmen, sie als Problemansatz in der Produktentwicklung zu berücksichtigen. Diesbezügliche empirische Untersuchungen haben gezeigt, daß Unternehmen Beschwerden vielfach allein als lästiges Ärgernis ansehen, das im besten Fall schnell abgestellt werden soll, während eine Analyse des Problems und die Nutzung der in Beschwerden enthaltenen Informationen für die Veränderung des Markthandelns vernachlässigt werden (Kendall/Russ 1975, S. 41). Es werden sogar Hürden für den Verbraucher aufgebaut, der sich beschweren will, indem ihm keine Hinweise für den einzuschlagenden Beschwerdegang geliefert werden. Dementsprechend verweisen die Unternehmen mit Stolz auf niedrige Beschwerderaten. Wissenschaftlich wird zunehmend darauf hingewiesen, daß dieser Stolz völlig unberechtigt ist. Denn man weiß, daß sich die Mehrheit der Unzufriedenen ohnehin nicht beschwert und die Beschwerderate nur die kleine Spitze eines größeren Unzufriedenheitseisbergs darstellt (Andreasen/Best 1977, S. 96). Erklärungen dieses Verhaltens könnten darin liegen, daß das Gratifikationssystem innerhalb der Unternehmungen eine öffentliche Konfrontation mit Beschwerden und damit die Auseinandersetzung mit Mängeln nicht zuläßt. Bescheidene Ansätze eines sich ändernden Problemverständnisses zeigen sich in der Praxis mit der Einrichtung von Verbraucherabteilungen, die noch an anderer Stelle behandelt werden.

Im Gegensatz zu Beschwerden bzw. Widerspruch als Kritikform sollen zu den Vorschlägen und Empfehlungen alle Artikulationsformen gerechnet werden, in denen konstruktive Ansätze zur Veränderung ausgedrückt werden. Vorschläge als Initiative des einzelnen Konsumenten, die sich an Einzelunternehmungen richten, sind m.E. eine relativ seltene Artikulationsform. Vorschläge verlangen eine Aktivität von den Konsumenten, die normalerweise ohne unmittelbare Belohnung bleibt. Sie erfordern insofern ein hohes Maß an Loyalität gegenüber dem Unternehmen und eine für den Konsumenten relativ zentrale Bedeutung eines Konsumproblems, das er im Markt auf andere Weise schwer lösen kann. Derartige Beispiele sind Liebhaberprodukte.

Um diese aktiveren Artikulationsformen des Konsumenten zu verstärken und die Unternehmung dafür zu sensibilisieren, gibt es verschiedene Formen der Institutionalisierung. Besonders interessant sind dabei die Verbraucherabteilungen.

## 3.3 Dialogfördernde Einrichtungen in der Unternehmung

### 3.3.1 Verbraucherabteilung als "Ohr am Kunden"

In den 70er Jahren haben nach Schätzungen der Society for Consumer Affairs Professionals in Business mehr als 1000 amerikanische Unternehmen *Verbraucherabteilungen* eingerichtet. Auch in Europa sind entsprechende Institutionen entstanden, so insbesondere in Frankreich, Schweden und der Schweiz; aus der Bundesrepublik Deutschland sind erst wenige Beispiele bekannt (Fornell 1978, S. 289).

Das Grundanliegen von Verbraucherabteilungen wird in der Praxis unterschiedlich interpretiert. Teilweise werden sie als PR-Abteilungen eingesetzt, was im folgenden vernachlässigt wird. In ihrem grundlegenden und umfassenden Sinn dienen Verbraucherabteilungen dazu, innerhalb der Unternehmungen eine Art *ombudsman-Funktion* für die Konsumenten wahrzunehmen und die *Kommunikationskanäle zu den Konsumenten* zu verbessern, insbesondere Zweiwegekommunikation zu ermöglichen. Damit sollen sie Barrieren für Beschwerden und Vorschläge der Konsumenten abbauen. Beispiele für Bemühungen in dieser Hinsicht sind die Errichtung von gebührenfreien telefonischen hot-lines und vielfältige Stimuli, die eine Kontaktaufnahme von seiten des Konsumenten erleichtern sollen, wie z.B. Hinweise in der Werbung, auf dem Produkt, der Verpackung und am point of purchase.

Innerhalb der Organisation von Unternehmungen arbeiten Verbraucherabteilungen teilweise nur auf der *operativen Ebene* und behandeln fallweise Beschwerden. Sie steigen in ihren Einflußmöglichkeiten, wenn sie auf der *strategischen Ebene* eingesetzt werden, wo sie an der Wahl zukünftiger Erzeugnisse mitwirken und damit die Beschwerdeinformation konstruktiv umsetzen.

Dabei können sie insbesondere in dem Prozeß der Ideengewinnung bei bedarfsorientierter Innovationsentwicklung aktiv werden und verbraucherorientierte Bewertungskriterien in den jeweiligen Evaluationsprozeß einbringen. Die Einflußmöglichkeiten sind unterschiedlich gestaltet und reichen von einer kommunikativen Servicefunktion bis hin zu Mitsprachekompetenzen, wie z.B. Vetorechten. Mit der Einrichtung von Verbraucherabteilungen in diesem weiteren Sinne werden Umweltkonflikte mit den Konsumenten quasi zu Interabteilungskonflikten umgewandelt. In ihrer Funktion der Unternehmenssensibilierung stellen sie dabei ein Medium zur *Veränderung* der Unternehmung in Richtung auf eine stärkere Orientierung an Verbraucherproblemen dar (Renoux 198O, S. 193).

### 3.3.2 Projektkommissionen, Beiräte und Kundenforen

Während in Verbraucherabteilungen *Unternehmensangestellte* explizit die Aufgabe einer Verbraucher-ombudsman-Rolle innerhalb der Unternehmung zugewiesen bekommen, gibt es in Ansätzen auch verschiedene Versuche, *Konsumenten* an Projektkommissionen, Beiräten und Kundenforen für die Entwicklung von Produkten zu beteiligen. Ebenso wie bei den Verbraucherabteilungen ist eine derartige Teilnahme insbesondere im Prozeß der Ideengewinnung, Ideenselektion und bei der Produktprüfung möglich. Hinweise in der Literatur über solche Verbraucherbeteiligungen sind durchaus positiv. Das gilt auch für Ideengewinnungsprozesse mit Laien, wobei sich vor allem intuitive Methoden der Ideefindung als geeignet erwiesen haben (Hansen/Raabe 1986, S. 131f.; Raabe 1982). Vorteile der Teilnahme andersdenkender Laien liegen darin, daß andere Erfahrungen und Werthaltungshintergründe das Spektrum der Kreativitätsentfaltung erweitern, allerdings ist aufgrund der Heterogenität einer solchen Gruppe eine psychologisch fundierte Gruppenbetreuung notwendig, um kreativitätshemmende Faktoren einzugrenzen.

Ein Problem dieser Form der Konsumentenbeteiligung stellt die Rekrutierung geeigneter und interessierter Konsumenten dar. Die Beteiligung setzt auf seiten der Konsumenten entweder ein hohes Produktinteresse oder eine starke Unternehmensloyalität voraus. Insofern ist diese Art der Einflußnahme in ihrer breiten Anwendung wohl beschränkt. Fleischmann (198O, S. 8 f.) weist in diesem Zusammenhang darauf hin, daß sich in den Haushalten aufgrund zunehmender Freizeit und Spezialisierung des

Arbeitsprozesses in gewissen Produktbereichen ein *Expertentum* herausbildet (Beispiel Amateurphotographie), mit dem ein kumulativer Prozeß an Humankapitalbildung und Motivationssteigerung einhergeht. In diesen Produktbereichen beurteilt er eine verstärkte Kommunikationsbereitschaft und -fähigkeit mit Produzenten als besonders geeignet.

Die Arbeitsweise solcher Verbraucherbeteiligungen wird durch die Regelung von Rechten und Pflichten bestimmt. Derartige Projektkommissionen oder Beiräte werden in der Regel Teams ohne Entscheidungsbefugnis sein (Bendixen 1976, S. 111), deren Arbeit unter Umständen etappenweise federführenden Entscheidungsinstanzen präsentiert werden kann, um Rückkopplungen zu gewinnen. Für die Konsumentenvertreter ist die Frage der Informationsrechte auf der Beschaffungs- und Abgabeseite von Bedeutung, die im Konflikt mit Geheimhaltungsproblemen steht. Die Möglichkeit der Veröffentlichung von Arbeitsergebnissen, z.B. Firmenzeitschriften, kann einen gewissen Handlungsdruck auf die Unternehmensleitung ausüben.

Auf *verbraucherpolitischer Seite* wird z.T. heftige Kritik an den sogenannten Modellen eines verstärkten Verbrauchereinflusses auf Produktentwicklungsprozesse geübt. Da ist die Rede von "Domestizierung der Andersdenkenden" (Czerwonka/Schöppe/Weckbach 1976, S. 152), von profitabler Verwertung des Konsumerismus, Verminderung des Konfliktpotentials und Absicherung des status quo durch Scheinaktivitäten (Fischer-Winkelmann/Rock 1977, S. 141 ff.). Hier wird diese Kritik als überzogen beurteilt und eine, wenn auch profitabel genutzte Verbraucherartikulation wegen ihrer erwartungsgemäß bedürfnisgerechteren Ergebnisse der Produktentwicklung als positiv. Allerdings wird plädiert für eine *Ergänzung dieser Modelle* mit anderen überbetrieblichen Einflußformen der Konsumenten, wie sie im folgenden kurz beschrieben werden sollen.

## 3.4 Verstärkte kollektive Anstrengungen der Verbraucher

Komplementär zu den genannten Kommunikationsformen kann ein stärkerer Konsumenteneinfluß über Mechanismen geltend gemacht werden, die sich auf Konsumenteninstitutionen beziehen. Es geht darum, wie auf Konsumentenseite *Expertenautorität für Produktentwicklungen* gebildet und eingesetzt werden kann. Von den Vorschlägen, die in diesem Sinne gemacht werden, sollen abschließend in der Reihenfolge zunehmender Realisierungsmöglichkeit Produktentwicklungen durch selbstorganisierte Planungsgruppen, Produktentwicklungen durch Verbraucherinstitute und verstärkte Innovationstests durch die Stiftung Warentest vorgestellt werden.

### 3.4.1 Planungsgruppen, insbesondere Verbrauchergutachten

Es werden Vorschläge gemacht, im Sinne einer partizipatorischen Verbraucherpolitik die Verbraucher selbst Produktideen und Produkte entwerfen zu lassen etwa in *Planungszellen* (Dienel 1978) oder *Zukunftswerkstätten* (Jungk 1978). Solche Vorschläge sind von der Hoffnung auf genügend utopische Energien und Aktivitäten an der Basis der Konsumentenschaft getragen. Hinsichtlich des Problems der Produktentwicklung besteht die Sorge, daß partielle Konsumprobleme nicht genügend Tragfähigkeit für derartig selbstorganisierte Problemlösungsgruppen haben. In der Bundesrepublik fehlen auch noch weitgehend selbstorganisierte Verbrauchervereine, die den organisatorischen Rahmen bieten könnten unter der Anleitung durch Experten, mit deren Hilfe komplexere Konsumprobleme innovatorisch durchdacht werden könnten. Insofern ist es zunächst einmal naheliegender, die Wirkungsmöglichkeiten bestehender Verbraucherorganisationen und -institute zu untersuchen.

Eine Variante einer solchen Planungsgruppe hat das Verbraucherinstitut für die Verbraucher-Zentrale Niedersachsen initiiert und in Auftrag gegeben; sie wurde an meiner Abteilung durchgeführt. Die Aufgabenstellung für die Verbraucher bestand in einer Bestandsaufnahme von Verbraucherproblemen und einer Strategieentwicklung für die Verbraucher-Zenralen. Eine Gruppe von Verbrauchern (25) kam drei Tage zusammen und wurde zu Gruppendiskussionen angeleitet. Die Ergebnisse können von der Verbraucher-Zentrale zur eigenen Strategieentwicklung, aber auch zur Beeinflussung der Anbieterseite verwendet werden. In diesem Fall handelt es sich tatsächlich um eine partnerschaftliche Behandlung des einzelnen Konsumenten. Eines der wirklich interessanten Ergebnisse bestand darin, daß die Teilnehmer starkes Interesse an einer Mitarbeit in der Verbraucherpolitik bekundeten. Dies deutet auf die Möglichkeit einer stärkeren Basisorientierung der Verbraucherarbeit hin.

### 3.4.2 Produktentwicklung durch Verbraucherinstitute

Es wäre denkbar, daß - eventuell mit staatlicher Unterstützung - die Arbeit von Verbraucherinstituten auf Produktentwicklungen ausgedehnt werden könnte. Hier wäre es auch möglich, *komplementäre Bedürfniszusammenhänge,* z. B. zwischen öffentlichen und privaten Gütern, zu analysieren und Problemlösungen auf gesellschaftliche Opportunitätskosten hin zu bewerten (Cracco/Rostenne 1971). Ebenso könnten unter Umständen *langfristige Bedarfsprobleme* der Innovationsentwicklung, wie z.B. die viel zu spät in Angriff genommenen ökologischen Probleme, frühzeitiger behandelt werden. Die Publikationen von Ergebnissen würde das gesellschaftliche Problembewußtsein schärfen und damit die *Marktakzeptanz* erhöhen.

Eine Verwertung in der Industrie könnte über die Vergabe von Lizenzen erfolgen. Dabei wäre unter Umständen ein mittelstandsförderlicher Effekt für Unternehmen zu erreichen, die sich eigene Forschungs- und Entwicklungstätigkeit nicht leisten können.

### 3.4.3 Innovationstest der Stiftung Warentest

Die Stiftung Warentest ist derzeit eine der wirkungsvollsten verbraucherpolitischen Einrichtungen. Warentests sind ex post Artikulationen, deren Wirkung auf folgende Produktentwicklungsprozesse allerdings erheblich ist. Denkbar ist nun eine verstärkte Ausdehnung des Testprogramms auf *Innovation* (Czerwonka/Schöppe/Weckbach 1976, S. 226 f.). Dazu könnte ein Testprogramm entwickelt werden, das über die bisherigen Kriterien hinausgeht und etwa Neuigkeitsgrad von Problemlösungen, soziale Effekte u.ä. aufnimmt. Der Umfang dieser Tätigkeit ist in dem derzeitig programmatischen Zustand des Vorschlags nicht absehbar, jedenfalls wäre für die Vermeidung von Wettbewerbsverzerrungen die Selektion der Testinnovationen sorgfältig zu bedenken. Da eine derartige Aktivität die *Diffusion von Innovation* beeinflußt, würden die zugrunde liegenden Testkriterien sicherlich antizipatorisch in die Innovationsstrategien der Unternehmungen aufgenommen werden, so daß auf diese Weise ein Einfluß der Konsumenten sichergestellt ist.

## 4 Realisierungsprobleme

In den Vorschlägen für eine verstärkte Kommunikation zwischen Verbrauchern und Unternehmen und damit für einen stärkeren und partnerschaftlichen Einfluß der Verbraucher auf den unternehmerischen Produktentwicklungsprozeß muß grundsätzlich eine Reihe von Determinanten auf Unternehmens- und Konsumentenseite beachtet werden, die ihre generellen Erfolgs- und Durchsetzungschancen bestimmen.

*Auf Konsumentenseite*

Wird ein stärkerer Einfluß der individuellen Verbraucher gefordert, ist folgendes zu beachten:

- Konsumprobleme sind vielseitig, so daß die Konsumenten sich nicht in dem Maße zu Experten entwickeln können, wie das auf Unternehmensseite möglich ist. Dies schränkt den Kreis der zu behandelnden *Konsumprobleme* ein.
- Die *Beteiligungskapazität* der Konsumenten ist insofern begrenzt, als es sich in der Regel um die Beanspruchung ihrer Freizeit handelt. Die Mitwirkung an Produktentwicklungsprozessen steht in Konkurrenz mit Beteiligungsangeboten, wie z.B. Bildungsinstitutionen, Parteien, Vereinen, Stadtteilinitiativen usw.
- Die Motivation zur Wahrung von Einflußchancen wirft generell die *free-rider-Problematik* auf, die darin besteht, daß allen die Vorteile der Einflußnahme zukommen und insofern keine unmittelbare Belohnung für persönliches Engagement erwartet werden kann.
- Die Einflußnahme von Konsumenten schafft *Repräsentanzprobleme.* Gleichzeitig ist bei den bisherigen Erkenntnissen empirischer Partizipationsforschung zu erwarten, daß vor allem Mitglieder der mittleren und höheren Einkommens- und Bildungsschicht an solchen Einflußprozessen teilnehmen und sozial benachteiligte Konsumenten unterrepräsentiert sind.

Wird an stärkere Anstrengungen von Verbraucherinstitutionen in bezug auf Produktentwicklungen gedacht, so ist zu beachten, daß die gegenwärtig agierenden Verbraucherorganisationen weitestgehend von staatlicher Finanzierung abhängig sind (Ausnahme: Stiftung Warentest) und angesichts des Zustands der Staatsfinanzen eine *finanzielle Unterstützung* für die Ausdehnung ihrer Tätigkeiten nicht erwartet werden kann.

*Auf Unternehmerseite*

- Das Konzept eines verstärkten Konsumenteneinflusses setzt entsprechende *Aufgeschlossenheit* der Unternehmensleitung und eine bestimmte *Unternehmensphilosophie* voraus. Unternehmen, die mit ihren Produktentwicklungen "im Trüben fischen", z.B. mit Verpakkungstäuschungen, schädlichen Ingredienzien usw., meiden selbstverständlich eine Öffnung gegenüber Konsumenten. Insofern ist der Kreis kommunikationsgeneigter Unternehmen beschränkt.
- Ergebnisse aus den neuen Kommunikationsformen mit Konsumenten können nur so weit berücksichtigt werden, wie sie am *Markt* auch verwertbar sind.

Bei einer realistischen Abwägung der genannten Restriktionen erscheint es für die augenblickliche Situation der erste notwendige Schritt, auf Verbraucher- und Unternehmensseite das *Bewußtsein für die Notwendigkeit* einer besseren Kommunikation zu schärfen, Verbraucher aufzufordern, über Beschwerden an Unternehmen oder vermittelt über Verbraucherorganisationen sowie über Vorschläge und Empfehlungen ihren Anspruch auf Einfluß hinsichtlich der Produktentwicklung deutlich zu machen. Unternehmen sind aufgefordert, diesen aktiven Einflußnahmen größeres Gewicht zu geben und organisatorisch z.B. durch die Einrichtung von Verbraucherabteilungen und Projektkommissionen zu institutionalisieren. Weitergehende Vorschläge für kollektive Anstrengungen der Verbraucher werden erst realisierbar sein, wenn sich eine stärker selbstorganisierte Verbraucherbewegung konstituiert.

## 5 Zusammenfassende Thesen

- Das Konsumieren enthält Elemente beider der im Thema angesprochenen Rollen; allerdings mit produktspezifisch unterschiedlicher Verteilung.
- Das Marketing leidet unter Konflikten zwischen offiziellem und geheimem Leitbild von der Konsumentenrolle. Diese resultieren aus einem Legitimationsdilemma.
- Im herrschenden Leitbild der Verbraucherorganisationen sind partnerschaftliche Elemente der Verbraucherrolle eher unterentwickelt.
- Kauf und Nichtkauf sind interpretationsbedürftige und zunehmend schlechter funktionierende Indikatoren für Konsumentenbedürfnisse.
- In der Marktforschung hat der Konsument eine eher passive Rolle. Er wird von den Unternehmen in der Regel als unkreativ und inkompetent betrachtet und mit Problemen konfrontiert, die diese vordefiniert haben.
- Beschwerden, Anfragen und Vorschläge als verbraucherinitiierte Kommunikationsformen werden als Indikatoren für Konsumentenbedürfnisse auf Unternehmensseite nicht genügend gehört.
- Eine Verbesserung der Innovationsergebnisse kann dadurch erzielt werden, daß die Verbraucher mehr in die Hypothesengenerierung der Unternehmungen über Produkt- und Marktentwicklung einbezogen werden.
- Verbraucherabteilungen bieten Möglichkeiten, verbraucherinitiierte Kommunikation zu fördern und damit die partnerschaftliche Rolle des Konsumenten zu stärken.

- Konsumenten können bei prozeßorientierter Einbeziehung in Produktentwicklungsprojekte Initiator- und Beraterfunktionen ausüben.
- Zur Artikulation von kollektiven Langzeitbedürfnissen sind eher kollektive Dialoge geeignet. Dazu bietet das Verbrauchergutachten ein methodisches Beispiel.

## Literatur


Andreasen, A.R./ Best, A.: Consumers Complain - does Business respond? In: Harvard Business Review. 55. Jg. (1977), H. 4, S. 93-1O1.

Bendixen, P.: Kreativität und Unternehmensorganisation. Köln 1976.

Cracco, E./Rostenne, J.: The Socio-Ecological Product. In: MSU Business Topics, Summer 1971, S. 27-34, übersetzt und abgedruckt in: Hansen, U./Stauss, B./Riemer, M. (Hrsg.): Marketing und Verbraucherpolitik. Stuttgart 1982, S. 229-252.

Czerwonka, Ch./ Schöppe, G./ Weckbach, S.: Der aktive Konsument: Kommunikation und Kooperation. Göttingen 1976.

Dienel, P.C.: Die Planungszelle. Köln 1978.

Fischer-Winkelmann, W.F./Rock, R.: Konsumerismus, Verbraucherinteressen und Marketinglehre. Zum Stand der deutschen absatzwirtschaftlichen Konsumerismusdiskussion. In: ZfB, 47. Jg. (1977), S. 129-152.

Fleischmann, G.: Sources for Product Ideas: A Proactive View on the Consumer. In: Forschungsverbund "Empirische Verbraucherforschung". In: Koordinationsstelle (Hrsg.): Paper presented at the 11th Annual Conference of the Association for Consumer Research (ACR). Airlington, Oct. 16-19, 198O, Frankfurt 198O.

Fornell, C.: Corporate Consumer Affairs Departments - A Communications Perspective. In: Zeitschrift für Verbraucherpolitik / Journal of Consumer Policy. 2. Jg. (1978), S. 289-3O2, übersetzt und abgedruckt in: Hansen, U./Stauss, B./Riemer, M. (Hrsg.): Marketing und Verbraucherpolitik. Stuttgart 1982, S. 473-493.

Hansen, U.: Verbraucherabteilungen als Frühwarnsysteme. In: ZfB, 49. Jg. (1979), Erg.-H. 2, S. 12O-134.

Hansen, U.: Die Stellung der Konsumenten im Prozeß der unternehmerischen Produktentwicklung. In: Marketing ZFP. 4. Jg. (1982), H. 1, S. 27-36.

Hansen, U./Raabe, Th.: Kunden-Know-how für die Produktentwicklung gewinnen. In: Absatzwirtschaft (Zeitschrift für Marketing), 29. Jg. (1986), H. 9, S. 13O-136.

Hansen, U./Raabe, Th.: The Dialogue between Producers and Consumers in the Process of Product Development. Working Paper presented at the Symposion on "New Challenges for European Consumer Policy". Hohenheim März 1986. In: Hansen, U. (Hrsg.): Lehr- und Forschungsberichte zum Bereich Markt und Konsum, Universität Hannover, 1982.

Hansen, U./Raabe, Th./ Stauss, B.: Verbraucherabteilungen als strategische Antwort auf verbraucher- und umweltpolitische Herausforderungen. In: Raffeé, H./Wiedmann, K.P. (Hrsg.): Strategisches Marketing. Stuttgart 1985, S. 637-661.

Hansen, U./Stauss, B.: Marketing als marktorientierte Unternehmenspolitik oder als deren integrativer Bestandteil? In: Marketing ZFP, 5. Jg. (1983), H. 2, S. 77-86.

Hansen, U./Heuer, A./ Schoenheit, I./ Raabe, Th.: Das Verbrauchergutachten. Ein Beteiligungs- und Informationsgewinnungsinstrument für die Planung und Bewertung verbraucherpolitischer Dienstleistungsangebote. In: Marketing ZFP, 9. Jg. (1987), in Druck.

Hirschmann, A.O.: Abwanderung und Widerspruch. Tübingen 1974 (Original: Exit, Voice, and Loyalty, Cambridge/Mass. 197O).

Jungk, R.: Statt auf den großen Tag zu warten ..., über das Pläneschmieden von unten. Ein Bericht aus "Zukunftswerkstätten". In: Kursbuch 53. Berlin 1978, S. 1-1O.

Kendall, C.L./
Russ, F.A.: Warranty and Complaint Policies: An Opportunity for Marketing Management. In: Journal of Marketing, 39. Jg. (1975), H. 2, S. 36-43, übersetzt und abgedruckt in: Hansen, U./Stauss, B./Riemer, M. (Hrsg.): Marketing und Verbraucherpolitik. Stuttgart 1982, S. 24O-252.

Kotler, Ph.: Marketing-Management. Analyse, Planung und Kontrolle, Stuttgart 1974.

Kroeber-Riel, W.: Ideologische Komponenten der entscheidungsorientierten Absatztheorie. In: Weinberg, P. u.a. (Hrsg.): Marketingentscheidungen. Köln 1974, S. 29-49

Kroeber-Riel, W./
Ölander, F.: Der Einfluß der Konsumenten auf die Entwicklung neuer Produkte. In: Hansen, U./Stauss, B./Riemer, M. (Hrsg.): Marketing und Verbraucherpolitik. Stuttgart 1982, S. 161-18O (aus dem Original übersetzt von U. Hansen).

Ölander, F.: Can Consumer Dissatisfaction and Complaints Guide Public Consumer Policy? In: Zeitschrift für Verbraucherpolitik /Journal of Consumer Policy, 1. Jg. (1977), S. 124-137.

Raabe, Th.: Möglichkeiten einer institutionellen Beteiligung von Verbrauchern an Produktentwicklungsprozessen. In: Hansen, U. (Hrsg.): Lehr- und Forschungsberichte zum Bereich Markt und Konsum. Universität Hannover 1982.

Raffée, H.: Marketing und Umwelt. Stuttgart 1979.

Renoux, Y.: A service consommateur. Adaption de l'entreprise au consumérisme ou récuperation? In: Wirtschaftsministerium (Hrsg.): Le Pouvoir Economique de Consommateurs. Une confrontation des expériences européennes organisée par Monsieur René Monory, Ministre de l'Economic. 15-16-17 octobre 198O, Paris, S. 188-194.

# REINIGEN UND RENOVIEREN IM HAUSHALT

Hans-Joachim Kursawa-Stucke

# Chemie im Haushalt

Viele Menschen wissen es heute längst - so kann es nicht weitergehen. Ihr alltägliches Konsumverhalten ist jedoch so stark unkritisch konsumfixiert, daß sie eine Lösung der konsumverursachten Umweltprobleme manchmal zuerst von anderen Menschen oder besonderen Ereignissen erwarten: die einen vom Gesetzgeber, die anderen dadurch, daß alles noch viel schlimmer wird, ehe sich eine grundlegende Veränderung abzeichnet.
Nur relativ wenige Verbraucher erkennen und erproben schon heute ein verändertes, individuelles Konsumverhalten im Alltag - wenn auch zwangsläufig in mühsamen Lernprozessen und in kleinen Schritten.

Trotz einer raffinierten Dauerwerbung ist eine Betäubung aller Verbraucher ausgeblieben. Optimisten erkennen einen Silberstreif am Konsumhimmel: Konsumsteigerung bedeutet nicht unbedingt mehr "Lebensqualität" - weniger ist manchmal mehr, wie einige Vertreter des Konsumverzichts ihr erstrebenswertes Ziel auf eine kurze Formel bringen.
Der kritische Konsum ist zumindest angesagt. Auch wenn es uns schwerfällt, diese anstrengende Verhaltensänderung im Alltagskonsum immer durchzuhalten. Warum?

## 1 Das Dilemma der Inhaltsstoffe

Gefährliche Tiere warnen uns durch ihre Drohsignale, und vom Verzehr giftiger Pilze und Beeren halten uns Erfahrungen und Überlieferungen ab. Wehrlos stehen wir allerdings heute den mehr als 70.000 Fremdstoffen in der Umwelt gegenüber, die die chemische Industrie in den vergangenen 150 Jahren zur angeblichen Verbesserung unseres Lebensstandards synthetisiert hat.

Ein Untersuchungsausschuß des amerikanischen Natural Toxicology Program (NTP) hat 1984 in einem Zwischenbericht festgestellt, daß von den heute bekannten fünf Millionen Chemikalien bei einer kommerziellen Nutzung von etwa 70 - 80.000 Verbindungen lediglich etwa 66.000 Substanzen auf ihre giftige Wirkung in der wissenschaftlichen Literatur überhaupt genauer beschrieben werden. Bedenklich stimmt, daß für etwa 50.000 handelsübliche Verbindungen, die z.B. auch für Farben, Textilien, Kunst- und Baustoffe verwendet werden, keine ausreichenden Testergebnisse auf ihre Gesundheits- und Umweltwirkung bekannt sind. Fachleute der chemischen Industrie gehen heute davon aus, daß jährlich etwa 10.000 neue Stoffverbindungen hinzukommen, über deren Umwelt- und Gesundheitsgefahren ebenfalls keine oder keinesfalls hinreichend gesicherten Erkenntnisse vorliegen.

Zahl und Wirkung der heute bekannten fünf Millionen chemischen Verbindungen auf Mensch und Umwelt haben viele Verbraucher in eine Angst vor der zunehmenden Chemisierung aller Lebensbereiche gestürzt: Schadstoffe in Lebensmitteln schockieren in regelmäßigen Abständen als "Schadstoff des Monats". Aber auch andere giftig wirkende und in der Umwelt nur schwer abbaubare chemische Stoffe im Haushalt z.B. in Holzschutzmitteln, Farben, Lacken, Klebstoffen, Spanplatten, Haushaltsreinigern und umweltschädliche Stoffe in Waschmitteln lassen berechtigte Zweifel an dem tröstlich gemeinten Werbespruch der chemischen Industrie aufkommen: "Chemie an Ihrer Seite".

Nicht immer so hilflos stehen wir dieser Schadstoffwirkung im persönlichen Bereich, in unserem eigenen Haushalt, gegenüber. Oftmals ist es möglich, Produktalternativen zu wählen. Eine vollständige Information über die chemischen Inhaltsstoffe in Haushaltsprodukten und eine frühzeitige Abschätzung möglicher Gesundheits- und Umweltgefahren allerdings sowie Empfehlungen für "bessere", umwelt- und gesundheitsverträglichere Produkte können erste Auswege aus der chemischen Sackgasse aufzeigen.

## 2 Grenzen des ökologischen Kaufverhaltens

Veränderungen zu herkömmlichen Kauf- und Nichtkaufentscheidungen, lieber ein umweltverträglicheres Produkt statt ein gesundheits- und umweltbelastendes zu kaufen, haben ihre Grenzen - wie jedermann/frau täglich erfährt - in einem sich nur scheinbar selbst regulierenden Marktmechanismus über den Nachfragesog nach bestimmten umweltverträglicheren Produkten und Dienstleistungen. Häufig sind die Marktgesetze in ihrer Wirkung rein zufällig und in ihren zeitlichen Dimensionen wenig kalkulierbar. Eine für das ökologisch orientierte Verbraucherverhalten hilfreiche "Belohnung" des Verbrauchers wird - wenn überhaupt - nur abstrakt in anderen ferneren Zeiträumen sichtbar. Die Verkoppelung zwischen den erwünschten individuellen, ökologisch richtigen Kaufverhalten und der massenhaften Einführung eines umweltverträglicheren Produkts wird für den Verbraucher somit zu wenig erkennbar.

Entscheidungshilfe für den umweltbewußten Umgang mit Putz- und Reinigungsmitteln im Haushalt, 1985 von der Stiftung Verbraucherinstitut entwickelt.

Es stellt sich die Frage: ist es länger verantwortbar, auf diesen Zeitmechanismus zur Einführung ökologisch verträglicherer Produkte so stark zu setzen? Ist der "Kaufdruck" des Verbrauchers noch wirkungsvoll genug, um möglichst schnell als Korrektiv zur Beseitigung umwelt- und gesundheitsbelastender Produkte zu wirken? Zumindest Zweifel sind hier angebracht.

Wenn das Versprechen des Industrieverbandes Körperpflege und Waschmittel (IKW) 1986 in seinen Leitlinien zum Umwelt- und Verbraucherschutz plakatiert: "Der Verbraucher steht im Mittelpunkt unseres unternehmerischen Handelns... Wir stehen auf der Seite der Verbraucher" mehr als eine unverbindliche Absichtserklärung oder mehr als ein neues, uneingelöstes Werbeversprechen sein soll, so muß sich die chemische Industrie künftig noch stärker die Frage stellen lassen, warum erst der Verbrauch *nach* Einführung eines Produkts durch ein umweltkritisches Kaufverhalten schadstoffbelastete Produkte vom Markt zurückdrängen soll.

Heute fehlen noch immer bei bedeutenden Gruppen von "chemischen Helfern" im Haushalt wesentliche verbrauchernahe Informationen wie alle enthaltenen umwelt- und gesundheitsrelevanten Inhaltsstoffe: so besonders bei Farben, Lacken, Holzschutzmitteln und Klebstoffen für den Heimwerker-Haushalt. Gerade wegen der erheblichen Gesundheits- und Umweltgefahren einiger zum Teil krebsverdächtigen und allergieauslösenden Stoffe ist eine vollständige Deklaration aller Inhaltsstoffe als Entscheidungsgrundlage für den Verbraucher heute mehr denn je unverzichtbar. Besonders hilfreich erscheint die Volldeklaration *aller* Inhaltsstoffe in Prozentangaben in absteigender Reihenfolge.

## 3 Perspektiven für die Nutzungsentscheidung von Produkten

Angesichts dieser zunehmenden Zahl neuer, oft in ihrer Umweltwirkung unbekannten chemischen Verbindungen auch für den Einsatz in Privathaushalten wird deutlich: Mögliche schädliche Umwelt- und Gesundheitsauswirkungen können nicht isoliert durch ein noch so umweltbewußtes individuelles Kaufverhalten allein vermieden werden. Der Verbraucher ist zur sachgerechten Einschätzung aller Wirkungen auch darauf angewiesen, die Umweltrelevanz von Produktionsbedingungen (Vornutzungsphase) und Abfallbeseitigungsmöglichkeiten (Nachnutzungsphase) zu kennen. Sehr oft werden dem Verbraucher die umweltrelevanten Fakten aus der Produktionsphase von den Herstellern mit dem Argument der Wahrung von Betriebsgeheimnissen verwehrt. Eine geringe Chance, diese Informationsquelle zu erschließen, hat der Verbraucher oft nur indirekt über den Gesetzgeber. Die Informations- und Entscheidungsgrundlagen für ein umweltgerechtes Abfallverhalten bei Haushaltsprodukten sind heute allerdings ein wenig besser geworden. Insbesondere scheint in der Waschmittelbranche ein solcher ökologisch orientierter Umdenkungsprozeß sich durchzusetzen.

Einen wesentlichen Anteil an der Transparenz der Umweltdaten und ihrer Beurteilung haben unabhängige Wissenschaftler, engagierte Verbraucher- und Umweltverbände und nicht zuletzt die chemiekritischen Journalisten in den Medien. Sie stützen die Bemühungen einer immer zahlreicheren Gruppe umweltbewußter Verbraucher, die zumindest beim Gebrauch von Produkten im Haushalt ökologisches Verhalten in kleinen Schritten praktizieren, ohne dabei die Informationen aus der Produktions- und Abfallbeseitigungsphase von Haushaltsprodukten aus dem Auge zu verlieren.

Praktikable ökologisch orientierte Verhaltensempfehlungen beim Kauf, der Nutzung und Entsorgung von Haushaltsprodukten können in letzter Konsequenz - wenn sie von vielen täglich erprobt werden - der "sanfte Zwang" für diejenigen Produzenten sein, die weniger an solchen Fragestellungen bei der Herstellung ihrer Produkte interessiert sind. Sie können aber auch jenen aufgeschlossenen Entscheidungsträgern im Produktmanagement die notwendigen Argumente liefern: der Verbraucher verlange deutlich nach weniger umwelt- und gesundheitsbelastenden Produkten mit zunehmender Tendenz.

## 4 Neue Lernprozesse in der chemischen Industrie?

Vieles spricht dafür, daß ökologisches Verbraucherverhalten neue betriebswirtschaftliche Überlegungen bei den Anbietern ausgelöst hat. Die erwähnte Waschmittelindustrie kann für diese Überlegungen ein gutes Beispiel sein:
Sie scheint aus der öffentlichen Diskussion und dem veränderten Marktverhalten der Vergangenheit gelernt zu haben: Immer mehr ökologisch bedenkliche Inhaltsstoffe werden durch weniger problematische ersetzt. Was heute plötzlich möglich ist, war noch vor einigen Jahren als technologisch nicht sinnvoll erachtet worden. Andere Branchen der chemischen Industrie, insbesondere die Grundstoffindustrie, stecken noch immer in diesem Lernprozeß oder sind kaum bereit, diese Diskussion mitzutragen. Sie werden vermutlich noch manche Überraschung durch den Markt und über die veröffentlichte Meinung erleben: Der "Virus" des ökologisch orientierten Verbraucherverhaltens ist erfreulicherweise ansteckend.

Nur in einem demokratischen Prozeß des Dialogs zwischen Vertretern der chemischen Industrie und engagierter ökologischer arbeitender "Vordenker" in Umwelt- und Verbraucherverbänden kann es gelingen, eine erhöhte Verbraucherakzeptanz bereits im Stadium der Produktentwicklung von Haushaltsprodukten zu erreichen. Ein möglicherweise erwünschter Nebeneffekt könnte sich dabei einstellen: ein neuer sozial- und ökologischorientiertes Image der chemischen Industrie in der Öffentlichkeit, das diesen neuen Konsumwerten eher durch die Produktion umwelt- und gesundheitsverträglicher Produkte Rechnung trägt.

## Literatur

Kursawa-Stucke, H.-J./
Schröder, H. P.: Bio kontra Chemie? Farben, Lacke, Holzschutzmittel und Klebstoffe für den Heimwerker. Eine Entscheidungshilfe für den umweltbewußten Umgang mit Heimwerkerprodukten. Berlin 1986.

Kursawa-Stucke, H.-J./
Schröder, H. P.: Schadstoffe in Farben und Lacken - "Dicke Luft im Hobbyraum". In: Antworten auf Tschernobyl. Globus-Begleitmappe 5/86. Stuttgart 1986, S. 113 ff.

Kursawa-Stucke, H.-J.: Der Öko-Waschzettel - Neue Rezepturen und umweltfreundliche Waschmittel? In: Globus-Begleitheft 12/86. Stuttgart 1986.

Lahl, U./
Zeschmar-Lahl, B./
Kursawa-Stucke, H.-J.: Das Gift, das aus dem Pinsel kommt. In: natur 12/86. München 1986, S. 81-91.

"Öko-Waschzettel" - Eine Entscheidungshilfe für den umweltbewußten Umgang mit Waschmitteln im Haushalt. Stiftung Verbraucherinstitut (Hrsg.): 2. aktualisierte Fassung. Berlin 1986.

"Öko-Putzschrank" - Eine Entscheidungshilfe für den umweltbewußten Umgang mit Putz- und Reinigungsmitteln im Haushalt. Berlin 1985 und Berlin 1987. Aktualisierte Fassung mit Reinigungsmitteln für Behörden, Schulen usw.

Karin Riedesser

# Wasch- und Reinigungsmitteleinsatz unter umweltrelevanten Aspekten

Die Zeiten, in denen die Hausfrau an Waschtagen mühsam den Schmutz aus der Wäsche wusch und ihr Kreuz quälte, gehören der Vergangenheit an. Mit dem Einsatz von Maschinen und verbesserten Wasch- und Reinigungsmitteln verringerte sich der Kraftaufwand bei der Wäschepflege entscheidend. Waschen und Reinigen ist heute kinderleicht, wenn man die Gefahren für die Umwelt und Gesundheit außer acht läßt.

## 1 Das Waschverhalten der Deutschen

Die Bundesdeutschen sind Europameister im Saubermachen. Sie verbrauchen pro Kopf und Jahr durchschnittlich einen halben Zentner Wasch- und Reinigungsmittel. Das sind etwa viermal so viel wie vor 3O Jahren. Für strahlend weiße Wäsche und eine hygienisch saubere Wohnung werden derzeit rund 3,2 Mrd. DM an Wasch- und Reinigungsmitteln verpulvert (vgl. Coop 5/1987). In jedem Haushalt fallen durchschnittlich 3,5 Waschmaschinenfüllungen pro Woche an, die zu rund 3O % bei 95° C, zu 5O % bei 4O - 6O° C und zu rund 2O % bei 3O° C gewaschen werden. Die Kochwäsche erfolgt hierbei zu zwei Dritteln mit einer zusätzlichen Vorwäsche. Eine nicht unbedeutende Zahl, wenn man bedenkt, daß lediglich 2O % Weiß- und 8O % Buntwäsche anfallen.

Nach dem Prinzip "viel hilft viel" wird weder an Waschmitteln noch an Energie gespart. Aber nach getaner Arbeit lösen sich Wasch- und Reinigungsmittel nicht in Wohlgefallen auf. Reinheit ohne Reue gibt es in diesem Falle nicht.

Jährlich gelangen 7OO.OOO Tonnen Wasch- und rund 45O.OOO Tonnen Reinigungsmittel durch die Abwässer in die kommunalen Kläranlagen. Der Belastungsanteil der Abwässer ist folglich hoch: Tenside, Phosphate, Salze, schwer abbaubare chlorierte Kohlenwasserstoffe, Löse- und Desinfektionsmittel, organische Säuren und Laugen, lösen, ätzen und schäumen auch noch im Abwassersystem. Trotz aller ausgeklügelter Klärtechnik lassen sich diese chemischen Helfer aus dem Klärschlamm nicht vollständig herausreinigen. Im ökologischen Kreislauf können zum Beispiel chlorierte Verbindungen und Lösemittel unter anderem im Grundwasser und in der Luft wieder auftauchen.

Ein unappetitliches Bild: Das Abwasserrohr im Haushalt ist mit dem Trinkwasserhahn, wenn auch über Umwege, verkoppelt (Kursawa-Stucke 1985, S. 2).

## 2 Die wichtigsten Inhaltsstoffe von Wasch- und Reinigungsmitteln

Das Umweltbundesamt archiviert die Rahmenrezepturen für rund 1.8OO Wasch- sowie ca. 15.OOO Reinigungsmittel. Eine für den Verbraucher erdrückende Vielfalt von chemisch doch ähnlichen Produkten. Wo früher Seife und Soda genügten, werden heute moderne Wasch- und Reinigungsmittel eingesetzt. So wird z.B. bei den Waschmitteln zwischen Vor-, Voll-, Haupt-, Rein-, Spezialwaschmitteln und Waschhilfsmitteln unterschieden. Vollwaschmittel (= Universalmittel für alle Temperaturen von 3O -95° C) haben z.Zt. einen Marktanteil von 44 % (Coop 5/86). Deshalb soll am Beispiel des konventionellen Vollwaschmittels die Wirkung der Inhaltsstoffe auf Wäsche, Umwelt und Gesundheit kurz erläutert werden:
Pulverförmige Vollwaschmittel bestehen in der Regel zu 1O-15 % aus Tensiden (= waschaktive Substanzen) (vgl. Wendel 1985). Tenside werden aus Erdöl oder pflanzlichen wie auch tierischen Fetten synthetisiert. Man unterscheidet zwischen anionischen, nicht-ionischen, amphoteren und kationischen Tensiden. So gehört die Seife zu den ältesten anionischen Tensiden. Sie ist gut abbaubar und bildet im harten Wasser Kalkseife. Tenside haben die Eigenschaft, das Wasser zu entspannen und beim Waschen den Schmutz aus der Wäsche zu lösen.

Damit die Gewässer nicht ebenfalls entspannt werden und wie in den sechziger Jahren riesige Schaumberge entstehen, schrieb das Waschmittelgesetz ab 1975 eine Primärabbaubarkeit zu 8O % der anionischen und nichtionischen Tenside vor. Der Totalabbau, d.h. die Mineralisierung blieb unberücksichtigt, obwohl speziell die Abbauprodukte der nichtionischen Tenside (hier APEO = Alkylphenolpolyethoxylate) im Verdacht standen, besonders fischgiftig zu sein. Schon 1977 wurden langkettige Bruchstücke der APEOs in Fischen nachgewiesen. Erst jetzt hat sich die Industrie freiwillig dazu bereit erklärt, auf diese Tenside zu verzichten.

Ebenfalls problematisch erscheint heute die Klärschlammbelastung durch die am häufigsten eingesetzte Gruppe der anionischen Tenside, kurz LAS (Lineare Alkylbenzolsulfonate) genannt (vgl. Stiftung Verbraucherinstitut 1986).

Neben Tensiden enthalten Vollwaschmittel Gerüststoffe, wie z.B. 10 - 25 % Phosphate. Um zu verhindern, daß bei Temperaturen über 60° C Wäsche und Waschmaschine verkalken, besorgen Phosphate die Wasserenthärtung. Zusätzlich unterstützen sie die Waschkraft der Tenside. Durch unzureichend geklärte Abwässer überdüngen Phosphate die Gewässer. Fachleute sprechen von einer Eutrophierung. Diese wird z.Zt. zu rund 25 % durch Wasch- und Reinigungsmittelphosphate bewirkt. Kläranlagen zur Phosphatfällung sind in Deutschland noch selten. Seit der Phosphathöchstmengenverordnung vom 5.6.1980 enthalten Vollwaschmittel zu ca. 15 - 30 % Zeolithe als Phosphatersatzstoffe (vgl. Wendel 1985). Deklariert werden sie als Aluminiumsilikate oder unter der Markenbezeichnung "Sasil". Die Zeolithe besitzen eine wasserenthärtende, aber keine schmutzlösende Wirkung. Sie sind als umweltverträglich anzusehen. Waschtechnisch besser, aber weniger unbedenklich, ist der Phosphatersatzstoff NTA (Nitrilotriacetat), der vorrangig in Ländern mit Phosphatverbot bzw. -einschränkung eingesetzt wird.

"Es muß befürchtet werden, daß trotz aller Kläranlagen bedenkliche Mengen an NTA in die Oberflächengewässer gelangen und dort die Schwermetalle aus den Schlammablagerungen herauslösen, möglicherweise sogar in Verbindungen, die noch giftiger sein können als die Schwermetalle selbst" (Verbraucherzentrale Niedersachsen 1985, S. 22). In Form von löslichen Verbindungen gelangen dann die remobilisierten Schwermetalle wieder in den biologischen Kreislauf und in das Trinkwasser. Trotzdem dürfen in Deutschland jährlich 25.000 Tonnen NTA eingesetzt werden. Es drängt sich hier die Frage auf, ob nicht der Teufel mit dem Beelzebub vertrieben wird.

Die gewünschte Waschkraftverstärkung haben ebenfalls die Bleichmittel. In Form von Perboraten, zu ca. 20 - 30 % im Vollwaschmittel enthalten, entfernen sie bei Temperaturen ab ca. 70° C Obst-, Tee- oder Rotweinflekken durch Sauerstoffbleiche. Bleichmittelbestandteile wie Bor gelangen nach der Klärung in die Gewässer und können Nutzpflazen schädigen. Bleichmittelstabilisatoren (EDTA) gelten als besonders schwer abbaubar.

Für das "strahlende Weiß unseres Lebens" sorgen optische Aufheller. Auf der Textilfaser haftend erzeugen sie durch optische Täuschung die von der Werbung verkaufte "Sauberkeit". Diese "Sauberkeit" bedeutet nicht Schmutzentfernung, sondern künstliches Aufbringen von Substanzen auf die Faser, also ein Antiwascheffekt! Weiße Textilien werden in Abhängigkeit von der Faserart industriell mit anionischen, nichtionischen oder kationischen optischen Aufhellern ausgerüstet. Optische Aufheller stehen im Verdacht, Hautkrebs zu erzeugen und können in Kläranlagen kaum abgebaut werden. Sicher erscheint, daß die optischen Aufheller sich im Klärschlamm ablagern, ein anaerober Abbau wird vermutet (vgl. Huber 1986). Im Gegensatz zu Vollwaschmitteln enthalten Feinwaschmittel (für Temperaturen von 3O - 6O° C) in der Regel keine optischen Aufheller und Bleichmittel.

Fast alle pulverförmigen Wachmittel enthalten zur besseren Verrieselung 5 - 3O % Füllstoffe, z.B. Natriumsulfat. Natriumsulfat ist ein Abfallprodukt der Industrie. Es besitzt keine waschtechnischen Eigenschaften, trägt aber im erheblichen Maße zur Salzbelastung der Gewässer bei. Des weiteren liefern Vollwaschmittel Korrosions- und Vergrauungsinhibitoren (Silikate und Celluloseverbindungen), Schaumregulatoren (Seife), Enzyme (Eiweißverbindungen), Duft- und Farbstoffe. Enzyme, Duft- und Farbstoffe können u.U. Allergien auslösen.

Um der unerwünschten Wäschestarre vorzubeugen, benutzen rund 8O % der Bundesbürger Weichspüler. Das ergibt einen Marktanteil von 17,1 % (vgl. Absatzwirtschaft 1986). Weichspüler (mit Ausnahme der Konzentrate) enthalten ca. 95 % Wasser und als Wirkstoff kationische Tenside. Diese ziehen auf die Textilfaser auf und machen die Wäsche "weich" und vermindern dadurch die Saugfähigkeit um ca. 25 %. Der Weichspülmittelanteil muß bei der nächsten Wäsche wieder mit einem halben Becher Waschmittel beseitigt werden. Weichspülmittel erzeugen also ebenso wie optische Aufheller einen Antiwascheffekt. Obwohl der Abbau der kationischen Tenside weitgehendst unerforscht ist und gesetzlich erst seit der Novellierung des Waschmittelgesetzes im Januar 1987 gefordert wird, verkauft die Industrie seit 2O Jahren Weichspüler. Weichspüler stehen im Verdacht, Hautkrankheiten zu begünstigen.

Zusätzlich zu den Wasch- und Waschhilfsmitteln bietet der hochgerüstete Putzschrank bundesdeutscher Haushalte für jeden erdenklichen Verwendungszweck ein anderes Wässerchen, Pülverchen oder Spray. Mit Hilfe einer gezielten Werbung und durch das Angebot immer neuer Spezialreinigungsmittel belebt die Industrie den stagnierenden Markt. Im Frühjahr steigt der Werbeetat von 10 % des Umsatzes auf das Doppelte an: Zielgruppe der Frühjahrskampagnen sind die 60 % aller Haushalte, die noch immer einen Frühjahrsputz durchführen.

Der Gesamtumsatz an Reinigungs- und Pflegemitteln beträgt zur Zeit ca. zwei Milliarden Mark. Die umsatzstärksten Gruppen sind:

| | |
|---|---|
| Geschirrspülmittel | 448 Mill. |
| Haushaltsreiniger | 262 Mill. |
| Fußbodenreiniger | 189 Mill. |
| Rohr- und WC-Reiniger | 174 Mill. |

Die no-name-Produkte sind mit Ausnahme der Spülmittel (= 5 - 20 %) kaum an diesem Umsatz beteiligt. Ein 4-Personen-Haushalt trägt derzeit mit 240 Mark pro Jahr die wachsende Produktpalette. Steigende Umsätze weden noch mit Teppichreinigungspulver und Möbelpflegemitteln erzielt.

In den Putzmitteln (wie z.B. Geschirr- und Allzweckreiniger) sind viele der oben genannten Waschmittelinhaltsstoffe anzutreffen. Anders sieht es bei den Spezialreinigern aus: Hier wird nicht nur sprichwörtlich mit Kanonen auf Spatzen geschossen. In Sanitär-, WC-, Kraft- und Desinfektionsreinigern sowie Fleckenmitteln verpackt, wandern starke Laugen, Säuren, Chlor, chlorierte Kohlenwasserstoffe und Lösungsmittel über die Ladentheke, ohne daß der Käufer oder auch der Verkäufer etwas von der Gefährlichkeit wissen. Die freie Verfügbarkeit in Drogerien, Einzelhandelsgeschäften oder Verbrauchermärkten umhüllt die Spezialreiniger mit dem Mantel der Harmlosigkeit. So ist es nicht verwunderlich, daß pro Jahr etwa 1.000 - 1.500 Kleinkinder Verätzungen der Speiseröhre und kleinere Unfälle erleiden (vgl. Stiftung Verbraucherinstitut 1985). 1985 warnte das Bundesgesundheitsamt vor der kombinierten Anwendung von WC- und Sanitärreinigern. Da statt eines Produktionsverbotes lediglich eine Deklarationsänderung und eine Begrenzung des aktiven Chlorgehaltes erfolgte, ist anzunehmen, daß sich die Zahl der Unfälle (in Deutschland 400 - 600 pro Jahr) kaum reduzieren wird.

Die Schweiz greift hier stärker durch: Gefährliche Reiniger - wie z.B. Rohrreiniger mit einer Laugenkonzentration ab 5 % - werden nur von fachkundigen Verkäufern auf Giftbewilligungsschein verkauft. Diese Scheine sind vom Verbraucher bei der zuständigen Behörde zu beantragen. Dieses ist sicherlich eine gute Methode um einer übertrieben vorbeugenden Hygiene im Haushalt Einhalt zu gebieten und die Gewässer zu entlasten. Hygieniker raten zudem von einer Desinfektion im Haushalt ab, da sie völlig überflüssig, kaum durchführbar und für den Menschen auch nicht ungefährlich ist. Beispielsweise nehmen Allergien durch den verstärkten Einsatz von Wasch- und Reinigungsmitteln zu. Es entsteht die Frage nach Alternativen für den ökologisch handelnden Haushalt. Tatsache ist, daß die angemessene Gebrauchstauglichkeit eines Produktes direkt mit der Umwelt- und Gesundheitsgefährdung gekoppelt ist. Wird hohe Leistung bei einem Produkt versprochen, so bestehen meistens Gefahren für Mensch und Umwelt. Entscheidend bei der Auswahl und Verwendung eines Reinigungs- und Pflegemittels sind der individuelle Anspruch an Sauberkeit und die Bereitschaft, Arbeit, Zeit und eventuell etwas mehr Geld zu investieren. Entscheidend für eine gesundheits- und umweltbewußtere Auswahl und Verwendung von Pflege- und Reinigungsmitteln wird langfristig die Bereitschaft der Haushaltsmitglieder sein, die übertriebenen Vorstellungen von Sauberkeit aufzugeben und einen Mehraufwand von Arbeitszeit und -kraft und Geldmitteln in Kauf zu nehmen. Für alltägliche Reinigungsarbeiten reicht der gezielte Einsatz von Geschirrspülmitteln, einem milden Allzweckreiniger auf Seifen- oder Syndetbasis, sowie Scheuersand und Essig.

## 3 Novellierung des Waschmittel-Gesetzes

Im Protokoll der 142. Sitzung des Deutschen Bundestages heißt es: "Die Verringerung der Umweltbelastung durch Wasch- und Reinigungsmittel ist eine Schwerpunktaufgabe der Bundesregierung. Nach dem Waschmittelgesetz dürfen die Hersteller von Wasch- und Reinigungsmitteln Erzeugnisse nur so in den Verkehr bringen, daß nach ihrem Gebrauch jede vermeidbare Beeinträchtigung der Beschaffenheit der Gewässer und des Betriebs von Abwasseranlagen unterbleibt. Tensid- und Phosphathöchtsmengenverordnung schreiben eine biologische Mindestabbaubarkeit von Tensiden und Höchstmengen für den Phosphatgehalt in Wasch- und Reinigungsmitteln vor. An weiteren Mindestanforderungen an die Umweltverträglichkeit von Wasch- und Reinigungsmitteln wird gearbeitet" (Spranger 1985, S. 33). Das neue Waschmittelgesetz wurde im Januar 1987 verabschiedet. Es umfaßt folgende Punkte:

- Ausweitung der vorhandenen Bedingungen zur Forderung der biologischen Abbaubarkeit und Toxizität der Inhaltsstoffe von Wasch- und Reinigungsmitteln, Erfassung von Waschhilfsmitteln (z.B. Weichspüler) und Produkten, die für Reinigungszwecke eingesetzt werden (z.B. Pinselreiniger),

- Verbesserung der Verbraucherinformation durch Vereinheitlichung der Dosierungsempfehlung in Milliliter, Deklaration aller Inhaltsstoffe und verstärkte Bekanntgabe der geltenden Wasserhärten durch die Wasserwerke,
- Verbesserung des Systems zur Meldung der Zusammensetzung und Umweltverträglichkeit von Wasch- und Reinigungsmitteln.

An den beiden letzten Forderungen wird noch gearbeitet und eine Übergangsfrist von einem Jahr angegeben.

Auf den ersten Blick gesehen, sind das verbraucherfreundliche Ansätze zur Verbesserung der Umweltverträglichkeit von Wasch- und Reinigungsmitteln, wie z.B. die Verbesserung der Deklaration und Dosierungsempfehlung. Bedauerlich ist, daß wohl auch weiterhin unklar bleibt, in welchem Umfang z.B. Phosphate, Tenside, Bleichmittel, Enzyme oder auch optische Aufheller eingesetzt werden dürfen. Denn die quantitative Deklaration der Inhaltsstoffe bleibt aus und damit sind die Rahmenrezepturen der Wasch- und Reinigungsmittel weiterhin geheim.

Genausowenig wird in Erwägung gezogen, Wirkstoffe (z.B. Phosphate, NTA) - wie vergleichsweise in anderen Ländern - zu verbieten. Trotzdem steht die Waschmittelindustrie dem neuen Gesetz eher skeptisch oder auch ablehnend gegenüber. So werden u.a. durch die Verbesserung des Systems zur Meldung jeder neuen Produktmixtur eine Menge Bürokratie und ein Imageverlust erwartet (vgl. Wirtschaftswoche 1985, S. 91). Für den Verbraucher wäre es sicherlich günstiger, wenn das Umweltbundesamt nicht nur eine Registrier-, sondern auch eine praktisch durchführbare Überwachungsfunktion hätte.

An dieser Stelle ein weiterer Kommentar aus dem Protokoll der 142. Sitzung des Deutschen Bundestages:
"Verbote oder Einschränkungen durch eine Verordnung konnten bisher aufgrund freiwilliger Selbstverpflichtungen der Industrie vermieden werden" (Spranger 1985, S. 33). Hier stellt sich die Frage, inwieweit die freiwilligen Selbstverpflichtungen der Imagepflege der Waschmittelhersteller dienen und somit zur Verhandlungsmasse werden.

## 4 Die Entwicklung von Wasch- und Reinigungsmitteln

Im Zuge des wachsenden Umweltbewußtseins des Verbrauchers bei stagnierendem Wasch- und Reinigungsmittelmarkt und steigender Verwendung von Kunsttextilfasern veränderte die Industrie nicht nur ihre Werbestrategien, sondern auch die Produkte:
Neue Waschmaschinen mit 6O° C - Energiesparprogrammen forderten neue Waschmittelkreationen (oder auch umgekehrt). So wurden, um ein mit Kochwäsche vergleichbares Waschergebnis zu erzielen, den Vollwaschmitteln Bleichaktivatoren zugesetzt. Als Produktbeispiele wären "OMO" (mit TAED-System), "Persil" und "Pur" zu nennen. Die Firma "Proctor & Gamble" bietet die Bleichaktivatoren auf einem Waschverstärkertuch an. Dadurch erhält der Verbraucher, im Preis inbegriffen, zum Einwegtuch zusätzlich kationische und nichtionische Tenside, optische Aufheller, Duft- und Hilfsstoffe. Bleichaktivatoren gelten als schwer abbaubar, von einigen ist der Abbaumechanismus nicht bekannt.

Keine Bleichaktivatoren, dafür aber ca. 1OO % mehr Tenside, bieten konventionelle flüssige Waschmittel für Temperaturen bis 6O° C.

Diese beiden Beispiele mögen genügen, um die Diskrepanz zwischen Energiesparen einerseits und zusätzlicher Umweltbelastung durch den Einsatz neuer Chemikalien andererseits darzustellen.

Die Tabuisierung des Umweltwerbearguments brachen Anfang des Jahres 1986 die Firmen "Henkel", "Proctor & Gamble" und "Dalli" durch das Angebot von phosphatfreien Vollwaschmitteln wie "Persil", "Ariel" und "Unamat". Weitere folgten. Für die Firma "Henkel" brachte das einen zusätzlichen Marktanteil von 8 % (vgl. Lebensmittelzeitung S. 14). Sogar die BP bietet durch die Luhns GmbH "Biowaschmittel" an. Allerdings werden bei den phosphatfreien Produkten neue, teils unzureichend erforschte Phosphatersatzstoffe (wie z.B. Polycarboxylate) verwendet.

## 5 Qualitätsanforderungen an Wasch- und Reinigungsmittel

Jüngsten Untersuchungen zufolge sind 4O % aller Haushalte als umweltbewußt einzustufen (vgl. Coop 1986). Viele Hersteller von Wasch- und Reinigungsmitteln nutzen die neue Sensibilität zu Werbezwecken. Auf den Kunststofflaschen und Pappkartons zeigen sich gesunde Fische, Bäume und Blumen zwischen Seifenblasen. Angeboten werden Produkte auf Seifen-, Molke-Tensid und Tensidbasis. Da der Begriff "Bio" nicht geschützt ist, braucht der Verbraucher schon Fachwissen, um den Wahrheitsgehalt von Werbeaussagen zu erkennen. Tatsache ist, daß alle Wasch- und Reinigungsmittel die Umwelt belasten, auch bei hundertprozentigem Abbau. Aber ausschlaggebend für den Grad der Belastung bleibt die Menge und die Art der eingesetzten Inhaltsstoffe.

Wird weniger Chemie gewünscht, so muß mehr Handarbeit eingesetzt werden. Was bedeutet, daß die Wäsche durch gezielte Fleckentfernung und z.B. durch Einweichen vorbehandelt und das Wasch- und WC-Becken wieder geschrubbt werden müssen. Bio-Waschmittel, die ebenso sauber und weiß wie konventionelle Waschmittel waschen, sollten dem Benutzer zu denken geben.

Wer darauf hofft, an dieser Stelle endlich zu hören, welches Wasch- oder Reinigungsmittel denn nun zu verwenden ist, wird enttäuscht werden. Denn diese so einfach erscheinende Frage - z.B. nach dem optimalen Waschmittel - ist so vielschichtig und komplex, daß sie letztlich jeder Verbraucher für sich selbst entscheiden muß. Dabei spielen eine Fülle subjektiver und objektiver Faktoren eine Rolle: die örtliche Wasserhärte, der vorhandene Maschinenpark, die bevorzugten Textilfasern, Allergieprobleme, Umweltbewußtsein, der Grad der Wäscheverschmutzung je nach beruflicher Tätigkeit, die Wohnsituation und anderes mehr.

Die Verbraucherzentrale Niedersachsen löste das Beratungsproblem folgendermaßen:
Wichtig ist, daß das Problembewußtsein dafür geschärft wird, daß ein falsches Wasch- (und auch Reinigungs-)verhalten grundsätzlich nicht nur die Haushaltskasse, sondern auch die Umwelt belastet. Dieses gilt durchaus nach beiden Richtungen. Denn es kann ja wohl nicht sinnvoll sein, vorzeitig Maschinen und Textilien zu ruinieren, die ihrerseits ja auch unter Rohstoffverbrauch produziert werden. Ein gutes Waschmittel wird deshalb zumindest folgenden Anforderungen gerecht werden müssen:

- Es muß den Schmutz aus der Wäsche entfernen, ohne sie dabei vorzeitig zu verändern oder gar zu verschleißen.
- Es muß während der Anwendung und danach hautverträglich und gesundheitlich unbedenklich sein.
- Es sollte die Geräteteile schonen und einem vorzeitigen Verschleiß vorbeugen.
- Es sollte bei der Herstellung, im Gebrauch und danach die Gewässer nicht mehr belasten als unvermeidbar.
- Es sollte zu einem vernünftigen Preis verfügbar und möglichst einfach anwendbar sein.

Auch das beste Waschmittel wird nur ein Kompromiß zwischen diesen Anforderungen sein können, die sich teilweise gegenseitig ausschließen. Die Suche nach einem umweltfreundlichen Waschmittel geht weiter.

Dem Umweltbundesamt ist es immer noch nicht gelungen, die Kriterien zur Vergabe des Umweltengels für umweltfreundliche Waschmittel festzulegen. Vielleicht wäre es einfacher, bei Waschmitteln einen "Umweltteufel" zu vergeben für all jene Produkte, die besonders schädliche Substanzen enthalten? Als kleinstes Übel können danach solche Waschmittel bezeichnet werden, die nicht mehr Chemikalien enthalten als unbedingt notwendig, und die auf jene Substanzen verzichten, die lediglich auf eine psychologische Wirkung beim Verbraucher abgestellt sind. Wer sich beispielsweise mit der schlichten Farbe "weiß" begnügen und sich eventuell sogar mit einem Grau- bzw. Gelbton abfinden kann, mag auf optische Aufheller, sowie borathaltige Bleichmittel und die damit zusammenhängenden Aktivatoren und Stabilisatoren verzichten. Auch Enzyme sind verzichtbar, wenn störende Flecken mit einem kleinen Extraaufwand gezielt entfernt werden, möglichst noch vor dem Eintrocknen.

Ebenso wie dem Umweltbundesamt ist es auch der Stiftung Warentest noch nicht gelungen, allseits zufriedenstellende Beurteilungskriterien für "umweltschonende" Waschmittel zu erstellen. Der Weißheitsgrad wurde mit 15 % in die Bewertung des Waschergebnisses einbezogen (vgl. test 4/1986).

Es ist anzunehmen, daß die daraus resultierende negative Gesamtbewertung der Bio-Waschmittel nicht nur aktive Umweltschützer enttäuscht hat, sondern auch die Pioniere unter den Herstellern weniger umweltbelastender Waschmittel finanziell ruinieren kann.

## 6 Verantwortung des Verbrauchers

Die freie und die soziale Marktwirtschaft ruhen auf dem Pfeiler der Angebots- und Preisregelung durch die Nachfrage des rational entscheidenden Verbrauchers. Daß die Praxis anders aussieht, ist nicht nur in der Existenz der Stiftung Warentest und der Verbraucherorganisationen zu sehen. Natürlich kann der Verbraucher durch sein Wasch- und Reinigungsverhalten verbunden mit der gezielten Produktauswahl bzw. der Boykottierung zur Angebotsverringerung besonders umwelt- und gesundheitsbelastender Produkte beitragen. Als Beispiel ist hier der Absatzschwund von Sanitär- und WC-Reinigern, Beckensteinen und Luftverbesserern sowie Waschverstärkertüchern zu nennen (vgl. z.B. Lebensmittelzeitung 1986, S. 82). Voraussetzung für dieses rationale Kaufverhalten ist jedoch die für den Verbraucher ausreichende Produktinformation, denkbar in Form einer differenzierten Inhaltsstoffdeklaration (mit Erklärung) seitens der Industrie, gekoppelt mit objektiv vergleichenden Warentests und Gütesiegeln.

Ebenso wichtig wie die vorbeugende Information zur Kaufentscheidung ist der Schutz des Verbrauchers vor gefährlichen Produkten. Nur sollte der Schutz nicht aus einer verspäteten Warnung wie bei Sanitärreinigern seitens der Behörden bestehen, sondern durch ein rechtzeitiges Verbot von Herstellung, Vertrieb, Verwendung und Verwertung umwelt- und gesundheitsgefährdender Wasch- und Reinigungsmittel praktiziert werden. Denkbar wäre in diesem Zusammenhang auch die Forderung der Produzentenhaftung, verbunden mit der Erleichterung der Beweisführung seitens des Verbrauchers. Daß dieses notwendig ist, verdeutlichen Betroffenen-Initiativen, wie z.B. die Interessengemeinschaften Holzschutz- und Formaldehydgeschädigter. Erst, wenn o.g. Bedingungen erfüllt sind, kann der Verbraucher seine veränderte Konsumeinstellung in eine ökologisch und ökonomisch sinnvolle Nachfrage umsetzen.

Wer dann noch aus Bequemlichkeit oder aus welchen Gründen auch immer auf "Nummer sicher geht" und seine Wäsche grundsätzlich einem konventionellen Vollwaschmittel anvertraut und seine Wohnung vorsorglich mit Spezial- und Desinfektionsreinigern "verschmutzt", handelt ökologisch und ökonomisch kurzsichtig und verantwortungslos.

## 7 Forderungen an die Industrie und den Gesetzgeber

Die Mitgliederversammlung des Industrieverbandes Körperpflege und Waschmittel e.V. (IKW), Frankfurt/M., verabschiedete am 23.5.1985 eine Erklärung mit folgendem Wortlaut:
"Der Verbraucher steht im Mittelpunkt unseres unternehmerischen Handelns. Für seine Bedürfnisse und Wünsche stellen die im IKW zusammengeschlossenen Firmen wirksame Produkte zur Verfügung. Sie dienen der Erhaltung und Förderung von Gesundheit, Hygiene und Wohlbefinden, erleichtern die Hausarbeit, erfüllen den Wunsch der Menschen nach gepflegter Erscheinung und tragen bei zur Erhaltung volkswirtschaftlicher Werte! Die Körperpflege- und Waschmittelindustrie setzt keine Inhaltsstoffe ein, von denen nach verläßlichen wissenschaftlichen Erkenntnissen Gefährdungen von Gesundheit oder Umwelt ausgehen" (Pressedienst IKW 1986).

Wenn nichts zu verbergen ist, sollte die Industrie die Rücksicht auf Ökologie und Gesundheit nicht nur als Herausforderung an das Marketing auffassen, sondern auch als Herausforderung an die Produktentwicklung und -deklaration zum Wohle des Verbrauchers. Wir brauchen Wasch- und Reinigungsmittel, die möglichst wenig ökologisch und gesundheitlich bedenkliche Stoffe enthalten und die mit verbesserten Produktinformationen und Anwendungsempfehlungen gekennzeichnet sind. Wie sehr die Hersteller selbst im Widerspruch zwischen chemischer Produktionslogik und dem propagierten Selbstverständnis stehen, zeigt folgendes Zitat:
"Die Herstellung eines Produktes, das zur Deckung eines wirklichen Bedarfs diente, warf zumeist die Frage auf, wie die dabei anfallenden Nebenprodukte wirtschaftlich verwendet werden konnten, um auf diese Weise den Produktionsprozeß rentabler zu gestalten. In letzter Konsequenz hieß dies aber, daß man nicht auf bestehende Märkte zurückgreifen konnte, sondern den Bedarf an Nebenprodukten wecken mußte. Die Verbraucher wiederum wurden für die Benutzung ihnen unbekannter Produkte durch entsprechende Informationen umworben" (Ahrens 1986, S. 4).

Wenn der Verbraucher zum umworbenen Käufer von Sonderabfall und Nebenprodukten der chemischen Industrie wird, anstatt "Auftraggeber des Herstellers" zu sein, können nur noch Verbote des Gesetzgebers die "Mündigkeit" der Verbraucher retten.

## Literatur

Absatzwirtschaft. Sonderdruck. "Umweltdiskussion: Der Krieg findet nicht länger im Saale statt" (3/86).

Ahrens, Andreas: Entgiftung. Hrsg.: Die Grünen. Bonn 1986.

Bundesgesetzblatt, Nr. 69: Erstes Gesetz zur Änderung des Waschmittelgesetzes. Bonn (3O.12.86): S. 2615 - 2618.

Bundesminister für Umwelt, Naturschutz und Reaktorsicherheit (Hrsg.): Umwelt. Nr. 5. Protokoll der 142. Sitzung des Deutschen Bundestages am 12.6.85, Auszug aus der Antwort des Parlamentes.
Staatssekretär Spranger zur Frage: "Welche Möglichkeiten sieht die Bundesregierung, die Hersteller von Waschmitteln

zu veranlassen durch eine Änderung der Zusammensetzung der Waschmittel die schädlichen Umweltauswirkungen vieler Waschmittel einzudämmen, und welche Initiativen wird sie dazu ergreifen?"

Bundesminister für Umwelt, Naturschutz und Reaktorsicherheit (Hrsg.): Umwelt Nr. 6, Bonn (14.6.86).

Coop Rundschau (Hrsg.): Saison für Saubermacher. Der Verbraucher. Hamburg (5/86) S. 14 - 23.

Coop Rundschau (Hrsg.): Umweltbewußtsein beeinflußt Konsumverhalten. Der Verbraucher. Hamburg (7/86).

Deutscher Fachverlag (Hrsg.): Trends und Perspektiven: Ökomarketing. Lebensmittelzeitung Nr. 1O, Frankfurt/M. (13.2.86) S. 14 - 16.

Deutscher Fachverlag (Hrsg.): Daten und Fakten zum Markt für Putz-/Reinigungsmittel. Lebensmittelzeitung Nr. 7, Frankfurt/M. (13.2.86) S. 82-83.

Die Verbraucherinitiative e.V. (Hrsg.): Weniger Chemie tut's auch. Bonn 1986.

Engels, Wolfram (Hrsg.): Waschmittelgesetz: Wenig Wirkung. Wirtschaftswoche Nr. 34, Düsseldorf (16.8.85) S. 91 - 92.

Huber, Lothar (Landesanstalt für Wasserforschung, München): Umweltrelevanz von Chemikalien in der Textilpflege. Reiniger + Wäscher. XXXIX, Heft 6/86, S. 2O - 24.

Industrieverband Körperpflege und Waschmittel e.V. (Hrsg.): Pressedienst. Frankfurt/M. (23.5.86).

Ökologische Verbraucherberatung (Hrsg.): Auf einmal geht es - Markenwaschmittel phosphatfrei: Öko-Persil? Mahlzeit Nr. 3, Duisburg 3/86.

Stiftung Verbraucherinstitut e.V. (Hrsg.): Der Öko-Putzschrank. Wissenschaftlicher Begleittext zum Plakat. Berlin 9/85.

Verbraucherzentrale Baden-Württemberg e.V. (u.a.) (Hrsg.):
Umweltfreundliche Produkte: Hinweise zum umweltgerechten Konsum. 7. Aufl., Hamburg: Verbraucherzentrale Hamburg e.V., 5/85.

Verbraucherzentrale Baden-Württemberg e.V. (u.a.) (Hrsg.):
Öko-Waschzettel: Wissenschaftlicher Begleittext zum Plakat. Aktualisierte Fassung. Berlin 1986.

Verbraucherzentrale Niedersachsen e.V. (Hrsg.):
Waschzwänge: Verbrauchertips gegen Werbegewäsch. 2. Aufl., Hannover 1985, S. 36 - 37.

Waschmittel: "Ganz alternativ". In: Der Spiegel. Nr. 19. 40 Jahrg. Hamburg (5.5.986).

Wasser Berlin 1985, Sonderdruck. Phosphatersatzstoffe in Waschmitteln und ihre aquatische Umweltverträglichkeit. Berlin 1985, S. 362 - 377.

Wendel, Bernhard: Wegweiser Waschmittel. 2. Aufl., Betten 1985.

Hans Peter Schröder

# Gesundheits- und umweltbewußter Umgang mit Farben, Lacken und Holzschutzmitteln

Das Selbststreichen findet immer mehr Anhänger unter den bundesdeutschen Do-it-yourself-Handwerker/innen. Die rasante Entwicklung immer neuerer Substanzen durch die chemische Industrie hat dies in den letzten Jahren wesentlich erleichtert.
Aufgrund der unüberschaubaren Zahl von chemischen Verbindungen in zigtausend angebotenen Produkten, die als Lacke, Farben, Lasuren, Dispersionsfarben, Holzschutzmittel usw. für den Selbststreicher oder Heimwerker angeboten werden, kann man(n)/frau es laut flottem Werbespruch "ganz schön bunt treiben".
Doch will sich der Verbraucher Klarheit über die Frage nach der Umweltrelevanz der verschiedenen Substanzen und mögliche gesundheitliche Risiken verschaffen, so wird er keine Angaben über den Lösemittelgehalt oder andere in die Büchse bzw. Gebinde gefüllten Farbbestandteile finden. Lediglich auf einigen Produkten, die bestimmte Konzentrationen eines oder mehrerer "Gefahrstoffe" enthalten, sind Gefahrensymbole und Gefahrenbezeichnungen der Arbeitsstoffverordnung bzw. der seit dem 1.1O.1986 in Kraft getretenen neuen Gefahrstoffverordnung mit Hinweisen wie "Enthält Toluol" aufzufinden. Damit ist die gesetzlich festgelegte Kennzeichnungspflicht eingehalten, letztendlich bleibt der Verbraucher, der zwischen bedenklichen und unbedenklichen Anstrichstoffen wählen möchte, im Dunkeln. Eine vollständige Auflistung sämtlicher Inhaltsstoffe, wie sie für den pharmazeutischen Bereich existiert, oder eine Minimaldeklaration der wichtigsten Bestandteile von Anstrichstoffen in absteigenden Konzentrationen wie bei Wasch- und Reinigungsmitteln vorgeschrieben, gibt es bei diesen Produkten nicht. So bleiben die offiziell geschätzten 5OO.OOO verschiedenen Lackrezepturen weiterhin das Geheimnis der jeweiligen Hersteller (Verband der Lackindustrie e.V., Deutsches Lackinstitut GmbH, 1985).

Der Verbrauch von Anstrichstoffen einschließlich Lacken und Verdünnungsmitteln betrug in der Bundesrepublik in den letzten Jahren durchschnittlich 1,3 Millionen Tonnen pro Jahr. Für 1982 ergibt sich ein durchschnittlicher jährlicher pro-Kopf-Verbrauch von etwa 2O kg Anstrichstoffen in der Bundesrepublik (Kursawa-Stucke, Schröder 1986).

Durch die Vielzahl von Namen und Begriffen wie "Lack", "Lasur", "Dispersionsfarbe", "Anstrichstoff", "Grundierung", "Firnis" etc. herrscht bei den Heimwerkern oft totale Verwirrung. Etwas Klarheit über diese Begriffe gibt die Neufassung der DIN-Vorschrift 55945 (Deutsches Institut für Normung 1978).
Der Oberbegriff "Beschichtungsstoff" umfaßt "flüssige bis pastenförmige oder auch pulverförmige Stoffe, die aus Bindemitteln sowie gegebenenfalls zusätzlich aus Pigmenten und anderen Farbmitteln, Füllstoffen, Lösemitteln und sonstigen Zusätzen bestehen". Eine weitere Unterteilung der Beschichtungsstoffe erfolgt in Lacke, Anstrichstoffe, Kunstharzputzbeschichtungsstoffe, Spachtelmassen und Füller.

Im allgemeinen bestehen Lacke, Farben und Anstrichstoffe aus folgenden Bestandteilen, die die Oberfläche von z.B. Holz, Metall, Kunststoff usw. gegen mechanische, chemische oder Witterungseinflüsse schützen sollen:

- BINDEMITTEL sind der Grundbestandteil der jeweiligen Beschichtung. Sie sollen nicht nur die Oberfläche beschichten, sondern auch die Farbstoffe und Pigmente gleichmäßig auf der Werkstoffoberfläche verteilen und fest einbinden. Sie bestehen aus Natur- und Kunstharzen sowie deren Ölen.

- LÖSEMITTEL werden zur Lösung der Harze bzw. zur Verdünnung der Öle benötigt und bewirken eine gleichmäßige Verteilung des Bindemittels auf der Oberfläche. Da sie anschließend nicht mehr benötigt werden und schnell verdunsten, belasten sie als Schadstoffe die Luft in Innenräumen und die Atmosphäre und stellen somit sowohl für den Umweltschutz als auch für den Arbeits- und Gesundheitsschutz das größte Problem bei der Verwendung von Anstrichstoffen. Jährlich werden auf diese Weise 350.000 Tonnen organische Lösemittel freigesetzt (Schaaf 1983).
  Als Lösemittel werden Testbenzin (= Terpentinölersatz), Alkohole, Ester, Ketone, chlorierte und aromatische Kohlenwasserstoffe, Citrus- und Orangenterpene und Balsamterpentinöl eingesetzt. Der Lösemittelgehalt von Anstrichstoffen im Heimwerkerbereich schwankt meist zwischen 3 % (Dispersionsfarben) und 70 % (Nitrocelluloselacke) (Kursawa-Stucke, Schröder 1986).

- PIGMENTE und Farbstoffe werden vornehmlich zur Farbgebung eingesetzt. Darüber hinaus bieten sie Schutz vor UV-Einstrahlung, die z.B. bei Holz zur Zerstörung der Holzfasern führen kann. Zum Einsatz kommen organische oder anorganische Verbindungen. Pigmente sind im

Gegensatz zu Farbstoffen in Lösemitteln und/oder Bindemitteln nicht löslich. Ein besonders wichtiges Einsatzgebiet ist der Korrosionsschutz.
Das gesundheitsgefährdende Potential insbesondere der Blei-, Chromat- und Cadmiumpigmente ist schon seit langer Zeit bekannt (Dube, Sonneborn 1986).

In Heimwerkerprodukten sollen nach Angaben des Verbandes der Lackindustrie seit dem Inkrafttreten der Arbeitsstoffverordnung 198O keine kennzeichnungspflichtigen Konzentrationen giftiger und in der Umwelt kaum abbaubarer Blei-, Chrom-, Cadmium- und Zinkpigmente eingesetzt werden (Ausnahme Bleimennige für den Rostschutz), jedoch können immer noch über den Importweg z.B. bleihaltige Produkte auf dem bundesrepublikanischen Heimwerkermarkt auftauchen, ohne daß solche Anstrichstoffe für den Selbststreicher erkennbar sind.

- FÜLLSTOFFE sollen mit zur Erhöhung des Deckvermögens beitragen, meist dienen sie als preiswertes Streckmittel in Anstrichstoffen. Füllstoffe wie z.B. Kreide sind in der Regel völlig inerte Substanzen und bringen für den Anwender keinerlei gesundheitlich Gefährdung.

- ADDITIVE sind Hilfsstoffe zur Verbesserung bestimmter Eigenschaften von Anstrichstoffen, die in sehr kleinen Mengen hinzugesetzt werden (O,1 - 2 %).

SIKKATIVE sind Trockenhilfstoffe, die die Filmbildung und Trocknung beschleunigen,
TOPFKONSERVIERER verhindern Bakterien- und Pilzwachstum in der Dose,
VERLAUFSMITTEL begünstigen einen gleichmäßigen Verlauf beim Verarbeiten,
SCHAUMVERHINDERER unterbinden das Schäumen des Produktes,
ANTIHAUTMITTEL wirken der Hautbildung in der Dose entgegen,
EMULGATOREN verhindern das Eindicken und die Flockenbildung,
FUNGIZIDE sollen das bestrichene Objekt vor Schimmelpilzbefall schützen (antischimmelfarben),
UV-ABSORBER verhindern das Verspröden und Vergilben des Anstrichs,
THIXOTROPIEMITTEL sollen die sog. Nasenbildung des Anstrichstoffes unterbinden,
KORROSIONSINHIBITOREN schützen vor Rost.

Die nachfolgende Tabelle gibt einen Überblick über die in Anstrichstoff eingesetzten Substanzen (Zeschmar-Lahl 1987).

*Übersicht über wichtige Lackbestandteile und eingesetzte Chemikalien*

| Funktion | Funktionsbeschreibung | eingesetzte Chemikalien |
|---|---|---|
| Bindemittel | | |
| • Filmbildner | bildet Film auf Oberfläche; sorgt für gleichmäßige Verteilung der Pigmente | natürliche und künstliche Harze und Öle |
| • Weichmacher | beeinflußt Filmeigenschaften | Phthalate, Chlorparaffine, Carbamidsäureharze u.a. |
| Lösemittel | "Lösung" von Bindemittel, Pigmenten und Hilfsstoffen | Testbenzin (= Terpentinölersatz), Alkohole, Ester, Ketone, Aromaten, Citrus- und Orangenterpene, Balsamterpentinöl, Wasser |
| Pigmente | UV-Schutz und Farbgebung | naP: Ocker, Graphit; saP: Titanoxid, Eisenoxid, Schwermetall-halt. P.; naP: Cochenille, Carotin soP (Teerfarbe): Azo- und Antrahachinonfarbstoffe, Phthalocyanine |
| Sikkative | Trockenhilfsstoffe, beschleunigen Filmbildung und Trocknung | Calcium-, Cobalt-, Blei-, Zirkonium-Naphthenate oder -Octoate |
| Antihautmitttel | verh. Hautbildung in Dose | Oxime |
| Topfkonservierer | verhindern Bakterien- oder Pilzwachstum in der Dose | Quecksilberverb., Organozinnverb., Formaldehyd, Thiazolinone, Chloracetamid, Ketothiazol |
| Fungizid | soll bestrichenes Objekt vor Schimmelpilzbefall schützen | Pentachlorphenol (früher) Dichlofluanid, Carbamate |
| Emulgatoren | verhindern Eindickung und Flockenbildung | Traganth, Methylcellulose Tylosen, Borax, Oleate |
| Schaumverhinderer | verhindern das Schäumen des Produkts | Siliconöle, Tributylphosphat |
| Verlaufsmittel | begünstigen einen gleichmäßigen Verlauf beim Verarbeiten | Siliconöle, Benzoe-Croton-säure |

naP/saP: natürliche/synthetische anorganische Pigmente
noP/soP: natürliche/synthetische organische Pigmente

Je nach Anwendungszweck und Farbgebung können die Rezepturen im Einzelfall sehr verschieden und komplex sein. So kann ein Lack oder eine streichfertige Dispersionsfarbe aus einem oder zwei Dutzend verschiedener Substanzen zusammengesetzt sein, von denen allerdings in aller Regel nur wenige flüchtig sind und somit zur Belastung der Innenraumluft beitragen.

## 1 Ein Wegweiser durch den Heimwerkermarkt

Lack oder Lacklasur? - Vor dieser entscheidenden Frage steht so manche/r Do-it-your-selfer(in), wenn er/sie vor den schier überquellenden Regalen der Malergeschäfte oder Baumärkte steht. Hinter dem Sammelbegriff Lack verbergen sich die verschiedensten "Formulierungen" (Rezepturen), die nach den unterschiedlichen Eigenschaften bzw. Inhaltsstoffen eingeteilt werden. Am häufigsten erfolgt die Zuordnung

- nach Art des Hauptbindemittels (z.B. Alkydharzlack, Kunstharzlack, Acrylharzlack, Nitrocelluloselack, Öl-Lack)
- nach Art des Hauptlösemittels (z.B. Spirituslack, Esterlack, Wasserlack)
- nach Art des Aufbaus des Anstrichsystems (z.B. Vorlack, Decklack)
- nach Art der Trocknung (z.B. Einbrennlack)
- nach Art der Applikation (Anwendung): z.B. Tauchlack, Spritzlack, Gießlack
- nach Art des Oberflächeneffektes (z.B. Hochglanzlack, Mattlack)
- nach Art des Anstrichträgers (z.B. Autolack, Fußbodenlack, Bootslack, Fensterlack)
- nach sonstigen Merkmalen wie z.B. Transparentlack, Weißlack, Klarlack (Kursawa-Stucke, Schröder 1986).

Oft findet man auf den Dosen und Gebinden die Hinweise "Für Innen" oder "Für Innen und Außen". Diese Aussagen beziehen sich nicht auf gesundheitsrelevante Merkmale des Anstrichstoffes, sondern weisen lediglich auf fehlende oder vorhandene Wetterbeständigkeit hin.

Einige der gebräuchlichsten Lackarten sollen an dieser Stelle vorgestellt werden. Je nach BINDEMITTEL unterscheidet man Harzlacke, Öllacke und Firnisse.
Die größte Gruppe bilden die HARZLACKE, die in ölhaltige und ölfreie Harzlacke unterteilt werden.
Als filmbildende Bestandteile kommen in ölhaltigen Harzlacken eingedicktes trocknendes Öl und Harze zum Einsatz. Zu den ölhaltigen Harzlacken

gehören Naturharz- und Kunstharzlacke. Naturharze sind z.B. Dammar, Kopalharze, Kiefernbalsam, Colophonium, Mastix, Kautschuk, Cellulose, Schellack.
Kunstharze werden in drei große Gruppen unterteilt:

- modifizierte Naturharze: Acetyl-, Benzyl-, Ethyl-, Methyl-, Nitrocellulose, modifiziertes Colophonium; u.a.
- Polymerisationsharze: Acrylharze, Polystyrol, Polyvinylacetat, Polyvinylchlorid; u.a.
- Polykondensationsharze: Aldehydharze, Alkydharze, Alkylphenolharze, Carbamidsäureharze, Epoxydharze, Polyesterharze, Polyurethanharze etc. ... (Zeschmar-Lahl 1987).

ALKYDHARZLACKE
Zu den gebräuchlichsten Heimwerkerlacken zählen immer noch die Alkydharzlacke. Sie zeichnen sich durch gute Wetterbeständigkeit und Glanzhaltung aus. Alkydharzlacke enthalten als Filmbildner mit Fettsäuren modifizierte Phthalatharze, die ihrerseits aus Phthalsäure und Glycerin oder anderen Alkoholen hergestellt werden. Als Fettsäuren kommen pflanzliche Öle wie Leinöl, Holzöl, Sojaöl u.a. zur Anwendung. Der Gehalt an organischen Lösemitteln, meist Testbenzin, liegt im Durchschnitt bei 4O %.

ÖLLACKE
In naher Verwandschaft zu den ölhaltigen Harzlacken stehen die reinen Öllacke, die zumeist aus einem pflanzlichen Öl (Leinöl, Holzöl, etc.) gelöst in Terpentinöl bestehen.
Reine Öllacke sind fast völlig vom Markt verdrängt.
Einige Naturfarbenhersteller bieten sie wieder an.

FIRNISSE
Firnisse sind eng verwandt mit den Öllacken. Es handelt sich dabei um transparente Anstrichstoffe aus nicht eingedickten Ölen, Harzlösungen oder Öl-Harz-Mischungen.
Am gebräuchlichsten ist der Leinölfirnis. Durch Kochen wird Leinöl weiter aufgearbeitet zu sog. Leinöl-Standöl, das als Zusatz bei Ölfarben zur Erzielung elastischer Oberflächen verwendet wird. Durch Zugabe von schwermetallhaltigen Trockenstoffen (Blei-, Cobalt-, Mangan-Octoate oder Naphthenate) wird der Trocknungsvorgang verkürzt (Kursawa-Stucke, Schröder 1986; Zeschmar-Lahl 1987).

ÖLFREIE HARZLACKE sind u. a. die Nitrolacke (Nitrocelluloselacke), die Chlorkautschuklackfarben (Schwimmbasinlack) und ACRYLHARZLACKE (Dispersionslackfarben), auch Wasserlacke genannt.

ACRYLHARZLACKE

Die Acrylharzlacke haben mittlerweile viel an Bedeutung gewonnen. Ihre Entwicklung ist ein entscheidender Schritt weg von den stark lösemittelhaltigen Produkten, hin zu umweltfreundlicheren Lacken und Lackfarben, denn sie lassen sich mit Wasser verdünnen und trocknen an der Luft. Die filmbildenden Acrylharze (Ester aus Acryl- und/oder Methacrylsäure) sind nicht gelöst sondern schweben im Wasser (Sponsel, Wallenfang, Waldau 1984). Sie ergeben witterungsbeständige Oberflächen (Lahl, Zeschmar-Lahl, Kursawa-Stucke 1986). Viele dieser Acrylharzlacke haben den "Blauen Umweltengel" des Umweltbundesamtes auf Antrag hin erhalten (Umweltfreundlich - weil schadstoffarm).

Da Acrylharzlacke wäßrige Kunststoffdispersionen sind, benötigen sie zum Schutz vor Pilz- und Bakterienbefall sog. Topfkonservierer. Gesundheitliche Risiken und Umweltbeeinträchtigungen können nicht ausgeschlossen werden. Der Lösemittelanteil liegt meist unter 1O %.

NATURHARZLACKE

Aufgrund zunehmender Umweltskandale ist seit Anfang der siebziger Jahre eine Veränderung des Umweltbewußtseins bei den Verbrauchern feststellbar. So haben die Aspekte des Umwelt- und Gesundheitsschutzes einen immer größer werdenden Stellenwert bekommen. Daraus entwickelte sich u.a. auch der Markt der Naturfarben, der Anstrichmittel auf Basis natürlicher Rohstoffe anbietet.

Die Produkte der Naturfarbenhersteller knüpfen wieder an die Rezepturen und Herstellungsverfahren der frühen Farben- und Lackchemie an. Sie sind wesentlich einfacher aufgebaut als konventionelle Lacke. Es werden fast ausschließlich natürliche Rohstoffe verwendet, die zum Teil allerdings modifiziert werden:

- Pflanzenharze: Kiefernharz, Lärchenharz, Dammar, Mastix, Colophonium, Kopale
- Pflanzenöle: Leinöl, Holzöl, Sojaöl, Safflooröl
- Pflanzenwachse: vor allem Carnaubawachs
- Pflanzenleime und -gummis: Traganth, Gummi arabicum, Naturkautschuk
- Pflanzengeiste: Balsamharzöl, Citrusöle, Pflanzenalkohol
- Pflanzen-Farbdrogen: Reseda, Indigo, Krapp, Catech, Blauholz, Rotholz
- Pflanzenwirkstoffe gegen Insekten und Pilze: Arvenöl, Bergamottöl
- Naturstoffe tierischer Herkunft: Schellack, Bienenwachs, Cochenille, Kasein

- andere Naturstoffe: Erdwachse und -pigmente, Kreide, Talkum, Okker, Umbra, Kieselgur
- aufbereitete Mineralstoffe: Titanweiß (Titandioxid aus dem Recycling Verfahren), Borax

Aber auch Hilfsstoffe aus der konventionellen Lackchemie finden ihren Weg ins Naturfarben-Produkt:
- Trockenhilfsstoffe (Sikkative): Salze organischer Säuren (Octoate, Naphthenate, Linoleate) mit mehrwertigen Metallen (Blei, Mangan, Cobald, Zirkonium, Zink)
- Testbenzin
- Chromoxid - Grün (Kursawa-Stucke, Schröder 1986).

Eine *lösemittelreiche* Naturharz-Lackfarbe enthält als Bindemittel modifiziertes Colophonium (ca. 10-20 %) sowie Leinöl-Standöl (5-10 %) und Dammar-Harz (5-10 %). Als Lösemittel werden Citrusterpene (über 30 %!) oder Ethanol (über 30 %) und Balsamterpentinöl (5-10 %) hinzugegeben. Zur Konservierung können Bergamottöl oder Arvenöl eingesetzt werden. Titandioxid (10-20 %) und Kreide (über 5 %) geben der Naturharzlackfarbe die nötige Deckkraft. Zur schnellen Trocknung werden Cobalt-, Mangan- und Zirkonium-Naphthenate (0,01-0,05 %) benötigt. Als Füllstoff kommt Talkum (5-10 %) und als Hilfsstoff Kieselsäure hinzu (Zeschmar-Lahl 1987).

Die Frage der Gebrauchstauglichkeit von Naturfarbenlacken ist noch nicht ausreichend untersucht worden. Diese Produkte lassen sich nicht so leicht verarbeiten und benötigen längere Trocknungszeiten als konventionelle und verbessert konventionelle Lacke (Umweltengel-Lacke). Auch die Haltbarkeit und Strapazierfähigkeit läßt wohl noch einiges zu wünschen übrig. Dies gilt anscheinend nicht für alle Produkte, wie ein Test der Stiftung Warentest zeigt: Drei Naturharzlacke erhielten wie fast alle Umweltengel-Lacke das Testurteil gut (Stiftung Warentest 1986).
Von anderen *lösemittelarmen* Naturharzprodukten wie z.B. Firnissen fehlen solche vergleichbaren Untersuchungen.

REAKTIONSLACKE
Unter dem Sammelbegriff Reaktionslacke versteht man solche Lacke, die durch eine chemische Reaktion unter Abgabe von Lösemitteln trocknen (härten). Dabei handelt es sich um Mehrkomponentenlacke, d.h. die eigentliche Filmbildung und -härtung erfolgt durch Zusammenmischen mehrerer Bestandteile (Komponenten) - meist einem "Stammlack" und einem "Härter".

Je nach Art der Reaktion unterscheidet man Polykondensations-, Polyadditions- und Polymerisationslacke.
Zu den Polykondensationslacken zählen die PHENOL-, HARNSTOFF- und MELAMINHARZLACKE. Sie werden auch SH-LACKE (säurehärtende Lacke) genannt, da für den Aushärtungsprozeß dem Harz (Stammlack) etwa 10 % Härter z.B. Salzsäure hinzugegeben wird.
Aufgrund ihrer guten Widerstandsfähigkeit gegen Wasser, Chemikalien und Lösemittel werden sie für Parkettversiegelungen von Holzfußböden im privaten Wohnbereich sowie in öffentlichen Gebäuden wie Schulen, Turnhallen u.ä. eingesetzt.
Die handelsüblichen Reaktivharze enthalten bis zu 4 % freies Formaldehyd, so daß es für die Bewohner solcher mit säurehärtenden Parkettversiegelungen versehenen Aufenthaltsräume zu erheblichen gesundheitlichen Beeinträchtigungen sowohl bei der Verarbeitung als auch während des Aushärtungsprozesses und lange Zeit danach kommen kann (Dube, Sonneborn 1986).

Zur Gruppe der Polyadditionslacke gehören die POLYURETHAN- und die EPOXIDHARZLACKE. Beim Mischen des Stammlackes und des Härters vernetzen (addieren) die Moleküle zu Großmolekülen.
Polyurethanlacke (PUR- oder DD-Lacke) setzen sich aus Polyester (Desmophen = Stammlack) und Polyisocyanaten (Desmodur = Härter) zusammen. DD-Lacke sind füllig, hartelastisch, haft-, abrieb-, schlag- und kratzfest sowie wetter-, wasser- und chemikalienbeständig. Verwendet werden sie für besonders beanspruchte Objekte wie z.B. Holztreppen, Parkettböden, Boote, Schulen u.a. (Jakubowski 1984). Bei der Verwendung von Polyurethanlacke können Isocyanatemissionen auftreten, die die Gesundheit (Schleimhautreizungen) beeinträchtigen können.

Epoxidharzlacke bestehen aus gelöstem Epoxidharz als Stammlack und Aminen als Härter. Sie haften gut, sind elastisch, abriebfest, wetter- und chemikalienbeständig und werden daher für widerstandsfähige Innen- und Außenlackierungen benutzt (Türen, Fenster, Fußböden u.a.).
Amine greifen Haut und Schleimhäute an. Daher sind besondere Sicherheitsmaßnahmen bei der Verarbeitung zu berücksichtigen, wie Schutzhandschuhe, Arbeitsraum gut durchlüften.

Zu den Polymerisationslacken gehören die POLYESTERLACKE. Sie bilden Makromoleküle aus Polymerisation und Polykondensation und bestehen aus ungesättigten Polyesterharzen (gelöst in Styrol) als Stammlack und Peroxid als Härter bzw. Katalysator. Zusätze sind Weichmacher und Pig-

mente. Die sehr harten Polyesterlackfilme sind besonders widerstandsfest gegen Alkalien, Wasser und Abrieb und ergeben einen ausgezeichneten Metallschutz.
Polyesterlacke dienen hauptsächlich als Klarlacke und Lackfarben zum Beschichten von Holz, vereinzelt auch von Beton und Metall (Jakubowski 1984).

Das Lösemittel STYROL reizt die Schleimhäute, außerdem wirkt der Härter ätzend auf Augen und Haut, daher Schutzbrille und entsprechende Schutzhandschuhe tragen (Wulf 1983).

Einige Lacke und Lackfarben lassen sich in der Systematisierung nach Bindemittel nicht einordnen:

SPIRITUSLACKE
Spirituslacke sind nach ihrem Lösemittel (Ethanol) benannt. Als Bindemittel können Schellack, Kopal und andere Naturharze verwendet werden.

CELLULOSELACKE
Celluloselacke sind hauptsächlich NITROLACKE (Nitrocelluloselacke), die aus Lösungen von Nitrocellulose in flüchtigen Lösemitteln unter Zusatz von Harzen und Weichmachern bestehen. Sie sind "körperarme" Lacke. Ihr Gehalt an Filmbildnern beträgt etwa 25 %; die übrigen 75 % bestehen aus flüchtigen Löse- und Verdünnungsmitteln.
Zaponlacke sind besonders dünnflüssige Nitrolacke, die einen Festkörperanteil von 5 % enthalten.
Nitrolacke sind besonders schnell trocknende Lacke, die hauptsächlich in der industriellen Lackierung auf Holz und Metall Verwendung finden. Nitrolacke sind feuergefährlich und ihre Dämpfe sind gesundheitsschädlich (Jakubowski 1984).
Im Hobby- und Heimwerkerbereich werden dünnflüssige harzreiche Nitrolacke als "Sperrgründe" (Holzeinlaßgründe, Schnellschliffgründe, Sperrmittel und Isoliermittel) verwendet (Wulf 1983).

CHLORKAUTSCHUKLACKFARBEN
Chlorkautschuklackfarben, auch Chlorkautschuklacke genannt, sind Anstrichstoffe auf Basis von Chlorkautschuk, die in flüchtigen Lösemitteln unter Zusatz von Ölen, Harzen und Weichmachern gelöst sind. Sie zeichnen sich durch besondere Wasser-, Chemikalien- und Wettbeständigkeit aus und werden daher für Unterwasseranstriche, Schwimmbecken u. a. eingesetzt. Beim Verarbeiten müssen besondere Sicherheitsmaßnahmen getroffen werden, da Chlorkautschuklackfarben bis zu 2% Tetrachlorkohlen-

stoff enthalten können. Tetrachlorkohlenstoff ist ein starkes Zell- und Nervengift, das in geringen Konzentrationen Hautekzeme, Kopfschmerzen sowie Schwindel, Leber- und Nierenschäden verursachen kann. Es verursacht nachweislich im Tierversuch Krebs.

LASUREN

Lasuren sind Anstrichstoffe mit speziellen Bindemitteln, die auf der Holzoberfläche einen transparenten Film ergeben. Sie unterscheiden sich von den Lacken durch eine geringere Filmdicke. Man unterteilt:

- Imprägnierlasuren (Dünnschichtlasuren): sie enthalten bis zu 3O % Bindemittel (zumeist Alkydharz), organische Lösemittel und transparente Pigmente. Sie sind zumeist pilzwidrig (fungizid), teilweise auch insektenwidrig (insektizid) und bakterienwidrig (bakterizid) eingestellt. Sie werden im Heimwerkermarkt als Holzschutzlasuren angeboten und haben sich bei den Heimwerkern unter dem Begriff Holzschutzmittel festgesetzt.
- Lacklasuren (Dickschichtlasuren): sie enthalten 35 bis 5O % Bindemittel (zumeist Alkydharze) und organische Lösemittel, ebenfalls transparente Pigmente. Die wasserverdünnbaren Systeme - zumeist auf Basis von Acryl-Dispersionen - werden analog den Dispersionslacken als Dispersionslasuren bezeichnet.

Es kommt öfter vor, daß der Anwender solcher Holzschutzlasuren eigentlich nur seiner Profilholzwand einen dunkleren Farbton geben will, aber in seiner Wohnung ungewollt Gifte verstreicht, die während und nach der Anwendung in die Raumluft übergehen und ihn schädigen können. Vom Etikett konnte der Anwender diese Informationen nicht entnehmen. Lediglich aus versteckten Aussagen wie z.B. "Schützt vor Bläue, Fäulnis, Schimmelpilz, Insekten" muß er entnehmen, daß die Lasur giftige Wirkstoffe (Biozide) enthält.

Durch unsachgemäße Anwendung, das heißt großflächige Verteilung von chemischen Holzschutzmitteln in Innenräumen ohne ausreichende Lüftung und vorsorgende Schutzmaßnahmen, kann es zu erhöhten Lösemittelbelastungen und gesundheitlichen Beeinträchtigungen oder gar ernsthaften Erkrankungen kommen.
Eine akute Gesundheitsgefahr besteht schon während der Anwendung eines Holzschutzmittels, da die verdunstenden Lösemittel die Wirkstoffanteile mit in die Raumluft einbringen. Aber auch *nach* der Anwendung gehen von dem behandeltem Holz langfristig wirkende Gefahren aus: Die bioziden Wirkstoffe gehen aufgrund ihres Dampfdruckes aus dem Holz in die Umgebungsluft über.

Das Ausmaß der Gefahr für die Gesundheit des Menschen ist allerdings abhängig von der Art des Wirkstoffes, seiner Menge, der Größe der behandelten Holzoberfläche, von der Raumtemperatur, Luftfeuchtigkeit, Innenraumlüftung und der bei der Verarbeitung getroffenen Sicherheitsmaßnahmen. Entscheidend kann sein, ob die Gebrauchsanweisung befolgt oder Atemschutzmaske und säurebeständige Gummihandschuhe verwendet wurden. Wichtig ist weiterhin die Aufenthaltsdauer (Expositionszeit), die Art des Zusammenwirkens mehrerer Stoffe (Fungizide, Insektizide und Lösemittel) und das Maß der unterschiedlichen Empfindlichkeit eines jeden einzelnen Menschen gegenüber den Inhaltsstoffen in Holzschutzmitteln.
Die größte Wirkstoffaufnahme erfolgt über die Lunge. Über die gesundheitlichen Auswirkungen gerade auf dem Gebiet sehr niedriger Wirkstoffmengen liegen nur wenige Untersuchungen vor.

Nach Anwendung von Holzschutzmitteln in Innenräumen traten akute Symptome wie Übelkeit, Kopfschmerz, Erbrechen, starkes Schwitzen, Abmagerung, stechende Bauchschmerzen, Herzrhythmusstörungen bis zum Kollaps, Nerven- und Augenleiden, Juckreiz am ganzen Körper und Hautekzeme auf. Da sich die Betroffenen aber auch weiterhin in den behandelten Räumen aufhielten, stellten sich auch öfter chronische Vergiftungserscheinungen ein wie Haarausfall, Bindehaut-, Rachen- und Mandelentzündungen, Kopfschmerzen, Muskelzucken, Bronchitis, Müdigkeit, Schwindelanfälle, Depressionen und Aggressionen (BBU 1983; Interessengemeinschaft Holzschutzmittel-Geschädigter e.V. 1985).

Der Heimwerker kann und soll daher *im Innenbereich* auf den Einsatz chemischer Holzschutzmittel verzichten, da die Lebensmöglichkeiten für Schadinsekten und Pilze in aller Regel schlecht sind. In Feuchträumen wie Bad, Keller und Küche können baukonstruktive Maßnahmen wie Hinterlüftung von Holzvertäfelungen und Verbretterungen helfen, auf Holzschutzmittel zu verzichten. Eventuell ist es aber sinnvoller, hier Holz nicht zu verwenden und auf andere Werkstoffe wie Fliesen oder Kacheln auszuweichen (Kursawa-Stucke, Schröder 1986).

FARBEN
Im allgemeinen Sprachgebrauch wird der Begriff Farbe zumeist für einen Anstrichstoff für Wand oder Tapete verwendet. Hierbei kann man aufgrund des Bindemitteltyps drei Gruppen unterscheiden:
- Leimfarben
- Dispersionsfarben
- Silikatfarben

LEIMFARBEN

Leimfarben bestehen aus dem Bindemittel Leim, dem Lösemittel Wasser und Pigmenten. Da der Leim seine Löslichkeit in Wasser auch nach dem Trocknen nicht verliert, werden Leimfarben nur in Innenräumen eingesetzt. Dafür können sie aber bei Bedarf leicht wieder abgewaschen werden. Leimfarben sind äußerst wirtschaftlich; sie waren lange Jahre der bevorzugte Innenanstrich in Wohnungen, haben aber mittlerweile durch die Dispersionsfarben an Bedeutung verloren.

Nach Herkunft der Grundstoffe unterscheidet man vier Leim-Typen:

1. Tierische Leime: Haut-, Leder-, Knochenleime; sie sind in der Anstrichtechnik von untergeordneter Bedeutung, weil der Anstrich zur Fäulnis und zum Abplatzen neigt.
2. Pflanzliche Leime: sie basieren auf Stärke aus Kartoffeln, Getreide und anderen Pflanzen. Verwendung für Anstriche in Westeuropa bis 1965 hauptsächlich für innere Putzflächen und als Tapetenkleister.
3. Celluloseleime: sie basieren hauptsächlich auf Methylcellulose (kalkverträglich) oder Carboxymethylcellulose (CMC; nicht kalkverträglich).
4. Caseinleime: Leime auf der Basis von Milcheiweiß (Casein). Sie sind zwar nicht wetterbeständig, aber viel wasserfester als andere Leimanstriche. Kalkcasein hingegen bildet sogar wetterfeste Anstriche.

DISPERSIONSFARBEN

Dispersionsfarben sind aus Dispersions-Bindemitteln und Pigmenten, Hilfsstoffen, Wasser und zum Teil organischen Lösemitteln hergestellte Anstrichstoffe. Sie lassen sich wie Leimfarben verarbeiten, die Filme aber haben die Festigkeit von Lackfarbenanstrichen, nicht aber deren Glanz. Sie stehen somit zwischen diesen beiden Gruppen.
Bei den verwendeten Bindemitteln handelt es sich zumeist um Polymerisate von Acrylaten, Ethylen, Butadien, Styrol, Vinylchlorid, Vinylacetat, Vinylpropionat; auch Copolymere wie Styrol-Butadien oder Styrol-Acrylat finden Anwendung.

Bei der Filmbildung wandert das Wasser rasch in den zumeist saugfähigen Untergrund, teils verdunstet es. Dabei verfließen die Bindemittelteilchen miteinander im sog. "kalten Fluß" (Butadien-enthaltende Bindemittel härten auch durch Sauerstoffaufnahme). In jedem Fall wird eine gleichmäßige Bindemittelschicht gebildet, die von ihrem ursprünglichen "Lösemittel", dem Wasser, nicht wieder in Lösung gebracht werden kann. Zur Entfernung dieser Anstriche benötigt man spezielle Abbeizmittel. Andererseits sind sie dadurch wetterbeständig.

Dispersionsanstrichmittel werden heute teilweise auch noch als Latex-Bindemittel bezeichnet. Latex ist eigentlich die Bezeichnung für den Kautschuksaft des Gummibaumes. Beim Trocknen ergibt Latex einen elastischen, wasserbeständigen Film. In der heutigen Anstrichtechnik bezeichnet man das Polymerisat aus Butadien und Styrol (Vinylbenzol) als "Kunstkautschuk". Diese oder andere Rohstoffe, nicht echter Latex, sind in den heutigen Latex-Bindemitteln enthalten.

SILIKATFARBEN
Silikatfarben enthalten als Bindemittel ein kieselsäurereiches Kaliwasserglas; zumeist werden noch wenige Prozent Kunstharze zur Stabilisierung hinzugegeben. Sie sind zudem stark alkalisch eingestellt und benötigen daher keinen Zusatz von Topfkonservierern, da Pilze und Bakterien in diesem Milieu nicht gedeihen.

Bei der Trocknung kristallisieren Silikatfarben aus und bilden quasi eine Versteinerung. Sie sind daher äußerst beständig gegen atmosphärische Einflüsse, Säuren und Laugen. Ohne Pigmente werden sie heute vielfach zur Natursandstein-Konservierung (wegen des sauren Regens) eingesetzt.

*Typische Rezepturen von Wand- und Fassadenfarben*

| Inhaltsstoff | Dispersionsfarbe | Leimfarbe | Silikatfarbe |
|---|---|---|---|
| Lösemittel | Wasser z.T. bis 10% Testbenzin | Wasser* | Wasser |
| Bindemittel: | | | |
| • Filmbildner | Styrol-Acrylat oder Polyvinylacetat-Acrylat, 10 - 30 % oder Naturharz | Cellulose (modifiziert) 1 - 5 % | Kaliwasserglas Natriumwasserglas + Acrylat-Co-P 3 - 5 % |
| • Weichmacher | keine | keine | keine |
| • Restmonomere | Styrol, Vinylacetat | keine | wie Disp.farbe |
| Topfkonservierer | Chloracetamid Formaldehyd | keine | keine oder wie Dispers.farbe |
| Pigmente | Titandioxid | Kreide, Talkum | Titandioxid |

* muß, falls als Pulver gekauft, daheim mit Waser angesetzt werden

(Zeschmar-Lahl 1987)

## 2 Gift in kleinen Dosen?

Von allen Inhaltsstoffen der Farben und Lacke, die von den Herstellern weitgehend geheimgehalten und nur unzureichend gekennzeichnet werden, sind die Lösemittel am problematischsten, besonders dann, wenn der Verbraucher aus Unwissenheit oder Bequemlichkeit auf das ausreichende Lüften beim Streichen und längere Zeit danach verzichtet. Eine umfangreiche Wohnungsrenovierung am Wochenende kann laut einer Studie eines Lackherstellers zu einer Lösemittelbelastung bis zu 35,1 g Lösemittel pro $m^3$ Luft führen (Haitschke 1981).

Das Ausmaß einer Gesundheitsschädigung durch das Einatmen von Lösemitteldämpfen ist abhängig von einer entsprechend *intensiven oder hohen Lösemitteldosis* und der *Giftigkeit* der Einzelsubstanz im Lösemittelgemisch, dem *Zusammenwirken* mehrerer (giftiger) Stoffe und der jeweiligen *Sensibilität* des Heimwerkers oder seiner Familienmitglieder, besonders der Kinder.
Lösemittel gelangen mit der Atemluft vorzugsweise in die Lungen und von dort in die fetthaltigen Gewebe des Körpers wie Gehirn, Nerven, Leber, Nieren, Knochenmark, Ei- und Samenzellen oder gar in den Fötus bei Schwangeren. Dort können sie gespeichert bzw. in zum Teil noch giftigere Abbauprodukte umgewandelt werden.

Verschlucken von Lösemitteln z.B. durch Kinder (leichtsinniges Umfüllen von Pinselreinigern z.B. in Getränkeflaschen!) führt zu starker Reizung der *Mund-, Magen- und Darmschleimhaut* mit anschließendem *Erbrechen*. Aber auch andere *chronische Wirkungen* durch Lösemittel und andere Lackinhaltsstoffe sind bekannt: So können *inhalative* (durch Einatmen der Stoffe ausgelöste) und *Kontaktallergien* vor allem über die Haut eine zunehmende Rolle bei Erkrankungen von Heimwerkern spielen. Wegen des längeren Zeitraumes von Monaten und Jahren zwischen dem Zeitpunkt des Kontaktes mit dem allergieauslösenden Stoff und dem Auftreten des Krankheitsbildes wird ein solcher krankheitsauslösender Zusammenhang auch für den Facharzt nicht immer sofort erkennbar.

Nicht nur der menschliche Organismus, sondern auch die Umwelt werden übermäßig belastet: Alle organischen Kohlen-Wasserstoffe - insbesondere die Lösemittel aus Anstrichstoffen - führen zur Bildung von Luftschadstoffen, den sog. Photooxidantien, die mit für das Waldsterben verantwortlich gemacht werden.

## 3 Was verspricht der "Umweltengel"?

Der blaue Umweltengel, eine Kennzeichnung des Umweltbundesamtes in Berlin taucht immer öfter auf Etiketten von Dosen und Farbkanistern in Heimwerkermärkten und Fachgeschäften auf. Ist er ein Markenzeichen für gesundheitlich unbedenkliche Inhaltsstoffe?
Tatsächlich sind diese "Umweltlacke" lediglich *schadstoffreduziert, auf keinen Fall "umweltfreundlich" oder gar gesund.*
"Umweltengellacke" mit dem blauen Engel dürfen höchstens bis zu *15 Gewichtsprozent* Lösemittel enthalten. In herkömmlichen Anstrichstoffen können dagegen bis zu 7O % Lösemittel nachgewiesen werden. Umweltengellacke müssen zudem frei von krebserzeugenden Inhaltsstoffen sein. Damit bleiben sie auch weiterhin, wenn auch in geringerem Maß, *gesundheitsgefährdend und umweltbelastend.*
Naturfarben sollen in aller Regel laut Hersteller nur Rohstoffe wie natürliche Farbstoffe, Harze, Öle, Balsame, Wachse und Duftstoffe enthalten. Allerdings gibt es Produkte, bei denen der Naturfarbenhersteller Kompromisse machen muß und einige *Zusatz-, Hilfs- oder Füllstoffe* in geringer Menge aus der *synthetischen Chemie* zugefügt werden müssen.
Auch Naturfarben müssen Lösemittel enthalten. Neben Wasser werden aber ätherische Öle wie *Balsamterpentin-, Citrusschalenöle* sowie *Alkohole* eingesetzt.
*Balsamterpentinöl* besteht aus einer Reihe mehr oder weniger flüchtiger Terpene, die allerdings gesundheitlich nicht unbedenklich sind. Die schädliche Wirkung auf den Menschen ist vermutlich geringer als bei einem stark lösemittel- und ggf. schwermetallhaltigen konventionellen Lack einzuschätzen.
Die Inhalation von *Terpentinöl* kann *Kopfschmerzen, Benommenheit* und *Reizerscheinungen der Augen und Atemwege* verursachen. Bisher sind Hin-weise auf eine chronische Schädigung des Menschen allerdings nicht be-kannt geworden.
Bestimmte Inhaltsstoffe wie Colophonium und Terpentin gehören mit zu den häufigsten Allergie-Auslösern. "Natur" muß nicht immer gesund sein!

## 4 Was kann man bei der Anwendung von Anstrichstoffen gegen eine mögliche Gesundheitsgefährdung tun?

Verwenden Sie - wenn Sie aus Gründen des vorbeugenden Gesundheitsschutzes sehr schadstoffhaltige Farben, Lacke und Lasuren vermeiden möchten - zumindest in einem ersten Schritt - *wenigstens schadstoffarme, lösemittelreduzierte Lacke,* die mit dem *blauen Umweltengel* des Umweltbundesamtes ausgezeichnet sind.

Grundsätzlich sollten Sie versuchen, mit lösemittelhaltigen Farben und Lakken nur *im Freien* zu arbeiten. In Innenräumen ist unbedingt für eine ausreichende, möglichst *dauernde Lüftung* während und auch noch länger nach der Verarbeitung von lösemittelhaltigen Produkten zu sorgen. Bei geschlossenen Räumen besteht ohne Lüftung *Vergiftungsgefahr*! Auch bei der Verwendung von Naturfarben müssen Sie lüften, da sie u.U. bis zu *30 %* Lösemittel enthalten können!

Das *Streichen und Rollen* von Farben und Lacken sollte dem Spritzen vorgezogen werden. Beim Spritzen muß der Anstrichstoff zusätzlich mit Lösemitteln verdünnt werden. Es entsteht so ein zusätzliches Risiko. Bei der Verarbeitung *aller* Anstrichstoffe (also auch von Naturfarben) sollten immer *Gummihandschuhe* getragen werden, um einen Hautkontakt zu vermeiden. Es ist ratsam, ggf. auch den übrigen Körper vor möglichen Farbspritzern durch entsprechende Arbeitskleidung zu schützen (Augen). *Verzichten Sie* - wenn irgend möglich - auf das *Verdünnen* von Farben und Lacken. Es besteht die Gefahr des *Verschüttens* und des unbeabsichtigten Hautkontakts mit diesen Verdünnern. Vermeiden Sie das *Rauchen* oder sonstiges *offenes Feuer* bei der Verwendung von lösemittelhaltigen Lakken. Besonders gefährlich sind sogenannte *Nitrolacke und -verdünner*, weil sie einen sehr hohen Lösemittelanteil aufweisen. In geschlossenen Räumen kann es zu einer *explosiven Lösemittelkonzentration* kommen, wenn größere Mengen bei der Arbeit verdampfen. Trinken Sie während der Verarbeitung *keinen Alkohol*, denn er verstärkt die Wirkung von Lösemitteldämpfen. Sie setzen zudem die Alkoholverträglichkeit erheblich herab. Verzichten Sie bei der Verarbeitung auf die Einnahme von *Medikamenten*. Lösemittel können die Wirkung erheblich verändern. Können Sie nicht darauf verzichten, sollten Sie zu einem späteren Zeitpunkt malern oder fast lösemittelfreie Produkte wählen.

Sollten trotz aller Vorsorge gesundheitliche Beeinträchtigungen wie Kopfschmerzen, Übelkeit, Schwindelgefühl oder gar Erbrechen auftreten: *Brechen Sie sofort ihre Arbeit ab* und öffnen Sie alle Lüftungsmöglichkeiten in den Räumen. Gehen Sie an *die frische Luft*. Suchen Sie ggf. einen Arzt auf, falls die Symptome nach kurzer Zeit nicht wieder abklingen. (Vgl. Giftnotrufe der Länder im Telefonverzeichnis). Weisen Sie ihren behandelnden Arzt sofort darauf hin, mit welchem Produkt Sie gearbeitet haben. In den Giftnotrufzentralen der Länder sind für den Facharzt die wichtigsten Inhaltsstoffe und Hinweise auf wirksame Gegenmittel für akute Vergiftungen hinterlegt.

Nach Beendigung Ihrer Malerarbeiten sollten die Innenräume weiterhin zumindest periodisch über mehrere Stunden und Tage intensiv *gelüftet* werden. Dieses Lüftungsverhalten müssen Sie in längeren Abständen zumindest solange wiederholen, wie es "*nach frischer Farbe*" riecht.

*Farbspritzer auf der Haut* sollten *nie* mit Lösemitteln (Pinselreinigern) entfernt werden (Handschuhe!). Die Lösemittel dringen besonders gut durch die Haut ein und gelangen über die Blutbahn in die Zielorgane. *Reinigungsgeräte* die mit Lösemitteln wie Verdünnern von Lacken in Berührung gekommen sind, sollten Sie zur kurzfristigen Aufbewahrung "unter Wasser" setzen. Ein Glas oder eine Blechdose möglichst mit Deckel gegen das Verdunsten des Wassers sind dabei hilfreich. Ein Eintrocknen z.B. der Pinsel und das Entweichen von Lösemitteln wird so wirksam verhindert. Sollten *Lack- oder Farbreste* sowie *Lösemittel, Hilfsstoffe* und *Pinselreiniger* übrig bleiben, so sollten Sie die Dosen nach dem Gebrauch *sofort verschließen* und Lack und Farben gut verschlossen "auf den Kopf" stellen, um einen Lösemittelaustausch zu verhindern. Füllen Sie keine Reste in Fremdgefäße (Verwechselungsgefahr für Kinder). Bewahren Sie mögliche Farb- und Lackreste nicht an warmen Orten wie Heizungskeller oder Dachboden auf. Höhere Temperaturen können die Verschlüsse lösen und das Gemisch entzünden (Brandgefahr).

## 5 Was können Sie tun bei der Beseitigung von Farben- und Lackresten?

Reste von Anstrichstoffen dürfen weder ins häusliche Abwasser noch ins Feuer geschüttet werden. Dies gilt für *lösemittelreduzierte Dispersionsfarben (Farben auf Wasserbasis)* ebenso wie für *Naturfarben*. Anstrichstoffe im Abwasser belasten in unverantwortlicher Weise unsere Kläranlagen. Diese Reste können die biologische Wirkung der Klärstufe erheblich schädigen. Kleinere Farb- und Lackreste sollten im Freien an einen *kindersicheren und feuerungefährlichen* Platz zur Verflüchtigung der Lösemittel und damit "zum Austrocknen" gestellt werden. Wegen der Möglichkeit, daß gerade in einigen Importprodukten noch immer giftige Schwermetallverbindungen als Pigmente enthalten sein können und dies nicht immer für den Verbraucher erkennbar ist, dürfen diese Reste nach Verflüchtigung der Lösemittel *nicht in den Hausmüll.* Sicherheitshalber sollten alle Anstrichstoff-Reste im Originalbehälter in den Sondermüll. Benutzte Pinsel sollten weder mit Pinselreinigern (= zusätzliche Lösemittelbelastung) noch unter fließendem Wasser (= starke Abwasserbelastung) ausgewaschen werden. Am besten lassen Sie gebrauchte Pinsel im Freien austrocknen (außer Reichweite von Kindern) und geben sie bei Gelegenheit zum Sondermüll. Versuchen Sie, die Anstrichstoff-Reste in der Originaldose bei Ihrem *Händler* zurückzugeben. Vielleicht hat er die Möglichkeit, die Reste unter Einhaltung der Sicherheitsvorschriften an den Hersteller zurückzugeben oder sie einer ordnungsgemäßen Sondermüllsammelstelle zuzuführen. Fragen Sie bei Ihrer *Stadt- oder Gemeindeverwaltung* nach Sondermüllsammelaktionen. Regen Sie solche Sammlungen bei Ihrem Gemeinde- oder Kreistagsabgeordneten an. Als umweltbewußter Verbraucher fahren Sie selbstverständlich nicht wegen jedes sondermüllpflichtigen Produktes extra mit dem Auto zur Sammelstelle, sondern suchen ökologisch bessere Wege (Gemeinsam entsorgen!).

*Es ist deutlich:* mögliche schädliche Umwelt- und Gesundheitsauswirkungen können nicht durch ein noch so umweltbewußtes Konsumverhalten des Einzelnen allein vermieden werden. Der Verbraucher ist zur sachgerechten Einschätzung aller Wirkungen auch darauf angewiesen, die Umwelterheblichkeit bei der Produktion, der Anwendung und der Abfallbeseitigung von Anstrichstoffen zu kennen. Hilfreich für ein umweltbewußtes Konsumverhalten ist die *Inhaltsstoffdeklaration* der wichtigsten Stoffgruppen in absteigender Reihenfolge der verwendeten Mengen auf dem Etikett. Eine solche *Deklaration* wird natürlich auch von den Naturfarbenherstellern einzufordern sein.

Unsere *Verhaltensempfehlungen* können in letzter Konsequenz, wenn sie von vielen täglich erprobt werden, der sanfte Zwang für diejenigen Produzenten sein, die noch immer erheblich umweltbelastende Produkte herstellen.

Die Lackindustrie durchlebt heute gerade diesen Lernprozeß, den die Waschmittelindustrie in den letzten Monaten verstärkt durch Angebote umweltverträglicherer Produkte erfolgreich auch für den Verbraucher umzusetzen beginnt.

## Literatur

BBU-Protokoll des ersten Treffens der Holzschutzmittelgeschädigten am 27.2.1983 in Bonn.

Deutsches Institut für Normung: DIN 55945 Anstrichstoffe und ähnliche Beschichtungsstoffe: Begriffe. April 1978. Berlin 1978.

Dube, R./ Sonneborn, M.: Lacke und Farben - Zusammensetzung und Verwendung im Heimwerkerbereich. Aspekte zum Verbraucherschutz. Max von Pettenkofer-Institut des Bundesgesundheitsamtes. MvP-Hefte 3/1986. Berlin 1986.

Hantschke, B.: Chemische und physikalische Prozesse bei der Trocknung von Bautenanstrichmitteln und ihre Auswirkungen auf die Beschaffenheit der Luft in Wohnräumen. Glasurit - Münster 9/1981.

Interessengemeinschaft der Holzschutzmittel-Geschädigten e.V. (IHG): Mitteilung 3, 8/85, Engelskirchen 1985.

Jakubowski, E.: Malerfachkunde. 2. neubearbeitete und erweiterte Auflage, Stuttgart 1984.

Kursawa-Stucke, H.-J./ Schröder, H. P.: Schadstoffe in Farben und Lacken - Dicke Luft im Hobbyraum. In: Globus-Begleitmappe 5/86. Stuttgart 1986, S. 113 ff.

Kursawa-Stucke, H.-J./ Schröder, H. P.: Bio Kontra Chemie? Farben, Lacke, Holzschutzmittel und Klebstoffe für den Heimwerker. Eine Entscheidungshilfe für den umweltbewußten Umgang mit Heimwerkerprodukten. Stiftung Verbraucherinstitut. Berlin 1986.

Lahl, U./ Zeschmar-Lahl, B./ Kursawa-Stucke, H.J.: Das Gift, das aus dem Pinsel kommt. In: natur 12/86. München 1986, S. 81 - 91.

Schaaf, R.: Lösemittelemissionen aus Lacken und Anstrichstoffen. In: Lack im Gespräch H. 4, (3) 1983.

Sponsel, K./Wallenfang, W.O./Waldau, J.: Lexikon der Anstrichtechnik 1. Grundlagen. 7. ergänzte Auflage, München 1984.

Stiftung Warentest: Schadstoffarme Lacke: sinnvolle Alternative. In: test 9/86. Berlin 1986, S. 38 - 43.

Verband der Lackindustrie e.V., Deutsches Lackinstitut GmbH: Lacke und Farben in der Gesundheitsdiskussion. Köln 1985.

Wulf, H.: Kleine Farbwarenkunde. 8. Auflage. Köln-Brausfeld 1983.

Zeschmar-Lahl, B.: Öko-Lackschrank - wissenschaftlicher Begleittext. Stiftung Verbraucherinstitut Berlin 1987.

# ERNÄHRUNG IM HAUSHALT

Silke Schwartau-Schuldt

# Gesunde Ernährung nach Tschernobyl? Möglichkeiten und Grenzen individuellen Ernährungsverhaltens

Tschernobyl hat unser Leben verändert. Es zieht eine unauslöschbare Giftspur an Radioaktivität nach sich, die aus unserem Leben nie mehr weichen wird. Derartige Katastrophen wirken nicht nur in der Gegenwart, sondern auch in der Zukunft. Der lebensfeindliche Charakter dieser Energieform gefährdet uns und insbesondere unsere Kinder.

Die Wolke aus Tschernobyl hat neben Radioaktivität auch Angst, Unsicherheit und Resignation verbreitet: Warum noch biologisch anbauen und bewußt schadstoffarme Lebensmittel einkaufen, wenn diese einst gesunde Ernährung auf einmal gefährlich wird? Statt frischer Milch und Salaten waren auf einmal Milchpulver und Dosengemüse empfehlenswerter. Inzwischen hat sich die Situation verändert, doch es bleiben viele Fragen und Unklarheiten. Radioaktivität ist fast überall nachweisbar. Noch immer kommen die Reste des "Restrisikos" auf unseren Tisch. Das radioaktive Cäsium ist erst im Jahre 2016 zur Hälfte zerfallen und kommt je nach Art und Zusammensetzung der Lebensmittel in unterschiedlichen Konzentrationen im Fleisch, in Schokoladenartikeln oder in Fertiggerichten vor.
Die in der Verbraucher-Zentrale Hamburg am häufigsten gestellte Frage lautet: "Was kann man eigentlich noch essen, wenn beim Einkaufen neben der Radioaktivität auch die vielen anderen Schadstoffe mit berücksichtigt werden sollen?"
Denn Radioaktivität gegen andere Schadstoffe auszutauschen, kann langfristig nicht die richtige Lösung sein. Kalbfleisch mit Hormonen oder Pudding mit Farbstoff werden angesichts der Katastrophe von Tschernobyl nicht zur Delikatesse ( Abb. 1).

Auf den privaten Haushalten lastet ein kaum zu bewältigender *Informationsdruck*. Insbesondere die Ernährung von sogenannten Risikogruppen wie Schwangeren, Säuglingen oder Menschen mit geschwächtem Immunsystem (Krebskranke, Allergiepatienten usw.), die besonders gesund und strahlenarm ernährt werden sollten, überfordert so manche Familie bei der Informationsbeschaffung. Das berechtigte Anliegen, möglichst wenig radioaktives Cäsium mitzuessen, daneben aber auch die Tierarzneimittelrückstände, künstliche Farbstoffe oder Schwermetalle nicht zu vergessen,

Abb. 1

wird durch aktuelle Lebensmittelskandale wie Bruteier in Nudeln oder gefährliche Bakterien im Käse ergänzt. Gibt es noch einen Weg, sich durch gezieltes Ernährungsverhalten schadstoffarme Lebensmittel auszuwählen, oder hat das Restrisiko uns längst den Rest gegeben?

Viele Menschen haben zwischenzeitlich resigniert und leben nach dem Motto: "Wir können ohnehin nichts mehr machen, es ist sowieso alles giftig". Angesichts der Häufung von Umweltskandalen und Meldungen über Gift im Essen ist diese These durchaus verständlich, doch sie führt in die falsche Richtung. Wer sich so verhält, unterstützt die Atom- und Chemiebefürworter, trägt weiterhin zur Belastung der Umwelt und Ausbeutung der Entwicklungsländer bei und vernachlässigt nicht nur seine eigene Gesundheit, sondern in vielen Fällen auch seine Verantwortung gegenüber der Gesundheit anderer, z.B. von Kindern oder Essensteilnehmern in der Großküche.

Schweigen, Vergessen und unverändert Weiterleben - das wird von den Interessengruppen einer umwelt- und somit auch menschenfeindlichen Politik gewünscht. Wenn wir uns informieren, handeln und engagiert unsere Intergewünscht. Wenn wir uns informieren, handeln und engagiert unsere Interessen vertreten, kommen wir zumindest kleine Schritte voran. Kritiklos alles zu schlucken - diesen Gefallen sollten wir niemandem tun (Abb. 2).

Abb. 2

## 1 Wer gibt Entscheidungshilfen für gesundes Ernährungsverhalten?

Nach Tschernobyl wurden erstmal gar keine und von offizieller Seite lediglich beschwichtigende Hinweise zum Ernährungsverhalten an die Bevölkerung weitergegeben. Nach einigen Tagen meldeten sich jedoch die unterschiedlichsten Interessengruppen zu Wort und es kam zu dem vielfach bemängelten *"Informationschaos"*, das durch sehr widersprüchliche Empfehlungen gekennzeichnet war. So gab es beispielsweise von Bundesland zu Bundesland unterschiedliche Grenzwerte für radioaktives Jod. Viele Politiker hielten eine Strahlenbelastung für unbedenklich, die Elterninitiativen ihren Kindern nicht mehr zumuten wollten (Abb. 3).

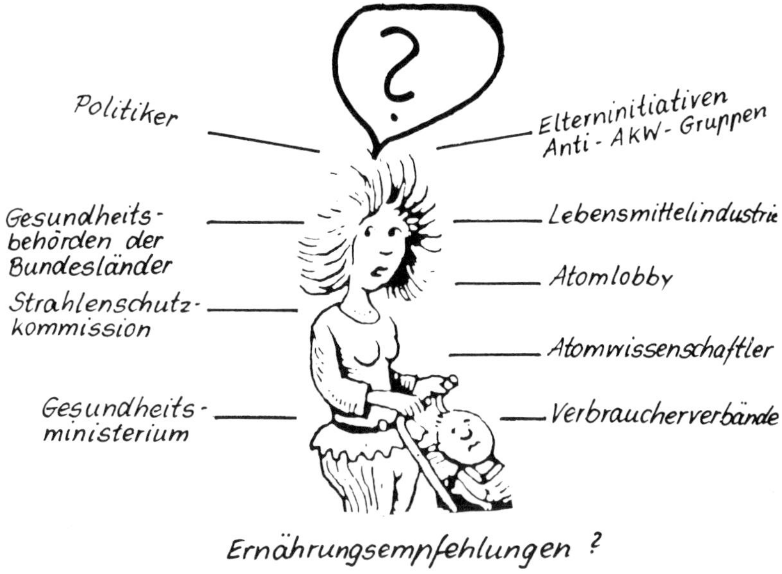


Abb. 3

## 2 Wie sind die Entscheidungshilfen zu bewerten?

Das vielbemängelte "Informationschaos" eröffnete jedoch die Möglichkeit, sich dort die Informationen zu beschaffen, wo sie für glaubwürdig gehalten wurden. Bei der Nachfrage, welche Organisation, welcher Verband oder Interessenvertreter wirklich nur den gesundheitlichen Verbraucherschutz im Auge hat, müssen alle die Beratungsempfehlungen kritisch gewertet werden:

- die von den Befürwortern der fortgesetzten Nutzung der Kernenergie stammen und eher dahin ausgerichtet sind, zu beschwichtigen und bestehende Ängste vor der Atomenergie auszuräumen (z.B. Atomlobby oder fast alle Mitglieder der Strahlenschutzkommission);
- die aus wirtschaftlichem Interesse ausgesprochen werden und von Personen vertreten werden, die an einem hohen Umsatz ihrer Produkte interessiert sind; ein Komsumverzicht oder Kaufzurückhaltung der Verbraucher gegenüber ihren Produkten wird gefürchtet;
- die von Institutionen stammen, die Schadenersatzforderungen an die Landwirtschaft oder Lebensmittelindustrie erfüllen müßten, wenn die Grenzwerte zur radioaktiven Belastung der Lebensmittel so niedrig

festgesetzt würden, daß sie von einigen Lebensmitteln überschritten werden (z.B. Gesundheitsministerium oder Behörden der Bundesländer) (Abb. 4).

## 3 Ernährungsempfehlungen am Beispiel der Verbraucherzentrale Hamburg

Die Hamburger Verbraucher-Zentrale, die weder die weitere Nutzung der Kernenergie befürwortet, noch am Umsatz bestimmter Produkte interessiert ist und auch keine Schadensersatzforderungen zu befürchten hat, grenzt sich seit Tschernobyl deutlich von der "offiziellen Linie" ab. Anfänglich fast täglich, dann wöchentlich und zur Zeit monatlich wird ein *Informationsblatt zur Strahlenbelastung* herausgegeben, das die wichtigsten Ernährungsempfehlungen enthält.

Weiterhin werden alle relevanten Meßwerte aus der Bundesrepublik und Drittländern von Behörden, Initiativen und Instituten gesammelt und in einem Informationsordner nach Lebensmittelgruppen, sowie mit Herstellerangaben und Mindesthaltbarkeitsdaten eingeordnet. Somit können alle telefonischen, persönlichen oder schriftlichen Anfragen der Verbraucher nach dem Radioaktivitätsgehalt bestimmter Produkte abgerufen werden.

Die konkreten Ernährungstips am Beispiel Getreide und Teigwaren lauten dann:

*Ernährungstips für Getreide und Teigwaren auf einen Blick*

| *Empfehlenswert* | *Begründung* |
|---|---|
| Viel Vollkornprodukte essen, z.B. Vollkornbrot, gekeimtes Getreide, Müsli, Getreidegerichte, und möglichst wenig Fleisch | Die meisten Vitamine und Mineralstoffe sind in den Randschichten des vollen Korns enthalten. Das Futtergetreide für die hohe Fleischproduktion in der EG wird häufig aus Hungergebieten der Dritten Welt an unsere Überflußgesellschaft geliefert. |
| Getreide aus biologischem Anbau Hafer, Buchweizen, Reis, Grünkern, Dinkel, Leinsamen, Mais und Hirse | Keine zusätzliche Belastung durch Agrarchemikalien; Gehalte an radioaktivem Cäsium liegen meistens unterhalb der Nachweisgrenze von 3 Bq/kg; auch bei Getreideprodukten der Ernte 1986 |

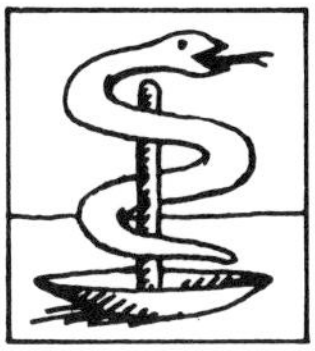

**Gesundheit / vollwertige Ernährung**

Warum sind die Lebensmittel wichtig für eine gesunde Ernährung? Welche Nährstoffe, Vitamine und Mineralstoffe enthalten sie? Können ernährungsabhängige Krankheiten bei einer zu hohen bzw. zu niedrigen Zufuhr entstehen? Sollten die Lebensmittel in verarbeiteter Form gegessen werden oder lieber so natürlich wie möglich auf den Tisch kommen?

**Radioaktivität**

Welche Lebensmittel sind hoch belastet, welche niedrig? Wie lauten die Meßergebnisse? Was gibt es insbesondere für Schwangere, Stillende und Eltern von Kleinkindern zu bedenken?

**Schadstoffe**

Mit welchen Schadstoffen müssen wir rechnen? Welche Lebensmittel sind bedenklich hoch belastet, in welchen Bereichen werden zugelassene Grenzwerte überschritten? Wie können wir die Schadstoffe durch richtige Zubereitung verringern?

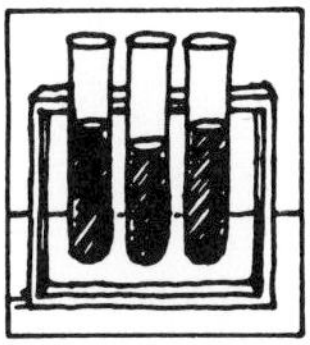

**Zusatzstoffe**

Welche Stoffe kommen in Fertiggerichten vor? Was ist von Farb- und Konservierungsstoffen zu halten? Wie können Zusatzstoffe vermieden werden?

**Chemie aus der Landwirtschaft und Naturgifte**

Womit spritzen die Bauern? Welche Tierarzneimittel werden eingesetzt? Welche Lebensmittel enthalten bei Kontrollen am häufigsten Rückstände von Schädlingsbekämpfungsmitteln? Welche giftigen Stoffe kommen von Natur aus in Lebensmitteln vor?

**Politik**

Warum sollten einige Produkte boykottiert werden? Wie können wir beim Einkauf Gesetze beeinflussen?

Abb. 4

| *Weniger empfehlenswert* | *Begründung* |
|---|---|
| Sehr viel Roggen und Roggenprodukte, die Getreide der Ernte 1986 enthalten. Italienische Teigwaren und Vollkornnudeln mit Getreide der Ernte 1986, Importgetreide | Insbesondere in Süddeutschland sind hohe Cäsiumrückstände gemessen worden, in vielen Fällen werden hohe Radioaktivitätsgehalte gemessen. Erhöhte Rückstände an Schädlingsbekämpfungsmitteln. |
| Schnittbrot mit Konservierungsstoffen | Das Aroma ist vermindert, der Konservierungsstoff Propionsäure steht unter Krebsverdacht |

| *Nicht empfehlenswert* | *Begründung* |
|---|---|
| Roggen oder Weizen, mit Mutterkorn verunreinigt | Mutterkorn führt in hohen Dosen zu Krämpfen und Vergiftungen. |
| Viel Weißmehlprodukte zu essen, z.B. Toastbrot, Brötchen oder süßen Kuchen | Diese Getreideprodukte enthalten nur noch sehr wenig Vitamine, Mineral- und verdauungsfördernde Ballaststoffe. |
| Fertigmüslis oder Getreideprodukte aus der Tüte mit viel Zucker | Der hohe Zuckeranteil ist schädlich (Karies,Vitamin B-Mangel, Übergewicht) und mindert den gesundheitlichenWert des Getreides. Lieber das Müsli selber mischen oder im Bioladen/Reformhaus zusammenstellen lassen. Fertigmüslis nur ohne Zukker kaufen (siehe Zutatenliste auf der Verpackung) |
| Nudeln oder andere Fertigprodukte mit Bruteiern | die Keime in verdorbenen Eiern können gesundheitsschädlich sein. Den Verbraucher-Zentralen liegen die betroffenen Firmen vor. |

(aus: Schwartau/Rosenkranz 1987, S. 72 f.).

## 4 Politik mit dem Einkaufszettel?

Nützt es wirklich nur unserer eigenen Gesundheit, wenn wir unser Ernährungsverhalten ändern? Viele meinen, die Suche nach schadstoffarmer und unverstrahlter Nahrung führe eher dazu, daß wir in unserem Handeln gegen Umweltsünder und Atomkraftwerke gelähmt sind und zu sehr beschäftigt sind mit dem Einkaufen, Becquerels-Zählen oder dem Kochen vollwertiger Gerichte. Wäre es nicht besser, zu demonstrieren, sich mit der

Massentierhaltung und verstrahltem Tee abzufinden und statt dessen lieber Flugblätter zu schreiben und aktiv in der Politik mitzuwirken? Sicherlich ist beides wichtig, und wir sollten über den Tellerrand hinausblicken und die Küchentür häufiger hinter uns zumachen. Doch das Bemühen um eine schadstoffarme Ernährung ist nicht so unpolitisch, wie häufig behauptet wird. Es gibt einen Zusammenhang zwischen individuellem Leben und öffentlichem Leben, zwischen Verbraucherverhalten und Anbieterverhalten. Es ist nicht egal, ob wir unser Geld zu McDonald's tragen, damit weitere Filialen entstehen können, und durch den Kauf überdüngter Produkte Hoechst und Bayer etwas zu verdienen geben - oder durch Einkaufen ökologisch erzeugter Lebensmittel die Bio-Bauern unterstützen und durch die Bevorzugung strahlenarmer Kost ein Signal für weitere Firmen setzen.
Politik mit dem Einkaufszettel kann folgende Wirkungen haben:

*Boykottfunktion*: Die Elterninitiativen im Bundesgebiet haben einen wirksamen Beitrag dazu geleistet, daß die Babynahrung in der Regel nur sehr gering belastet ist. Fast immer liegen die Meßwerte für radioaktives Cäsium in der verzehrsfertigen Zubereitung unterhalb der Nachweisgrenze. Durch den gezielten Boykott zweier Firmen (Milupa und Humana), die sich anfänglich zu wenig um strahlenarmes Milchpulver bemüht hatten, und der ständigen Publikation der aktuellen Meßwerte, sahen sich die Firmen gezwungen, die Rohstoffe ihrer Produkte verstärkt zu überwachen und nur noch strahlenarmes Milchpulver zu verwenden. Auch die Kaufzurückhaltung bei östrogenhaltigem Kalbfleisch, verwurmten Heringen oder Süßigkeiten mit bedenklichen Farbstoffen (z.B. E 123 Amaranth oder E 1O2 Tartrazin) hat teilweise zu deutlichen Umsatzeinbußen geführt. Nicht unbegründet bemühen sich die Anbieter nach jedem Lebensmittelskandal mit großem Eifer, das Image der in Verruf geratenen Lebensmittel wieder aufzupolieren. Kaufboykotts sind ein sehr wirksames Mittel, um schadstoffreie Lebensmittel zu erzwingen. Diese Sprache verstehen die Hersteller, weil es an ihre Umsätze geht.

*Verantwortung erzwingen:* Nicht immer sind diejenigen, deren Produkte wir ablehnen, direkt an der Verpanschung oder Schadstoffanreicherung beteiligt. Was kann der Babykost-Hersteller im Allgäu für die Reaktorkatastrophe von Tschernobyl oder die nette Verkäuferin im Tante-Emma-Laden für die mit Bruteiern verunreinigten Nudeln?
Trotzdem müssen wir gegenüber den Herstellern und dem Handel auf die Einhaltung der Sorgfaltspflicht dringen. Für die Waren, die nicht verkäuflich sind, erhalten sie in den meisten Fällen Entschädigung, aber uns entschädigt niemand bei eventuell auftretenden Gesundheitsschäden. Wenn wir nur deutlich genug machen, daß wir lieber Heringe ohne Würmer oder Gummi-

teddies ohne Chemiefarben essen wollen, müssen die Anbieter entsprechende Zertifikate von ihren Lieferanten verlangen. Hoffentlich wird Bauern, Herstellern und Verkäufern dadurch irgendwann einmal deutlich, daß sie eigentlich Hand in Hand an vorderster Front mit den Verbrauchern für eine saubere Umwelt oder gegen das nicht vermeidbare "Restrisiko" der Atomenergienutzung kämpfen müßten.

## 5 Grenzen individuellen Ernährungsverhaltens

Das Bemühen um eine gesunde und verantwortungsvolle Ernährungsweise stößt in einigen Bereichen auf deutliche Grenzen und Widerstände. Neben unserem bewußten Ernährungsverhalten ist es vor allem wichtig, daß sich Politiker, Behörden und Hersteller dazu durchringen, dem gesundheitlichen Verbraucherschutz endlich einen angemessenen Stellenwert zuzubilligen. Denn die Ernährung stellt - neben der Atmung - den intensivsten Kontakt des Menschen mit der Umwelt dar.

Anhand der folgenden Kriterien wird deutlich, wie mangelnde Markttransparenz gesundheitlich orientiertes Kaufverhalten einschränken kann oder andere Faktoren dazu führen, daß ein geändertes Ernährungsverhalten nicht durchführbar ist.

*Unzureichende Lebensmittelkennzeichnung:* Solange auf den meisten Lebensmittelverpackungen weder Herkunftsland, Ort oder Herstelldatum stehen, geht uns Verbrauchern ein wichtiges Stück Markttransparenz verloren. Ohne ausreichende Kennzeichnung ist weder zu erkennen, woher die Produkte kommen, noch wann sie hergestellt wurden. Ein großes Rätselraten über Haltbarkeitszeiträume und Herkunftsregionen zeigte die Ohnmacht aller Käufer nach Tschernobyl. Die bewußte Verschleierung dieser Angaben muß als Angriff auf die Konsumfreiheit und den gesundheitlichen Verbraucherschutz gewertet werden.
Weiterhin muß es auch für Lebensmittel aus dem ökologischen Anbau endlich verbindliche Qualitätskriterien geben. Was in Österreich und Frankreich schon lange möglich ist, sollte endlich auch den deutschen Verbrauchern den Einkauf erleichtern und das häufig irreführende Kennzeichnungswirrwarr beenden. Wer mehr Geld für Bio-Kost bezahlt und eine umweltfreundliche Lebensmittelproduktion unterstützen will, muß auch sicher gehen können, daß die Produkte wirklich aus dem biologischen Anbau stammen und nicht von irgendwelchen windigen Geschäftemachern von "konventionell" in "biologisch" umetikettiert werden.

**Daher fordern die Verbraucherverbände die Bundesregierung auf, sich für niedrigere Grenzwerte einzusetzen!**

Da die Radioaktivitätswerte in vielen Lebensmitteln zurückgegangen sind, muß jetzt die Chance genutzt werden, für den gesundheitlichen Verbraucherschutz einzutreten, Die Verbraucherverbände im Bundegebiet fordern seit der Katastrophe von Tschernobyl einen Grenzwert von 50 Bq Gesamtcäsium pro kg für alle Lebensmittel.

Neben niedrigeren Grenzwerten muß weiterhin das Minimierungsgebot gelten. Nur durch umfangreiche Messungen und Bekanntgabe der Meßergebnisse können sich die Verbraucher vor zuviel Radioaktivität in Lebensmitteln schützen.

Abb. 5

*Lebensmittelüberwachung ohne Öffentlichkeitsarbeit:* Die staatlichen Lebensmittelüberwachungsbehörden sind den Panschereien und Tricks der Nahrungsmittelhersteller in vielen Fällen nicht gewachsen, weil es an Personal und ausreichenden Nachweismethoden fehlt. Die Proben werden meistens auf Einzelhandelsebene gezogen, wenn die Ergebnisse vorliegen, sind die Erdbeeren mit Chemierückständen oder überlagerte Fischkonserven längst verkauft. Die Kontrolleure müssen unangemeldet, schon beim Erzeuger und vor allem mit wesentlich mehr Engagement gegen kriminelle Methoden bei der Lebensmittelproduktion vorgehen. Die Ergebnisse amtlicher Proben müssen Presse und Verbrauchern mit Herstellerangaben bekanntgegeben werden.
Viele Ämter nennen keine Markennamen, weil sie nicht in den Markt eingreifen wollen. Hinweise auf mit Bruteiern verunreinigte Nudeln oder strahlenbelastete Osterhasen helfen beim Einkauf nur dann weiter, wenn auch die Hersteller genannt werden. Nach Tschernobyl haben die Elterninitiativen in diesem Bereich eine wichtige Aufklärungsarbeit geleistet, die Meßwertlisten der Behörden waren häufig unbrauchbar, weil wichtige Angaben fehlten. Wenn der Osterhase einer Firma mit 2 Bq belastet ist und ein anderer mit 12O Bq, muß auch bekanntgegeben werden, um welche Markennamen es sich handelt. Gesundheitlicher Verbraucherschutz muß bei den Gesundheitsbehörden vor wirtschaftlichen Interessen stehen. Leider sieht die Realität anders aus.

*Informationsmangel*: Im allgemeinen ist die Bevölkerung viel zu wenig über die Lebensmittelqualität informiert. Wohl kaum jemand hat die Zeit, tagtäglich bei einer Verbraucher-Beratungsstelle in seiner Nähe die neuesten Radioaktivitätsmeßwerte oder Informationen zu aktuellen Lebensmittelskandalen abzufragen. Starke Verbraucher-Verbände wären wichtig, um über die Medien die entsprechenden Informationen zur Verfügung zu stellen und die Interessen der Verbraucher zu vertreten. Doch Mittelkürzungen, bürokratische Hemmnisse und inhaltliche Abhängigkeiten vom Bundeslandwirtschaftsministerium schwächen die Schlagkräftigkeit der bundesdeutschen Ernährungsberatungsstellen. Damit der Verbraucher auch nur annähernd ein gleicher Marktpartner sein kann, von "König Kunde" redet ohnehin schon niemand mehr, müssen die Verbraucher-Verbände deutlich finanziell gestärkt werden und unabhängig ihren Auftrag erfüllen können.

*Umweltkatastrophen großen Ausmaßes:* Was wäre passiert, wenn beispielsweise ein Super-Gau in einem AKW in der Nähe Hamburgs stattgefunden hätte? In Hamburg leben bis zu 25OO Menschen pro km2, es hätte keine Chance gegeben, die Bevölkerung zu evakuieren oder das Minimierungsgebot der Strahlenschutzverordnung einzuhalten, das vorschreibt, so wenig Radioaktivität wie möglich aufzunehmen. Statt Becquerels zu zählen hätte man Tote und Kranke zählen müssen.

## 6 Atomkraftwerke abschalten - der einzige Strahlenschutz!

Nach Tschernobyl darf nicht wieder das Vergessen regieren. Die Katastrophe in einem 2OOO km entfernten Atomkraftwerk hat uns gezeigt, daß Radioaktivität keine Grenzen kennt. Das sogenannte "Restrisiko" eines atomaren Unfalls lauert auch in bundesdeutschen AKW's, denn menschliche Fehler oder technisches Versagen kann niemand mit Sicherheit ausschließen. Die Atomwirtschaft hat Art. 2.2 des Grundgesetzes, das Recht auf Leben und körperliche Unversehrtheit, außer Kraft gesetzt. Dieser Angriff richtet sich besonders gegen die junge Generation, die ohnehin noch mit der ungeklärten Endlagerung des jahrhundertelang strahlenden Atommülls fertig werden muß.

Die Frage nach einer gesunden Ernährung nach "Stade" oder nach "Wackersdorf" wird sich nicht mehr stellen, wenn ein Super-Gau Regionen in der dichtbesiedelten Bundesrepublik verwüstet (Abb. 6).

Abb. 6

## Literatur

Schwartau, S./
Rosenkranz, B.: Gesund leben nach Tschernobyl? Ratgeber für schadstoffarme Ernährung und Umwelt. Reinbek 1987.

Die Abb. 1, 2 und 6 stammen aus diesem Band von den Seiten 11, 13, 188.

Verbraucherzentrale Hamburg e.V.:
Information zur Strahlenbelastung. Hamburg 30.09.1987.

Die Abb. 4 und 5 stammen aus dieser Veröffentlichung.

Klaus-Dieter Lischka
Joachim Wernicke

# Die 1O-Becquerel-Grenze für Lebensmittel. Konsequenzen nach dem sowjetischen Reaktorunfall

Die unglaublich geringe Menge von rund einem Gramm Jod-131, anderthalb Gramm Strontium-9O und einem halben Pfund radioaktivem Cäsiums war es, die binnen zwei Wochen nach dem Reaktorunfall von Tschernobyl auf die Bundesrepublik niederging und zu einer Verstrahlung (Kontamination) in bisher beispiellosen Ausmaß führte. Die Strahlenbelastung ist naturgemäß am höchsten im ersten Jahr nach dem Unfall und wird mit der Zeit abklingen.

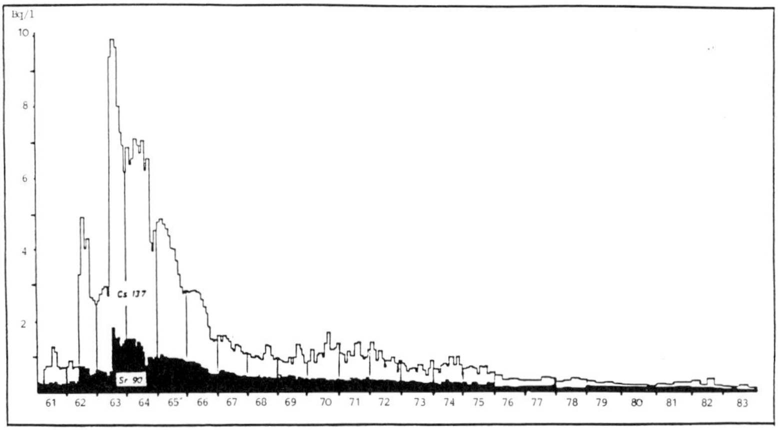


Abb. 1 Cäsium-137- und Strontium-90-Gehalt der Milch vom 1961 bis 1983

Bereits früher einmal, in der Folge der Atomwaffentests der fünfziger und sechziger Jahren, erfolgte ein starker Anstieg der radioaktiven Umweltbelastung. Insbesondere 1963 stieg der Radioaktivitätsgehalt der Atmosphäre so rapide an, daß die Supermächte auf internationalen Druck hin die Atomwaffentests in der Atmosphäre fortan einstellten (Abb. 1). Der Radioaktivitätsgehalt der Nahrung war damals kurzzeitig auf fast 1O Becquerel (Bq) der "Leitsubstanz" Cäsium-137 pro Kilogramm angestiegen. In den Milchzähnen der Kinder fanden sich alarmierende Konzentrationen von radioaktivem Strontium-9O. Die mittlere weltweite Belastung mit Cäsium-137 betrug etwa 1.3OO Bq/m2 (vgl. Glasstone 1977, S. 448 ff.).

Nachdem die radioaktive Belastung der Atomwaffentests inzwischen weitgehend zurückgegangen war - bei der Nahrung auf einen Cäsium-137-Gehalt von weniger als 1 Bq/kg - übertraf die Belastung durch den sowjetischen Reaktorunfall die Höchstwerte der Jahre 1963/64 um ein Mehrfaches (vgl. Abb. 2).

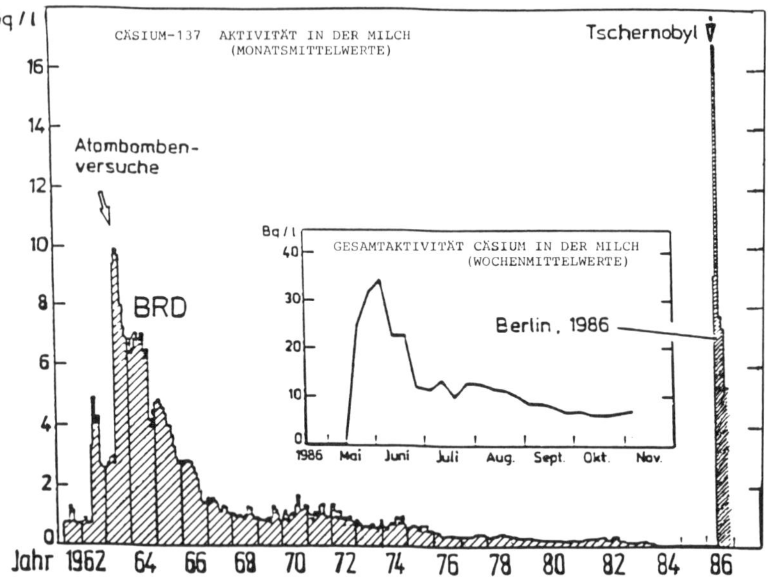


Abb. 2 Tschernobyl: Beispiel einer Katastrophe

Der mittlere Cäsium-137-Gehalt der Nahrung aus mitteleuropäischer Erzeugung lag in den ersten Monaten nach dem Tschernobyl-Unfall typischerweise zwischen 3O und 3OO Bq/kg, also 3- bis 3O-fach über dem Höchstwert zur Zeit der Atomtests. Allerdings wurden auch Spitzenwerte bis über 1O.OOO Bq/kg gemessen.
Die mittlere Bodenkonzentration an Cäsium-137 schwankte allein im Bundesland Bayern nach Angaben des dortigen Umweltministeriums im Bereich zwischen 1.5OO und 11.OOO Bq/m2 (vgl. Süddeutsche 1986), also bis zum 8-fachen der Belastung durch die Atomtests. Eine "Strahlenkarte" für die gesamte Bundesrepublik ist bislang nicht veröffentlicht, im Unterschied zu Schweden, das eine solche amtliche Karte herausgab (vgl. Bennerstedt u. a. 1986).

## 1 Das Ausmaß der radioaktiven Belastung

Die Maßeinheit für die Strahlenbelastung (Dosis), sozusagen für das "persönliche Strahlenkonto", des Menschen ist das Rem ("Roentgen Equivalent Man") bzw. das Millirem (1 mrem = 1/1OOO rem). Neuerdings gilt amtlich die Maßeinheit Sievert (1 Sv = 1OO rem); praktisch ist diese neue Einheit jedoch so wenig in Gebrauch und so sperrig, daß hier alle Angaben in der alten Einheit mrem erfolgen.
Die Maßeinheit der Radioaktivitätsmenge (Aktivität) von radioaktiven Stoffen (Isotopen) ist das bereits erwähnte Becquerel (Bq), zu verwenden mit der Angabe des betreffenden Isotops (zum Beispiel: 1 Becquerel Cäsium-137). 1 Becquerel bedeutet ein radioaktives Zerfallsereignis pro Sekunde.

Die künstlichen radioaktiven Isotope aus dem Tschernobyl-Unfall bewirkten eine Strahlenbelastung des Menschen durch äußere Bestrahlung und durch Aufnahme (Inkorporation) radioaktiver Stoffe in den Körper, hier insbesondere durch Atmung (Inhalation) und Nahrung (Ingestion). Eine amtliche Hochrechnung der zusätzlichen Strahlenbelastung durch den Tschernobyl-Unfall veröffentlichte das Bundesgesundheitsministerium: Die radioaktive Belastung des ganzen Körpers während des Jahres 1986 betrug maximal

- durch äußere Bestrahlung 5 mrem,
- durch die Atmung 3 mrem für Erwachsene, 6 mrem für Kleinkinder,
- durch die Nahrung 7O mrem für Erwachsene und 9O mrem für Kleinkinder.

Den Hauptanteil - ca. 9O % - der Belastung kam demnach über die Nahrung. Allerdings sind weder die Ausgangsdaten noch die Methodik dieser amtlichen Hochrechnung bekannt. So muß dahinstehen, wie realistisch sie war.

Die in ihrer biologischen Wirkung vorherrschenden langfristig wirkenden Isotope sind Cäsium-137 (physikalische Halbwertzeit 3O Jahre), Cäsium-134 (2 Jahre) und Strontium-9O (29 Jahre) im Becquerel-Verhältnis von rund 1OO : 5O : 3. Das kurzlebige Isotop Jod-131 (8 Tage) war in den ersten Wochen nach dem Unfall vorherrschend, jedoch bis zum Herbst 1986 abgeklungen. Nach den vorliegenden Informationen war das besonders gefährliche und sehr langlebige Isotop Plutonium-239 (24.OOO Jahre) in nur geringem Ausmaß von einigen Becquerel pro Quadratmeter frei geworden. In erheblichem Mengenanteil, dem Cäsium-137 vergleichbar, war anfangs das Isotop Ruthenium-1O3 (39 Tage) vorhanden, dem jedoch eine vergleichsweise geringe biologische Wirkung zugeschrieben wird; auch dieses Isotop war im Herbst 1986 weitgehend abgeklungen.

## 2 Wege der Radioaktivität in die Nahrung

Die künstliche Radioaktivität aus dem sowjetischen Reaktorunfall gelangt auf verschiedenen Wegen (Transfer) in die Nahrung: direkt über die Pflanzen und auf dem Umweg über Tiere durch deren Fleisch und Milch, schließlich über das Trinkwasser (Abb. 3).

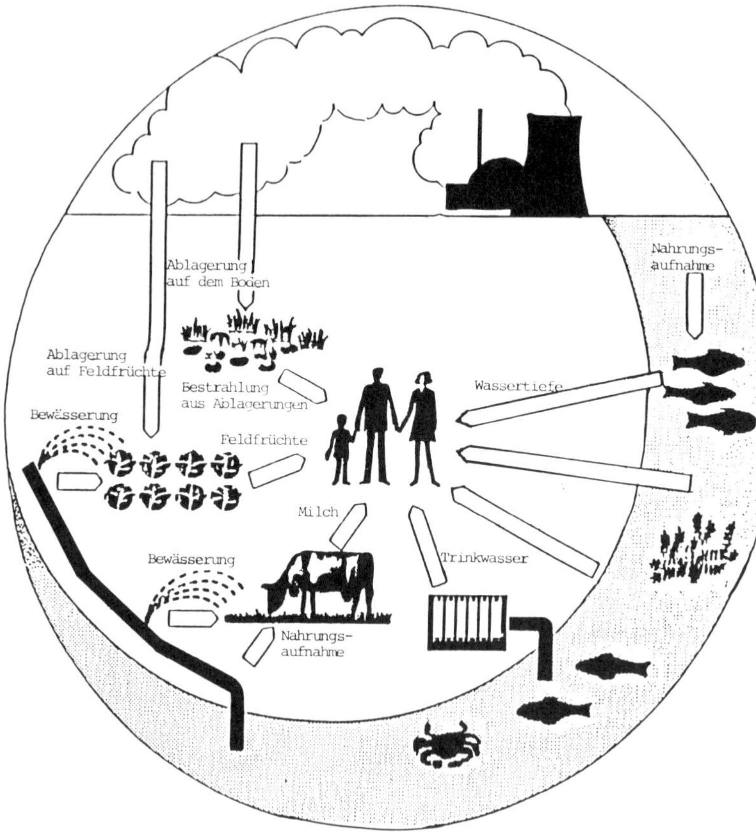


Abb. 3 Radioaktivität in der Nahrungskette

Die radioaktiven Isotope aus der Unfallwolke hatten sich am Boden und auf den Pflanzen niedergeschlagen. Die Blätter hatten unmittelbar Radioaktivität in sich aufgenommen. Diese direkte Blattaufnahme war die Hauptursache der hohen beobachteten Belastungswerte von Pflanzen, insbesondere von Gras, Blattgemüse und Beerenobst, in den ersten Monaten nach dem

Unfall. Seit Ende Mai 1986 war die Abscheidung von Radioaktivität aus der Luft beendet. Der Transfer von Radioaktivität in die Pflanzen erfolgt seither durch die Wurzeln.

Das Verhältnis zwischen der Isotopenkonzentration in der Pflanze und im Boden wird als Transfer-Faktor Pflanze/Boden bezeichnet. Die Berechnungsgrundlage zur Strahlenschutzverordnung gibt für die verschiedenen Isotope nominelle Werte von Transfer-Faktoren an. Hierbei handelt es sich jedoch um pauschale Richtwerte, die im konkreten Fall um Zehnerpotenzen von den tatsächlichen Meßwerten abweichen können. So hängt der Transfer-Faktor im Einzelfall u.a. ab von der Art der Pflanze, von der Bodenbeschaffenheit und der Düngung. Es gilt ein einfacher Zusammenhang: Je mehr Kalium bzw. Kalzium sich im Boden befindet, desto weniger Caesium-137 bzw. Strontium-9O gelangt in die Pflanze.
Das aus der Luft niedergeschlagene Cäsium befindet sich in der obersten Bodenschicht und haftet dort zumeist über Jahrzehnte an Tonmineralien fest, wie die Erfahrungen der Atomwaffentests der sechziger Jahre zeigen. Das Umpflügen verändert die Gesamt-Cäsiumkonzentration in den landwirtschaftlich wirksamen Bodenschichten kaum nennenswert.

Das Strontium bleibt freibeweglich, dringt in tiefere Bodenschichten vor und verbleibt wie das Cäsium über Jahrzehnte in der Umwelt. Strontium kann jedoch in weit höherer Konzentration als Cäsium von den Pflanzen aufgenommen werden: Deshalb ist der nominelle Transfer-Faktor Pflanze/Boden für Strontium 8-mal größer angesetzt als für Cäsium.

Anreicherungen von künstlicher Radioaktivität können durch Nahrungsketten erfolgen. Das bekannteste Beispiel ist die Milch: Die Kuh frißt kontaminiertes Gras. In der Milch reichern sich radioaktives Jod, Caesium und Strontium an.
Im Fleisch sind die hauptsächlich belastenden Komponenten die Cäsium-Isotope, während Strontium nur in geringem Maße in das Fleisch übergeht. Besonders hohe Cäsium-Konzentrationen finden sich - übrigens bereits seit den Atomtests der fünfziger und sechziger Jahre - im Fleisch von Wild sowie in Fischen: So kann die Konzentration von Caesium-137 in Fischen mehr als tausendfach über der im Wasser liegen. Allgemeinverbindliche Anreicherungsfaktoren lassen sich allerdings nicht angeben, denn bei der Aufnahme von Radioaktivität im Fisch spielen ähnlich wie bei den Pflanzen zahlreiche Einflüsse eine Rolle. So hängt die Aufnahme von Cäsium bzw. Strontium durch Fische u. a. vom Kalium- bzw. Kalziumgehalt des Wassers ab.

Die vor dem Tschernobyl-Unfall äußerst geringe Strahlenbelastung durch Trinkwasser aus Grund- und Quellwasservorkommen wird voraussichtlich auch nach dem Unfall nicht nennenswert ansteigen.

## 3 Aufenthalt der Radioaktivität im Körper und medizinische Wirkung niedriger Strahlungsdosen

Maßgeblich für die Strahlenbelastung sind die unterschiedlichen biologischen Verhaltensweisen der künstlichen radioaktiven Stoffe. Cäsium ist chemisch dem Kalium verwandt, das sich praktisch überall im Körper befindet. So bewirken auch Cäsium-137 und Cäsium-134 eine gleichmäßige Bestrahlung des ganzen Körpers. Cäsium wird binnen Monaten wieder aus dem Körper ausgeschieden (biologische Halbwertzeit ca. 3 Monate, zu unterscheiden von der oben genannten weit längeren physikalischen Halbwertzeiten).

Strontium ist chemisch dem Kalzium verwandt und reichert sich in den Knochen an, besonders bei Heranwachsenden. Die Beta-Strahlung des Strontium-9O hat im Körper nur eine kurze Reichweite von einigen Millimetern, schädigt damit aber in besonderem Maße das blutbildende Knochenmark, mit der Gefahr von Leukämieerkrankungen (Blutkrebs). Strontium-9O verbleibt praktisch lebenslang im Körper.

Es gilt heute als gesichert, daß selbst geringste radioaktive Belastungen biologische Wirkungen zeigen. Der Strahlenschutz geht deshalb davon aus: Es existiert kein Schwellenwert, unterhalb dessen radioaktive Strahlung ohne Wirkungen ist:

- Die Strahlung geht durch eine Zelle oder in ihrer Nähe hindurch, ohne Schaden hervorzurufen,
- die Strahlung tötet die Zelle oder macht sie unfähig zur weiteren Teilung,
- die Strahlung schädigt die Zelle, aber der Schaden wird sofort repariert,
- der Zellkern (oder die Informationsbibliothek) ist beschädigt, aber die Zelle überlebt und vervielfältigt sich in ihrer gestörten Form über eine gewisse Zeit von Jahren (5 - 7O Jahre) und bildet einen Stamm von Zellen, der schließlich als bösartig gilt.

Die medizinischen Wirkungen geringer Strahlungsdosen sind überwiegend schädliche Spätfolgen: Schädigungen von Körper- und Keimzellen, mit der möglichen Folge von Krebserkrankungen, Leukämie und Erbschäden. Diese Gesundheitsschäden treten nicht bei allen, sondern nur bei manchen Personen auf. Sie sind damit nur statistisch erfaßbar und in ihrem Auftreten nur durch Wahrscheinlichkeiten beschreibbar. Da diese Gesundheitsschäden aber ununterscheidbar auch durch andere Einflüsse hervorgerufen werden können, ist ein ursächlicher Zusammenhang zwischen einer bestimmten Strahlenbelastung und einem bestimmten gesundheitlichen Spätschaden praktisch niemals nachweisbar.

Die Häufigkeit von Gesundheitsschäden durch niedrige Strahlendosen kann nicht anders abgeschätzt werden als durch Rückrechnung aus Schadensbeobachtungen bei höheren Strahlendosen: 100 bis 200 Todesfälle pro Million Personen mit je 1.000 mrem Ganzkörperbelastung und 60 bis 1.100 Fälle "ernster genetischer Schäden" pro Million Neugeborene mit je 1.000 Millirem Ganzkörperbelastung (vgl. Bundesminister für Forschung und Technologie 1978). Solche Häufigkeitsaussagen sind in ihrer zahlenmäßigen Höhe unter Wissenschaftlern naturgemäß umstritten. Aber auch vom Prinzip her sind diese Aussagen problematisch, denn in den Krebs- und Leukämiehäufigkeiten werden Risiken derart gegeneinander aufgerechnet, daß besonders hohe Risiken nicht mehr erkennbar sind: Die Häufigkeitswerte beziehen sich stets auf die Gesamtbevölkerung. Aber damit verdekken sie das im Vergleich zu älteren Menschen weitaus höhere Risiko von Kindern, irgendwann im vorausliegenden Leben an Krebs oder Leukämie zu erkranken. Auch bleibt unberücksichtigt, daß das Leukämierisiko durch radioaktive Bestrahlung von Kindern im Mutterleib um das Vielfache höher ist als nach der Geburt (vgl. Feinendegen u.a. 1985).

Ungeachtet dieser Einschränkungen sind aufgrund amtlicher Daten als Folge des Tschernobyl-Unfalls in der Bundesrepublik abzuschätzen (vgl. Lischka/Wernicke 1986): 6.000 bis 12.000 zusätzliche Todesfälle durch Krebs oder Leukämie; 50 bis 1.100 zusätzliche Fälle ernster Erbschäden. Allerdings können diese Zahlen durch strahlenarme Lebensmittel bis zu zehnfach vermindert werden, da der Hauptanteil der Strahlenbelastung auf kontaminierte Nahrung zurückgeht.

Als weitere Schadenswirkungen radioaktiver Niedrigstrahlung gelten Wechselwirkungen mit dem Immunsystem des Körpers und mit Umweltchemikalien bzw. Medikamenten als möglich. Umstritten sind hier wiederum Art und Ausmaß der Schäden (vgl. Strahlenschutzkommission 1979).

Epidemologische Untersuchungen in der Umgebung von Atomanlagen in den USA erbrachten Ergebnisse, nach denen bereits geringe Mengen künstlicher radioaktiver Isotope die Entwicklung von Kindern im Mutterleib akut beeinträchtigen können, mit der Folge erhöhter Häufigkeit von Totgeburten und erhöhter Sterblichkeit Neugeborener (vgl. Sternglass 198O). Diese Ergebnisse werden von Betreibern von Atomanlagen bestritten.

## 4 Schadenswirkung der natürlichen Radioaktivität

Schon immer lebt der Mensch unter der Wirkung natürlicher radioaktiver Strahlung. Diese setzt sich zusammen aus Anteilen durch Höhenstrahlung, durch Strahlung aus dem Erdgestein und der Luft und durch innere Bestrahlung des Körpers, vor allem durch das aus der Entstehungsgeschichte der Erde stammende Isotop Kalium-4O. Die natürliche Strahlenbelastung beträgt in der Bundesrepublik im Mittel ca. 11O mrem pro Jahr, mit örtlichen Schwankungen bis zum Höchstwert von ca. 2OO mrem pro Jahr (vgl. Feinendegen 1985).
Diese natürliche Strahlenbelastung ist gesundheitlich nicht unschädlich. Der Mensch hat sich auch über Jahrtausende nicht daran gewöhnt: Auch die natürliche Radioaktivität ist Ursache für Erbschäden und für Krebserkrankungen. Umstritten ist das Ausmaß dieser Schädigungswirkungen.

## 5 Der amtliche Belastungsgrenzwert 3O Millirem pro Jahr

Angesichts technischer, insbesondere atomtechnischer Strahlungsquellen stellt sich die Frage nach den Grenzwerten der hinzunehmenden Strahlenbelastung. Aus medizinischer Sicht - und damit aus dem Gesundheitsinteresse des Bürgers - besteht die Forderung einer künstlichen Strahlenbelastung von Null.
Die Geschichte der Grenzwerte der als zulässig erachteten Strahlenbelastung ist eine Geschichte einer zunehmend ernsteren Bewertung der medizinischen Schadenswirkungen von Radioaktivität, mit anderen Worten: eine Geschichte der Fehleinschätzung der Strahlengefahren. Zu jedem Zeitpunkt bestanden wissenschaftliche Argumente dafür, daß der jeweilige Grenzwert "unbedenklich" sei. Regelmäßig wurden dann aber doch unerwartete Gesundheitsschäden nachgewiesen, die zu einer weiteren Senkung des jeweiligen Grenzwertes zwangen (vgl. Abb. 4).

Erst vor zehn Jahren fand die Erkenntnis Eingang in den gesetzlichen Strahlenschutz, daß bereits die natürliche Strahlenbelastung schädliche Wirkungen nach sich zieht und daß das Ausmaß der Strahlenbelastung möglicherweise über den Bestand des Erbgutes der höheren Tierarten und des Menschen entscheidet: Es ist nicht auszuschließen, daß eine zusätzliche Strahlenbelastung "nur" in Höhe der natürlichen Strahlenbelastung zur Ausrottung der Art Mensch führt.

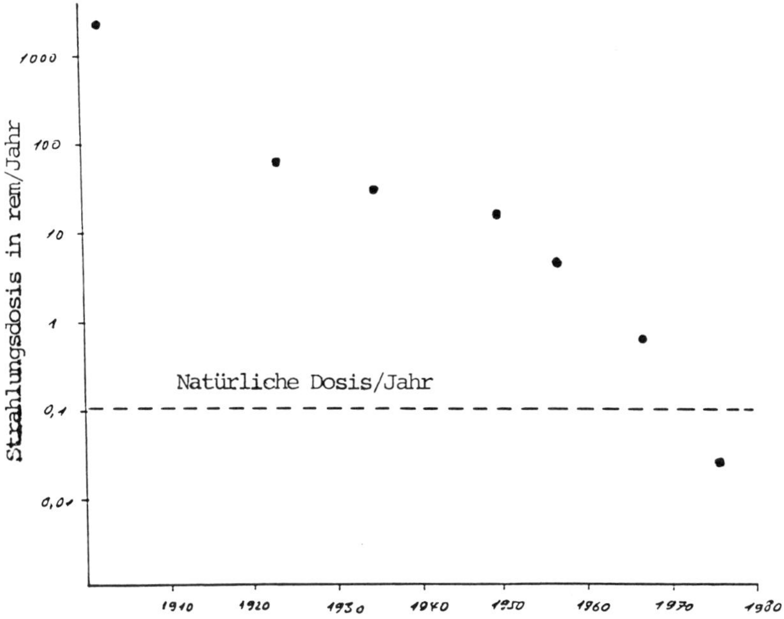


Abb. 4 Verminderung der amtlichen Strahlenschutzgrenzwerte im Laufe dieses Jahrhunderts

Nach dem Stand der wissenschaftlichen Erkenntnis wurde 1976 in internationalen Gremien folgender Kompromiß zwischen dem gesundheitlichen Interesse des Bürgers und dem wirtschaftlichen Interesse der Nuklearindustrie gefunden und in der Bundesrepublik in die Neufassung der Strahlenschutzverordnung von 1976 (§ 45) (Bundesminister des Inneren 1979) als die zentrale Bestimmung für den Strahlenschutz der Bevölkerung aufgenommen:

Die Strahlenbelastung von Einzelpersonen der Normalbevölkerung durch Ableitungen aus Atomanlagen durch die Luft und das Wasser muß so klein wie möglich gehalten werden und darf an den am stärksten belasteten Standorten jeweils 30 mrem pro Jahr für den ganzen Körper bzw. 90 mrem pro Jahr für die Schilddrüse nicht überschreiten.

Die Strahlenschutzexperten kamen also - trotz sonst unterschiedlicher Auffassungen - überein, daß oberhalb der 30-Millirem-Grenze, also bereits bei einer zusätzlichen künstlichen Belastung deutlich unterhalb der natürlichen Strahlenbelastung, nicht mehr hinnehmbare gesundheitliche Schäden möglich sind:
"... 2. Das 30 mrem-Konzept, welches die zulässige Strahlenbelastung durch die Ableitung radioaktiver Stoffe über Luft und Wasser auf jeweils 30 mrem pro Jahr und im Falle der Schilddrüse auf 90 mrem im Jahr begrenzt, geht auf einen entsprechenden Vorschlag der Fachkommission "Strahlenschutz und Sicherheit" der Deutschen Atomkommission (bei dem damaligen Bundesminister für wissenschaftliche Forschung) aus dem Jahr 1969 zurück. Dem Vorschlag liegt folgendes Konzept zugrunde:
Die von der Internationalen Strahlenschutzkommission (ICRP) als zulässig angesehene genetische Dosis von 5 rem in 30 Jahren wird aufgeteilt zu je 1/3 auf die Bereiche Medizin, Kerntechnik und sonstige künstliche Strahlenbelastungen (z. B. Fall-out). Dies führt zu einem Richtwert von etwa 2 rem in 30 Jahren für die Kerntechnik. Dieser Wert wird wiederum so aufgeteilt, daß 1 rem in 30 Jahren auf radioaktive Stoffe in der Luft (= 33 mrem/a), 0,3 rem in 30 Jahren auf radioaktive Stoffe im Wasser (= 10 mrem/a) 0,3 rem in 30 Jahren auf radioaktive Stoffe in Nahrungsmitteln (= 10 mrem/a) und 0,3 rem in 30 Jahren auf die sonstige genetisch wirksame Strahlenbelastung durch die Kerntechnik (= 10 mrem/a) entfallen. Danach ergibt sich für die genetisch wirksame Strahlenbelastung des Menschen durch radioaktive Stoffe in der Luft sowie für die übrige Strahlenbelastung jeweils ein Mittelwert von 30 mrem/a. ..." (§§ 44, 45 Strahlenschutzverordnung 1979, S. 230).

So ist der zulässige Grenzwert für künstliche Strahlenbelastungen des Normalbürgers binnen eines Menschenalters um einen Faktor von mehr als 10.000 gesenkt worden. Es ist kein Grund erkennbar, daß die Rücknahme der zulässigen Grenzwerte mit dem derzeit gültigen 30-Millirem-Grenzwerte abgeschlossen sein soll: Die niedersächsische Landesregierung verfügte 1979 für die inzwischen aufgegebene Planung einer atomaren Wiederaufarbeitungsanlage in Gorleben einen Grenzwert von 10 mrem pro Jahr (vgl. Albrecht 1979) (es ist nicht bekannt, daß dieser restriktivere Grenzwert auch für den neuen Standort Wackersdorf aufrechterhalten wurde). In Vorschlägen der US-amerikanischen Atomenergiekommission ist sogar ein Grenzwert von 5 mrem pro Jahr vorgesehen (vgl. Gaul 1986).

Der 30-Millirem-Grenzwert ist in der gültigen Strahlenschutzverordnung rechtsverbindlich festgeschrieben, er steht also nicht im situationsabhängigen Ermessen einer subjektiven Gefahreneinschätzung durch Politiker. Die

Behörden sind bei Gefahr der Überschreitung des 3O-Millirem-Grenzwertes verpflichtet, Schutzmaßnahmen für die Gesundheit der Bevölkerung zu treffen.

## 6 Die 1O-Becquerel-Grenze für Lebensmittel

Ein Anhaltswert für die Strahlenbelastung durch Lebensmittel, die durch den Tschernobyl-Unfall kontaminiert sind, kann rechnerisch abgeschätzt werden. Hierzu sind amtliche Umrechnungsfaktoren (Inkorporations-Dosisfaktoren in mrem/Bq) tabelliert (vgl. Bundesminister des Inneren 1979), die die "Umrechnung von Bequerel in Millirem" ermöglichen. Sie sind sozusagen Maßzahlen der "radioaktiven Giftigkeit" der einzelnen Isotope. Dabei wird unterschieden zwischen der Strahlenbelastung des ganzen Körpers und einzelner kritischer Organe bzw. der Knochen. Die Werte für Kleinkinder sind in der Regel wesentlich höher als für Erwachsene.

Einige Beispiele: 91O Bq Cäsium-137 oder 42 Bq Strontium-9O erbringen jeweils 1 mrem nominelle Strahlenbelastung des ganzen Körpers für einen Erwachsenen. Bei Kleinkindern sind es gleichfalls 91O Bq Cäsium-137, aber nur 6 Bq Strontium-9O. 1 mrem nominelle Strahlenbelastung der Knochen erleidet ein Kleinkind durch 56 Bq Cäsium-137 oder durch nur ca. 1 Bq Strontium-9O.

Es ist anzumerken, daß der Aussagewert dieser amtlichen Dosisfaktoren unter Wissenschaftlern umstritten ist. Insbesondere werden die amtlichen Richtwerte als zahlenmäßig weitaus zu niedrig bemängelt. Gegenstand weiterer Kritik ist, daß nominelle Dosisfaktoren zwar für Erwachsene und Kleinkinder angegeben sind, aber unverständlicherweise nicht für die weitaus strahlenempfindlicheren Kinder im Mutterleib.

Eine grundlegende Kritik zielt darauf ab, daß der Vergleich der Strahlenbelastung durch natürliche und künstliche Radioaktivität über die einheitliche Bemessung einer Strahlungsdosis, angegeben in mrem, prinzipiell gar nicht zulässig sei, denn die künstliche Radioaktivität sei mit der natürlichen in der Wirkung nicht vergleichbar. Tatsächlich bestehen zwei Unterschiede:

- Die künstliche Isotope aus der Kernspaltung kommen in der Natur nicht vor.
- Eine Anreicherung von Isotopen in einzelnen Organen, wie sie für künstliche Isotope charakteristisch ist, tritt bei natürlichen Isotopen kaum auf.

Ungeachtet dieser Kritik läßt sich über die nominellen Dosisfaktoren zumindest ein grober Anhaltswert für die Strahlenbelastung durch kontaminierte Nahrung gewinnen. Hierzu wird der Gehalt eines "Leitisotopes" - im vorliegenden Fall zweckmäßigerweise das aktivitätsmäßig vorherrschende Cäsium-137 - gemessen und daraus auf die nominelle Belastung durch das gesamte Isotopengemisch hochgerechnet. Für das Isotopengemisch aus dem Tschernobyl-Unfall läßt sich ein Hochrechnungsfaktor von ca. 3 für Erwachsene und ca. 7 für Kleinkinder bestimmen. Das bedeutet: Die nominelle Gesamt-Strahlenbelastung beträgt das 3- bzw. 7-fache der Belastung durch das Cäsium-137 allein (vgl. Lischka/Wernicke 1979). Auf diese Weise läßt sich ermitteln: Die Aufnahme von Nahrung mit ca. 3OO Bq Cäsium-137 bringt eine zusätzliche Ganzkörperbelastung von 1 mrem für einen Erwachsenen. Für ein Kleinkind sind es 13O Bq für 1 mrem.

Wie groß ist die nominelle jährliche Ganzkörper-Strahlenbelastung eines Erwachsenen, der sich durchgängig mit Lebensmitteln mit einer Kontamination von 1O Bq Cäsium-137 pro Kilogramm ernährt?
Der Jahresverbrauch an Nahrung betrage 41O kg. Zur Berücksichtigung der Belastung durch das gesamte Isotopengemisch sei ein "Zuschlagsfaktor" von 1.3 bis 3.O angenommen. Damit folgt für die gesuchte Dosis

41O kg x 1O Bq/kg x 1.1 x 1O$^{-6}$ rem/Bq x (1.3 bis 3.O) =

(6 bis 14) x 1O$^{-3}$ rem = 6 bis 14 mrem.

Aus dieser Abschätzung ließ sich ein Grenzwert für die höchstzulässige Kontamination von Lebensmitteln für den Herbst 1986 ermitteln. Nach Abzug von ca. 1O mrem für die Belastung durch die Bodenstrahlung und die Einatmung radioaktiver Teilchen verbleiben vom 3O-Milirem-Jahresgrenzwert 2O mrem für die höchstzulässige Strahlenbelastung durch die Nahrung. Ein Erwachsener nimmt pro Jahr rund 4OO kg Nahrung zu sich. Diese Nahrung darf insgesamt mit bis zu (2O mrem x 3OO Bq/mrem =) 6.OOO Bq Cäsium-137 belastet sein, entsprechend maximal 15 Bq/kg. Unter Berücksichtigung statistischer Unsicherheiten begibt man sich auf die "sichere Seite", wenn man aus diesen Überlegungen einen Entscheidungs-Grenzwert von 1O Bequerel Cäsium-137 pro kg Lebensmittel, eine 1O-Becquerel-Grenze, ableitet:
Lebensmittel mit Kontaminationswerten von weniger als 1O Bq Cäsium-137 pro kg können als strahlenarm eingestuft werden und müssen im Hinblick auf die Strahlenschutzverordnung für Erwachsene hingenommen werden.

**Testkauf ▶ Messung ▶ Vorratskauf**

**Selbsthilfe nach Tschernobyl**

**im Oktober 1986**

BIS 31. Oktober 1986 VERLÄNGERT

**Privater Modellversuch STRAHLENARMER EINKAUF**

Die Radioaktivität in unseren Lebensmitteln hat sich durch den sowjetischen Reaktorunfall stark erhöht. Zusätzlich zu den vielen chemischen Schadstoffen belastet jetzt ein Gemisch künstlicher radioaktiver Stoffe die Nahrung.

Die Leitsubstanz für die langfristige radioaktive Belastung ist das Isotop Cäsium-137. "Vor Tschernobyl" ..gen die Cäsium-137-Werte in Lebensmitteln unter ..Becquerel pro Kilogramm (Bq/kg). Jetzt liegen sie durchschnittlich 30- bis 100-mal, in Einzelfällen sogar bis über 1000-mal höher.

Wir wissen heute: Auch die kleinste Strahlendosis birgt das Risiko gesundheitlicher Spätschäden. Am strahlenempfindlichsten sind Kinder im Mutterleib und Kleinkinder. Für ältere Menschen ist die Gefahr geringer.

Aber entscheidende Fragen sind wissenschaftlich umstritten oder ungeklärt: Wie groß ist das Strahlenkrebsrisiko? Wieweit läßt sich die künstliche Radioaktivität aus den Atomkraftwerken in ihren Wirkungen mit der natürlichen Radioaktivität vergleichen? Wie schädigen die künstlichen Isotope Schwangere und Kleinkinder? Welche Schadenslawinen können entstehen, wenn im Körper die künstliche Radioaktivität mit den ..len Umweltgiften und Medikamenten zusammentri.. ... sind zu befürchten?

..esundheitsminis..

du..



Abb. 5 Messung und Kennzeichnung von Lebensmitteln, Modellversuch Berlin

Im Einzelnen sei hier für die Cäsium-137-Kontamination von Grundnahrungsmitteln folgender Orientierungsmaßstab für den Verbraucher vorgeschlagen:

| | |
|---|---|
| Qualität A ("strahlungsarm"): | bis 10 Bq/kg, keine Einschränkung |
| Qualität B ("belastet"): | 10 bis 30 Bq/kg, für Schwangere, Stillende und Kleinkinder abzuraten |
| Qualität C ("stark belastet"): | 30 bis 100 Bq/kg, für Schwangere, Stillende und Kleinkinder ungeeignet. |

Es muß hier offenbleiben, inwieweit diese Grenzwertsetzung auch für die Risikogruppe von Schwangeren, stillenden Müttern und Kleinkindern als unbedenklich gelten kann.

Die 1O-Becquerel-Grenze liegt über dem Spitzenniveau der Lebensmittelbelastung auf dem Höhepunkt der Atombombentests der sechziger Jahre. Sie liegt mehr als 1O-fach über der vor dem Tschernobyl-Unfall vorhandenen, seit den sechziger Jahren abgeklungenen Restbelastung durch die Atomtests.

Meßtechnisch ist die Kontrolle der 1O-Becquerel-Grenze gut handhabbar. Zwar ist die präzise Messung des Cäsium-137-Gehalts an Lebensmitteln teuer und zeitraubend: Das erforderliche Gammaspektrometer kostet ca. 1OO.OOO DM und erfordert bei einer Meßauflösung von 1 Bq/kg und einem Meßfehler unter 2O % mindestens eine Stunde Meßzeit (Die Messung des beta-strahlenden Isotops Strontium-9O ist hingegen so umständlich, daß nur wenige Laboratorien dazu in der Lage sind und deshalb nur wenige verläßliche Strontium-9O-Meßwerte bekannt sind).

Für die Überwachung der 1O-Bequerel-Grenze ist jedoch ein vereinfachtes Meßverfahren, die Sicherheitsmessung, entwickelt worden, das es erlaubt, Lebensmittel in Originalverpackung - auch tiefgefroren - binnen 5 Minuten gammaspektrometrisch zu messen. Die Sicherheitsmessung liefert mit 9O % Aussagesicherheit die Meßangabe "Cäsium-Belastung unter ... Bq/kg" (Lischka/Wernicke 1979).

## 7 Amtliche Lebensmittel-Grenzwerte

Wenige Tage nach dem Tschernobyl-Unfall wurden die ersten kontaminierten Lebensmittel sichergestellt. Gemäß der Rechtslage wurden Milchtransporte mit einer Jod-131-Belastung von 7 Bq/kg als unzulässig hoch belastet zurückgewiesen. Anfang Mai 1986 setzte die Bundesregierung dann den Jod-131-Grenzwert für Milch auf 5OO Bq/kg hoch - eine Außerkraftsetzung der Strahlenschutzverordnung, für die eine Rechtsgrundlage nicht erkennbar ist.

Der hochgesetzte Jod-Grenzwert wurde weithin als medizinisch unverantwortlich abgelehnt, da Kleinkinder bereits mit weniger als einem halben Liter Milch die zulässige nominelle Jahresbelastung gemäß Strahlenschutzverordnung aufnehmen. Die Zuständigkeit für die Lebensmittelüberwachung liegt bei den Ländern (durch das ab Ende 1986 wirksame Strahlenschutzvorsorgegesetz verlieren die Länder diese Zuständigkeit hinsichtlich radioaktiver Schadstoffe an die Bundesregierung). Mehrere Länder verwarfen teilweise den Grenzwert und legten eigene Grenzwerte auf niedrigerem Niveau fest. So verfügte das CDU-regierte Land Berlin einen Jod-131-Grenzwert für Milch von 100 Bq/kg, das SPD-regierte Land Hessen zog die Grenze bei 20 Bq/kg.

Beispiel 2: Ein Kleinkind trinkt einen Liter Milch, die mit 500 Bq pro Liter J-131 (zulässiger Grenzwert der Strahlenschutzkommission beim Bundesinnenministerium) kontaminiert ist. Wie groß ist die radioaktive Belastung der Schilddrüse?

500 Bq x 4.2 x $10^{-4}$ rem/Bq = 0.21 rem = 210 mrem

Anmerkung: Die Grenze der laut Strahlenschutzverordnung jährlich zulässigen Höchstbelastung der Schilddrüse (90 mrem) erreicht ein Kleinkind bereits durch die Aufnahme von 0.4 Litern der genannten Milch.

Für die langfristige Cäsium-Belastung setzte die Bundesregierung im Mai 1986 einen Grenzwert für Gemüse fest: 100 Bq/kg. Das Land Hessen verfügte den gleichen Wert für Fleisch. Damit wurde der medizinischen Einschätzung Rechnung getragen: Unstrittig sind Lebensmittel mit Kontaminationen oberhalb dieser Grenzwerte als gesundheitsschädlich einzustufen und aus dem Handel fernzuhalten. Aus unbekannten (wirtschaftlichen?) Gründen wurden die Cäsium-Grenzwerte der Europäischen Gemeinschaft (EG) übernommen: 600 Bq Gesamt-Cäsium (Summe von Cäsium-137 und Cäsium 134) pro kg für alle Lebensmittel außer Milch und Säuglingsnahrung (für diese: 360 Bq/kg). Es gilt die Umrechnungsregel: 1 Bq Cäsium-137 gleich 1,5 Bq Gesamt-Cäsium.

Amtliche Grenzwerte der Kontamination von Lebensmitteln:
Jod-131 Milch: 500 Bq/1 (Strahlenschutzkommission des Bundesministeriums), 100 Bq/1 (Berlin), 20 Bq/1 (Hessen)
Cäsium-137 Blattgemüse: 100 Bq/kg (Strahlenschutzkommission des Bundesinnenministeriums, wieder aufgehoben) Fleisch: 100 Bq/kg (Hessen, wieder aufgehoben)
Cäsium-137 und Cäsium 134 Milch und Milchprodukte: 360 Bq/1 (Europäische Gemeinschaft für Importe aus osteuropäischen Ländern) Gesamtnahrung außer Milch: 600 Bq/kg (Europäische Gemeinschaft für Importe aus osteuropäischen Ländern)

Aus medizinischer Sicht ist es nicht zu verantworten, Lebensmittel mit Kontaminationen in Höhe der EG-Grenzwerte als "unbedenklich" zu behaupten, insbesondere für die Risikogruppe der Schwangeren, stillenden

Mütter und Kleinkinder. In der Tat mißbilligt die Bevölkerung die EG-Werte, so daß die ohnehin geringe öffentliche Akzeptanz der EG-Einbindung weiter in Frage gestellt wird.

Die Vielfalt der amtlichen Grenzwerte hat für den Bürger den Nachteil, daß er sich nicht an eine einheitliche Information halten konnte. Andererseits bot sie dem Bürger den Vorteil eines unzensierten Einblicks in die Experten- und Interessenkontroverse über vermeintlich "unbedenkliche" Belastungswerte. Das für künftige weitere Atomunfälle vorbereitete, ab Ende 1986 wirksamen Strahlenschutzvorsorgegesetzes, gibt der Bundesregierung weitreichende Ermächtigungen mit der Wirkung eines Informationsmonopols und stellt den Bürger hinsichtlich der Informationsversorgung weit schlechter als bisher (vgl. Auszug aus der StrVG 1986).

## 8 Prognose der Lebensmittelbelastung

Im Herbst 1986 ließ sich die Entwicklung der weiteren Belastung voraussehen. Nach einem anfänglichen Höhepunkt im ersten Vierteljahr nach dem Tschernobyl-Unfall - mit typischen Cäsium-137-Werten zwischen 3O und 3OO Bq/kg - ging die radioaktive Belastung in den in der Bundesrepublik erzeugten Nahrungsmitteln im Spätsommer und Herbst 1986 zunächst zurück - auf typische Werte zwischen 3 und 3O Bq/kg - weil die nachgewachsenen Pflanzen keine Berührung mit der Unfallwolke hatten und die Fütterung der Tiere auf solchen weniger belasteten Frischpflanzen aufbaute.

Die Winterfütterung 1986/87 würde vor allem auf im Frühjahr nach dem Reaktorunfall eingelagertes Heu zurückgreifen, das der Unfallwolke ausgesetzt war und - vor allem im süddeutschen Raum - hochbelastet war. In der Folge würde bis zum Frühsommer 1987, also bis zur Umstellung auf Frischfütterung, ein erneuter Anstieg der Lebensmittelbelastung zu erwarten sein. Dieser Belastungsanstieg im Handelsangebot würde noch dadurch verstärkt werden, daß zunehmend belastete lagerfähige Lebensmittel aus der Produktion von 1986 in die Regale kommen würde. Der "Winteranstieg" war auf typische Werte im Bereich zwischen 3O und 3OO Bq/kg zu erwarten. Diese zusätzliche Gesundheitsgefährdung der Bevölkerung wäre vermeidbar gewesen: Aus medizinischer wie strahlenschutzrechtlicher Sicht wäre es richtig gewesen, die eingelagerten Heuvorräte als radioaktiven Abfall zu deponieren und für die Winterfütterung 1986/87 ausnahmsweise auf außereuropäische Importe zurückzugreifen.

In der Fleischproduktion hätten sich Belastungswerte im strahlenarmen Bereich erzielen lassen, wenn die Tiere in den Monaten vor der Schlachtung strahlenarmes Futter erhalten hätten.

Zur unmittelbaren Verminderung der Strahlenbelastung durch den Tschernobyl-Unfall ist vorrangig die Ernährung mit strahlenarmen Lebensmitteln geboten, d.h. mit Lebensmitteln, deren Cäsium-137-Belastung unter der 1O-Becquerel-Grenze liegt. Ohne Kontrolle und Kennzeichnung des Radioaktivitätsgehaltes von Lebensmitteln - zumindest von Grundnahrungsmitteln - ist der Verbraucher nicht in der Lage, eine strahlenarme Ernährung durchzuhalten und so einen wirksamen Selbstschutz gegen die Strahlenbelastung vorzunehmen. Der Verbraucher kann nicht wissen, ob die Ware im Regal beim Kaufmann oder im Supermarkt mit 7 Bq/kg oder etwa mit 7OO Bq/kg belastet ist. Die notwendige, bisher allerdings unterbliebene Schutzmaßnahme ist die Kennzeichnungspflicht des Radioaktivitätsgehalts von Lebensmitteln (vgl. Abb. 5).

Unabhängig davon ist für die besonders strahlungsgefährdete Personengruppe der Schwangeren, stillenden Mütter und Kleinkinder eine Vorzugsversorgung mit strahlungsfreien oder strahlungsarmen Lebensmitteln medizinisch geboten. Auch diese staatliche Schutzmaßnahme ist mit wenigen Ausnahmen unterblieben.

Sofern die verfügbaren strahlenarmen Lebensmittel nicht für die gesamte Bevölkerung ausreichen, muß weniger strahlengefährdeten älteren Bevölkerungsgruppen eine abgestuft höhere Lebensmittelbelastung zugemutet werden. Angesichts der Agrar-Überproduktion und der Vernichtung von Nahrungsbeständen im EG-Raum wäre dies allerdings überraschend.

## Schlußbemerkung

Der Tschernobyl-Unfall hat jedermann eine neue Qualität schädlicher Technikfolgen vor Augen geführt. Grundsätzliche Fragen nach den Obergrenzen hinnehmbarer technischer Risiken und der Stabilität der Demokratie gegenüber technisch-wirtschaftlichen Selbstläufen sind gestellt, denn die Erfahrung zeigt: Technische Unfälle, die denkbar sind, geschehen irgendwann. Auch führt bereits der Normalbetrieb von Atomkraftwerken zu einer schleichenden Kontamination der Umwelt (vgl. Bundesminister des Inneren 1985).

Weiter hat sich gezeigt, daß Schadensbewertungen nur auf der Grundlage objektiver Meßwerte möglich sind und daß die betroffene Bevölkerung von den Behörden nicht nur in den Ländern des Ostblocks, sondern auch in den westlichen Demokratien kaum sachgerechte Hilfe erwarten kann.

Die Gesundheitsschäden durch den sowjetischen Reaktorunfall betreffen am stärksten Schwangere, stillende Mütter und Kleinkinder. Die Hauptlast tragen insbesondere die Geburtsjahrgänge 1986 bis 1988. Der wirksamste Schutz gegen diese Schäden ist die Verwendung strahlenarmer Nahrung, d.h. Nahrung mit einer Cäsium-137-Belastung unter der 1O-Becquerel-Grenze.

Diese Schutzmaßnahme ist unsere Verantwortung. Die Entschuldigung "nichts gewußt", "nichts tun können", wird für unsere Generation nicht gelten.

## Literatur

Albrecht, E., Ministerpräsident: Erklärung vor dem niedersächsischen Landtag zum geplanten nuklearen Entsorgungszentrum in Gorleben. Hannover 16. Mai 1979.

Bennerstedt, T. et.al.: Tjernobyl - nedfall, mätningar och konsekvenser. Statens Straalskyddsinstitut, SSI-Rapport 86-1O. Stockholm Juni 1986.

Bundesminister des Innern: Allgemeine Berechnungsgrundlage zu § 45 der Strahlenschutzverordnung. Bonn 15. August 1979.

Bundesminister des Innern: Strahlenschutzverordnung vom 13. Oktober 1976, Fassung vom 23. August 1979. Bonn 1979.

Bundesminister des Innern: 3O Jahre Überwachung der Umweltradioaktivität in der Bundesrepublik Deutschland. Bonn 1985.

Bundesminister für Forschung und Technologie: Zur friedlichen Nutzung der Kernenergie. 2. Auflage, Bonn 1978.

Bundeszentrale für Gesundheitliche Aufklärung, im Auftrag des Bundesministers für Jugend, Familie und Gesundheit:
Nach Tschernobyl, Antworten auf 21 Fragen. Köln Juni 1986.

Empfehlung der Strahlenschutzkommission. Bundesanzeiger Nr. 212 vom 11. November 1979.

Feinendegen, L.E. u.a.: Strahlenschutz, Radioaktivität und Gesundheit. Bayerisches Staatsministerium für Landesentwicklung und Umweltfragen. München 1985.

Gaul, E.: Strahlendosis und Auswirkungen. In: Klaus Traube: Nach der Supergau. Tschernobyl und die Konsequenzen. Hamburg 1986.

Glasstone, S./ Dolan, P.J.: The Effects of Nuclear Weapons. 3. Edition., U.S. Department of Defense and Energy Research and Development Administration. Washington 1977, S. 448 ff.

Lischka, K.-D./ Wernicke, J.: Prädikat Strahlenarm. Rundbrief Nr. 18/Juli 1986 der "Ärzte warnen vor dem Atomkrieg". Berlin 1986.

Sternglass, E.J.: Infant Mortality Changes Following the Three Mile Island Accident. 5th World Congress of Engineers and Architects. Tel Aviv January 198O.

## Quellen der Abbildungen

Abb. 1 Bundesminister des Innern: 30 Jahre Überwachung der Umweltradioaktivität in der Bundesrepublik Deutschland, Bonn 1985.

Abb. 2 Zeichungen: A. Kern. Verantwortlich: Th. Virski, E. Rößler, B. Stein. Druck: System Druck, Berlin. Nachdruck, auch auszugsweise erwünscht.

Ulrich Oltersdorf

# Umweltgefahren und Ernährungsempfehlungen - Gedanken zum Überleben von Risiken durch angepaßtes Ernährungsverhalten

Der Mensch der heutigen Zeit ist verunsichert. Fachleute stellen die gegenwärtige Situation kontrovers dar. Einerseits werden negative Folgen der Wissenschaft und Technik bekannt: unsere Umwelt ist in Gefahr, unsere Nahrung ist voller Gifte. Andererseits gibt es für alle Probleme ein Angebot von Lösungen. Auch im Bereich Ernährung werden von Experten sichere "Rezepte" angeboten.

## 1 Kann die Ernährungswissenschaft realistische Lösungen zum Überleben von Umweltrisiken anbieten?

Angesichts der komplexen Beziehungen der Bereiche "Mensch", "Ernährung" und "Umwelt" und ihrer systemischen Zusammenhänge läßt sich herleiten, daß für die Ursachenanalyse und den daraus abzuleitenden Empfehlungen nur recht allgemeine Aussagen möglich sind.

Zur Beurteilung der Beziehungen zwischen Ernährung und Umweltrisiken sind drei große Bereiche im Zusammenhang zu sehen.

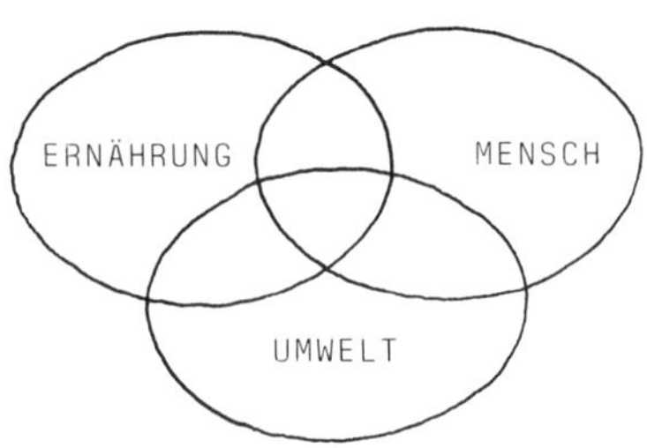


Abb.1

Mensch, Ernährung und Umwelt sind durch Stoffe zu charakterisieren: Stoffwechsel - Nährstoffe - Schadstoffe. Damit kann jedoch nur ein Teil dieser Bereiche beschrieben werden. Mensch - Ernährung - Umwelt beinhalten mehr als nur Stoffe, wie z.B. die Definition der WHO für Gesundheit deutlich macht: "Gesundheit ist mehr als die bloße Abwesenheit von Krankheit. Gesundheit ist vielmehr ein Zustand vollkommenen körperlichen, seelischen und sozialen Wohlbefindens."

Die Wechselbeziehungen zwischen den Stoffen (Nähr- und Schadstoffen) sind sehr komplex.

*Übersicht über Inhaltsstoffe von Nahrungsmitteln (nach SCHORMÜLLER, J. 1974)*

| | | *Beispiele* |
|---|---|---|
| A | Natürliche Inhaltsstoffe | |
| | - essentielle Nährstoffe | Vitamine |
| | - nicht-essentielle Nährstoffe | Zucker |
| | - positive Nicht-Nährstoffe | Rohfaser, Aroma |
| | - negative Nicht-Nährstoffe | Hemmstoffe, Mykotoxine |
| B | Nicht-natürliche ("man-made") Inhaltsstoffe | |
| | - beabsichtigt (Zusatzstoffe, Additive) | Konservierungsstoffe, Farbstoffe, Süßstoffe, Geschmacksstoffe |
| | - unbeabsichtigt | |
| | Rückstände aus Produktion und Verarbeitung | Pflanzenschutzstoffe, Tierarzneimittel |
| | Reaktionsprodukt bei Verarbeitung | Erhitzungsprodukte (Bräunungsprodukte) |
| | Verunreinigungen | toxische Spurenelemente |
| | Kontamination während Verarbeitung, Lagerung Transport und Zubereitung | Plastikweichmacher |

Man kennt weit mehr als 4 Millionen Chemikalien. Über 6O.OOO davon werden regelmäßig produziert und verwendet (H. Geyer et.al. 1986).

Bei experimentellen Untersuchungen von Wechselbeziehungen zwischen Nähr- und Schadstoffen ist es von Vorteil, möglichst spezifische, kontrollierte Untersuchungsbedingungen einzuhalten. Die reale Situation umfaßt dagegen: multiple Schadstoff-Aufnahmen: z.B.

- durch Luft: 100 $mg/m^3$ $SO_2$<br>1OO $mg/m^3$ Stickstoffoxide<br>1 $mg/m^3$ Blei
- durch Nahrung: 2 mg Blei/Woche<br>O,5 mg Cadmium/Woche<br>O,2 mg Quecksilber/Woche.

*Wechselbeziehungen zwischen Fehlernährung und Fremdstoffen.*

| Fremdstoffklasse / Nährstoff | Dieldrin, DDT | andere Pestizide | Barbiturate | Ovulationshemmer | andere Arzneimittel | Phytotoxine | chlorhalt. Lösungsmittel | toxis. Spurenelemente | kanzerog. Kohlenwasser-Stoffe | Konservierungsmittel |
|---|---|---|---|---|---|---|---|---|---|---|
| Eiweiß | + | − | + | o | + | + | + | + | + | o |
| Fett | − | ± | + | | + | + | − | | | |
| Mineralstoffe | | + | ± | | ± | | + | + | + | |
| Vitamin A | + | | | + | | + | | | + | + |
| Thiamin | − | + | ± | | ± | + | | | + | |
| Riboflavin | + | | + | | ± | | | | + | + |
| Pyridoxin | | + | + | + | + | | | | | |
| Vitamin C | + | | + | + | + | | + | + | | |
| Vitamin E | | | + | | + | | + | + | | |

Erläuterungen: + durch Mangel an betr. Nährstoff wird die toxische Wirkung verstärkt, bzw. man kann sie durch Zulagen des Nährstoffes vermindern;
− durch Nährstoffmangel wird die toxische Wirkung des Fremdstoffes vermindert;
± widersprüchliche Ergebnisse;
o kein Einfluß des Nährstoffmangels auf die Fremdstoffwirkung;
die Lücken zeigen an, daß keine Untersuchungen bekannt sind.

Abb. 2

Es gibt rund 55OO zugelassene Zusatzstoffe. Für 35O verschiedene Insektizide gibt es eine Festlegung der erlaubten täglichen Zufuhrmengen (ADI):
- durch Arbeitsplatzbelastungen
- durch individuelle Belastungen, wie Rauchen, Alkoholkonsum, Arzneimittel und Drogen.
- bei multiplen Ernährungs-Störungen: z.B. Übergewicht, Mangel an Eisen, Jod, Calcium, Vitamin $B_1$, Folsäure.

Aus wissenschaftlichen Untersuchungen ergeben sich in einem recht langdauernden Prozeß spezifische Ergebnisse, z.B. aus Tierversuchen, anschließend nötige Übertragung auf reale Menschenverhältnisse, z.B. aus epidemiologischen Studien, d.h. längere Beobachtung der Geschehnisse in der Bevölkerung oft mehrdeutige Interpretationen durch die Vielzahl der Faktoren. Die Gesellschaft erwartet vor allem in Problemsituationen schnell Entscheidungshilfen und Handlungsanweisungen.

"Was für die Politik umsetzbar ist, muß ziemlich handfest sein, es muß ... griffig sein ..., daß die Cholesterinwerte leichter in politischen Handlungen umzusetzen sind, als ein Wissensbestand, wie ihn derzeit Psychologie und Soziologie liefern können ... diese Überfülle ... von Kausalitäten bzw. Risikolagen ist schwer in politisches Handeln umzusetzen ... für den derzeitigen Zustand richtige Studien behandeln in der Regel nur einen Aspekt aus einem komplexen Situationsgefüge, z.B. Gesundheitsschäden durch Blei ... es ist aber unmöglich, eine Situation zu schaffen ... nur mit Blei in Berührung zu kommen ... Abwägen und umfassendes Aktenstudium ... nicht aus allem sofort ableiten, morgen daraus einen Paragraphen zu machen" (Steinbach 1985).

Kein Wunder, daß Experten in der Öffentlichkeit häufig ratlos erscheinen. So warnt "Öko-Test" z.B. vor Nickel in Margarine. Die Industrie behauptet, es gebe keinen Anlaß zur Besorgnis. Die Lebensmittel-Zeitung (Nr. 17, S. F 14, 25.4.86) wollte Klarheit von Experten: "Wie oft in letzter Zeit war die Situation wieder da: Lebensmittel in den Schlagzeilen - und die Experten: ratlos."

Hier zeigen sich einige typische Fehler beim Handeln in komplexen Situationen ("Systemen") wie sie von D. Dörner und F. Reither beschrieben sind:
- eingeschränkte Situationsanalyse
- mangelhafte Zielbildung
- "reaktive" Planung (Reaktion bei Alarm- bzw. Störfällen)
- Annahme von linearen Trends
- Mangel an flexiblen Reaktionen
- mangelhafte Nebenwirkungsanalyse
- Tendenzen zum Über- und Untersteuern
- mangelhafte Erfolgskontrolle.

Für allgemeine Situationen sind auch nur allgemeine Antworten möglich: *richtige Ernährung hilft* mit, Umweltbelastungen besser zu ertragen, z.B. *Schadstoffe, Infektionen und Krebs* zu vermeiden. Je größer die Belastungen sind, desto wichtiger wird eine richtige Ernährung.

*Beispiele für Verminderung der Schadstoffwirkung durch erhöhte Nährstoff-Zufuhr:*

| *Nährstoff* | *Schadstoff* |
|---|---|
| Eiweiß | Blei, Cadmium, Pestizide (bes. chlor. KW-Stoffe) |
| Eisen | Blei, Cadmium, Antazida, Tetracycline |
| Calcium | Blei |
| Zink | Cadmium |
| Vitamin A | chlorierte Kohlenwasserstoffe |
| Vitamin C | Nitrosamine, toxische Spurenelemente, Rauchen, orale Kontrazeptiva |
| Vitamin E | photo-oxidative Stoffe Nitrosamine, Quecksilber |
| Vitamin $B_6$ | orale Kontrazeptiva |
| Folsäure | orale Kontrazeptiva |

(aus: Oltersdorf 1982).

## 2 Beziehungen zwischen Ernährung und Infektion

Infektionen belasten den Stoffwechsel; sie erhöhen den Nährstoffbedarf. Mangel an Nährstoffen vermindert die Abwehrkräfte.

| Funktion: | vermindert durch Mangel an: |
|---|---|
| - allgemeine Abwehrfunktionen (z.B. Fieberreaktionen, Reaktionen im Magen-Darm-Kanal, stabile Haut-Schleimhaut-Oberfläche, usw.) | Energie (Unterernährung), Eiweiß, Vitamine A, C, E, Zink, Kupfer, Magnesium |
| - zelluläre Abwehrmechanismen ("Freßzellen", Phagozyten, Vitamine A, C, E, $B_6$, Leukozyten, Lymphozyten usw.) | Energie (Unterernährung), Eiweiß, Vitamine A, C, E, $B_6$ Eisen, Zink, Selen |
| - Immun-Reaktionen (Immunglobuline, Antikörper, Komplemente usw.). | Energie (Unterernährung), Eiweiß, Vitamine A, C, $B_2$, $B_6$, Eisen |

## 3 Diskutierte Beziehungen zwischen Ernährung und Krebs

Nahrung(sinhaltsstoffe) als Faktor bei der Krebs-Entstehung:
- "westliche Diät" (wenig Rohfaser, viel -tierische- Fette, viel Kochsalz)
- Mangel an Vitaminen A und C
- gegrillte Speisen ("Röstprodukte")
- ranzige Fette
- verschimmelte Speisen

Nahrungsinhaltsstoffe helfen Krebs vermeiden bzw. unterstützen die Heilung (durch Stärkung der Abwehrkräfte/Immunmechanismen; durch Verhinderung der Entstehung von krebsauslösenden Stoffen, z.B. antioxidative Reaktionen; durch Stärkung von Reparatur-Mechanismen/DNS-Reparatur):
- vegetarische Lebensweise (z.B. Kohlarten)
- Vitamin A, Zink
- Vitamin E, Selen
- Vitamin C

Hier - wie bei den anderen Beispielen auch - gilt es zu beachten, daß die Ernährungsfaktoren nur einen von vielen anderen Ursachenbereichen bei der Krebsentstehung darstellen:

Der Mensch sucht spezifische Antworten für seine spezifische Situation. Für spezifische Situationen sind jedoch spezifische Situationsanalysen nötig. Das ist heute in weitem Umfange möglich. Dann sind auch spezifische Antworten zu erhalten. Die vollständige Kontrolle der Lebensmittel (Umwelt) und die Kontrolle des Stoffwechsels des Menschen erfordert jedoch einen hohen Aufwand an Zeit und Geld.

Aber abgesehen davon, daß die Vorstellung eines vollkontrollierten Menschen, der gänzlich nach den Handlungsanweisungen von Fachleuten handelt, absurd ist, hat auch die Kontrolle der Lebensmittel ihre Grenze. Spezifische Aussagen sind für spezifische Situationen auch im Bereich der Schadstoffe möglich, doch man muß mit individuellen abweichenden Reaktionen rechnen. So sind z.B. allergische Reaktionen auch für "sichere" Nährstoffe bekannt. Darum kommen wir am ehesten mit allgemeinen Aussagen über Schadstoffe weiter: Wir sollten "so wenig wie möglich" und nur dort Fremdstoffe einsetzen, wo sie wirklich Vorteile haben. Die bestehende Vielfalt existierender Fremdstoffe kann eingeschränkt werden. Aber eine "Nulloption" ist utopisch. Ein Restrisiko verbleibt. Die Testung und Bewertung von Lebensmittel-Zusatzstoffen erfordert einen hohen Aufwand.

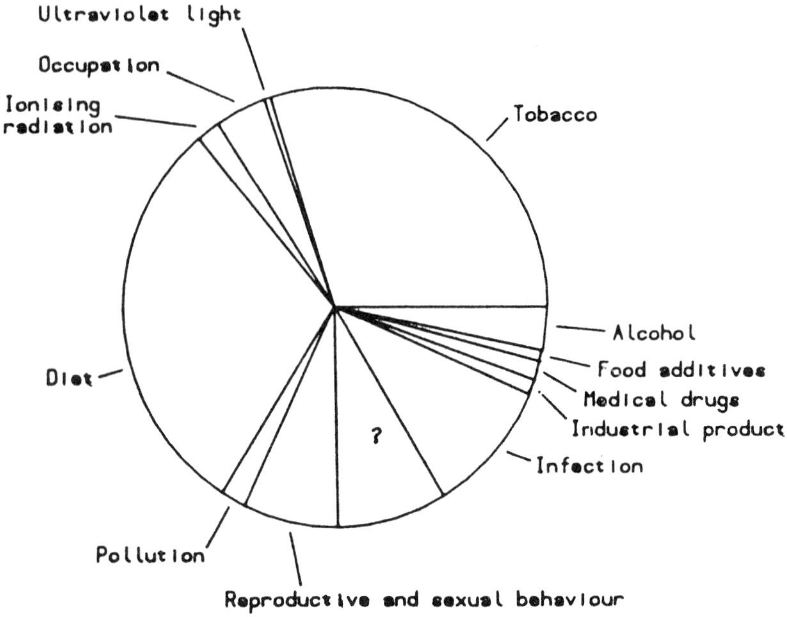


Abb. 3 Schätzung zur Verteilung der verschiedenen Ursachen für Krebs

| | |
|---|---|
| Chemische Analysen | auf Nährstoffe, Inhaltsstoffe usw. |
| Testung der akuten Toxizität | mit versch. Tierarten, wie Ratten, Mäusen, Meerschweinchen, Kaninchen, Schweinen u.a. |
| Testung der subakuten Toxizität | Wachstumstests (über 3O-6O Wochen) mit Ratten u.a.Tierarten, Untersuchung des Stoffwechsels, histolog.-patholog. Untersuchung usw. |
| Testung der chronischen Toxizität | Tests an Ratten u.a.Tierarten über mind. 3 Generationen (2 Jahre und länger); Mißbildungen, Krebs, Chromosomenveränderungen usw. |
| (klin.) Testung an Menschen | Stoffwechsel, klin.-chem. Diagnosen, Verdaulichkeit, Bilanzen, Verträglichkeit usw. |

Für Lebensmittel gibt es viele gesetzliche Verordnungen und Normen: nationale und internationale Lebensmittel-Gesetze, das Deutsche Lebensmittelbuch, Richtlinien und Gütezeichen von Verbänden der Hersteller, wie

DLG, BLL, Zulassungsverordnungen, Höchstmengenverordnungen, Verordnungen über diätetische Lebensmittel, Handelsklassen-Verordnungen, Normen für sensorische Prüfungen (DIN-Normen), Empfehlungen für die Nährstoffzufuhr (DGE)

Wer kennt sie alle?
Wer kontrolliert dies alles?

## Schlußfolgerungen

Konkrete, spezifische Aussagen, die den Charakter von Entscheidungshilfen haben, können nur aufgrund von spezifischen Situationsanalysen vorgenommen werden. Bisher geschieht dies vor allem aus der Sicht der einzelnen Fachgebiete; solche mono-disziplinären Betrachtungen von Beziehungs-Systemen führen zu widersprüchlich erscheinenden Aussagen.

Eine Verbesserung dieser unbefriedigenden Situation ist nur langfristig möglich, wenn die systemische Realität der komplexen Zusammenhänge anerkannt wird. Das bedeutet z.B. im Bereich der Forschung eine deutliche Stärkung der interdisziplinären Zusammenarbeit, vor allem zwischen Natur- und Sozial- bzw. Geisteswissenschaften.

Zur besseren Bewältigung von Umwelt- und Ernährungsproblemen ist weiterhin die Abkehr vom Determinismus (entweder/oder, gesund/krank usw.) und die Hinwendung zum Probabilismus (je mehr/desto, sowohl/als auch usw.) notwendig.

Man muß die Begriffe "Wahrscheinlichkeit" bzw. "Risiko" erst besser erlernen und begreifen. Von einem abstürzenden Flugzeug getroffen zu werden, ist sehr unwahrscheinlich (10.000.000 : 1); durch verdorbene Lebensmittel (871.000 : 1) oder als Fußgänger im Straßenverkehr zu sterben (25.000 : 1) ist schon wahrscheinlicher (Heilmann 1985). Im Zielkonflikt stehen individuelle Freiheit und individuelles Risiko den gesellschaftlichen Folgekosten von (individuellem) Fehlverhalten gegenüber. Die Diskussion im Malus für Rauchen, Alkohol und Übergewicht ist ein gutes Beispiel hierfür.

Detail-Bewertungen können sich widersprechen. Die Summe der Detail-Bewertungen ist ungleich der Gesamt-Bewertung. Ein Beispiel hierfür ist die Schadstoffreduzierung (Dekontamination) um den Preis der Nährstoff- und Geschmacks-Reduzierung, wie sie auf einem Journalistenseminar der

Deutschen Gesellschaft für Ernährung vorgeschlagen wurde:
Dekontaminierbarkeit von Gemüse und Obst: "Der Kontaminationsgrad von Blattprodukten kann durch eine Behandlung von etwa 15 Minuten bei 90° C in Wasser um 90 %, bei Strontium durch eine etwas längere Behandlung von etwa 30 Minuten um 75 - 80 % verringert werden. Zugabe von organischen Säuren verbessern den Dekontaminationsgrad etwas, jedoch nicht entscheidend." (Aus: 2. DGE-Journalisten-Seminar, 6. Oktober 1986. Radioaktivität in Lebensmitteln: Folgen und Folgerungen nach Tschernobyl.)

Statt Einzel-Maximierung bzw. -Minimierung sollte besser System-Optimierung angestrebt werden. Das verlangt eine Hinwendung zum System-Denken. (Umwelt- und Ernährungs-)Probleme sind nicht allein durch naturwissenschaftlich-technische Innovationen, sondern nur zusammen mit gesellschaftlichen, d.h. politischen Anpassungsprozessen zu bewältigen. Individuelles (Ernährungs-) Fehlverhalten ist ein Indikator für Probleme der Gesellschaft. Es gibt keine absolute Sicherheit, keinen Verlaß auf nur einen (System)Faktor.

Es gibt keine Patentrezepte für sichere Umwelt und richtige Ernährung. Kein Fach, kein Experte, keine Gruppe allein kann ein System beherrschen. Begrenzte Kompetenzen sind anzuerkennen: Keiner weiß Alles, aber auch: Keiner weiß Nichts. Auch Nicht-Fachleute gehören zum System, haben gewisse Kompetenz, Stärkung dieser Eigen-Kompetenz ist nötig.

Ein Dialog zwischen den verschiedenen Experten (vor allem interdisziplinäre Zusammenarbeit zwischen Natur- und Gesellschaftswissenschaften) und den verschiedenen gesellschaftlichen Gruppen ist nötig. Umwelt- und Ernährungsprobleme sind nicht allein durch Steuerung von individuellem Fehlverhalten zu bewältigen, sondern nur im Zusammenhang mit Veränderungen in der Gesellschaft. Am Arbeitslplatz Haushalt kann viel für Umwelt, Gesundheit und Ernährung getan werden, man kann Haushaltsmittel optimaler benutzen, individuelles Verhalten hat einen wichtigen Stellenwert. Doch man darf den privaten Haushalt nicht allein lassen. Eine Gesellschaft, die auf Wachstum und Umsatzsteigerungen, auf technische Mittel baut, die durch Werbung individuelles Fehlverhalten stimuliert, behindert notwendige Problem-Lösungen, behindert System-Anpassungen. Werbung suggeriert, daß Probleme sich durch Mittel bewältigen lassen
(... warum denn an die Decke gehen, greife lieber zur ...)
(... erst mal entspannen, erst mal ...)
(... hilft dir über den Berg ...).

Umwelt- und Ernährungsprobleme sollten nicht nur "repariert", sondern vorsorglich behandelt werden. Mehr Prävention sollte betrieben werden. Prävention ist die Aufgabe aller gesellschaftlichen Gruppen.

Zur Lösung der Umwelt- und Ernährungsprobleme ist es nötig, sich besser zu verständigen und sich besser zu verstehen. Es gilt zu lernen, Informationen besser zu verarbeiten, zu bewerten und zu behandeln: Die Kommunikation zwischen Fachleuten und Betroffenen kann verbessert werden. Die jeweiligen Fachexperten können nur eine spezifische Art von Informationen bieten ("Stoff zum Denken"); Menschen - die Gesellschaft - müssen damit umgehen. Das Verstehen (die Kommunikation) zwischen der Gruppe der Fachleute und der Gruppe der Entscheidungshilfe-Suchenden (z.B. Politiker, Manager usw.) muß verbessert werden.

Die Lösung der (Umwelt-, Gesundheits-, Ernährungs-, ...) Probleme ist Aufgabe für alle. Sie liegt nicht in der Suche nach einem "Schutzstoff" oder einem "Schutzschild: richtige Diät". Es sind neue Konzepte für eine Gesellschaft nötig, die eine Abkehr von Über- und Mehrkonsum bedeuten, die Schadstoff-Reduktion und vernünftige Ernährungsweisen einschließen, die menschliches Zusammenleben nicht nur materiell und stofflich messen und beurteilen. Neue (präventive) Politikansätze, die neben den ökonomischen, auch ökologische, soziale, psychobiologische ("biopolitics") System-Gesichtspunkte berücksichtigen, sind zu erdenken und zu gestalten.

## Literatur

Döerner, D./Reither, F.: Das alte Gehirn und die neuen Probleme. In: Der Spiegel, Nr. 5O (1981) S. 66 ff.

Döerner,D./Reither, F.: Das große Bürgermeisterspiel. In: Die Zeit, Nr. 37 und 38 (1981).

Flohr, H./ Tönnesmann, W.: Politik und Biologie. Berlin, Hamburg 1983.

Geyer, H./Korte, F./ Scheunert, I.: Bioconcentration potential of organic environmental chemicals in humans. In: Regulatory Toxicology and Pharmacology, Nr. 6(1986), S. 313-347.

Heilmann, K.: Technologischer Fortschritt und Risiko. München 1985.

Oltersdorf, U./ Miltenberger, R.: Erhöhter Nährstoffbedarf durch Umweltbelastung? In: Umschau Wiss.Techn., Nr. 16 (1975) S. 36 ff.

Oltersdorf, U.: Wechselwirkungen zwischen Nähr- und Nicht-Nährstoffen. In: AID-Verbraucherdienst, Nr. 2 Jg. 27 (1982), S. 36 ff.

Schormüller, J.: Lehrbuch der Lebensmittelchemie, Berlin 1974.

Steinbach, M.: Bundesministerium für Jugend, Familie und Gesundheit. Vortrag auf dem XIX. Kongreß der Deutschen Zentrale für Volksgesundheitspflege, November 1985, Unveröffentlichtes Redemanuskript.

## Quellen der Abbildungen

Abb. 1 Oltersdorf, U./Miltenberger, R.; Erhöhter Nährstoffbedarf durch Umweltbelastung? Umschau Wiss. Techn. 75 (16): 508 (1975).

Abb. 2 J. S. Thomas; Human Nutr.: Appl.: 40 A: 262 (1986).

# HAUSARBEITSPLÄTZE

Myra Warhaftig

# Neue Lebensformen - Neue Wohnformen

Die Wohnungen, in denen wir leben, ob sie alt oder neu, groß oder klein sind, beeinflussen in bestimmter Weise unser Wohnverhalten. Jede Wohnung ist mit einem bis fünf oder sechs oder selten mit noch mehr Räumen, meistens mit einer Küche und einem Baderaum ausgestattet. Die Möblierung der Räume bestimmt, wie diese zu benutzen sind, und danach bewegen wir uns, unseren täglichen Bedürfnissen entsprechend, in der Wohnung (vgl. Warhaftig 1985), z.B.

- Wohnzimmer: hier sitzen wir meistens abends, mit Gästen oder unter uns,
- Schlafzimmer: dieser Raum wird vor allem nachts benutzt,
- Kinderzimmer: das meist benutzte Zimmer in der Wohnung, Tag und Nacht,
- Küche: hier steht man meistens allein. Es gibt sowieso keinen Platz für eine zweite Person,
- Eßplatz: es gab früher in den großbürgerlichen Wohnungen einen Eßraum, der weit entfernt von der Küche lag.

Wenn wir in einem großen Raum leben, unabhängig von gesellschaftlichen Konventionen, stellen wir alle unsere notwendigen Gebrauchsgegenstände nach einer bestimmten Ordnung zusammen, damit uns diese Ordnung die größtmögliche Bequemlichkeit des Wohnens erlaubt. Wenn wir in einer Mehrzimmer-Wohnung leben, gehen wir von einem Raum zum anderen, da die Nutzung der Räume durch ihre Möblierung vorgegeben ist. So kann eine Mehrzimmer-Wohnung eine bestimmte Unbequemlichkeit in unserer Organisation des häuslichen Lebens mit sich bringen. Bedingt durch die Raumaufteilung einer Wohnung wirkt unser Wohnverhalten erzwungen oder nicht erzwungen. Das heißt: unser tägliches Leben in der Wohnung wird von den baulichen Bedingungen beeinflußt.

Im Rahmen des sozialen Wohnungsbaus werden Wohnungen nach Vorschriften geplant und gebaut. Dabei handelt es sich nicht nur um technische Gesetze des Wohnungsbaues. Ebenfalls sind Wohnungszahl und Wohnungsgröße, sowie Anzahl, Größe und Funktion der Zimmer verbindlich vorgeschrieben.

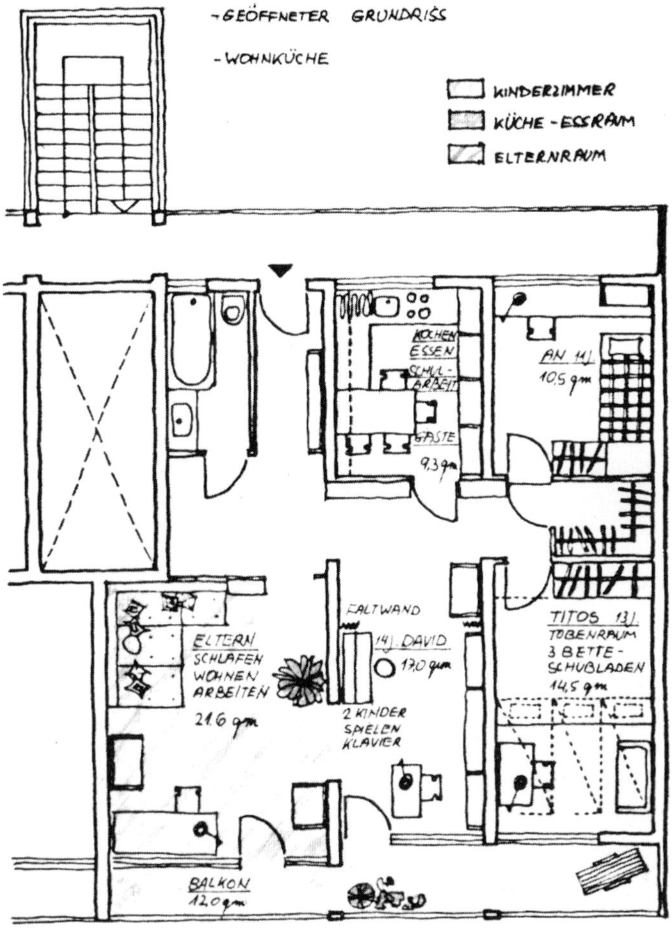


Abb. 1 Grundriß der Wohnung: Berlin Interbau 1957

Die Richtlinien, die die Raumgröße und die Raumfunktionen in einer Wohnung festlegen, dazu die Möbelindustrie und nicht zuletzt die gesellschaftlichen Konventionen des Wohnens sind Faktoren, die zu einem gewissen Grad für das Wohnverhalten der Bewohner verantwortlich zu machen sind. Ich habe mir einmal die Aufgabe gestellt, Beispiele dafür zu sammeln, wie die Bewohner selbst ihre Wohnkultur bestimmten, ihre Wohnwünsche artikulierten und in die Bauweise umgesetzt haben.

Abb. 2 Mahlzeit in der Küche. 3-Zimmer-Wohnung: Berlin Interbau 1957

Abb. 3 Kinderzimmer: Berlin Interbau 1957

In diese Wohnung (Abb. 1) sind ein Elternpaar mit 3 Kindern im Alter von 11, 13 und 14 Jahren eingezogen. Das sogenannte Wohnzimmer wurde zum Elternraum, wo sie wohnen, arbeiten und schlafen. Der ursprüngliche Eßraum gehört dem älteren Sohn, das für zwei Kinder vorgesehene Kinderzimmer ist dem zweiten Sohn zugewiesen worden und in das Elternschlafzimmer zog das Mädchen.

In der Küche wird gerade gegessen und diesbezüglich berichtete mir die Mutter (Abb. 2):
"Wenn wir wenige Gäste haben, dann essen wir auch in der Küche, sonst mache ich ein kaltes Buffet. Als Familie fühlen wir uns in der Küche sehr wohl. Eigentlich ist diese Küche unser Kommunikationsraum. Es ist der Raum, in dem die Kinder ihre Schularbeiten machen, obwohl sie ihre Schreibtische haben. So sind wir zusammen, und da ich keine perfekte Hausfrau bin, kochen die Kinder oft selbständig. Als sie klein waren, spielten die Kinder immer dort, wo ich gerade war."

Über die Gestaltung der Kinderzimmer berichtete mir die Mutter:
"Jedes Kind hat sein eigenes Zimmer. Sie sind so verschieden. Wir, die Alten, haben uns auf ein Zimmer beschränkt. Wir haben die Wohnung sehr oft umgestaltet, je nachdem in welchem Stadium wir waren. David hat jetzt sein Zimmer geöffnet (Faltwand). Es gab aber eine Zeit, in der er es doch schloß, nämlich als zwei Kinder hier Klavier spielten. In Titos Zimmer sind die Betten in einer Art Schublade. So eignet sich das Zimmer zum Toben." (Abb. 3). Der Vater hat in dem Zimmer ein Podest gebaut, unter dem sich drei große Schubladen, die drei Betten bilden, befinden. Am Tag sind die Schubladen zu und der Raum ist von den tagsüber unbrauchbaren Gegenständen befreit. Ich zitiere die Mutter: "In unserem Zimmer liegt das Bettzeug im Teewagen. Es ist kompliziert. Wenn einer krank ist, zieht er in das Zimmer mit den Schubladen. Das ist auch der Schlafort für die Kinder, die wir einladen."

Ein anderes Beispiel zu Wohnerfahrungen in Berlin ist eine Wohnung in einem Wohnhaus, das im Rahmen der IBA 1984-87 in der Lindenstraße gebaut wurde (Arch. Feddersen und von Herder). In der Wohnung, deren viereinhalb Zimmer über zwei Stockwerke verteilt sind (vgl. Abb. 4) (duplex = Maisonnettetyp), wohnt die Familie X mit vier Kindern, die vier, acht, zehn und zwölf Jahre alt sind. Die Mutter ist Hilfsarbeiterin und geht täglich zwei bis drei Stunden, um die Mittagszeit herum, arbeiten. Die Wohnung ist in zwei Stockwerken, Erdgeschoß und erstes Obergeschoß, zugänglich. Im ersten Obergeschoß befinden sich Küche, Eßplatz und Wintergarten, zwei Kinderzimmer für je zwei Kinder, Elternschlafzimmer und

Sanitäreinrichtung. Im Erdgeschoß befindet sich das Wohnzimmer und ein Kellerraum, welcher von einer Innentreppe und einer Außentreppe erreichbar ist. Das Wohnzimmer ist 22,0 $m^2$ groß und hat einen Zugang zum Garten bzw. Innenhof.

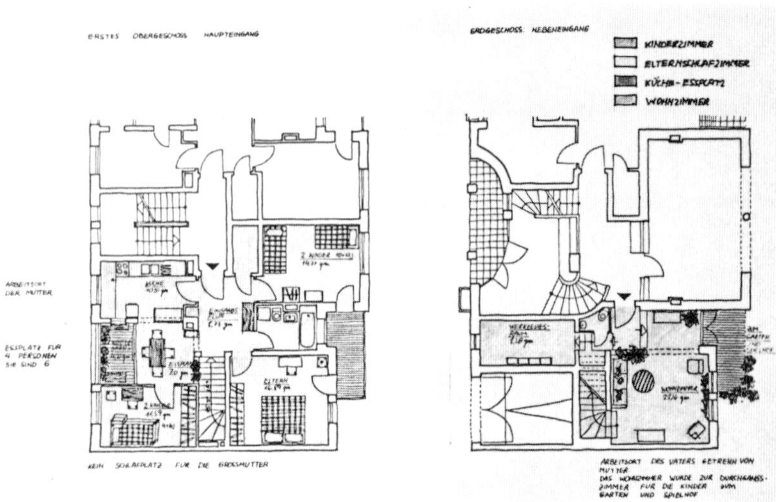


Abb. 4 Grundriß der Duplex-Wohnung: Berlin IBA 1984-87

Die Familie X hat ihre Wohnung so eingerichtet, wie der Architekt es in seinem Entwurf vorgesehen hat, bzw. wie die Gesetze des Sozialen Wohnungsbaues es vorschreiben. Ich besuchte die Familie über die Mittagszeit. Die Mutter, wie gesagt, ging arbeiten und der Vater hat mich empfangen. Sehr betroffen hat er mir seine Wohnerlebnisse geschildert, ich zitiere ihn:
"Zwei Kinder haben jeweils ein Zimmer. Das Wohnzimmer ist unten im Erdgeschoß mit einem Zugang zum Hof. Es ist ein Durchgangszimmer geworden, weil die Kinder hier hochgelaufen kommen. Alles spielt sich hier oben ab, wegen der Küche. Der Schrank zwischen Küche und Essplatz kommt weg. Die Küche ist der Arbeitsbereich der Hausfrau. Die meiste Zeit ist meine Frau in der Küche, und wenn wir hier sind, dann ist sie ins Gespräch und in das Leben hier einbezogen. Wenn wir alle unten im Wohnzimmer wären und meine Frau hier, wäre sie isoliert.
Das soll hier alles offen werden. Wir brauchen hier sechs Stühle und nicht vier. Jetzt ist es sehr eng. Wir essen in zwei Schichten. Ich habe ausgemessen, was besser ist, ein runder Tisch oder ein rechteckiger ... das wird sehr eng hier, weil es ein Durchgang ist. Ich habe daran gedacht, die Tür zwischen Eßplatz und Wintergarten herauszunehmen. Ich wollte nicht viel än-

Abb. 5 Die Kinder bei der Essensvorbereitung, Duplex-Wohnung: Berlin 1982

dern. Es ist alles so fest. Im westfälischen Elternhaus waren Küche und Eßecke eins. Man fühlte sich dort zu Hause. Das Schöne war immer die Küche, in der es Essen gab und gut roch ... Früher wohnten wir in Kreuzberg in einer Altbauwohnung mit drei Zimmern. Das Haus war sehr verwohnt und dauernd wurde dort gestohlen, Fahrräder; Feuer wurde gelegt. Das lag am Haus. Wenn ein Haus verkommen ist, dann geschieht das. Dort schliefen die vier Kinder in einem Zimmer. Sie spielten überall. Es war finster, bedrückend. Es war alles schlimm. Das Schöne hier ist, daß es einen Fahrradkeller gibt, einen Raum für Kinderwagen. Ich finde es sehr gut, obwohl wir keinen mehr haben. Hier haben wir einen wunderbaren Keller mit zwei kleinen Fenstern zur Straßenseite, mit natürlicher Beleuchtung. Daraus könnte ich einen Hobbyraum machen. Der Älteste wird wahrscheinlich für sich allein sein wollen. Dann kann er in die Kammer im Erdgeschoß gehen. Dort ist auch eine Toilette. Bequem passen ein großes Bett und ein Schrank hinein, es ist reichlich Platz. Wenn meine Mutter mal nicht mehr so kann, sehe ich zu, daß sie mit uns wohnen kann. Ist man doch dazu verpflichtet, anstatt sie ins Altersheim zu schicken. Ein alter Mensch soll sich wohlfühlen."

Vor dem Hintergrund dieser Wohnungserfahrungen habe ich die beiden Grundrisse der Maisonnettewohnung modifiziert. Erstes Obergeschoß: Mit dem Verzicht auf den Wintergarten, der ca. 4,O $m^2$ groß und wegen seiner geringen Fläche unbrauchbar ist, hat sich der Essplatz vergrößert. Die Familie mit den vier Kindern, sowie die Großmutter und Gäste können nun bequem am Tisch sitzen. Verzichtet man auch auf die Wände zwischen Küche und Essplatz (oben) und Essplatz und Kinderzimmer (unten), erhält man eine gesamte Fläche von 33 $m^2$, auf der drei sich ergänzende Funktionen, nämlich Kochen, Essen und Wohnen, stattfinden. So könnte sich dann Herr X nach seinem Wunsch im Arbeitsbereich seiner Frau aufhalten. Das Elternschlafzimmer behält weiterhin seine Funktion. Das Kinderzimmer wird vom jüngsten Kind und vielleicht auch von der Großmutter bewohnt. Die drei großen Kinder können das Erdgeschoß mit dem direkten Zugang zum Hof und dem eigenen Eingang bewohnen und sind somit freier und selbständiger. Der älteste Sohn bekommt den sogenannten Kellerraum, und die zwei mittleren Kinder teilen sich das frühere Wohnzimmer.

Werfen wir noch einen Blick in eine Wohngemeinschaft. Es handelt sich um eine Lebensform, die nur in bestimmten Wohngrundrissen praktiziert werden kann. Bei diesem Ziel müssen sowohl die Bedürfnisse des Einzelnen in der Bauweise genau berücksichtigt werden. In einem Eckhaus in Kreuzberg kauften sich 1979 sechs berufstätige Personen, unter ihnen zwei Frauen, die beide Kinder erwarteten, die oberste Etage. Mit Hilfe des Architekten Klaus Meyer-Rogge wandelten sie die zwei leerstehenden und heruntergekommenen Wohnungen, die eine mit drei und die andere mit sieben Zimmern, in eine Wohngemeinschaft um (vgl. Grundriß Abb. 6). Jeder Erwachsene der Gemeinschaft bekam ein Zimmer. Die Neugeborenen erhielten zusammen ein Zimmer, in dem sie schliefen und ein zweites, in dem sie spielten. Drei andere Räume dienten der Gemeinschaft: Küche - Eßplatz, Wohnraum und Badezimmer. Beim Entwerfen dieser Wohnung legte die Gemeinschaft Wert darauf, daß die Kinder vom Eßplatz aus in ihrem Spielzimmer beobachtet werden können, was ihnen auch gelungen ist (Abb. 7).

Ich möchte auch zwei Beispiele von Wohnerfahrungen aus benachbarten Ländern zeigen. In einem wenig besiedelten Londoner Viertel stellte die Gemeinde des Stadtteils 14 ausgewählten Familien Grundstücke zu sehr günstigen Preisen zur Verfügung. Die Gemeinde versprach auch, Baumaterialien zu reduzierten Preisen zu liefern, wenn innerhalb eines bestimmten Zeitraumes die Häuser der Familien entstehen würden.

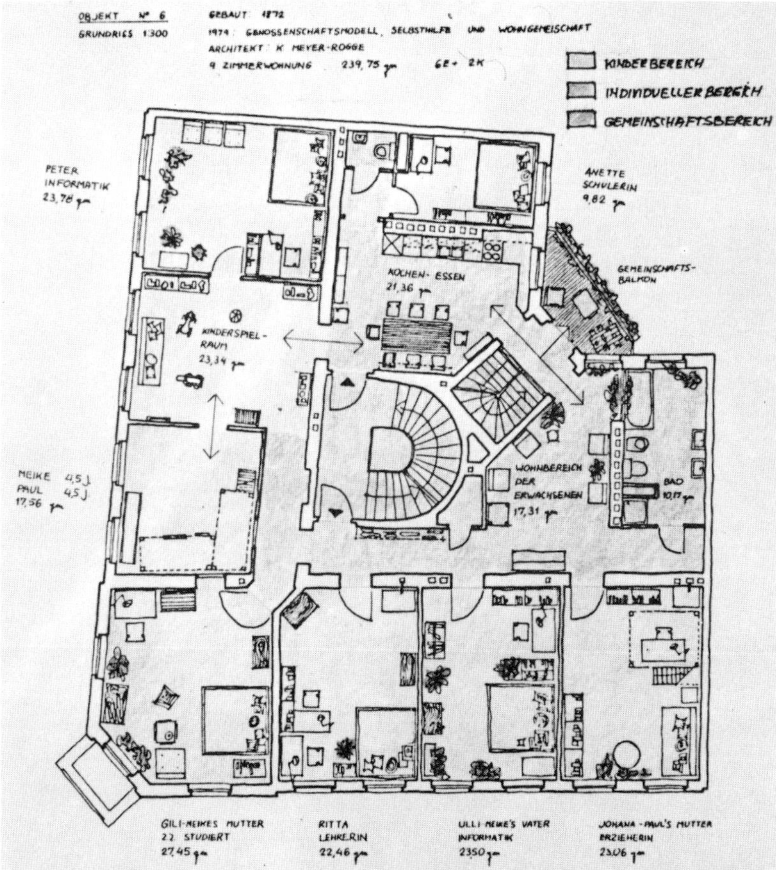


Abb. 6 Grundriß der Wohngemeinschaft Muskauer Straße, Berlin, umgebaut 1979

Ein bekannter Architekt namens Walter Segal - er war vor dem Krieg in Berlin tätig und ist vor kurzem gestorben - entwickelte ein einfaches und billiges Holzbausystem zum Selbstbauen. Vor Beginn der Bauarbeiten schulte er die 14 Familien, Väter, Mütter und Kinder, in der Anwendung von Fertigteilen, zunächst im Planungsprozeß und danach bei der Realisierung. Abb. 8 zeigt die Wohnküche eines dieser Häuser. Es wurde 1978 errichtet. Ich wurde von den Bewohnern eingeladen, das Haus von innen zu besichtigen und mit seinem Besitzer zu sprechen. Es war etwas überraschend, eine offene Küche in einem konservativen Land zu sehen. Das Wohnzimmer schließt an den Eßplatz an und bildet so ein geräumiges

Abb. 7 Gemeinschaftsküche der Wohngemeinschaft Muskauer Straße. Berlin, umgebaut 1979

Abb. 8 Wohnküche in einem Vorort von London 1978, Architekt: Walter Segal

Wohnküchenzimmer. Alle 14 Familien haben sich für eine geöffnete Küche in Segals Wohnsystem entschieden. Ihr Leitspruch ist: "Unsere Wohnung paßt uns wie unsere Kleidung".

Eine Wohnsiedlung neuer Art ist 1977 in Hilversum, nicht weit entfernt von Amsterdam, entstanden. 135 Personen leben hier in einer Großwohngemeinschaft zusammen, genannt 'Centraal Wonen'. Es sind 24 Wohnungen, in 5 Einheiten von 4-5 Einzelwohnungen (einem sogenannten 'Cluster') gegliedert, die durch einen Gemeinschaftsraum miteinander verbunden sind. Der Gemeinschaftsraum wird von Wohncluster zu Wohncluster unterschiedlich genutzt (Abb. 9). Manche Wohngemeinschaften treffen sich dort täglich, andere organisieren ein gemeinsames Abendessen nur einmal in der Woche. Allerdings ist jede Einzelwohnung selbständig und in sich abgeschlossen (vgl. Abb. 10). Die Gemeinschaftseinrichtungen sind: Versammlungsraum, Café, Büro, eine kleine Bibliothek, Sauna und eine Werkstatt für Fahrrad- und Bastelarbeiten. Sechs Jahre Vorbereitungszeit brauchte die Entwicklung dieser Wohnform bis zu ihrer Realisierung. Die Stadt stellte einen Soziologen ein, der bei der Formierung der Gruppe und deren Unterteilung half. Es sollten sich Familien, Alleinstehende mit und ohne Kinder, Alte und Jugendliche zusammenfinden. Bei den vielen Gesprächen lernten sich die zukünftigen Gemeinschaftsbewohner kennen, tauschten Erlebnisse aus und formulierten dabei Ziele und Ansprüche für die neue Wohnform. Der Architekt Leo de Jonge verarbeitete die Diskussionen und setzte sie in eine gebaute Form um. Inzwischen existieren in Holland über 6O Neubausiedlungen dieser Art.

Ich möchte jetzt ein von mir entwickeltes Wohnmodell zeigen (Abb. 11). Die Tiefe des Gebäudes besteht aus drei Feldern. Der mittlere Bereich ist für alle Wohnungsgrößen als Gemeinschaftsbereich vorgesehen und enthält: Eingang, Kochbereich und Hygienebereich. Die Außenbereiche sind als individueller Bereich, je nach Wohnungsgröße, vorgesehen. Hier sind einige Beispiele von Wohnverhalten, das durch diese räumlichen Bedingungen begünstigt wird: Wie Abb. 12 zeigt, werden die Kinder in der Nähe der Bezugsperson spielen können. Der visuelle und akustische Kontakt zwischen einem Kind und dem Erwachsenen findet hier intensiv statt, was wissenschaftlich erwiesen für eine gesunde Entwicklung des Kindes wünschenswert ist. Die Hausarbeit kann in der Küche erledigt werden in Kontakt zur Familie und den Gästen. Es gibt hier einen Platz für den Eßtisch. Der Raum ist flächenmäßig doppelt so groß wie ein Individualraum, und er kann im Hinblick auf die neuen Kücheneinrichtungen reichlich repräsentativ sein. Die Durchreiche zwischen Küchen- und Kinderraum ermöglicht es der Mutter oder dem Vater, dem Kind bei der Schularbeit behilflich zu sein

Abb. 9 3-Zimmer-Wohnung. Berlin IBA 1987. Architektin: Myra Warhaftig

Abb. 10 Arbeitsküche einer Schriftstellerin. Hilversum/Holland 1977

und vielleicht gleichzeitig Kartoffeln zu schälen. Das alles sind tägliche Lebens- und Wohnerfahrungen, die ich als Mutter von zwei Kindern gemacht habe.

Abb. 11 Wohnmodell von Myra Warhaftig 1978

Im Rahmen der IBA, für den Block 2 an der Dessauer Straße im Bezirk Kreuzberg, habe ich aus diesem Modell heraus eine 3-Zimmer-Wohnung entwickelt (vgl. Abb. 13). Durch den Eingang betritt man den flächenmäßig größten Raum der Wohnung, der mit Kücheneinrichtungen und Schränken ausgestattet ist und die Essensvorbereitung ermöglicht, sowie einen Eßplatz und Bewegungsraum für Kinder und Erwachsenen bietet. Dieser Raum, den ich "Wohnraum-Küche" nenne, hat einen direkten Zugang zur Loggia, mit der den Kindern ein weiterer Aufenthaltsort zum Spielen im Freien geboten wird. Die Individualzimmer der Kinder und der Erwachsenen befinden sich auf beiden Seiten der Wohnraum-Küche. Mit der Loggia können die angrenzenden Räume entweder optisch oder räumlich, je nach Bedarf, vergrößert werden.

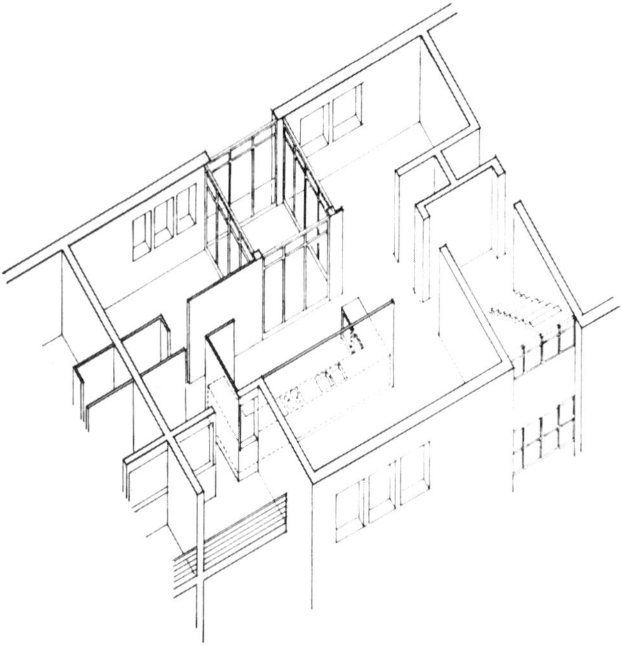

Abb. 13 3-Zimmer-Wohnung, Berlin IBA 1984-87, Architektin: Myra Warhaftig

**Und noch ein Schlußwort:**

Das Wohnen des Menschen kann nicht ohne die gebaute Welt geschehen. Die Gestaltung der Umwelt ist den Architekten zugewiesen, und so leben wir in einer Welt, die der Verantwortung der Architekten unterliegt. Jeder, der einen Bau plant und ausführt, ist ein Architekt. Ob er begabt oder langweilig ist, aufrichtig oder unaufrichtig, ist nicht entscheidend. Entscheidend ist es, ob seine Architektur offen oder geschlossen im Hinblick auf die Entwicklung der Gesellschaft ist.

Wir wissen, daß die Gestaltung der Umwelt die Kultur beeinflussen kann, und tatsächlich tut sie es auch. Wir können die Gesellschaft auf allen Stufen menschlichen Zusammenlebens durch die Form und die Organisation der Umwelt beeinflussen: wir können gewisse Formen des Zusammenlebens anregen oder verhindern, unterstützen oder vermeiden, indem wir einen

Raum schaffen oder abschaffen. Wir können Räume schaffen, die anziehen oder abstoßen, wir wissen, wie das gemacht wird. So können wir bis zu einem gewissen Grad die Formen des menschlichen Zusammenlebens beeinflussen und dadurch die Entwicklung unserer Gesellschaft.

## Literatur

Warhaftig, Myra: Emanzipationshindernis Wohnung. Köln [2]1985.

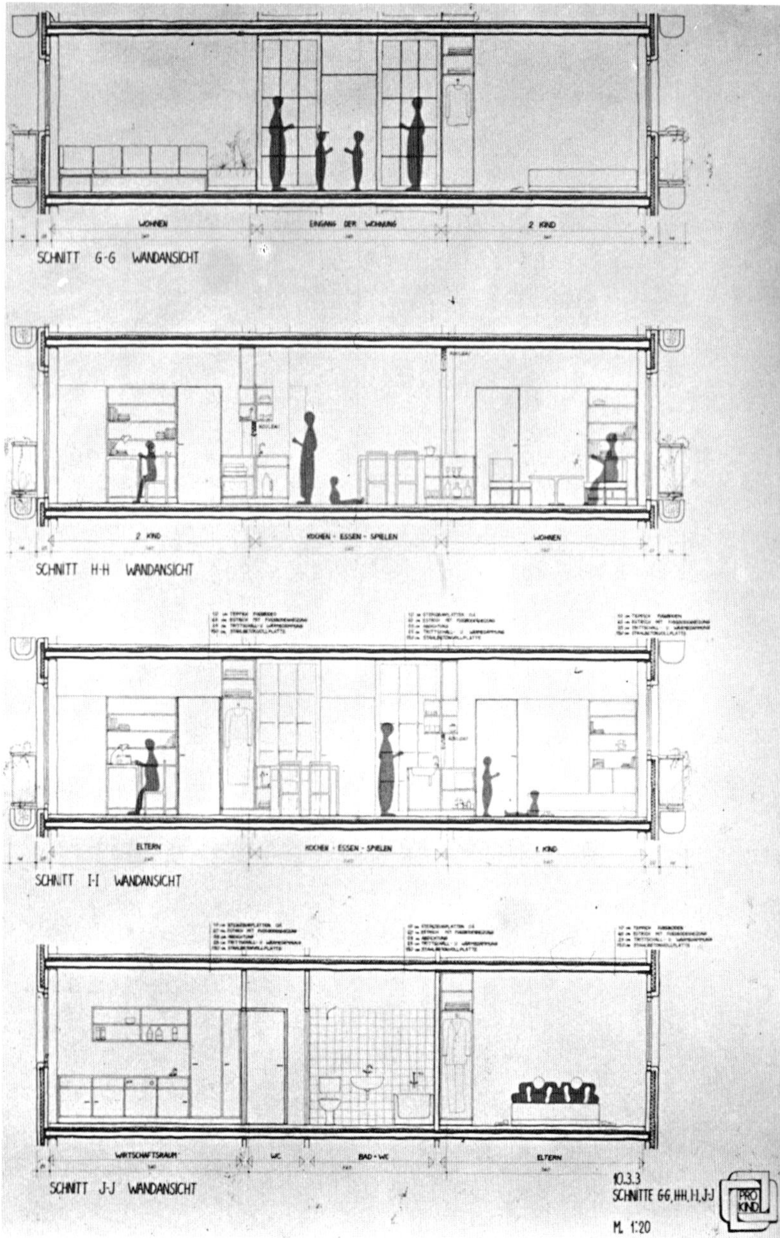


Abb. 12 3-Zimmer-Wohnung. Berlin IBA 1984-87. Architektin: Myra Warhaftig

**Kerstin Dörhöfer**
**Ulla Terlinden**

## Orte und Räume der Hauswirtschaft

Die Beschäftigung mit dem Thema "Frauen und Hausarbeit" führt immer wieder zu den Mißverständnissen, Hausarbeit sei Frauensache und dieses Thema sei minderwertig. Wir betonen deshalb vorweg, daß eine Befassung mit der so wenig beachteten Hausarbeit nicht bedeutet, daß diese (weiter) von Frauen verrichtet werden sollte. Solch eine frauenpolitische Schlußfolgerung zu ziehen, ist falsch. Hausarbeit ist notwendige gesellschaftliche Arbeit; wie sie organisiert ist, welche gesellschaftliche Wertung sie erfährt und wer sie verrichtet, ist Resultat gesellschaftlicher Herrschaft, der patriarchalen Herrschaft.

Die wissenschaftliche Beschäftigung mit der Hausarbeit ist vor dem Hintergrund der Frauenbewegung entstanden, und wir erachten sie als ein sehr wichtiges Thema. "Wenn wir so weitermachen, landen wir noch in der Waschküche" - so lautete ein Kommentar einer Kollegin auf einer Tagung, in der sich Architektinnen und Planerinnen für die Beachtung hauswirtschaftlicher Belange beim Bauen einsetzten. Die Internalisierung patriarchaler Normen ist offensichtlich: Hausarbeit ist weiblich und minderwertig.

Dieser Kurzschluß enthüllt die Mißverständnisse, die dem Thema "Frauen und Hausarbeit" entgegengebracht werden - auch von Feministinnen und Linken. Deshalb sei noch einmal präzisiert:

- Orte und Räume der Hauswirtschaft zu behandeln, heißt nicht, daß diese per se frauenspezifische Orte und Räume sind oder sein sollten;
- die gesellschaftliche Minderbewertung der Hauswirtschaft und -arbeit sowie ihrer Orte ist Resultat patriarchaler Wertvorstellungen und sollte durchbrochen werden.

Wir sind überzeugt, daß Orte und Räume der Hauswirtschaft besser organisiert, strukturiert und gestaltet wären, würde diese Arbeit (auch) Männern obliegen. Aber gerade weil sie Frauen zugewiesen ist und die Räumlichkeiten vernachlässigt werden, engagieren wir uns auf diesem Gebiet und plädieren für Verbesserungen und Veränderungen.

Wir gliedern unsere Ausführungen in drei Abschnitte. Im ersten werden Erscheinungen und Bedingungen heutiger Orte und Räume der Hauswirtschaft betrachtet, im zweiten historische Hintergründe der normierten und standardisierten Räume analysiert, im dritten alternative Konzepte vorgestellt, die im geschichtlichen Verlauf entwickelt wurden und Anregungen für zukünftige Entwurfsmöglichkeiten bieten.

## 1 Orte und Räume der Hauswirtschaft heute

Mit der Bezeichnung "Orte und Räume der Hauswirtschaft" meinen wir Standorte und umbaute Räume in ihrer Quantität und Qualität. Bevor über deren Art und Form gesprochen wird, sollte ihr Inhalt, die Nutzung, vorgestellt werden: was ist Hauswirtschaft, woraus besteht sie, wie ist sie organisiert?

Doch darüber ist schon viel gesprochen und geschrieben worden (vgl. die Beiträge von I. Kettschau und B. Methfessel in diesem Band), und jede Frau weiß es aus Erfahrung. Wir beschränken uns auf den Hinweis, daß wir Orte und Räume der Hauswirtschaft nicht nur für deren materiellen, sondern auch psychischen Teil meinen.

### 1.1 Baugesetzliche Normen und sozialstatistische Daten

Die Orte und Räume der Hauswirtschaft sind eingeordnet in eine Normenstruktur,

- zum einen ganz konkret durch gesetzliche Festschreibungen zum Wohnungs- und Städtebau,
- zum anderen durch gesellschaftliche Normen der bürgerlich-patriarchalischen Familienideologie.

Für die städtische Organisation und Zuordnung der Funktionen ist vor allem die Baunutzungsverordnung (BauNVO) gesetzliche Grundlage. Sie trat 1962 in Kraft und regelt seither Art und Maß sowie Bauweisen der Gebiete einer Gemeinde. Aus städtebaulich-architektonischer Sicht geht sie zurück auf die Charta von Athen von 1933, die die städtische Funktionstrennung von "Arbeiten - Wohnen - Freizeit - Verkehr" postulierte - als Reaktion auf das Wohnungselend der während der Industrialisierung, in den spekulativen Gründerzeiten entstandenen Baugebiete, in denen Wohnen und Gewerbe in großer Dichte und Enge durchmischt waren.

Hier muß eine Erläuterung eingeschoben werden: Die Verfasser der Charta von Athen wie die späteren Gesetzgeber der BauNVO setzten Wohnen und Arbeiten in Gegensatz - aus ihrer Sicht: Arbeiten hieß für sie Erwerbsarbeit, Wohnen das Erholen davon; hauswirtschaftliche Aufgaben in Wohnungen war kein Teil ihrer Lebensrealität und ausgeblendet. Wir sehen die

Hauptfunktion von Wohnungen in erster Linie in der Hausarbeit und definieren Wohnen deshalb auch als Arbeiten. Daß hier auch Erholung stattfindet, ist ein Grund für die städtische Funktionstrennung.

Das Wohnen sollte nun Licht, Luft und Sonne erhalten, getrennt von gewerblichen Standorten liegen. So schreibt die BauNVO vor, daß es in der Stadt Gewerbeflächen, gemischt genutzte Flächen (z.B. Kerngebiete) und Wohnbauflächen gibt. Die Wohnbauflächen sind untergliedert in bestimmte Wohngebiete, die sich nach dem Maß der Nutzung - also der Dichte und Bauweise - sowie den Wohnfolgeeinrichtungen unterscheiden.
Es gibt allgemeine Wohngebiete (WA), reine Wohngebiete (WR), Kleinsiedlungsgebiete (WS) und besondere Wohngebiete (WB). Die beiden letzten sind städtische Ausnahmen, wesentlich für uns sind allgemeine und reine Wohngebiete.
Ein allgemeines Wohngebiet dient vorwiegend, ein reines Wohngebiet ausschließlich dem Wohnen. Ausnahmsweise können Einrichtungen für den täglichen Bedarf zugelassen werden (BauNVO §§ 3 + 4).
Deutlich wird aus der Aufteilung der städtischen Fläche in verschiedene Baugebiete und ihrer Ausstattung, daß das Wohnen in immer weitere Entfernung von anderen Funktionen geriet, daß Behördengänge und periodischer Einkauf, Erledigung der Gesundheitsversorgung und Unterstützung bei der Aus- und Weiterbildung mit immer weiteren Wegen, größerem Aufwand verbunden wurden. Deutlich wird aber auch, daß die Ausstattung der Wohngebiete mit infrastrukturellen Einrichtungen, die der Hauswirtschaft dienen (und auch zur Erholung von ihr), recht dürftig sind.

Unterstützt wird diese Kargheit und Erschwernis noch durch Richtwerte, die z.B. die Industrie- und Handelskammer ihrer Klientel empfiehlt, wonach sich die Einrichtung von Läden nur in einem Mindesteinzugsbereich von Kundschaft lohnt, der immer größer wird und zu immer stärkerer Zentralisierung führt - rentabel und effektiv für die Geschäftsinhaber, Zeitaufwand und Mühsal erhöhend bei der Erledigung der Hauswirtschaft. Dies ist nur ein Beispiel. Ähnliches gilt für andere Einrichtungen und ihre Einzugsbereiche, die mit der Hauswirtschaft zusammenhängen: Gesamtschulen, Ärztezentren etc.

Für die Gestaltung von Wohngebäuden und Wohnungen schreiben Wohnungsbaugesetze, Wohnungsbauförderungsbestimmungen der Länder, die Deutschen Industrienormen die Richtsätze vor. Sie legen die Größe der Räume und die Ausstattungen der Wohnungen sowie der Wohngebäude und Grundstücke fest. Viel zitiertes Beispiel: pro Wohnung sind auf dem Grundstück 2,5 qm für den Kinderspiel- und damit ja auch Erziehungsbereich vorzusehen, 12,5 qm für den Pkw-Einstellplatz (hier gemittelt zwischen den Ländervorschriften). Ein Wohnzimmer hat mindestens 2O qm, sofern es keinen getrennten Eßplatz gibt, sonst sind 18 qm die Norm (vgl. u.a. Richtlinien über die Förderung des sozialen Wohnungsbaus in Berlin, Wohnungsbauförderungsbestimmungen 1977 - WFB 1977), ein Elternschlafzimmer hat 12 qm, ein Kinderzimmer 1O qm, eine Küche 8 qm, die Abstellfläche - vorwiegend für hauswirtschaftliche Geräte - soll mindestens 1 qm in der Wohnung betragen. Mindestvorschriften sind bekanntermaßen gebaute Höchstgrenzen. Wie weit entspricht das dem Leitsatz "einwandfreier und praktischer Haushaltsführung", wie ihn die Wohnungsbauförderungsbestimmungen postulieren?

Die meiste Hausarbeit wird in der Küche geleistet. Dafür ist der Raum - absolut und relativ zu den anderen - eng bemessen. Wenigstens wird noch akzeptiert, daß die Küche ein "Raum zum dauernden Aufenthalt von Menschen" ist. Wir meinen, sie ist *der* Raum in der Wohnung, der diese Bezeichnung am meistens verdient, mehr als Kinderzimmer, Schlafzimmer, Wohnzimmer. Sie werden im tageszeitlichen Rhythmus und je nach Anwesenheit genutzt, die Küche aber vom Frühstück bis zum Abendbrot. Dennoch heißt es z.B. in den Wohnungsbauförderungsbestimmungen des Landes Berlin: "... Die Beeinträchtigung der Wohnungen an Straßen und sonstigen Verkehrswegen mit erhöhtem Verkehrslärm -...- ist durch entsprechende Grundrißgestaltung des Wohngebäudes auf ein Mindestmaß zu beschränken. In solchen Fällen sollen die Bäder, WC und Küchen auf der Lärmseite liegen" (vgl. Richtlinien WFB 1977, VII, 2O (2)). Nach Norden liegen sie längst, nicht gemäß den Ausstattungsprinzipien eines Erwerbsarbeitsplatzes, der möglichst gut besonnt, belichtet und belüftet zu sein hat. Nur mit Fensterschlitzen versehen oder sogar innenliegend - ohne Außenkontakt also - werden sie schon lange geplant und gebaut; nun sollen sie auch noch Lärm-, Gestank- und Staubschwellen zum Schutz der anderen, weniger genutzten Wohnräume sein.

Diese Normen sind Grundlage der Bauentwurfslehre. Jede/r Studierende von Architektur und Städtebau hat sie als Grundlagenwissen zu internalisieren. Abweichungen machen fast berufsuntauglich. Ein Beispiel aus dem Buch "Bauentwurfslehre" von Ernst Neufert (1981), das noch einmal Orte und Räume der Hauswirtschaft und ihre geschlechtsspezifische Zuweisung verdeutlicht sowie die ihnen zugedachten Maße zur Kenntnis gibt, ist auf Abb. 1 zu sehen.

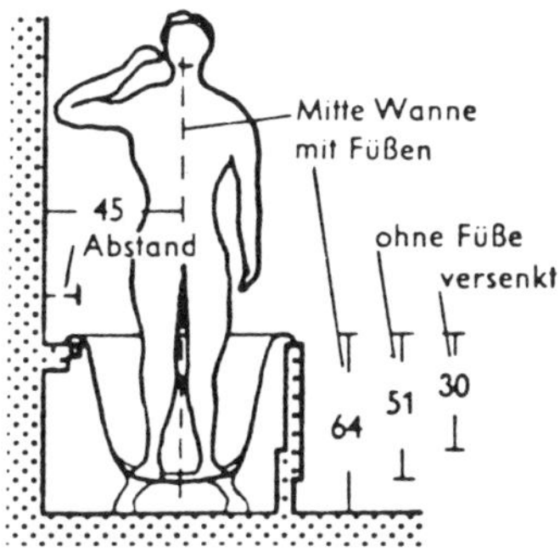


Nötiger Wandabstand zum Waschen; Einbauhöhen

≧ Raum zwischen Wanne und Wand

**Abtreterrost zum Aufklappen für leichte Reinigung**

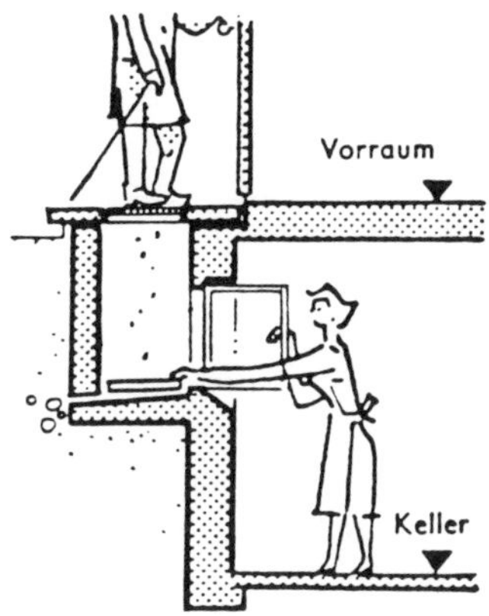


**Lichtschachtabdeckung, zugleich Abtreterrost vom Kellerraum zu reinigen**

Abb. 1 Normen der Bauentwurfslehre: Geschlechtsspezifische Zuweisung

Die baugesetzlichen Normen folgen der bürgerlich-patriarchalischen Familienideologie, der gesellschaftlichen Normensetzung. Dies geschieht übrigens nicht nur in gestalterischen Festlegungen, sondern auch in ökonomischen: Die staatliche Wohnungsbausubventionierung galt stets dem "familiengerechten Wohnungsbau" - wie immer auch dessen "Familiengerechtigkeit" zu hinterfragen sei -, heute liegt die Priorität fast ausschließlich bei der Subventionierung des Einfamilien-Eigenheims. Schauen wir uns an, wie es mit der Familie bestellt ist (vgl. hierzu auch den Beitrag von Gudrun Cyprian in diesem Band).

Der sogenannten und erwünschten Normal-Familie - Vater, Mutter und zwei Kinder, wenigstens ein Kind, besser drei, mehrere sind schon wieder verdächtig - entsprachen 1982 nur 40 % aller 22,9 Mio. Familien. 60 % lebten nicht nach diesem Leitbild: rd. 26 % waren Ehepaare ohne Kinder, rd. 27 % Alleinstehende ohne Kinder, gut 7 % Alleinstehende mit Kindern (vgl. BMJFG 1984, S. 29).

Der Anteil der 1-Personen-Haushalte (was nicht identisch mit Familie ist, denn auch ein getrennt lebendes Ehepaar zählt als Familie) ist von 21 % im Jahr 1961 auf 31 % im Jahr 1982 gestiegen. In den Großstädten ist ihr Anteil noch weit größer: in West-Berlin sind mehr als die Hälfte, in Hamburg mehr als 40 % 1-Personen-Haushalte. Die Mehr-Personen-Haushalte haben sich insgesamt verkleinert, die durchschnittliche Haushaltsgröße beträgt 2,5 Personen pro Haushalt (vgl. Becker 1985, S. 69). Das Bundesministerium für Jugend, Familie und Gesundheit konstatierte 1982: "Seit nunmehr elf Jahren liegt die Zahl der Ehelösungen ununterbrochen über der der Eheschließungen. Der Anteil der Scheidungen an den Ehelösungen war im Jahr 1982 mit 27,6 % höher als je zuvor" (BMJFG 1984, S. 30). Die Schere zwischen gesellschaftlicher Normensetzung und realer Entwicklung wird immer größer. Die Größe der Haushalte nimmt ab, aber die Zahl der Haushalte steigt. Damit werden auch Orte und Räume, in denen Hauswirtschaft für die einzelnen Haushalte geleistet wird, immer mehr. In der Bundesrepublik Deutschland gab es 1950 16,7 Mio. Haushalte, 1967 21,7 Mio. Haushalte, 1984 25,2 Mio. Haushalte (vgl. Wohnungswirtschaftliche Informationen 29/1985).

Doch bevor wir dazu Überlegungen anstellen, noch ein kurzer Blick auf die Wohnungsversorgung der Haushalte. Wir wollen damit weniger ihre "Familiengerechtigkeit" und die Erfüllung der gesetzten Norm überprüfen, sondern das Postulat "einwandfreier und praktischer Haushaltsführung" hinterfragen, die mit Belegungsdichte, Zuschnitt und Ausstattung zusammenhängt. Nach der letzten Wohnungsstichprobe von 1978 waren von den 23,7 Mio. Haushalten 36 % Eigentümer, 61 % Hauptmieter, 3 % Untermieter. 28 % der Hauptmieterhaushalte waren gemessen an den "Kölner Empfehlungen" flächenmäßig unterversorgt (vgl. Flade u.a. 1985, S. 20 f.).

Nach den "Kölner Empfehlungen" stehen den Haushalten folgende Mindestflächen zu:

| | |
|---|---|
| 35,5 $m^2$ | für einen Ein-Personen-Haushalt |
| 51,0 $m^2$ | für einen Haushalt mit 2 Personen |
| 64,5 $m^2$ | für einen Haushalt mit 3 Personen |
| 74,5 $m^2$ | für einen Haushalt mit 4 Personen |
| 92,0 $m^2$ | für einen Haushalt mit 5 Personen |
| 107,0 $m^2$ | für einen Haushalt mit 6 Personen usw. |

16 % lebten in Wohnungen mit schlechter Ausstattung, d.h. ohne WC oder Bad bzw. Dusche. 27 % hatten keine Sammelheizung (vgl. Statistisches Bundesamt 1981).

Diese wenigen Zahlen vermitteln nur eine vage Ahnung davon, daß für viele Haushalte die Räume zur Erledigung der Hauswirtschaft in der Wohnung baulich unzureichend bzw. erschwerend sind, daß das o.g. Postulat, das ehemals in seinen Vorschriften zur technischen und hygienischen Ausstattung sehr präzise war, schon lange kaum noch Beachtung findet. Das ist nicht nur in der Baupraxis so, es spiegelt sich auch in der Wissenschaft. Unsere Aussagen können nur andeutend sein, weil diese Frage kaum untersucht wurde oder nur aus Randbemerkungen von Untersuchungen ablesbar ist, die sich ganz anderer Thematik widmen. Gleiches gilt für Orte im städtischen Bezugsrahmen. So haben wir gefunden, daß 1981 nur für 1,6 % der mehr als 1,6 Mio. Kinder unter drei Jahren Krippenplätze zur Verfügung standen. Besser war das Verhältnis bei den Kindergartenplätzen für Kinder zwischen drei und sechs Jahren: für vier Fünftel standen Plätze zur Verfügung. Für Kinderhortplätze zur Betreuung schulpflichtiger Kinder nach dem Schulunterricht wurde wiederum ein bemerkenswertes Defizit konstatiert (vgl. BMJFG 1982, S. 33 f.). Die Frage nach den Orten und Räumen für die Hauswirtschaft ist für Architekten und Städtebauer, Wissenschaftler und Politiker nicht relevant.

Wir kommen noch einmal zurück auf ihren Hauptort, die Wohnung, denn nicht nur Fläche und Ausstattung sind von Bedeutung, sondern auch der Zuschnitt, die Größe der einzelnen Räume, ihre Funktionsfestlegung, ihre Lage zueinander. Von den Hauptmieterhaushalten wohnen 28 % im sozialen Wohnungsbau, des Wohnungsbaus für "die breiten Schichten des Volkes", wie es im I. Wohnungsbaugesetz von 1950 heißt. "Feststeht", schreiben Mitarbeiterinnen des Instituts "Wohnen und Umwelt", "daß es nicht die Nutzer selbst ... sind, die festlegen, was Wohnbedürfnisse breiter Schichten des Volkes sind. Stattdessen gibt es (zumeist aus Männern sich zusammensetzende) Ausschüsse, z.B. den Normenausschuß (DNA), der Richtlinien bestimmt und Normen festlegt ... Eine ganz besonders wichtige Norm ist

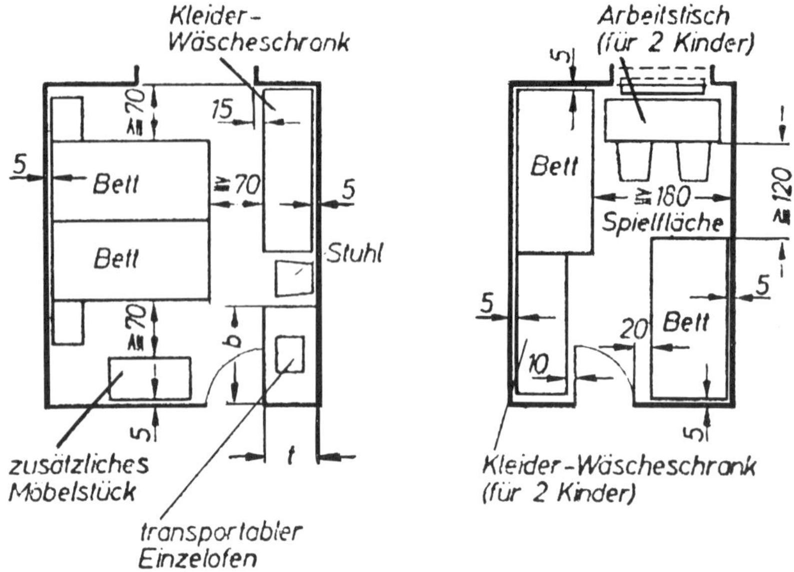


Abb. 2 Wohnen nach Vorschrift

die DIN 18O11... Durch sie werden Stellflächen, Abstände und Bewegungsflächen von Sozialwohnungen geregelt. Bei vorgegebenen Wohnungsflächen bleiben dabei kaum Spielräume: da die Normen verbindlich sind, ergeben sich starre und schematische Grundrisse mit vielen Nachteilen und zwar insbesondere für Frauen" (vgl. Flade u.a. 1985, S. 43) (Abb. 2). Nachteilig für Frauen sind die Normen, weil ihnen die Erledigung der Hauswirtschaft zugewiesen wird. Hierzu teilt das BMJFG mit: "Nach einer Allensbacher Studie im Auftrage des Sozialministeriums von Baden-Württemberg von 1983 zur Situation der Frau in Baden-Württemberg praktizieren nur 8 % der männlichen Partner eine partnerschaftliche Aufgabenteilung der Hausarbeit, von den ganztags erwerbstätigen Frauen erhielten nur 2O % partnerschaftliche Hilfe von ihren Männern ..." (BMJFG 1984, S. 32). Auf die Normen sind wir schon eingegangen, auch darauf, daß sie einer bürgerlich-patriarchalischen Lebensform entsprechen, wonach der feierabendlich genutzte Wohnraum der größte, am besten belichtete und besonnte ist, mit Ausgang zu Balkon, Loggia oder Terrasse. Küche und Bad wurden zu innenliegenden "Naßzellen", sie verkümmerten zum Relikt einstmals - in der "Ökonomie des ganzen Hauses" - der Tauschwirtschaft gleichgewichtigen Räume für die Hauswirtschaft.

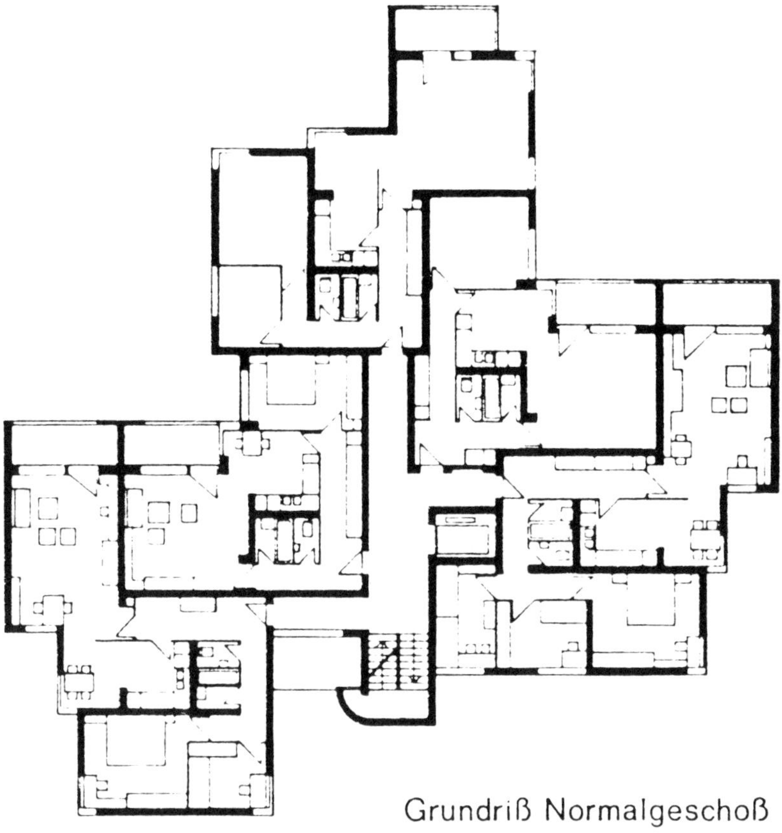


Abb. 3 MV Geschoßwohnungsbau 1965-67 Wittenau, Architekt: Karl Fleig

Der Vergleich eines für die 60er/70er Jahre dieses Jahrhunderts typischen Wohnungsgrundrisses mit "Naßzellen" (Küche neben Bad innenliegend) mit den Hausgrundrissen von Händler- und Handwerkerhaushalten aus dem 13. und 14. Jahrhundert, in denen die Räume für die Hauswirtschaft genauso dimensioniert sind wie die für die Erwerbswirtschaft, zeigt die räumliche Reduzierung der Hausarbeit (Abb. 3 + 4). Deutlicher kann der baulich-räumliche Niederschlag ökonomischer und ideologischer Wertesetzung kaum versinnbildlicht werden: Standen im Mittelalter Hauswirtschaft und Erwerbswirtschaft gleichwichtig nebeneinander, so nahmen mit der Industrialisierung nicht nur die erwerbswirtschaftlichen Flächen einen eigenen städtischen Bereich ein, sie erforderten darüber hinaus in den Wohnflächen den größten Teil für die Erholung von Erwerbsarbeit und minimierten den für hauswirtschaftliche Tätigkeiten.

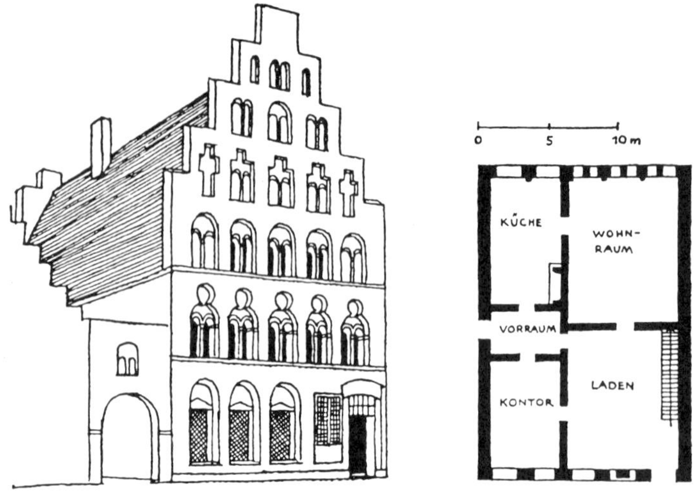


*Köln, Haus zur Scheuer, 1. Hälfte 13. Jahrhundert*

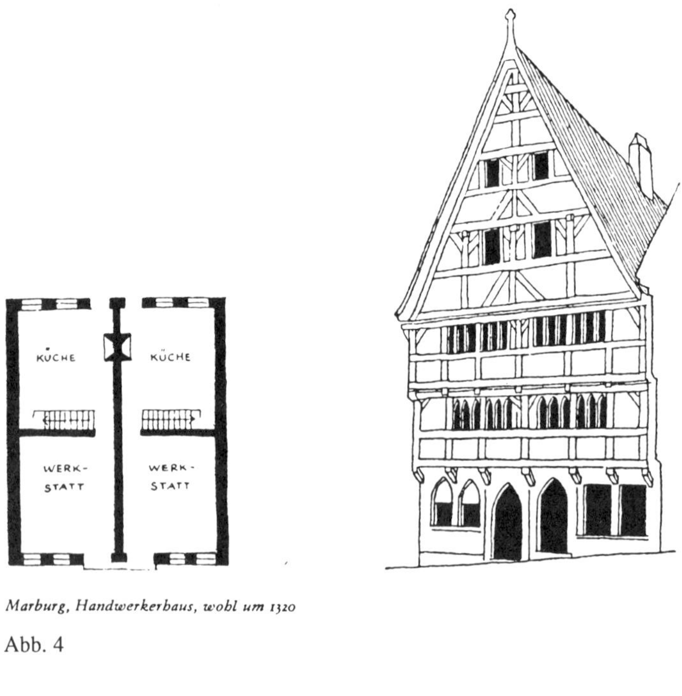


*Marburg, Handwerkerhaus, wohl um 1320*

Abb. 4

Alle Wohnungen im öffentlich geförderten sozialen Wohnungsbau unterliegen diesen Normen, darüber hinaus sind sie die Norm für das Wohnen überhaupt geworden: steuerbegünstigter und frei finanzierter Wohnungsbau orientieren sich daran, schon aus Rentabilitätskalkül, qualitativ über dieser Norm Liegendes läßt sich aufgrund der Baupreise kaum vermieten oder verkaufen, zumal hier staatliche Subventionen entfallen. So gelten diese Normen nicht nur für den Mietwohnungsbau, sondern auch für den Eigentumswohnungsbau, selbst im Familien-Eigenheim, in dem der Bauherr noch Nutzer ist. Man denke nur an die Fertighäuser "von der Stange". Der normierte und typologisierte Durchschnittswohnungsbau hat sich über die Jahre so durchgesetzt, daß sich nur wenige ein anderes Bauen leisten können. Der o.g. Wandel der Haushaltsstruktur und damit die Frage nach dem Stellenwert der Hauswirtschaft, ihrer inhaltlichen sowie baulich-räumichen Organisation blieben unberücksichtigt. Dies gilt auch für neuere architektonische Entwürfe der heute Furore machenden Postmoderne.

### 1.2 Ein aktuelles Beispiel: Modellprojekt "Ritterstraße/ Lindenstraße" in Berlin

In jüngster Zeit und im Rahmen der Modellbauvorhaben der IBA (Bauausstellung Berlin 1984-1987) hat es Versuche einer neuen Architektur gegeben. Die Ästhetik, die äußere Fassade wurde "postmodern" umgestaltet, aber auch über andere, den üblichen Normen nicht entsprechende Grundrisse nachgedacht. Wir sprechen hier nicht allgemein von den Bauten der IBA, wir meinen das Wohnungsbauprojekt in der Ritterstraße/Lindenstraße.

Neu war, daß die Architekten und die eine Architektin der beiden Blöcke - es waren insgesamt 23 beteiligt - gemeinsam über Grundrisse und Ausstattung nachdachten. Im Vergleich zu vorherigen Wohnungsgrundrissen sind dort neue Wohnungsaufteilungen zu finden, so z.B. die räumlich zentrale Lage des Wohnraums, relativ gleichwertige Individualräume, Versuche, kleine vielfältige Außenräume zu schaffen und innerhalb der Wohnungen Transparenz und eigene Bereiche zu ermöglichen.

Unser Anliegen - in einem Gutachten mit zwei Kolleginnen (vgl. Dörhöfer u.a. 1984) -, die Beurteilung der Räume im Hinblick auf die Hauswirtschaft zu treffen, ob sie den hauswirtschaftlichen Arbeitsbedingungen angemessen geplant und gebaut sind, haben wir von den Inhalten der Hausarbeit abgeleitet.

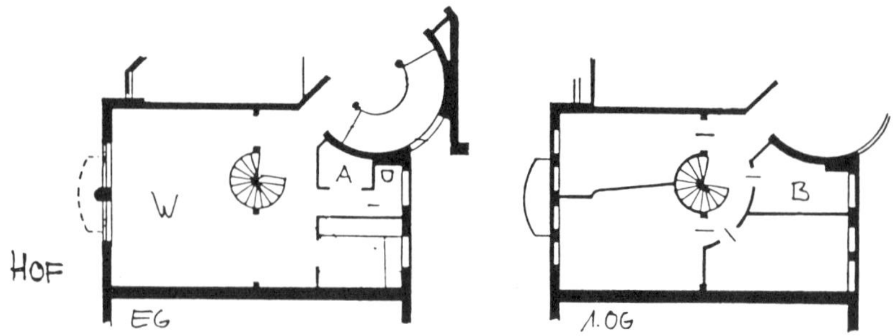


Abb. 5 4-Zimmer-Maisonette-Wohnung 112 m², Architekt: Rob Krier

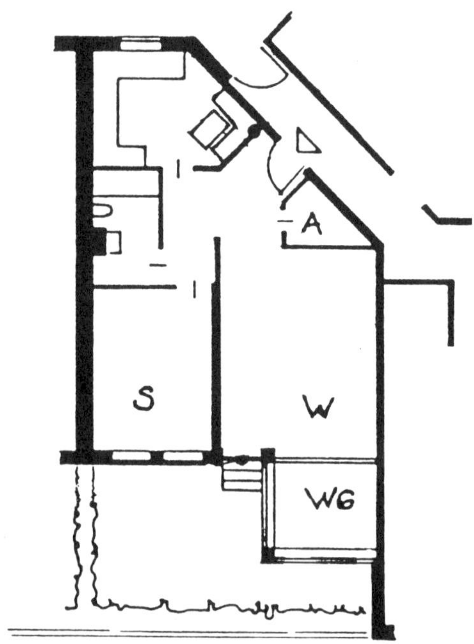


Abb. 6 2-Zimmer-Wohnung 65 m², Architekten: Barbara Benzmüller / Wolfgang Wörner

Interviews mit den Bewohnerinnen und eigene fachliche Grundrißanalysen brachten folgende Hauptkritikpunkte:

- Die von den Architekten angestrebte Raumtransparenz und die zusammenhängenden Raumfolgen wurden in verschiedenen Ausprägungen durch einen großen zentralen Wohnraum erzielt, den man gleich hinter der

Wohnungseingangstür betritt oder von dort direkten Einblick hat. Es fehlt der sonst übliche Eingangsbereich, der Garderobenflur. Die damit gesparte Fläche geht in den zentralen Wohnraum ein (Abb. 5 + 6).

Beide Beispiele veranschaulichen, wie Transparenz und zusammenhängende Raumfolgen geschaffen wurden. Im ersten Beispiel (Abb. 5) einer 4-Zimmer-Maisonette-Wohnung mit 112 qm des Architekten Rob Krier tritt man direkt von der Wohnungseingangstür in den Wohnraum, von dem eine Wendeltreppe in das obere Geschoß führt. Im zweiten Beispiel (Abb. 6) einer 2-Zimmer-Wohnung mit 67 qm der Architekten Barbara Benzmüller und Wolfgang Wörner ist das Wohnzimmer ebenfalls nicht vom Eingangsbereich getrennt, und die Wand zwischen Eingangsbereich und Küche ist aus Glas.

Derartig geschaffene Transparenz und zusammenhängende Raumfolgen, sicher gute Gestaltungsprinzipien für die Architektur, bedeuten für die Hauswirtschaft zusätzliche Belastungen. Straßenschmutz, Schuhe, Mäntel von Kindern und Erwachsenen liegen damit praktisch im Wohnzimmer, der auch heute noch guten Stube der Familien. Folge davon ist, daß immerzu aufgeräumt und weggeputzt werden muß. Diese Situation ist für viele nicht erträglich und wird deshalb von den Bewohnern verändert. Durch Gardinen, Schränke, Holzwände wird ein abgetrennter Eingangsbereich geschaffen. Andere fordern von allen Personen - auch vom Besuch -, sich im Treppenhaus die Schuhe auszuziehen. Unerträglich wird diese räumliche Situation dann, wenn kinderreiche Familien im Erdgeschoß wohnen.

Ein weiteres Moment neuer Belastungen tritt hinzu, die zwar durch andere Normen der Hausarbeit - z.B. eine hohe Toleranz gegenüber Schmutz und Durcheinander - nicht so zum Tragen kommen würden, die aber nach den heutigen Standards der Hauswirtschaft ein Mehr an Arbeit bedeuten: Die Existenz eines Zwischenraumes, der den halböffentlichen Bereich des Treppenhauses vom privaten Wohnraum trennt, wie es die Eingangsdiele tut, ist wohl auch notwendig, damit nicht gleich jeder, der an der Wohnungstür klingelt, Einblick in das Wohnzimmer und damit in die Privatsphäre nehmen kann. Der dadurch entstandene halb-öffentliche Charakter des zentralen Wohnraums zwingt zur Einhaltung der offiziellen Standards von Sauberkeit und Ordnung. Der zentrale Wohnraum, von den Architekten als gemeinschaftlicher Lebensraum geplant, wandelt sich zu einem konfliktbeladenen Dauerarbeitsplatz.

- In den meisten Grundrissen dieses Modellprojekts sind die Küchen so klein, daß darin kein Eßplatz eingerichtet werden kann. Gerade aber ein Eßplatz in der Küche erleichtert die Hausarbeit. Der direkte Vorgang vom Herd auf den Tisch spielt ebenso eine Rolle wie die Möglichkeit, die vielfältigen, unterschiedlichen hauswirtschaftlichen Arbeiten gleichzeitig zu verrichten.

Welche Bedeutung die Küche hat und wie versucht wird, trotz räumlicher Widrigkeiten einen organisationsgerechten Ablauf der Hauswirtschaft zu gewährleisten, zeigt sich daran, daß die Bewohnerinnen der Ritterstraße/ Lindenstraße versuchen, wenn irgendwo dafür Raum vorhanden ist, einen kleinen Eßtisch in der Küche aufzustellen. "Da kann ich schnell 'mal' was zu Essen machen und muß nicht gleich anschließend wieder alles tipptopp wegräumen und putzen." Die L-Einrichtung von Küchen, d.h. der Raum ist schmal und lang, erhöht nicht allein den Wegaufwand, sondern erschwert auch das Arbeiten einer zweiten Person in der Küche, weil der Gang vor der Küchenzeile zu schmal ist.

Auch in diesem Wohnungsbauprojekt mit Modellanspruch liegen die Küchen an den benachteiligten Stellen des Grundrisses - nach Norden, ohne Ausblick, z.T. mit einer Dachluke versehen, die nur mit großer Mühe zu öffnen ist.

Der Eßtisch im Wohnzimmer erfordert mehr Arbeit und grenzt den Hauptraum der Hausarbeit, die Küche, davon ab. Der Eßplatz im zentralen Wohnraum bleibt der "Sonntagstisch", wenn möglich, wird ein "Alltagstisch" in der Küche eingerichtet.

- Das Bad, das, wenn keine ausreichenden Wasch- und Trockenmöglichkeiten im Haus vorhanden sind, zu Waschküche und Trockenraum wird, ist meist zu klein für diesen Zweck. Waschmaschine und Trockengelegenheiten lassen sich nur schwer unterbringen. Gäbe es dafür Räume, wäre das Badezimmer ausreichend. Doch die sogenannten Nebenräume sind auch im Modellprojekt Ritterstraße/Lindenstraße nicht eingeplant. Der gute alte Trockenboden steht bei Architekten schon lange nicht mehr auf der Liste der notwendigen Nutzungen. Im Gegenteil: der überall durchgeführte Dachgeschoßausbau vernichtet ihn, wo er einstmals vorhanden war.

- Die Einkaufsstätten im Wohnumfeld sind so verstreut, daß sternförmig die außerhäuslichen Erledigungen des Einkaufs erfolgen müssen, das bedeutet weite Wege, hoher Zeitaufwand und viel Schlepperei. Das war hier nicht immer so. Es ist Folge dessen, daß diese ehemals als gemischt genutztes Kerngebiet ausgewiesene Baufläche zum "allgemeinen Wohngebiet" umgewidmet wurde - wie so viele auch in anderen Städten ehemals gemischt genutzte Gebiete in monofunktionale umgewandelt wurden.

Das Wohnungsbauprojekt Ritterstraße/Lindenstraße der Bauausstellung Berlin ist national und international viel beachtet worden. Ohne Frage: es unterscheidet sich wohltuend von den Wohnungsbauprojekten der 7Oer Jahre, den Betonburgen, die überall entstanden. Die Grundrisse sind nicht mehr einheitlich, sondern differieren, die Fassaden nicht mehr monoton, sondern vielgestaltig und abwechslungsreich. Äußerlich in Fassade und städtebaulicher Anordnung - also der Größe und Lage der Häuser auf den Grundstücken - wurde ein neuer Architekturstil verbreitet, jedoch vorwiegend im äußeren Gestaltungsentwurf. In den Wohnungen selbst sind nur einige neue Ansätze zu sehen. Vor allem wird vergessen, daß Wohnungen primär Räume der Hauswirtschaft sind!
Zwar werden - wie im Falle Ritterstraße/Lindenstraße - die traditionellen Wohnformen: großes Wohnzimmer, kleineres Elternschlafzimmer und noch kleinere Kinderzimmer, durch einen großen zentralen Wohnraum und etwa gleichwertige Individualräume durchbrochen, die Küche bleibt jedoch, was sie schon vorher war - ein Restraum mit Wasseranschluß, eine "Naßzelle". Und die ästhetischen Prinzipien sowie Transparenz und Raumfolgen können zusätzliche Arbeit in der Hauswirtschaft bedeuten.

## 2 Geschichtliche Hintergründe der normierten Räume

Wir haben bei der Darstellung der Familien- und Haushaltsstrukturen die Frage gestellt, was das für die Erledigung der Hauswirtschaft und die dafür erforderlichen Orte und Räume bedeuten könne. Wir nehmen einen Blick in die geschichtliche Entwicklung zu Hilfe, nicht nur um zu klären, wieso es zur normierten und typologisierten Durchschnittswohnung kam, sondern vor allem um die dadurch festgefahrene Phantasie aus ihrer Einbahnstraße fortzulenken, wozu längst einmal Gedachtes und Erwogenes hilfreich sein können.
Die typologisierte und normierte Wohneinheit für die Kleinfamilie, die die Grundlage des staatlich geförderten sozialen Wohnungsbaus, des Massenwohnungsbaus nach dem 2. Weltkrieg wurde, geht zurück auf das Neue Bauen der 2Oer Jahre unseres Jahrhunderts. Sie geht zurück auf den Wunsch und Glauben jener Zeit, in eine neue, moderne Gesellschaft aufzubrechen. Dem proletarischen Wohnungselend sollte durch eine kleine aber abgeschlossene, mit allen Funktionen ausgestattete, gut besonnte, belichtete und belüftete Wohneinheit für die Arbeiterfamilie begegnet werden. Zugleich wurden die mit Stuck, Ornamentik, kalter Pracht versehenen Wohnungen des Bürgertums, das seinen Status innen und außen repräsentieren wollte, als überflüssige Last und Sklaverei der Hausfrauen gesehen.

Die Neue Wohnung sollte funktional, rational, formschön, für alle brauchbar und ohne Standesunterschiede sein. Dabei widmeten sich die Architekten des Neuen Bauens intensiv der Hauswirtschaft, ihren Abläufen, ihrer Schritt- und Grifferspamis (vgl. auch den Beitrag von Hiltraud Schmidt-Waldherr in diesem Band: Rationalisierung der Hausarbeit in den 2Oer Jahren).

So machten Architekten Grundrißstudien zu den Abläufen der Hauswirtschaft. Die gründlichsten stammen von Alexander Klein. Er zeichnete die Wege der Hausfrau in einer herkömmlichen Wohnung auf und entwarf - auf etwa gleicher Grundrißfläche - einen Funktionsablauf, der diese Wege verkürzt: Küche, Eßplatz, Wohnraum bilden einen Funktionsbereich, gegenüberliegende Elternschlafzimmer, Bad und Kinderzimmer den anderen. Die Möbel stehen nicht mehr mitten im Raum, so daß sie umkreist werden müssen, sondern an den Wänden, damit freie Bewegungsfläche bleibt (Abb. 7).

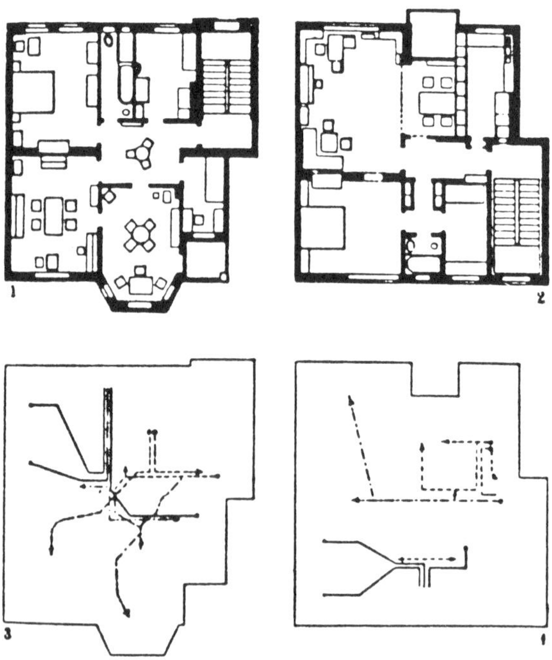

Abb. 7 Alexander Klein, Grundrißstudien 1928

Die Architektin Grete Schütte-Lihotzky rationalisierte nach dem gleichen Prinzip der Schritt- und Grifferspamis gemäß dem Taylorismus der Fließbandarbeit in Fabriken die Maße und Ausstattung der Küchen - sie entwarf die berühmte Frankfurter Küche, die seither Vorbild aller Küchenplanungen

Abb. 8 Die Frankfurter Küche. Entwurf von G. Schütte-Lihotzky 1926

| | | | |
|---|---|---|---|
| 1 | Herd mit einer Abstellplatte | 9 | Abtropfbrett |
| 2 | Schubladen für Mehl und Salz | 10 | Tellerabtropfgestell |
| 3 | Kochkiste | 11 | zweiteiliges Spülbecken |
| 4 | Schubladen für größere Vorräte | 12 | Vorratsschrank |
| 5 | Heizkörper | 13 | Geschirrschrank |
| 6 | Gewürzregal | 14 | Topfschrank |
| 7 | Speiseschrank | 15 | Müll- und Besenschrank |
| 8 | Tisch mit Rinne für Küchenabfälle | 16 | Schiebelampe |
| | | 17 | Bügelbrett |

wurde. Alles ist am rechten Platz mit einem Griff erreichbar, kein Quadratzentimeter Raum wird verschenkt, der rationale, reibungslose Ablauf hauswirtschaftlicher Tätigkeit in bester Anordnung organisiert: das Bügelbrett ausklappbar an der Wand befestigt, die Deckenleuchte an einer Schiene zum jeweiligen Arbeitstisch fahrbar, die Wandschränke haben platzsparende Schiebetüren (Abb. 8).

Die Wohnungen und darin die Küchen als Hauswirtschaftsräume wurden normiert und rationalisiert, um auf kleinster Fläche alle notwendigen Funktionen in einer eigenen, abgeschlossenen Wohneinheit für eine Familie unterzubringen, auch für die einkommensschwachen Arbeiterfamilien. Der Typengrundriß galt für alle, wandelnde Familiengrößen sollten Berücksichtigung in möglichst geringer Breiten- und Tiefenausdehnung der Wohnflächen finden. Zugleich sollte die Hausarbeit durch Rationalisierung schneller erledigt werden können, um der Frau den Zugang zu Beruf und Teilnahme am Aufbau der "neuen Gesellschaft" zu ermöglichen, um es ihr leichter zu machen, Haus- und Berufsarbeit zu verbinden.

Diese "Lösung" der hauswirtschaftlichen Problematik war ein historischer Kompromiß der Sozialdemokraten in der Weimarer Republik.
Längst vorher - um die Jahrhundertwende und auch in der Mitte des 19. Jahrhunderts - hatten lebhafte Diskussionen stattgefunden zur wirtschaftlichen Bewertung und bestmöglichen sozialen Organisation der Hauswirtschaft, zur Frage ihrer räumlichen Verortung. Daß diese Diskussion vorwiegend - aber nicht nur - eine durch die Frauenbewegung getragene war, liegt in der Sache.

So hatten einige mit großem Engagement für die gesellschaftliche Beachtung der Hauswirtschaft gekämpft, ihre erwerbswirtschaftlicher Arbeit gleichgesetzte Bewertung gefordert - auch räumlich.
Ein zeitgenössisches Zitat: "Ist es nicht würdiger, wenn man den Ort, wo die Hausfrau waltet, statt ihn zu einem kleinen und unordentlichen Arbeitsgelaß zu machen, wieder zum Mittelpunkt der Familie erhebt? Man gibt ihn so nur wieder seiner ursprünglichen Bestimmung zurück. Im Altertum war der Herd das Heiligtum der Familie. Bezeichnend für die Verehrung, die er genoß, ist z.B., daß eine philosophische Sekte sogar den lebensspendenden Mittelpunkt der Welt als Hestia, Herd, benannte ... Das Herabsinken der Küche zur bloßen Arbeitswerkstätte dürfte sich wohl in den Ritterburgen und Fronhöfen des Mittelalters vollzogen haben, wo die Arbeit vom Gesinde verrichtet wurde, und dann in den städtischen Bürgerhäusern Nachahmung gefunden haben, ... Eine solche unwahre, verdorbene Herrenwohnung ist unsere heutige Arbeiterwohnung. Die Frau, in die häßliche Küche

verbannt, ist nicht mehr waltende Herrin, sondern Arbeitssklavin, in ihrer eigenen Behausung auf den Stand einer Magd herabgedrückt" (Kassowitz 1910, S. 66). Hier wurde für die Familie als Hort, die Frau als ihren "Kristallisationspunkt", das Familienheim als Hülle und darin die Aufwertung hauswirtschaftlicher Räume plädiert, eingebettet in die Idylle einer von Gärten durchzogenen Wohnsiedlung. Dies war die konservative Linie.

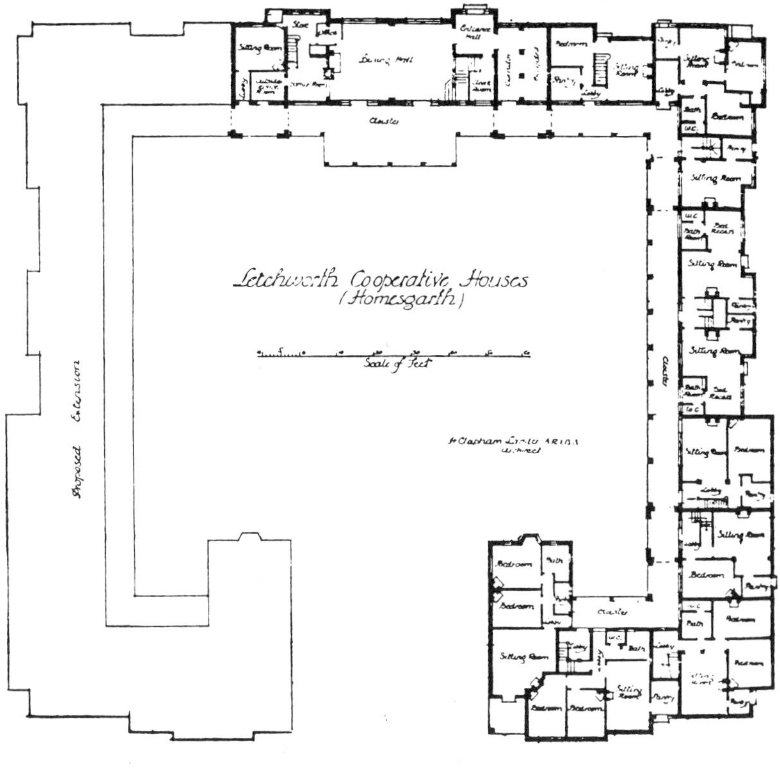


Abb. 9 Homesgarth, the first Cooperative Quadrangle, plan by A. Clapham Lander, 1909-1913, Letchworth Garden City, England. An arcade connects kitchenless apartments with the central dining hall and kitchen

Dagegen stand zu gleicher Zeit die Linie, die die Hauswirtschaft nicht weniger wichtig nahm, aber sie nicht als Aufgabe der Familie, der Frau sah, sondern zur gemeinschaftlichen machen wollte: die Einküchenhausbewegung. Eine ihrer Quellen lag in der englischen Gartenstadtbewegung, die Ebenezer Howard mit seinem Buch "To Morrow. A Peaceful Path to Real Reform" von 1898 entfacht hatte. "Collective housekeeping" - oder auch "co-operative housekeeping" - war dabei eine der Ideen, für die nicht nur in Letchworth Garden City, sondern auch in Kopenhagen, Berlin, Zürich, Wien und andernorts räumliche Konzepte entwickelt wurden. Gemeinsam war ihnen allen die Zentralisierung der Hausarbeit - oft auch der Kindererziehung - und ihre Auslagerung aus den einzelnen Wohnungen - die küchenlose Wohnung jedenfalls (Abb. 9). Ein Beispiel dafür ist Homesgarth in Letchworth Garden City in England. In den Flügeln der Wohnanlage befinden sich Wohnungen mit Schlaf- und Wohnzimmern, aber ohne Küchen. Aus ihnen gelangt man über einen Laubengang zum Zentrum der Anlage, der Dining Hall, die umgeben ist von weiteren Einrichtungen des gemeinsamen Komforts.

Auch dazu ein Zitat aus der zeitgenössischen Beschreibung des Kopenhagener "Zentralküchenhauses":
"In diesem Haus (für 25 Familien - d.V.) werden die Wohnungen - je drei bis fünf Zimmer - leer vergeben, so daß jede Partei, wie bisher, sich ganz nach eigenem Geschmack einrichtet. Zu jeder Wohnung gehört ein mit Gasherd versehener Wirtschaftsraum (der außerdem mit Anrichte und Speiseaufzug ausgerüstet ist - d.V.) und ein Bad, in dem Tag und Nacht heißes Wasser zur Verfügung steht. Daß Zentralheizung und elektrisches Licht ihren reinlichen, arbeitssparenden Dienst tun, ist nur selbstverständlich. Ein für bürgerliche Verhältnisse bedeutender Luxus ist das Haustelephon, das von jeder Wohnung in die Zentralküche führt und auch Verbindung mit dem allgemeinen Telephon hat. Die Erfüllung frommer Wünsche bedeutet die Ventilationsanlage, durch die für ständige Reinhaltung der Luft gesorgt ist, und der Staubsaugapparat, der Möbel und Teppiche ideal reinmacht ... Jeder kann in seiner Behausung schalten und walten, als wäre er der einzige Mieter ...
Das Gemeinsame liegt nur darin, daß jegliche Arbeit für den Haushalt zentralisiert ist, so daß der einzelne der Sorge für Reinigung, Luft, Wärme und Beköstigung mit ihrem Drum und Dran von Einkaufen, Feuermachen, Kochen, Servieren, Abwaschen usw. vollkommen enthoben ist. Wer erinnert sich nicht des köstlichen Behagens, mit dem man als Kind das Märchen vom "Tischlein deck' dich" hörte! Die Zentralhaushaltung ist das verwirklichte Tischlein deck' dich ..." (Zeitschrift "Hohe Warte", 1908, zit. nach Uhlig, 1981, S. 10 und 14).
In Berlin wurden 1909 fünf Einküchenhäuser eröffnet, drei in Friedenau, Wilhelmshöher Str., zwei in Lichterfelde, Unter den Eichen/Reichensteiner Weg. Sie stehen noch. Allerdings wurden, wo ursprünglich nur Anrichte und Teeküche vorgesehen waren, in den 20er Jahren Küchen eingebaut (vgl. Uhlig, 1981, S. 25 ff.).

Die Kritik kam von rechter wie von linker Seite. Sprachen die einen von "Abfütterungsanstalten in Notzeiten", vom "Zukunftskarnickelstall, wo sich das Familienleben auf das Schlafzimmer beschränkt", von der "Verkümmerung des Seelischen", so sprachen die anderen von der Ablenkung vom wichtigsten Ziel, dem der Vergesellschaftung der Produktionsmittel; von einer Spaltung der Bewegung, sei "die Gruppe der Frauen" zufrieden; von der Vergrößerung der industriellen Reservearmee durch die Freisetzung weiblicher Arbeitskraft. Kautsky kritisierte gar, "Rezepte für die Garküche der Zukunft auszuspinntisieren", widerspräche dem wissenschaftlichen Sozialismus.

Lily Braun - Sozialdemokratin und dem radikalen Flügel der Frauenbewegung zuzurechnen -, die schon 1901 Einküchenhäuser forderte, sah gerade in der Zentralisierung der Hausarbeit und Kindererziehung die Grundlage zur Befreiung der Frau. Sie lehnte den Vorschlag, Einküchenhäuser für Ledige zu errichten, ab, weil sie nur und gerade als Familieneinrichtungen eine ernstzunehmende Reform-Bedeutung hätten (zur Kritik am Einküchenhaus vgl. Uhlig 1981, S. 51-66).

Dies ist der Hintergrund, warum wir die normierte, typologisierte und rationalisierte Kleinwohnung, die in den 20er Jahren entwickelt wurde, als einen Kompromiß bezeichnet haben. Sie war nicht nur ein Kompromiß zwischen den rechten und linken (Männer-)Positionen, sie war auch ein Kompromiß zwischen den Positionen der konservativen und radikalen Frauenbewegung, die beide die Hauswirtschaft wichtig nahmen und für ihre gesellschaftliche Beachtung kämpften, ihr so oder so eine hohe räumliche Bewertung verschaffen wollten.

Ab 1914 überwog auch bei den Sozialdemokraten die Familien- und Kleinhausideologie, legitimiert durch die These, Frauenerwerbsarbeit sei kapitalistische Ausbeutung. Ab 1924, dem Zeitpunkt, zu dem das Neue Bauen nach der Währungsreform Praxis wurde, gab es keine Diskussionen mehr zur Zentralisierung der Hauswirtschaft.
Kleinwohnung und Kleinhaus mit allen notwendigen, der bürgerlich-patriarchalen Lebensform entlehnten Funktionen auf minimaler Fläche sollte die Wohnungsfrage lösen - für Proletariat wie für verarmtes Bürgertum. Sie wurden aneinandergereiht, seriell hergestellt im Zeilenbau, möglichst im Grünen, nicht innerstädtisch, was wenigstens engere Verbindungen zwischen Hausarbeits- und Erwerbsarbeitsstätten und zu öffentlichen und privaten Dienstleistungseinrichtungen geboten hätte.

Mit diesem rationalisierten und seriell hergestellten Massenwohnungsbau war verbunden, wie Günther Uhlig schreibt, daß "in den Montageketten des Zeilenbaus" und in der Funktionalität der Standardwohnung "verschwunden (ist), was wir als soziales Leben und sozialen Raum in den Höfen, Galerien, Bewohnerversammlungen, Speise- und Lesesälen der Einküchenhäuser kennengelernt haben. Dieses soziale Leben fällt nun unter die Kategorie der Verschwendung" (Uhlig 1981, S. 1O3).
Die Rationalisierung der Hauswirtschaft wird auf den Zuschnitt der einzelnen, abgeschlossenen Kleinwohnung übertragen, der Taylorismus hält Einzug in tausende von Kleinküchen. Die Durchschnitts-Kleinfamilie wurde erst in jenen Jahren - nicht zuletzt mit Hilfe der Architektur und des Städtebaus - "installiert". Sie wurde zur Norm für den proletarischen wie für den bürgerlichen Haushalt. Die Architektin Grete Schütte-Lihotzky, die den Prototyp der rationalisierten Küche entwarf, beabsichtigte zwar - wie auch andere Architekten des Neuen Bauens - eine Verkürzung der Erledigung der Hausarbeit, aber sie und die anderen schufen damit auch die Grundstruktur der Orte und Räume der Hauswirtschaft, die Gültigkeit behielten.

Auf sie beriefen sich die Regierungen der Bundesrepublik Deutschland nach dem 2. Weltkrieg, gleich ob Christliche Union oder Sozialdemokraten. Das Neue Bauen der 2Oer Jahre galt nach der nationalsozialistischen Herrschaft als der baulich-räumliche Ausdruck einer demokratischen Gesellschaft. Normierung, Typologisierung und Rationalisierung wurden Grundlage des öffentlich geförderten sozialen Wohnungsbaus, nur wurden die damals noch sozialen Anliegen schnell pervertiert durch ökonomische Rentabilitätsbestrebungen, denn dafür war die Rationalisierung äußerst nützlich. Auch dies geschah mit Unterstützung beider politischer Lager, erklärt durch die Notwendigkeit einer schnellen quantitativen Bedarfsdeckung, möglichst preiswert für die Einzelhaushalte, möglichst preiswert für den staatlichen Haushalt.

Abgesehen davon, was das für Folgen hat für jene, die die Hauswirtschaft in "Naßzellen" in abgeschlossenen "Wohneinheiten" in randstädtischen, monofunktionalen Massenwohnquartieren zu erledigen haben, stellt sich die Frage, ob nicht diese Verortung und bauliche Strukturierung Verschwendung von Fläche und Raum sowie von Arbeitskraft ist - auch wenn Hauswirtschaft nicht bezahlt wird. Rentabilität und Kostenminimierung sowie Reduzierung des Einsatzes von Arbeitskraft wurden in der Erwerbswirtschaft stets durch Zentralisierung angestrebt. In diese Richtung viel weiter denkende Planungen als in der Einküchenhausbewegung hat es noch vor dieser gegeben, zu einer Zeit, da Orte und Räume der Hauswirtschaft, soziale Strukturen der Haushalte noch nicht so auf eine Nutzung festgelegt waren, damit dem Aufbruch in das industrielle Zeitalter und der Auflösung der "Ökonomie des ganzen Hauses" noch beides zur Disposition stand: neben der Zentralisierung der Erwerbswirtschaft auch die der Hauswirtschaft.

## 3 Historische, alternative Raumkonzepte

Hauswirtschaft in kleinen familialen Einheiten ist gesellschaftliche Realität, doch es gibt Alternativen. Eine davon, das "Einküchenhaus", wurde bereits vorgestellt. Beschränkt sich diese Konzeption zur Kollektivierung der Hauswirtschaft auf einzelne Häuser, sollen im folgenden Ideen und räumliche Konzepte im größeren Rahmen vorgestellt werden.

Marie Stevens Howland, Alice Constance Austin (USA) und Alexandra Kollontai (UdSSR) haben solche sozial-räumliche Entwürfe gemacht und sie auch politisch vertreten. Marie Stevens Howland trat gegen Ende der 5Oer Jahre des 19. Jahrhunderts der Vereinigung der radikalen Fourieristen in New York City bei. Charles Fourier (1772-1837), ein utopischer Sozialist, entwarf das Phalanstère, ein soziales und räumliches Konzept auf genossenschaftlicher Basis. "Die Zivilisierten werden gewisse Gewohnheiten hassen, die ihnen heute gefallen, wie den ehelichen Hausstand, in dem die Kinder nur brüllen, alles zerbrechen, sich zanken und jede Arbeit verweigern. Dieselben Kinder, in eine progressive oder Gruppenserie aufgenommen, sind tätig, wetteifern miteinander, ohne daß man sie anreizt, sie unterrichten sich freiwillig über Landwirtschaft, Handwerk, Künste und Wissenschaft" (Fourier, zitiert nach Bollerey 197O, S. 11O). Die Kindererziehung war ihm primäres Anliegen zur Veränderung der Gesellschaft. Aber auch die Ineffizienz der familialen Hauswirtschaft war ihm Grund, diese zu kollektivieren. "Ein Kanton oder ein Dorf mit 3OO Familien hätte nur einen geordneten Speicher und einen Keller statt 3OO schlecht organisierter Speicher und Keller. Es bestünde nur eine Küche, die die verschiedenen Mahlzeiten vorbereitet, statt daß 3OO Feuerstellen von 3OO Hausfrauen gewartet werden müssen" (ebenda). Gestalterisch ist sein Entwurf dem französischen barocken Schloßbau Versailles entlehnt. Sein Phalanstère entwickelte er für 16OO Menschen (Abb. 1O).
Jean Baptiste Godin (1817-1888), Fabrikant für Öfen und Küchenherde und Anhänger von Charles Fourier verfügte über die notwendigen finanziellen Mittel, die gesellschaftlichen und baulich-räumlichen Vorstellungen von Fourier umzusetzen. Das Familistère in Guise (Frankreich) wurde gebaut, gleich daneben lag die Eisengießerei. Hauswirtschaftliche Arbeiten wurden genossenschaftlich erledigt - die Räume dafür waren vorhanden.

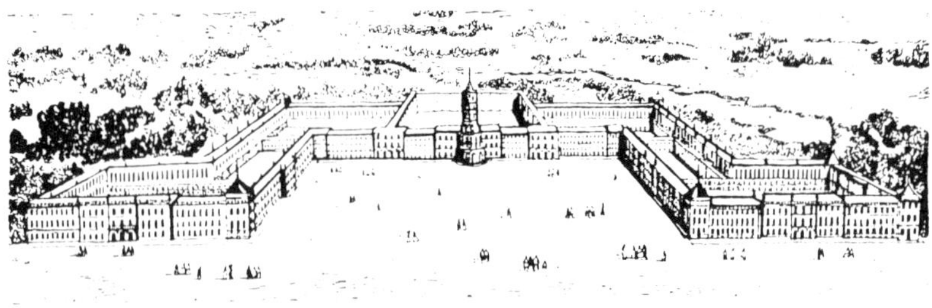

Abb. 10 Der Phalanstère Fouriers für 1800 Personen, 1830

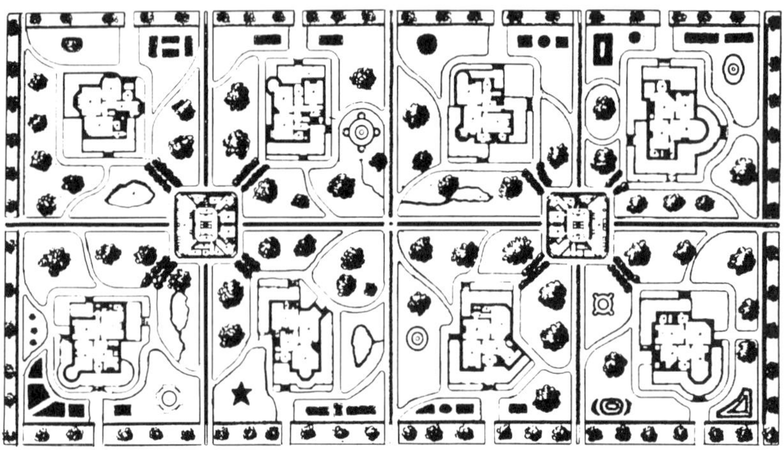

Abb. 11 Howland, Deery and Owen, plan for block of eight individual freestanding cottages, with cooperative housekeeping building shared by four families, 1885

Auch die Gestaltung von Guise, obwohl unvollendet, erinnert an den städtebaulichen Grundriß einer barocken Schloßanlage. Die Verbindung architektonischer Gestaltung und sozialer Nutzung hat einen spezifischen Charakter: für revolutionäre gesellschaftliche Ideen wurde die Gestalt herrschaftlicher Schlösser gewählt.

Fourier, Godin und andere beeinflußten Howland und Austin. Im Unterschied zu jenen jedoch legten sie ihr Hauptgewicht auf Überlegungen zur kooperativen Hauswirtschaft. Howland und Austin, die beiden Amerikanerinnen, unterschieden sich von Alexandra Kollontai in wesentlichen Punkten. Die revolutionäre Situation in Rußland, die gesellschaftliche Macht der

Kollontai verschafften ihr einen ganz anderen politischen Wirkungsgrad. Für sie galt nicht, was Dolores Hayden von Howland und Austin und der gesamten sozialisitischen Bewegung in den USA sagt: "Diese Kommunarden, die glaubten, daß der Bau einer einzigen idealen Siedlung die Welt bereits Kraft ihres Beispiels verändern würde, beschrieben diese Siedlungen oft als eine Miniaturwelt, ein Konzept, welches auf einen Schlag die politische Wirtschaft verhäuslichen und die Hauswirtschaft politisieren würde" (Hayden 1983, S. 7).

Marie Stevens Howland lebte ein Jahr im Familistère in Guise. Danach, 1885, entwarf sie einen Plan für den Ort "Topolobampo" in Mexiko, in dem die Hauswirtschaft kooperativ organisiert war. "Auf einem Rasterplan basierend, über den diagonal Straßen gelegt waren, enthielt Topolobampo drei Wohnungstypen: Wohnhotels, Reihenhäuser und malerisch freistehende Landhäuser mit angrenzenden Möglichkeiten gemeinschaftlicher Hausarbeit" (Hayden 1983, S. 9). Alle diese Wohneinheiten waren küchenlos geplant. Der Plan für eine Stadt von Howland enthält neben den Wohnhotels, Reihenhäusern und alleinstehenden Häusern ausgedehnte Einrichtungen zur Kinderversorgung, Genossenschaftsläden, Genossenschaftsfabriken u.a.

Die nachbarschaftlichen Einheiten lagen um einen zentralen Garten, in welchem in der Mitte ein Gemeinschaftshaus mit Küche, Speisesaal, Salon, Bücherei, Waschanstalt und mit den Schlafräumen für das Personal dieser Einrichtungen stand (Abb. 11). Obwohl ihre Pläne nicht realisiert wurden, blieben sie in den USA und England nicht ohne Einfluß.

Alice Constance Austin, eine radikale Sozialistin aus der Oberschicht von Santa Barbara (Kal.), entwarf ebenfalls eine gesamte städtische Anlage für einen Ort in Kalifornien, in der jedes Haus Ausdruck der sozialen und ökonomischen Gleichheit der Bewohner sein sollte.

In ihren Plänen für die Gemeinschaftssiedlung von Llano del Rio und ihrem Buch "The Next Step" beschrieb Austin ihre Vorstellungen vom Leben in einer Stadt küchenloser Häuser. In ihrer Stadt würden arbeitssparende Vorrichtungen "von undankbarer und endloser Plackerei eines unbegreiflich dummen und ineffizienten Systems" befreien (Hayden 1983, S. 11, 12). Sie war davon überzeugt, daß die Einsparungen, die durch den Bau von küchenlosen Wohnungen erreicht würden, den Bau zentraler Einrichtungen erlauben würden. Um 1915 entwarf sie ihre küchenlosen Häuser mit Wohnraum, Innenhof, zwei Schlafräumen und Bad.

Die "hassenswerte monotone" Plackerei, jedes Jahr 1095 Mahlzeiten bereiten und nach jeder abwaschen zu müssen, wollte sie abschaffen. In ihren Plänen sollten Fertiggerichte in Spezialbehältern aus zentralen Küchen ankommen, um im Speisehof gegessen zu werden; anschließend sollte das Gedeck zurück in die zentralen Küchen geschickt werden. Sie schuf Einbaumöbel und wegrollbare Betten, um das Staubwischen und Fegen an schwierigen Stellen zu beseitigen, beheizte Fliesenfußböden, um staubige Teppiche zu ersetzen, und Fenster mit geschmückten Rahmen, um - wie sie es nannte - die "Geißel des Haushalts", den Vorhang abzuschaffen. Jedes küchenlose Haus war mit der zentralen Küche durch ein dichtes Netzwerk von unterirdischen Tunneln verbunden. Eisenbahnwagen sollten Fertiggerichte, Wäsche und andere Versorgungen aus dem Zentrum der Stadt zu Sammelpunkten bringen, von welchen kleine Elektrowagen zum Kellergeschoß jedes Hauses abgehen sollten. Gleichzeitig sollten alle Versorgungssysteme, Gas, Wasser, Elektro und Telefon in diese Tunnel verlegt werden. Auch Llano del Rio wurde nie realisiert, 1917 mußte sie das Projekt aufgeben.

Howland und Austin, in Anlehnung an die utopischen Sozialisten von Dolores Hayden "utopische Feministinnen" (Hayden 1981) genannt, entwarfen Idealstädte, in denen baulich und räumlich ihr ideales Bild einer Gemeinschaft verwirklicht werden sollte. Im Unterschied zur Einküchenhausbewegung begnügten sie sich nicht mit Häusern, sondern sie entwarfen und forderten gleich Städte.

Dies mag sicher auch an den weiten Möglichkeiten einer Neubesiedlung in den USA gelegen haben. Beide Frauen waren in der sozialisitischen Bewegung der USA, die, wie wir wissen, keine Resonanz in Nordamerika fand, sie blieb unbedeutend und so realisierten sich diese Projekte nicht, konnten sich nicht realisieren.

In Rußland hatte sich dagegen aufgrund der Revolution eine ganz andere gesellschaftliche Situation ergeben. In offiziellen Beschlüssen von Parteitagen der KPdSU wurde die Kollektivierung der Hauswirtschaft beschlossen. "Es sind die vom wissenschaftlichen Kommunismus formulierten Prinzipien, nach denen die Vergesellschaftung der Produktion auch die Voraussetzung für die Vergesellschaftung der Hauswirtschaft schafft. Die kleine Hauswirtschaft sollte in eine sozialistische Großwirtschaft umgestaltet werden" (Gradow 1971, S. 55). Bereits 1919 beschloß die Kommunistische Partei: "Die Partei beschränkt sich nicht auf die formale Gleichberechtigung der Frauen, sondern ist bestrebt, sie von der materiellen Last der veralteten Hauswirtschaft zu befreien, indem sie diese durch Kommunehäuser, öffentliche Speisegaststätten, zentrale Wäschereien, Kinderkrippen usw. ersetzt" (KPdSU, zitiert nach Gradow 1971, S. 48). Alexandra Kollontai (1872-1952) hatte in den Jahren bis 1923 verschiedene wichtige Positionen in den Exekutivorganen des damaligen revolutionären Rußlands inne. Sie vertrat am vehementesten die Forderung nach Kollektivierung der Hauswirtschaft. Die "neue Frau" hatte zwar gesetzlich alle Rechte erhalten, praktisch lebte sie jedoch "unter dem alten Joch". "Ungleichberechtigt im Familienleben, von den tausend Kleinigkeiten des Haushalts versklavt, die ganze Bürde, auch die materiellen Sorgen der Mutterschaft tragend" (Kollontai 1975, S. 57) sollte nicht das zukünftige Frauenleben im revolutionären Rußland sein.

Seit 1918 arbeitete Kollontai vorwiegend an der Einrichtung und Nutzung der Volksküchen, an Kinder- und Säuglingsversorgungsstätten und für eine - wie sie es nannte - "Hausreform" (Kollontai 1975, S. 57). Für Alexandra Kollontai ging das eine nicht ohne das andere. Sie kämpfte sowohl für die durch Kollektivierung der Hauswirtschaft befreite Frau wie auch für die von Ehe und Mutterschaft "sexuell befreite" Frau.

Sie und andere forderten Architekten auf, Entwürfe für eine kollektive Hauswirtschaft zu erstellen. Insgesamt wurden in der Folge in der UdSSR etwa zehn Kommunehäuser gebaut. Doch die Radikalität, mit der die Auflösung der Familie als einer bürgerlichen Kleingruppe betrieben wurde, führte in der Folge zur Entindividualisierung ihrer einzelnen Mitglieder durch die Eingliederung in massierte Gruppen.

Das Projekt eines Kommunehauses, das in einem staatlich ausgeschriebenen Wettbewerb den 1. Preis erhielt, verdeutlicht dies (Abb. 12). "Das Kommunehaus war für insgesamt 1680 Personen, darunter 1000 Erwachsene und 680 Kinder, geplant ... Die Unterbringung erfolgt differenziert nach Altersgruppen. Der zehngeschossige Haupttrakt für Erwachsene hat eine Länge von 200 Metern und ist in Nord-Süd Richtung angeordnet. Etwa in der Mitte grenzen an ihn der sechsgeschossige Trakt für Schulkinder ... Die unteren vier Geschosse des Hauptgebäudes sind Gemeinschaftsräume, Vestibül, Gaststätte, Klub- und Erholungsräume, Bibliothek usw. vorbehalten. In den sechs oberen Geschossen sind zu beiden Seiten des Korridors die Schlafkabinen angeordnet. Die Grundfläche einer Schlafkabine beträgt 6 qm, die Zimmerhöhe 2,50 m" (Gradow 1971, S. 57).

Von den früheren Volksküchen und Kinderversorgungseinrichtungen in den Wohnquartieren waren diese Lebensformen weit entfernt und führten letztendlich zu einer "Normierung" des Einzelnen.

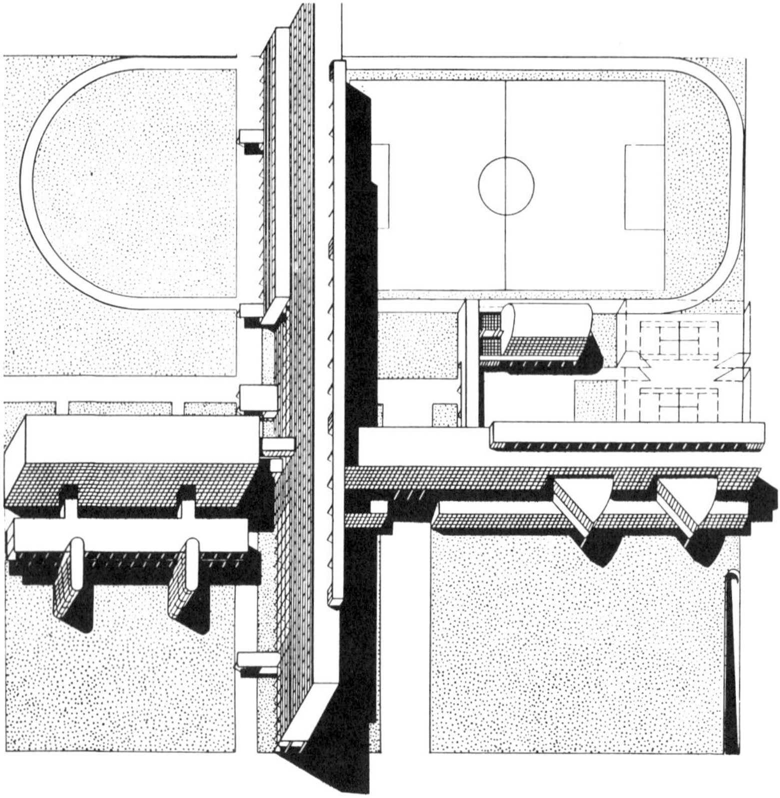

Abb. 12 Projekt eines Kommunehauses. Isometrie; Architekten H. Barschtsch, W. Wladimirow, 1929

Alle diese konzeptionellen Ideen haben sich nicht durchsetzen können. Dennoch bieten sie Anregungen für alternative Organisationsformen der Hauswirtschaft und damit für andere Orte und Räume der hauswirtschaftlichen Arbeit.

Der Gegenpol zur Rationalisierung der Hauswirtschaft, der Zerlegung der Arbeitsvorgänge in kleinsten abgeschlossenen Einheiten, den Wohnungen, ist die Kollektivierung und Zentralisierung der Hauswirtschaft. Zwischen diesen Polen sind viele Zwischenlösungen vorstellbar und auch realisierbar.

Jede Art der Hauswirtschaft hat eine räumliche Seite, die von Howland, Austin, Kollontai, aber auch von der Einküchenhausbewegung mitbedacht wurde.

## Schlußbemerkung

In der letzten Hälfte des 19. Jahrhunderts bis in die Anfänge der Weimarer Republik wurde in allen politischen Kreisen über die zentrale und gemeinschaftlich organisierte Erledigung der Hausarbeit diskutiert.

Nicht nur in der Frauen- und Arbeiterbewegung entstanden dazu Konzepte, sondern auch die staatlichen Institutionen stellten Überlegungen zur Entwicklung und Einrichtung großer gemeinschaftlicher Arbeits-Wohn- und Versorgungskomplexe an. Hintergrund dieser staatlichen Überlegungen war die aufkommende Sensibilität für die Nützlichkeit einer hygienischen und ernährungsbewußten Haushaltsführung. In vielen städtischen Verwaltungen wurde deshalb ein Stadtphysikus eingestellt.

Dennoch, ob staatlich erwogen oder sozial gefordert, weder in der obrigkeitsstaatlichen Gesellschaft des Deutschen Kaiserreichs noch im revolutionären Rußland bekamen diese Vorstellungen gesellschaftspolitische und räumliche Relevanz. Warum hat sich die rationalisierte Kleinküche in der Kleinwohnung durchgesetzt?

Die Erklärung dieser Tatsache scheint uns in der Auflösung der traditionellen Hauswirtschaft zu liegen. Die Industrialisierung führte zu einer völlig neuen ökonomischen und sozialen Schichtung der Gesellschaft. In der vorindustriellen Gesellschaft war die traditionelle Hauswirtschaft auch eine sozial wichtige Institution. Sie war die primäre Ordnungs- und Sozialisationsinstanz. In Folge der Industrialisierung fehlten Äquivalente. Das alte gesellschaftliche Normensystem war aufgebrochen, und es existierten keine sozialen Orientierungsmuster für die breiten Schichten der Bevölkerung. Dagegen brauchte die neue Industrie angepaßte Arbeitskräfte. Die Krise im Bereich der sozialen Werte nahm solche Ausmaße an, daß die staatlichen Obrigkeiten eingriffen. Jaques Donzelot, ein französischer Sozialhistoriker, nennt die Strategie, die vor allem von staatlichen Stellen betrieben wurde, die "Strategie der Familiarisierung" (Donzelot (1979). Das Leitbild der bislang nur in geringem Ausmaß vertretenen bürgerlichen Familie wurde mit Hilfe von staatlichen Maßnahmen als allgemeine gesellschaftliche Norm gesetzt. Auch die Vorstellungen zur Wohnung spielten in diesem Maßnahmenkonzept eine wichtige Rolle. Um die bürgerlichen Familienstrukturen zu fördern, sollten die Wohnungen nach folgendem Prinzip gestaltet werden: "Einen Raum einrichten, der groß genug ist, um hygienisch zu sein, klein genug, damit nur die Familie ihn bewohnen kann, und so unterteilt, daß die Eltern die Kinder überwachen können" (Donzelot 1979, S. 57). Vor diesem Hintergrund muß das damalige Scheitern der Kollektivierung der Hauswirtschaft gesehen werden.

Die Institutionalisierung des bürgerlichen Familienbildes als neue Ordnungs- und Sozialisationsinstanz wurde auch durch wohnungspolitische Vorstellungen und Maßnahmen getragen. Dem "gesunden" Familienbild entsprechen "familiengerechte" Wohnungen: die normierte, typologisierte und rationalisierte Kleinwohnung mit allen notwendigen Funktionen auf engstem Raum. Wahlfreiheit der Lebens- und Haushaltsformen gab es nicht, nur dieses eine Bauen wurde betrieben.

Doch die sozialen Bedürfnisse des Zusammenlebens, die Beziehungen und Haushaltsstrukturen haben sich gewandelt. Die immer noch politisch postulierte Kleinfamilie umfaßt - wir wiederholen es noch einmal - nur 40 % der gesamten Haushalte in der Bundesrepublik. Das heißt, der Wohnungsbau wird auf eine Minderheit ausgerichtet. Fast ein Drittel der Haushalte sind inzwischen Ein-Personen-Haushalte. Doch das Streben nach einem Leben außerhalb des normierten Lebenslaufes "Kind-Ehe-Eltern-Großeltern" heißt nicht, daß nicht auch sozialer Kontakt im privaten Alltag gewünscht wird.

Es bedarf daher gemeinschaftlich benutzbarer und freudvoller Orte und Räume zur Erledigung der Hausarbeit und zur Erholung von ihr. Heute ist es an der Zeit, neu über Formen gemeinschaftlicher Hauswirtschaft nachzudenken - nicht als eine allgemein gültige Doktrin, sondern als eine Wahl möglicher Lebensweisen.

## Literatur

Becker, Heidede: Wohnungs- und sozialpolitische Krisenbewältigung: Zurück zu den alten Leitbildern? In: Dörhöfer, Kerstin/Terlinden, Ulla (Hrsg.): Verbaute Räume. Köln 1985, S. 69 ff.

Der Bundesminister für Jugend, Familie und Gesundheit (Hrsg.): Frauen in der Bundesrepublik Deutschland. Bonn 1984.

Dörhöfer, Kerstin/ Keckstein, Veronika/ Rabenschlag, Anne/ Terlinden, Ulla: Frauenspezifische Belange in Architektur und Stadtplanung am Beispiel Südliche Friedrichstadt-Berlin. Gutachten im Auftrage der Bauausstellung Berlin GmbH. Berlin 1984.

Donzelot, Jaques: Die Ordnung der Familie. Frankfurt/M. 1979.

Flade, A./Mühlich-Klinger, I./Schuler, G.: Frauen und Wohnen. Institut Wohnen und Umwelt. Darmstadt 1985.

Fourier, C.: Cités ouvrières, hier zitiert nach: Franziska Bollerey: Architekturkonzeption der utopischen Sozialisten. München 1977.

Gradow, G.A.: Stadt und Lebensweise. Berlin 1971.

Hayden, Dolores: The Grand Domestic Revolution. Cambridge (Mass.)/ London 1981.

Hayden, Dolores: Zwei utopische Feministinnen und ihre Kampagnen für küchenlose Häuser. In: Dörhöfer, Kerstin/Terlinden, Ulla (Hrsg.): Frei-Räume. Berlin 1983.

Kassowitz, Julie: Die Frau und die Gartenstadt. In: "Aus englischen Gartenstädten". Beobachtungen und Ergebnisse einer sozialen Studienreise. Veröffentlicht und herausgegeben von der Deutschen Gartenstadt-Gesellschaft. Berlin 191O.

Kollontai, Alexandra: Autobiographie einer sexuell emanzipierten Kommunistin. Reprint. Wien 1975.

Neufert, E.: Bauentwurfslehre. Frankfurt/M./Berlin 1966, 31. Auflage 1981.

Richtlinien über die Förderung des sozialen Wohnungsbaues in Berlin. Wohnungsbauförderungsbestimmungen (WFB) 1977.

Statistisches Bundesamt Wiesbaden (Hrsg.): Das Wohnen in der Bundesrepublik Deutschland. Ausgabe 1981.

Uhlig, G.: Kollektivmodell "Einküchenhaus". Gießen 1981.

Wohnungswirtschaftliche Informationen 29/1985.

## Quellen der Abbildungen

Abb. 1 Ernst Neufert: Bauentwurfslehre. Frankfurt/M. 1966, S. 163 und 197.
Abb. 2 Weiter wohnen wie gewohnt? Ausstellung Deutscher Werkbund. Darmstadt 1979, S. 12.
Abb. 3 Bauen seit 19OO in Berlin. Berlin 1968, Nr. 228.2.
Abb. 4 Kürth/Kutschmar: Baustilfibel. Berlin 1964, S.83,1O6.
Abb. 5/6 K. Dörhöfer u.a.: Frauenspezifische Belange in Architektur und Stadtplanung am Beispiel Südliche Friedrichstadt-Berlin. Berlin 1984, S. 31, 29.
Abb. 7 Julius Posener: Vorlesungen zur Geschichte der neuen Architektur. Arch. 48/1983, S. 7O.
Abb. 8 Gisela Stahl: Von der Hauswirtschaft zum Haushalt oder wie man vom Haus zur Wohnung kommt. In: Wem gehört die Welt Kunst und Gesellschaft in der Weimarer Republik. Berlin 1977, S. 1O2.
Abb. 9 Dolores Hayden: The Grand Domestic Revolution: A History of Feminist Designs for American Homes, Neighborhoods and Cities. Massachusetts and London 1981, S. 234.
Abb. 1O G. A. Gradow: Stadt und Lebensweise. Berlin 1971, S. 43.
Abb. 11 Dolores Hayden, a.a.O. S. 111.
Abb. 12 G. A. Gradow, a.a.O. S. 56.

# Autoren und Autorinnen

Dr. Herrad U. Bussemer, Dipl.-Soz. Sibylle Meyer,
Dipl.-Pol. Barbara Orland, Dipl.-Soz. Eva Schulze,
Projektgruppe am Institut für Zukunftsforschung, Berlin

Prof. Dr. Gudrun Cyprian, Universität Bamberg

Prof. Dr. Kerstin Dörhöfer, Hochschule der Künste, Berlin

Prof. Dr. Ursula Hansen, Universität Hannover

Dr. Irmhild Kettschau, Universität Dortmund

Prof. Dr. Eberhard Kuhlmann, Technische Universität Berlin

Hans-Joachim Kursawa-Stucke, Stiftung Verbraucherinstitut, Berlin

Dr. Klaus Dieter Lischka, Strahlenmediziner, Berlin

Dipl. oec. troph. Barbara Methfessel, Universität Dortmund

Dr. Ulrich Oltersdorf, Universität Gießen

Prof. Dr. Ilona Ostner, Fachhochschule Fulda

Dipl. oec. troph. Karin Riedesser, Verbraucherzentrale Hamburg

Dipl.-Ing. Hans Joachim Rieseberg, Technische Universität Berlin

Prof. Dr. Hiltraud Schmidt-Waldherr, Fachhochschule Fulda

Dipl.-Ing. Hans Peter Schröder, Stiftung Verbraucherinstitut, Berlin

Dipl. oec. troph. Silke Schwartau-Schuldt, Verbraucherzentrale Hamburg

Dipl.-Soz. Ulla Terlinden, Berlin

Prof. Dr. Gerda Tornieporth, Technische Universität Berlin

Dr. Myra Warhaftig, Architektin, Berlin

Dr.-Ing. Joachim Wernicke, Physiker, Berlin

## FRAUEN · BILDER
## MÄNNER · MYTHEN

Kunsthistorische Beiträge

Herausgegeben von Ilsebill Barta, Zita Breu, Daniela Hammer-Tugendhat, Ulrike Jenni, Irene Nierhaus, Judith Schöbel

442 Seiten mit 174 Abbildungen
Broschiert DM 38,- / ISBN 3-496-00910-1

Thema des Bandes sind die sozialen, psychologischen und erotischen Geschlechterbeziehungen in den bildenden Künsten. Einzelne Werke und Werkzyklen, zentrale Motive und typische Bildkonstellationen werden zur Analyse alter und neuer Weiblichkeitsmythen herangezogen. Das Spektrum reicht von den Mänaden der Antike über das schillernde Venusbild im Mittelalter bis zur bürgerlichen Geschlechtermoral und ihrer Krise im 20. Jahrhundert. Weitere Aufsätze gelten den Männerbildern und Selbstinszenierungen des Mannes in der Kunst.

Die Beiträge stammen von Wissenschaftlerinnen aus allen deutschsprachigen Ländern und wurden auf der 3. Kunsthistorikerinnentagung in Wien 1986 vorgestellt.

## Wilhelm E. Mühlmann
## DIE METAMORPHOSE DER FRAU

Weiblicher Schamanismus und Dichtung

2., durchgesehene Auflage 1984

**Sonderausgabe**

260 Seiten
Broschiert DM 22,- / ISBN 3-496-00801-6

»... Das Werk 'Die Metamorphose der Frau' wiegt bücherschrankschwere Sekundärliteratur verschiedenster Fachwissenschaften auf.«

Blätter für den Deutschlehrer

## Caecilie Seler-Sachs
## FRAUENLEBEN IM REICHE DER AZTEKTEN

Ein Blatt aus der Kulturgeschichte Alt-Mexikos

Mit einer Einleitung von Ursula Dyckerhoff

Nachdruck der Erstausgabe von 1919
(Reimer Taschenbücher 2)

XX und 108 Seiten mit 28 Zeichnungen von Erich Heermann
Broschiert DM 14,80 / ISBN 3-496-00786-9

DIETRICH REIMER VERLAG 18 45 D R BERLIN

Wolfgang Streit
AUSWEG FAMILIENPLANUNG?

Zum staatlichen Gesundheitsprogramm in Tunesien
(Krankheit und Kultur, Band 4)

XII und 342 Seiten mit 4 Graphiken, 5 Tabellen und 3 Karten
Broschiert DM 48,- / ISBN 3-496-00914-4

Wie fügen sich westliche medizinische Entwicklungsprogramme in den traditionellen und sozio-ökonomischen Kontext eines Landes der sogenannten Dritten Welt ein? Diesen Fragenkomplex untersucht der Autor am Modell des Staatlichen Familienplanungs-Programms Tunesiens, wobei er besonders die sich verändernde Stellung der Frau behandelt.

Mary Douglas
REINHEIT UND GEFÄHRDUNG

Eine Studie zu Vorstellungen von Verunreinigung und Tabu

Aus dem Amerikanischen von Brigitte Luchesi

244 Seiten
Leinen DM 36,- / ISBN 3-496-00767-2

Jack Goody
DIE ENTWICKLUNG VON EHE UND FAMILIE IN EUROPA

Aus dem Englischen von Eva Horn

350 Seiten mit 13 Abbildungen, 5 Karten und 2 Tabellen
Leinen DM 48,- / ISBN 3-496-00827-X

In diesem originellen und vielschichtigen Werk entwickelt Jack Goody die Theorie, daß sich vom 4. Jahrhundert an das Verwandtschaftssystem und damit auch das Erbrecht grundlegend veränderten. Die Verantwortung hierfür schreibt er dem Bestreben der christlichen Kirche zu, Besitz zu sammeln, der sich zuvor in den Händen der Familien befand.

Elenore Smith Bowen
RÜCKKEHR ZUM LACHEN

Ein ethnologischer Roman

Aus dem Amerikanischen von Erika Stagl

Mit einem Vorwort von David Riesman

Herausgegeben und eingeleitet von Justin Stagl

345 Seiten
Englische Broschur DM 32,- / ISBN 3-496-00763-X

»Unglaublich: Ein ethnologischer Roman, spannend wie ein Krimi, literarisch wie Jane Austen, humorvoll wie Mark Twain und wissenschaftlich informativ wie ein Forschungsbericht ...«
Emma

DIETRICH REIMER VERLAG BERLIN